Oliver Berndt/Lothar Leger

Dokumenten-Management-Systeme

Nutzen, Organisation, Technik

Luchterhand

Die Deutsche Bibliothek – CIP-Einheitsaufnahme

Berndt, Oliver:
Dokumenten-Management-Systeme : Nutzen, Organisation,
Technik/Oliver Berndt ; Lothar Leger. – Neuwied ; Kriftel ;
Berlin : Luchterhand, 1994
   ISBN 3-472-01889-5
NE: Leger, Lothar:

Umschlaggestaltung und Layout: Reckels, Schneider-Reckels & Weber, Wiesbaden
Satz: Hümmer GmbH, Waldbüttelbrunn
Druck: Wilhelm & Adam, Heusenstamm
Printed in Germany, Oktober 1994

Geleitwort

1952 schrieb John Diebold ein Buch mit dem Titel »Automation«. Er wurde damit berühmt, denn mit seherischer Fähigkeit zeichnete er vor, wie der »Computer« – bis dahin ausschließlich für technische Berechnungen eingesetzt – den kommerziellen Sektor, unsere Unternehmen und Büros verändern würde.

Nutzen, so hieß es, würden wir jedoch nur dann aus dieser neuen Technik ziehen, wenn wir nicht einfach unsere bestehenden Funktionen und Abläufe automatisierten, sondern die neuen Möglichkeiten zum Anlaß nähmen, unsere Organisationen und Geschäfte grundlegend zu überdenken. Dann würde der Computer die Welt verändern – und zwar zu einem Besseren.

Heute, mehr als vierzig Jahre später, ist aus dem Computer ein Instrument geworden, dessen Facetten kaum mehr zu überblicken sind: Bordcomputer in Auto und Flugzeug, Personal Computer an jedem Arbeitsplatz und auch zu Hause, Expertensysteme, Multimedia und virtuelle Realität.

Die rasante Entwicklung war manchem schon Anlaß genug, vom »Untergang des Papiers« zu sprechen. Dennoch verzeichnet die Papierindustrie Jahr für Jahr ein deutliches Absatzplus. Was wir übersehen haben ist die Tatsache, daß wir für den Informationsaustausch von Unternehmen zu Unternehmen und zwischen Unternehmen und Kunde nach wie vor Berge von Papier einsetzen.

Heute sind Trends spürbar, die tatsächlich ein Abwenden vom Papier als »Medium Nummer 1« für Transport und Speicherung von Informationen erkennen lassen. Das Verlagern von der Briefpost zur elektronischen Post, zum Faxversand und zum elektronischen Datenaustausch und die zunehmende Ausstattung der privaten Haushalte mit Computern setzen hier unübersehbare Signale.

Die Autoren Oliver Berndt und Lothar Leger, langjährig in dem von John Diebold gegründeten Beratungsunternehmen tätig, haben von ihm gelernt. Für sie stellen Dokumenten-Management-Systeme weniger eine technische als vielmehr die organisatorische Herausforderung dar. Die Technik zu überblicken, ihr Potential richtig einzuschätzen, ist selbstredend notwendige Voraussetzung. Dann aber gilt es, daraus Nutzen zu schöpfen und Unternehmen und Verwaltungen fit zu machen: zu niedrigen Kosten Leistungen schneller und in einer Qualität zu servieren, die der Kunde und Bürger honoriert und die im Wettbewerb besteht.

Alles Wissen um Technik und Organisation nutzt wenig, wenn nicht die notwendigen Veränderungen in Angriff genommen werden. Oliver Berndt und Lothar Leger greifen diesen Gedanken auf, indem sie den Aufbau des Buches an einem idealtypischen Projektablauf ausrichten und den Leser in vielen Beispielen aus der täglichen Beratungspraxis auf die Möglichkeiten und Auswirkungen eines Dokumenten-Management-Systems hinweisen.

Ich wünsche allen Lesern, daß sie aus dem vorliegenden Buch für sich und ihr Unternehmen den notwendigen Nutzen ziehen. Denn nur daran wird der wirkliche Erfolg der Autoren gemessen.

Eschborn, im September 1994

Dr. Gerhard Adler
Vorsitzender der Geschäftsführung
DIEBOLD DEUTSCHLAND GmbH

Vorwort

»Wir ertrinken in Informationen, aber hungern nach Wissen«
John Naisbitt, Megatrends, 1984

John Naisbitt beschreibt eine Situation, in der sich die meisten unter uns ohne langes Zögern wiederfinden – unabhängig von dem Unternehmen und der Branche, in der wir beschäftigt sind.

»Wissen« bedeutet Vorsprung und Sicherheit. Von den Unternehmen wurde es längst als Wettbewerbsfaktor erkannt. In fast allen Märkten hat sich in den letzten Jahren der Wettbewerb verstärkt. Das schnelle Erkennen von Problemen und Wünschen der Kunden, die Beschleunigung der Abwicklung und Entscheidungsfindung sind genauso wie das Reagieren auf neue Märkte oder Marktveränderungen existentielle Fragen. In allen genannten Fällen wird entsprechendes Wissen benötigt. Wissen jedoch bedingt Information. Dabei geht es nicht nur um den Informationsinhalt, sondern vielmehr um die richtige Information zum richtigen Zeitpunkt, möglichst unabhängig von dem Ort, an dem man sich gerade befindet.

Diese Gedanken sind nicht neu. Ein Blick in die Geschichte zeigt, daß frühzeitige Information im wahrsten Sinne des Wortes kriegsentscheidend sein kann. Wenn man allerdings bedenkt, daß auch heute noch rund 90% aller Informationen in Papierform vorliegen, stellt sich die Frage, wozu wir »Informationstechnik«, sprich Computer, überhaupt einsetzen.

Natürlich hat die »Informationstechnik« unser Leben verändert. »Kollege Computer« hat insbesondere die Automatisierung in Produktions- und Fertigungsbereichen beeinflußt. Sowohl die kaufmännischen Bereiche dieser Industrieunternehmen als auch die Branchen Dienstleistung, Handel und Verwaltung sind trotz der vorhandenen Informationstechnik bezüglich der Ablage und Recherche der Informationen weiterhin papierorientiert. Die typischen Motive für die Suche nach Papieralternativen sind deshalb leicht nachvollziehbar.

Zum einen kämpfen viele Unternehmen mit riesigen Bergen von Papier, meist in Form von Akten, die in Arbeitsplatzablagen, Abteilungs- und Zentralarchiven über lange Zeiträume aufzubewahren sind. Die Handhabung dieser Papierberge und der Dokumentzugriffe wird im täglichen Arbeitsablauf immer schwieriger und zeitaufwendiger.

Zum anderen ist die täglich auf uns einströmende Informations-flut kaum noch zu beherrschen. Um so wichtiger wird der Einsatz eines Systems, das das Auffinden einmal abgelegter Informationen zu einem bestimmten Thema vereinfacht.

Weiterhin sehen Unternehmen durch den zunehmenden Konkurrenzdruck und die immer enger werdenden Märkte die Notwendigkeit, die Produktivität über den Produktionsfaktor Information und eine Verbesserung der internen Durchlaufzeiten zu steigern.

Dokumenten-Management-Systeme (im folgenden kurz als DMS bezeichnet) können bei den genannten Punkten einen Beitrag leisten, indem sie den Mitarbeiter am Arbeitsplatz mit allen notwendigen Dokumenten und Informationen versorgen. DMS sind daher ein Weg, bisher papierorientierte Tätigkeiten effizienter und effektiver zu gestalten und in papierarme Bahnen zu lenken.

Im vorliegenden Buch möchten wir die Möglichkeiten, die sich für ein Unternehmen durch den Einsatz eines DMS ergeben, umfassend darstellen. Ausgehend von einer Beschreibung der Einsatzgebiete und den sich daraus ableitenden Anforderungen und Konsequenzen charakterisieren wir den Markt für DMS und stellen die Positionierung innerhalb aktueller organisatorischer und technischer Trends dar. Dabei liegt der Schwerpunkt eindeutig auf der organisatorischen Ausgestaltung der DMS-Einführung, was nach unserer Erfahrung aus einer Vielzahl von Beratungsprojekten auch der tatsächlichen Gewichtung der gesamten Problemstellung entspricht. Außerdem gehen wir objektiv auf Kosten-Nutzen-Aspekte ein und stellen dar, welche Auswirkungen auf Mitarbeiter und Organisation bei der Einführung eines DMS zu berücksichtigen sind.

Wir richten uns mit diesem DMS-Buch an mittlere und große Unternehmen, die sich mit den Themen elektronisches Archiv, Image-Verarbeitung, systemgestützte Vorgangsbearbeitung und elektronisches Dokumentenmanagement auseinandersetzen möchten. Die Erfahrung hat gezeigt, daß bei der Gestaltung eines DMS zwar bestimmte branchenspezifische Aspekte zu beachten sind, die Problemstellungen im Umfeld DMS aber als branchenübergreifend betrachtet werden können. Insofern sprechen wir mit unseren Ausführungen nicht eine bestimmte Branche an.

Adressaten sind die Verantwortlichen für Organisation, Büro-kommunikation/Informationstechnik und die Leiter von Abteilungen, in denen traditionell intensiv mit papiergebundenen Informationen gearbeitet wird. Weiterhin wenden wir uns an

Anbieter von DMS-Lösungen und in diesem Umfeld operierende Berater.

Bedanken möchten wir uns vor allem bei unseren Frauen Nicola Maier und Paola Rodà-Leger für ihre Geduld während der Erstellung und für die tatkräftige Unterstützung. Wertvolle Anregungen haben wir auch von Esther de las Heras und Christine Rothenbacher von der Integrata AG, Frankfurt erhalten. Unser Dank gilt außerdem den vielen namentlich nicht Erwähnten, die durch ihr Engagement zu dem Gelingen unseres Buchs beigetragen haben.

Inhaltsverzeichnis

Verzeichnis der Abbildungen

Hinweise für den Benutzer

Das vorliegende Buch erfüllt zwei Aufgaben. Einerseits gibt es einen Überblick und erklärt Grundsätzliches über Bedeutung, Kategorien, Einsatzfelder und Nutzen von DMS. Dies geschieht vor allem im Kapitel 1, aber auch die Kapitel 2 bis 3 mit ihren Aussagen zu strategischen, marktbezogenen und rechtlichen Aspekten gehören noch zu diesem generellen Teil.

Andererseits geben wir dem Leser mit unserem Buch eine Art »Drehbuch« für die konkrete Einführung eines DMS an die Hand. Der Aufbau des Buches entspricht daher ab Kapitel 4 einem typischen Projektablauf und kann als Grundlage zur Gestaltung eines organisatorischen Konzepts mit detaillierter Betrachtung unterschiedlicher Alternativen genutzt werden.

Kapitel 1
gibt einen generellen Überblick über das Thema DMS und bespricht die Grundlagen zum Verständnis der folgenden Kapitel. Die möglichen Ausprägungen von DMS werden kategorisiert, es werden typische Einsatzfelder dargestellt und Nutzenpotentiale im Vergleich zu traditionellen Medien besprochen. Schließlich folgt eine kurze Erläuterung der Begriffe, die in diesem Zusammenhang immer wieder auftauchen.

Kapitel 2
behandelt die relevanten strategischen Aspekte in Unternehmen, die von DMS sowohl direkt als auch indirekt beeinflußt werden. Zunächst widmet sich dieses Kapitel der neuen organisatorischen Entwicklung bezüglich der Geschäftsprozeß-Optimierung. Wegen der Aktualität des Themas wird der Ansatz der renommierten Management- und Technologieberatung Diebold Deutschland GmbH kurz dargestellt. Anschließend werden DMS sowohl in bezug auf diese neuen organisatorischen Entwicklungen als auch bezüglich neuer Entwicklungen der Informationstechnik (Groupware, Workflow, Multimedia) positioniert. Schließlich erfolgt eine Darstellung der bisherigen Entwicklungen im DMS-Markt und der dort vertretenen Anbietergruppen.

Kapitel 3
beschäftigt sich mit den rechtlichen Fragen in Zusammenhang mit der DMS-Einführung. Dabei geht es vor allem um die Konsequenzen der Vernichtung von Papieroriginalen und um den Vergleich zum Mikrofilm. Außerdem beschäftigen wir uns mit

der Problematik elektronischer Unterschriften und dem Einfluß
des Bundesdatenschutzgesetzes.

Kapitel 4
stellt die generelle Vorgehensweise in einem DMS-Projekt und
die ersten Schritte im Rahmen eines solchen Projekts dar. Die
Vorstudie legt den konkreten Einfluß der strategischen Aspekte
auf die DMS-Zielsetzung fest und bestimmt die Bereiche, die den
größten Handlungsbedarf für ein DMS aufweisen.

Kapitel 5
befaßt sich mit Zielen, Inhalten, Risiken und Methoden der Analyse der Ausgangssituation. Dabei werden neben generellen Hinweisen zur Vorgehensweise und zum Einfluß der Unternehmensstrategie die einzelnen Teile Vorgangsanalyse, Dokumentenanalyse und Analyse der Randbedingungen ausführlich erläutert. Im
Anhang finden sich entsprechend den in diesem Kapitel gemachten Aussagen ein Interview-Leitfaden und ein Erhebungsbogen.

Kapitel 6
beschreibt die Erstellung eines organisatorischen Konzepts mit
Gruppen möglicher Maßnahmen, den Einflüssen und Gestaltungsmöglichkeiten bei Aufbau- und Ablauforganisation sowie
den resultierenden funktionalen Anforderungen. Funktionale
Möglichkeiten für die Eingabe unterschiedlicher Dokumente, für
die Recherche, die Unterstützung der Vorgangsbearbeitung und
verschiedene Automatisierungsmöglichkeiten bilden den
Schwerpunkt des Kapitels. Dies ist das umfangreichste Kapitel
des Buches, da es sich bei dem organisatorischen Konzept auch
um die wichtigste Phase innerhalb eines DMS-Projektes handelt.
Die verschiedenen Maßnahmen, Funktionen und die einzelnen
Gestaltungsalternativen werden im Detail dargestellt und mit
ihren Stärken und Schwächen für verschiedene Einsatzfälle bewertet.

Kapitel 7
behandelt die Aspekte, die im Zusammenhang mit einem technischen Konzept zu berücksichtigen sind. Grundannahme ist, daß
die technischen Anforderungen primär aus dem organisatorischen Konzept abgeleitet werden. Merkmale und Leistungen der
wesentlichen Komponenten werden kurz beschrieben, es ist aber
nicht beabsichtigt, eine detaillierte technische Beschreibung der
internen Funktionsprinzipien und der zugrundeliegenden Technologien zu erstellen. Die Softwarefunktionalität aus Anwendersicht wird primär in Kapitel 6 dargestellt. Kapitel 7 zeigt mehr

die technischen Freiheitsgrade für die DV-Planer bei der Gestaltung einer DMS-Lösung auf.

Kapitel 8

beschäftigt sich mit der Wirtschaftlichkeit von DMS. Es zeigt die Voraussetzung zur Erreichung der Wirtschaftlichkeit, nämlich quantifizierbare und qualitative Nutzenpotentiale, auf. Die verschiedenen Kosten für Investition, Betrieb und Migration von traditionellen Verfahren zu DMS werden differenziert beschrieben und in Größenordnungen benannt. Für die Gegenüberstellung von Kosten und Nutzen sind Beispiele und methodische Vorgehensweisen aufgezeigt.

Kapitel 9

gibt abschließend einige generelle Hinweise für die erfolgreiche Umsetzung von DMS-Projekten und einen Ausblick auf die absehbaren Entwicklungen bei DMS.

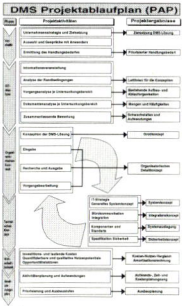

Um den praktischen Nutzen zu erhöhen, haben wir einige Gestaltungsmerkmale realisiert:

Der **Projektablaufplan** im hinteren Buchdeckel ermöglicht die methodische Nachvollziehbarkeit des Vorgehens im Buch und kann bei der Durchführung eines solchen Projektes als Orientierungshilfe dienen. Die Kapitel, die sich mit den einzelnen Projektphasen beschäftigen, enthalten jeweils den entsprechenden Auszug des Projektablaufplan bei der Beschreibung der Vorgehensweise.

Abbildungen und Tabellen unterstützen die im Text getroffenen Aussagen in kompakter Form.

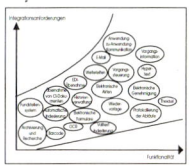

Im jeweiligen **Fazit** werden die wichtigsten Aussagen eines Kapitels oder Unterkapitels zusammenfassend dargestellt.

Fazit

Querverweise zu anderen Stellen im Buch, die Zusammenhänge deutlich machen.

⇨ Seite

Marginalien (Randbemerkungen), die der Orientierung dienen und die wesentlichen Aussagen hervorheben.

Marginalien

EXAMPLE GmbH

Innerhalb der Beschreibung der Projektphasen verdeutlicht ein durchgängiges, **fiktives Beispiel** (die EXAMPLE GmbH) die Möglichkeiten und gibt Hilfen für eine individuelle Entscheidungsfindung. Die Ausführungen in den einzelnen Kapiteln wurden ebenfalls durch Beispiele ergänzt, die aber im Gegensatz zu dem fiktiven Beispielfall nicht zusammenhängen und nur auf den im jeweiligen Kapitel dargestellten Sachverhalt fokussiert sind.

1. Überblick und Grundlagen

1.1 Ausgangssituation und Motivation

Die Ablage von Informationen in Form von Papierdokumenten glich schon immer mehr einer lästigen Notwendigkeit als einer sinnvollen und strategisch wichtigen Einrichtung. Zwar findet man in vielen Branchen klar strukturierte Archive, die strategische Bedeutung der dort abgelegten Informationen und das Rationalisierungspotential, das in einer elektronisch unterstützten Vorgangsbearbeitung steckt, wird aber erst in den letzten Jahren zunehmend erkannt.

An diesem Punkt setzen Dokumenten-Management-Systeme (DMS) an. Unter einem DMS ist ein Computersystem, aus Hard- und Software zu verstehen, mit dem jegliche Art von Information aufgenommen und verwaltet werden kann. Dabei ist es unerheblich, ob diese Informationen auf Papier, Mikrofilm oder innerhalb eines Computersystems vorliegen.

Definition DMS

DMS umfassen nicht nur die Digitalisierung bestehender Dokumente und die systemtechnische Unterstützung bestehender Abläufe. Vielmehr begründet sich die Aktualität des Themas durch neue organisatorische Anforderungen, die mit den bestehenden papier- und mikrofilmorientierten Organisationen nicht oder nur unzureichend zu realisieren sind. Prozeßorientierung, stärkere Einbeziehung externer Dienstleister, Flexibilisierung der Arbeit und Verstärkung der Team- und Projektarbeit sind Trends, die einen flexiblen Zugriff auf unterschiedliche Informationen weitestgehend unabhängig von der Distanz zwischen dem Ort der Informationsspeicherung und dem Aufenthalt des Nutzers voraussetzen. Damit wird auch der gleichzeitige Zugriff durch mehrere Personen auf dieselbe Information notwendig.

Neue organisatorische Trends

Die bisher vorherrschende funktionale Gliederung der Aufgaben beinhaltet bei der Komplexität der heutigen Anforderungen zuviel Leerlauf und zuviel Zeit für Koordination. Der verstärkte Wettbewerb in nahezu allen Märkten fordert daher von den Unternehmen den Abschied von der funktionalen Arbeitsteilung und die Hinwendung zu einem prozeßorientierten Ansatz.

Im Zusammenhang mit dieser Prozeßorientierung steht weiterhin ein starker Trend zur Abflachung der Hierarchien. Alle großen Unternehmen sind dabei, die in Jahren der Hochkonjunktur enorm gewachsenen Führungs- und Hierarchieebenen zu reduzieren. »Lean Management« und »kleine, schlagkräftige Einhei-

Prozeß- orientierung

ten« heißen die Losungsworte moderner, effizienter Unternehmensführung. Durch diese Reorganisation sollen Aktionsfähigkeit und Flexibilität der Unternehmen verbessert werden.

Gesetzliche Aufbewahrung, ISO 9000, Produkthaftung

Hinzu kommt die zunehmende Bedeutung der Dokumentation von Abläufen, Entwicklungen und Entscheidungen innerhalb eines Unternehmens. Die innerbetriebliche Dokumentation dient dabei sowohl als Informationsquelle, um identische oder ähnliche Neuentwicklungen vorhandener Produkte zu vermeiden, als auch als Nachweis gegenüber externen Partnern oder Aufsichtsbehörden. Gesetzliche Aufbewahrungspflichten nach Abgabenordnung und Handelsgesetzbuch, ISO 9000 und Produkthaftungsgesetz sind nur einige Schlagworte, die den Sachverhalt verdeutlichen.

DMS seit Anfang der 80er

Bereits seit Anfang der 80er Jahre versucht man daher, die Informationstechnik auch für Ablagen beliebiger Papierdokumente einzusetzen. Die ersten Systeme, die noch unter den angelsächsischen Begriffen »Imaging« und »Optical Filing« diskutiert wurden, hatten die charakteristischen Merkmale aller neuen Technologien. Sie waren in bezug auf die Funktionen und die Integrationsfähigkeit stark limitiert und erforderten enorme Investitionen. Heutige Systeme, typischerweise als »Elektronische Archivsysteme«, »DMS« oder »Vorgangs- oder Workflowsysteme« bezeichnet, basieren auf Standard-Computern mit standardisierter Betriebssystem-, Datenbank- und Netzsoftware. Die zunehmende Flexibilität und Standardisierung der Informationstechnik ermöglichen es mittlerweile, die Organisation der Anwendungen primär nach den Anforderungen der Nutzer und des Unternehmens und nicht mehr nur nach den technischen Möglichkeiten auszurichten.

DMS als organisatorische Herausforderung

DMS sind deshalb in erster Linie als organisatorische und nicht als technische Herausforderung zu verstehen. Dabei kommt es ganz entscheidend darauf an, die neuen Möglichkeiten zu nutzen und nicht bloß bestehende Abläufe und Strukturen zu übernehmen. So kann allein die Möglichkeit des gleichzeitigen Zugriffs durch mehrere Personen auf eine (elektronische) Akte völlig neue Aufgabenverteilungen bewirken. Dennoch setzt die Technik – vor allem bezüglich gescannter Informationen und Integrationsfähigkeit in bestehende Systemwelten – immer noch Grenzen, die es durch eine geschickte Organisation zu umschiffen gilt. Die Möglichkeiten bei der organisatorischen Gestaltung eines DMS nehmen deshalb auch den Hauptteil des vorliegenden Buches ein.

1.2 Charakteristika der Systeme

Obwohl wir bisher einfach von DMS gesprochen haben, sind die Anforderungen und damit auch die resultierenden Systemlösungen nicht einheitlich. Analysiert man die Motivationen, aufgrund derer potentielle Anwender sich für DMS interessieren, lassen sich drei Hauptgründe identifizieren (siehe Abbildung 1). Aus den unterschiedlichen Motivationen folgen naturgemäß verschiedene Zielsetzungen und damit unterschiedliche Systemkonzepte.

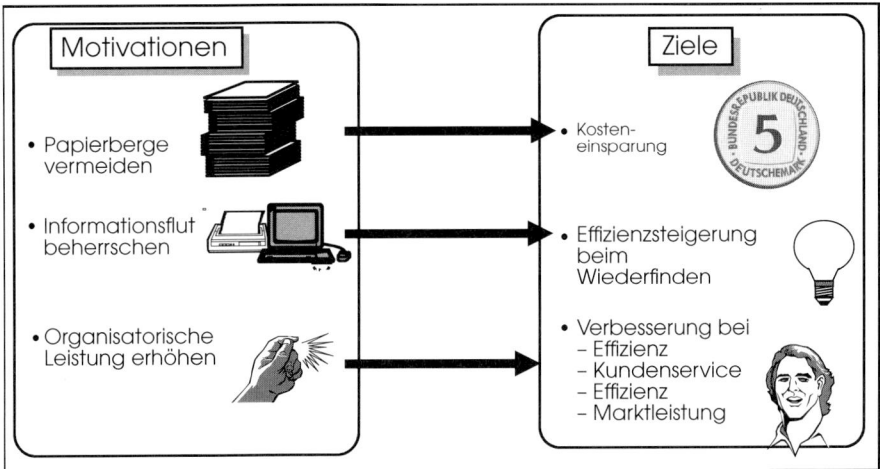

Abb. 1: Motivation für den DMS-Einsatz

Am häufigsten sind die weit verbreiteten Papierberge die Ursache für das Interesse an DMS. Andererseits kann man aber nicht alle Dokumente nach Gebrauch vernichten, da sie entweder gesetzlichen oder betriebsinternen Aufbewahrungsfristen unterliegen oder als Nachweis bei eventuellen Nachfragen benötigt werden. Gerade wenn die Dokumente nicht mehr für die Bearbeitung benötigt werden, ist der Raumbedarf und der Aufwand für das Ablegen, Um- und Auslagern häufig nicht akzeptabel. Bei dieser Motivation ist das primäre Ziel, Raum- und damit auch Kosteneinsparung zu erreichen. Typische Einsatzfälle sind Belegarchive in Buchhaltungsabteilungen, in denen DMS beispielsweise ausschließlich zur »Entsorgung« der Eingangsrechnungen eingesetzt werden. Im folgenden werden wir diese DMS-Kategorie auch als »Archivsysteme« bezeichnen, da hier die reine Archivierung, also eine Ablage mit sehr geringer Zugriffshäufigkeit, im Vordergrund steht.

Papierberge vermeiden: Archivsysteme

Informations-
flut beherr-
schen:
Recherche-
systeme

Eine vollkommen andere Ausgangssituation findet sich bei Interessenten, deren Problem in der Bewältigung der Informationsflut liegt. Es geht hier um die Steigerung der Effizienz bei der Nutzung der vorhandenen Informationen für die tägliche Arbeit, also zum Beispiel um

❏ bei einer neuen Produktentwicklung von bisherigen Entwicklungen zu profitieren,

❏ selbst oder von anderen erarbeitetes Wissen in Artikel, Konzepte, Vergleiche und Entscheidungsvorlagen einarbeiten zu können,

❏ zu erfahren, wie der Wissenstand zu einer Themenstellung ist und zu prüfen, ob sich weitere Forschung lohnt oder notwendig ist.

Steigerung der Effizienz der Informationsnutzung bedeutet schnelleres, komfortableres und möglichst vollständiges Beantworten einer neuen Fragestellung, die bei Ablage der Information noch nicht vorhersehbar war. Die Information wird zum »Produktionsfaktor«. Typische Beispiele sind Pressearchive für Zeitungsredaktionen oder Zeichnungsarchive in der Industrie. Im folgenden bezeichnen wir diese DMS-Kategorie auch als »Recherchesysteme«, da der Schwerpunkt eben nicht auf der Archivierung, sondern auf den Möglichkeiten der Recherche, also der Informationsrückgewinnung liegt.[1]

Vorgangs-
systeme

Verbesserung
der
Wettbewerbs-
position

Die dritte Motivation, sich mit dem Thema DMS auseinanderzusetzen, resultiert primär aus unternehmensstrategischen Aspekten. Man möchte dabei das Ziel der Verbesserung der Wettbewerbsposition durch Verbesserung der Marktleistung und besseren Kundenservice, durch eine Steigerung der organisatorischen Leistungsfähigkeit erreichen. Die interne Vorgangsbearbeitung soll schneller, fehlerfreier und flexibler erledigt werden. Das Mittel zu diesem Zweck ist ein DMS, das neben den Ablage- und Suchfunktionen eine Vielzahl weiterer Funktionen für das Handling der Dokumente und die Automatisierung von Arbeitsschritten enthält. Dazu gehören u.a. eine elektronische Verteilung der Dokumente, eine Datenverarbeitungs-Unterstützung bei Wiedervorlage und Genehmigung beziehungsweise Freigabe von Dokumenten. Im folgenden werden wir diese DMS-Kategorie auch als »Vorgangsbearbeitungssysteme« oder kürzer als »Vorgangssysteme« bezeichnen.

---

1 Software für den Zugriff auf (öffentliche) Informations-Datenbanken (»Online-Systeme«) wird teilweise ebenfalls als »Recherchesystem« bezeichnet. Unser »Recherchesystem« bezieht sich auf die Gesamtlösung und nicht nur die Abfragesoftware.

Die beschriebenen Systemkategorien Archiv-, Recherche- und Vorgangssystem, zeichnen sich durch unterschiedliche Anwendungsfelder aus, sind aber nicht völlig voneinander zu trennen (Abbildung 2). Der Übergang zwischen den Kategorien ist fließend. In der Praxis kommen vielfältige funktionale Mixturen vor. Dennoch ist es sinnvoll, sich frühzeitig zu überlegen, welcher Kategorie der eigene Einsatzfall am nächsten kommt. Es lassen sich daraus bereits einige typische Anforderungen ableiten, und die Auswahl aus dem mittlerweile relativ unübersichtlichen Marktangebot wird vereinfacht.

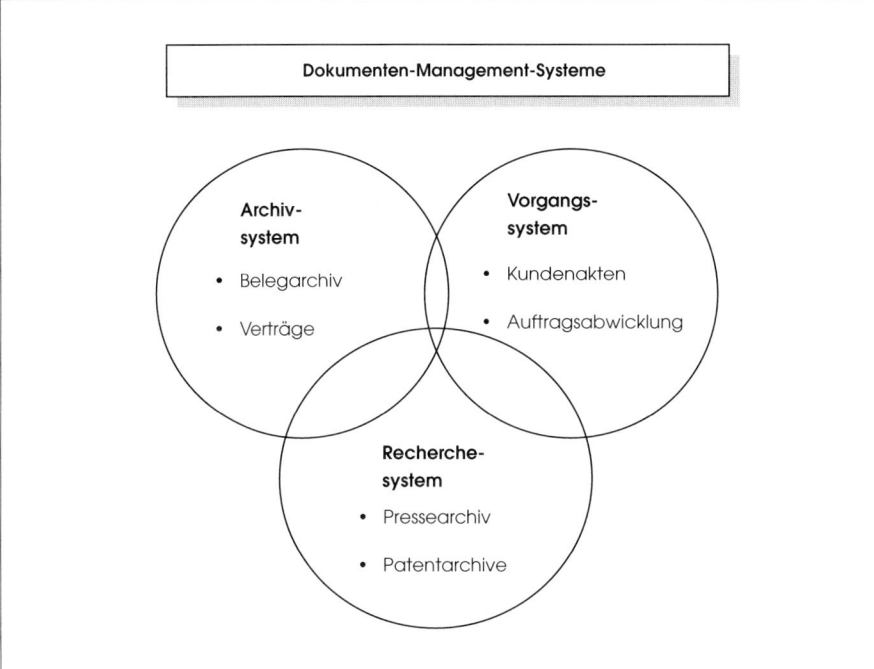

Abb. 2: Kategorisierung von DMS mit typischen Beispielen

Nach dieser grundsätzlichen Differenzierung in drei Kategorien wollen wir die einzelnen Systemkategorien mit ihren Randbedingungen und Problem- und Nutzenpotentialen etwas näher beleuchten.

Archivsysteme

Papierent-
sorgung

Archive mit Archivierungsvolumen von mehreren Millionen Seiten Papier und Zuwachsraten von einigen tausend Seiten pro Tag sind keine Seltenheit. Wie bereits erwähnt, steht daher bei Archivsystemen die Papierentsorgung und damit die Einsparung von Sachkosten für Raum und Material im Vordergrund. Natürlich sollen auch die für die Verwaltung der Archivbestände notwendigen Personalkosten reduziert werden.

Solche Einsparungen sind nicht nur bei großen Zentralarchiven möglich, sondern auch bei dezentralen Ablagen und Archiven. Die meist hohe Redundanz der lokalen Dokumentablagen kann bei genereller Verfügbarkeit des DMS in der Nähe der Arbeitsplätze drastisch reduziert werden. Dokumente, die heute als Kopie an mehreren Arbeitsplätzen abgelegt werden (Kopien bei allen betroffenen Abteilungen, Vorgesetzten etc.), sind im DMS nur einmal gespeichert, aber dennoch für alle Nutzer gleichzeitig verfügbar.

Rechtliche
Fragen,
Seite 39

Die Recherche-Anforderungen bei reinen Archivsystemen sind relativ simpel, weil typischerweise Beleg-, Vertrags- oder Zeichnungsarchive realisiert werden, bei denen auf das gewünschte Dokument über einen eindeutigen Suchbegriff (zum Beispiel Belegnummer der Finanzbuchhaltung oder Zeichnungsnummer der Konstruktionsabteilung) zugegriffen wird.

Neben den Raumeinsparungen bieten Archivsysteme eine garantierte Ordnungsmäßigkeit und Vollständigkeit des elektronischen Archivs, da ein einmal richtig abgelegtes Dokument immer richtig abgelegt bleibt. Im Gegensatz zu Papier- oder Mikrofilmarchiven werden Dokumente nicht physikalisch entnommen. Die richtige Wiedereinordnung entfällt. Zur weiteren Bearbeitung werden lediglich Reproduktionen an den Bildschirmen erzeugt. Originaldokumente können nach der Aufnahme in das elektronische Archiv in der Regel vernichtet werden.

Zeitpunkt der
Ablage und
Verteilung der
Zugriffe

Bei Archivsystemen erfolgt die Ablage erst nach der Bearbeitungsphase. Hierin besteht einer der Hauptunterschiede zu Vorgangssystemen, bei denen die Dokumente entweder vor oder spätestens während der Bearbeitungsphase elektronisch in das System aufgenommen werden. Daraus resultiert auch die unterschiedliche Verteilung der Zugriffe über die Zeit und die Tatsache, daß reine Archivsysteme nur geringe Zugriffsraten aufweisen (Abbildung 3). Die Häufigkeit der Zugriffe auf ein Dokument verringert sich mit zunehmendem Alter des Dokuments sehr rasch. Da der Nutzen von DMS bei dem Zugriff entsteht, ist der Einsatz nach der Bearbeitung nicht optimal.

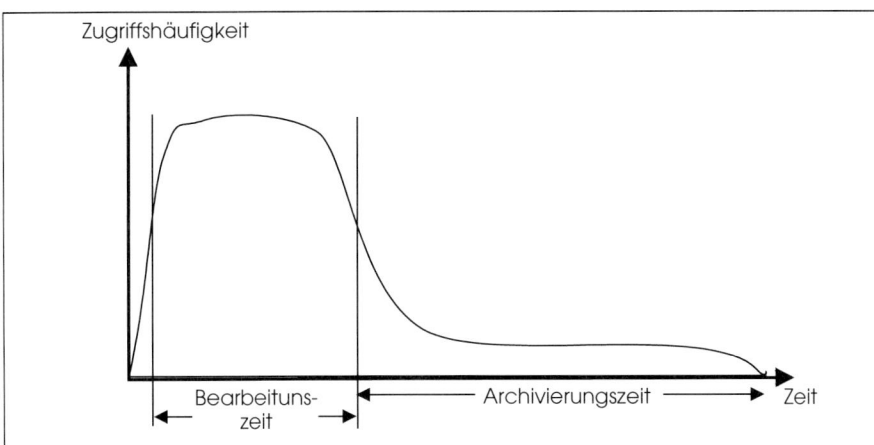

Abb. 3: Typische Veränderung der Dokumentzugriffe im Zeitverlauf

⇨ Übernahme
der Altbestän-
de, Seite 154

Problematisch ist bei Archivsystemen, daß aufgrund der langfristigen Archivierungszeiträume (teilweise 20, 30 oder mehr
Jahre) häufig die Übernahme der Altbestände gewünscht wird,
da sonst das herkömmliche Archiv auf lange Zeit parallel weitergeführt werden muß. Überlegungen, ein DMS einzuführen,
ergeben sich meist bei sehr großen Dokumentbeständen, so daß
die Übernahme des Altbestandes aufgrund des erforderlichen
Aufwands für Scannen und Indexieren sehr aufwendig ist. Scheut
man diesen Aufwand, hat das zur Folge, daß sich der Nutzen
(primär Einsparung von Archivraum) aufgrund der zum Teil
erheblichen Anfangsinvestitionen erst Jahre später realisieren
läßt.

Mikrofilm als
Alternative

Für die Realisierung eines reinen Archivsystems, also bei sehr
geringer Zugriffshäufigkeit, ist neben dem DMS auch der Mikrofilm nach wie vor eine interessante Technologie. Mikrofilm ermöglicht ähnliche Raumersparnisse, häufig schnellere Dokumenteingabe (sprich Verfilmung) und erfordert zudem meist
geringere Anfangsinvestitionen. In bezug auf die rechtliche Anerkennung bestehen kaum noch Unterschiede zwischen DMS
und Mikrofilm. Natürlich hat auch der Mikrofilm, wie das DMS,
spezifische Limitierungen, die jedoch später ausführlich beschrieben werden.

⇨ Rechtliche
Fragen,
Seite 39

Reine Archivsysteme sind sehr kostensensitive Anwendungen,
da kein strategischer Nutzen erreichbar ist. In der Praxis dienen
Archivsysteme meist als Einstiegssysteme, die sukzessive ausgebaut und funktional erweitert werden, um letztendlich die Vor-

gangsbearbeitung zu unterstützen. Spätestens dann ist Mikrofilm keine Alternative mehr.

Recherchesysteme
Die zentrale Anforderung an DMS, die als Recherchesysteme eingesetzt werden, besteht darin, nicht vorhersehbare, zukünftige Fragestellungen mit den heute einzugebenden Informationen beantworten zu können. Oder andersherum betrachtet: heutige, neue Fragestellungen mit den vorhandenen, in der Vergangenheit eingegebenen Informationen zu beantworten.

Effizienz-
steigerung
beim Wieder-
finden

Bei Recherchesystemen steht nicht die Kosteneinsparung (zum Beispiel für Ablageflächen), sondern die Effizienzsteigerung beim Wiederfinden im Vordergrund. Die Antwortzeit auf eine Anfrage ist nicht als kritischer Faktor zu sehen. Dem Nutzer geht es vielmehr darum, daß ihm das System komfortabler und sicherer als bisher möglichst vollständig alle Informationen für die weitere Bearbeitung zur Verfügung stellt.

Zugriffshäufig-
keit auf den
Gesamt-
bestand

Die Häufigkeit der Zugriffe kann für Recherche- und Vorgangssysteme etwa gleich hoch eingestuft werden. Archivsysteme weisen im Verhältnis zu den anderen Systemkonzepten deutlich geringere Zugriffshäufigkeiten auf (Abbildung 4).

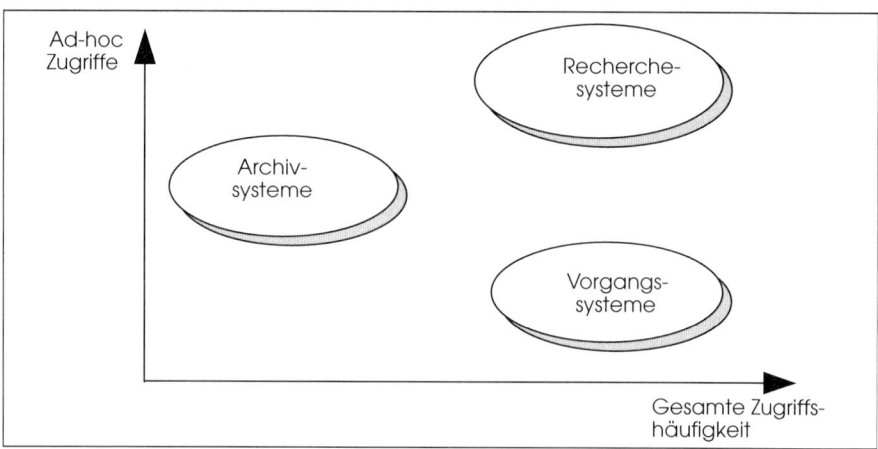

Abb. 4: Differenzierung der DMS-Kategorien über die Zugriffscharakteristik

Recherche- und Vorgangssysteme unterscheiden sich über den Anteil der Ad-hoc-Zugriffe. Da es bei Recherchesystemen um die Beantwortung nicht vorhersehbarer, zukünftiger Fragen geht, ist bei ihnen der Ad-hoc-Anteil wesentlich höher als bei Vorgangssystemen, die strukturierte (also vorhersehbare) Vorgänge unterstützen.

Zusätzlich zu den Nutzenaspekten der Archivsysteme (siehe oben) bieten Recherchesysteme daher die Möglichkeit, die Ergebnisse der Vergangenheit oder Informationen anderer Organisationseinheiten zu nutzen. Dadurch lassen sich Synergien in den Unternehmen erzeugen. Es können zum einen erhebliche Aufwendungen für Forschung und Entwicklung von Produkten und Dienstleistungen eingespart werden, zum anderen erhalten die Ergebnisse der eigenen Arbeit eine höhere Qualität, weil umfassendere und aktuellere Informationen einfließen.

Der Zusatznutzen von Recherchesystemen im Vergleich zu Archivsystemen läßt sich nicht allgemein quantifizieren, da er von einzelnen Rechercheergebnissen abhängt und somit stark variiert. Da die zukünftigen Suchkriterien nicht vorhersehbar sind, aber natürlich eine optimale »Ausbeute« gewünscht wird, ist bei dieser DMS-Kategorie der Einsatz der umfassendsten Recherchetechnologie notwendig. Dazu gehören zum Beispiel Volltextrecherche, Hypertext-Verbindungen und Thesauri. Leider erfordert die Nutzung dieser Technologien z.T. spezielle dokumentarische Kenntnisse, so daß trotz allgemeiner Zugriffsmöglichkeit häufig eine Servicestelle benötigt wird (Informationswirt, Dokumentar, Informationsbroker) und sich somit keine Personaleinsparungen realisieren lassen.

⇨ Recherche-funktionen, Seite 162

Vor allem bei Recherchesystemen kommt der Abwägung zwischen Ablageaufwand und Komfort der Recherche eine große Bedeutung zu. Die Erfahrung zeigt, daß man lediglich 5% oder 10% der eingehenden Informationen jemals wieder benötigt. Ablageaufwand ist aber natürlich für 100% der einzubringenden Dokumente zu leisten.

5-10% der Informationen werden benötigt

Problematisch ist außerdem, daß eine »kritische Masse« an Informationen nötig ist, damit die Recherchen sinnvolle Ergebnisse erbringen. Dadurch ist eine – zumindest teilweise – Übernahme der Altbestände unvermeidbar. Abhilfe ermöglichen spezielle Dienstleister, die sowohl die Geräte- als auch die Personalkapazität für solche Einmalaktionen besitzen.

⇨ Übernahme der Altbestände, Seite154

Vorgangssysteme
Der Begriff »Vorgangsbearbeitung« wird häufig synonym zum Begriff »Workflow« verwendet. Unter beiden Begriffen wird ein Konzept verstanden, bei dem die Unterstützung strukturierter Abläufe und die Bereitstellung von Dokumenten während der Vorgangsbearbeitung am Arbeitsplatz im Vordergrund stehen. Vorgangssysteme unterscheiden sich somit grundsätzlich von den anderen beiden Kategorien, da das aktuelle Geschehen und

Unterstützung strukturierter Abläufe

nicht die Informationen der Vergangenheit Gegenstand der Betrachtung sind.

Erreicht werden soll damit im allgemeinen
❑ eine Verkürzung der Durchlaufzeiten von Geschäftsvorfällen,
❑ die ganzheitliche Bearbeitung eines Vorgangs,
❑ die Verbesserung des Kundenservice und
❑ besseres Controlling.

Um dies zu erreichen, erfolgt die durchgehende informationstechnische Unterstützung eines Ablaufs. Zur Abwicklung der Vorgänge werden die bekannten Funktionen der Bürokommunikation mit Funktionalitäten zur Ablage und Suche von Dokumenten kombiniert. Die Einzelfunktionen der Dokumenterstellung, Kommunikation, Bearbeitung und Genehmigung werden über eine Ablaufsteuerung integriert.

Die Effizienz der Vorgangsbearbeitung läßt sich durch ein entsprechendes DMS erheblich steigern. Allerdings müssen einige Voraussetzungen erfüllt sein, um die Nutzenpotentiale von Vorgangssystemen optimal ausschöpfen zu können. Wesentlich sind

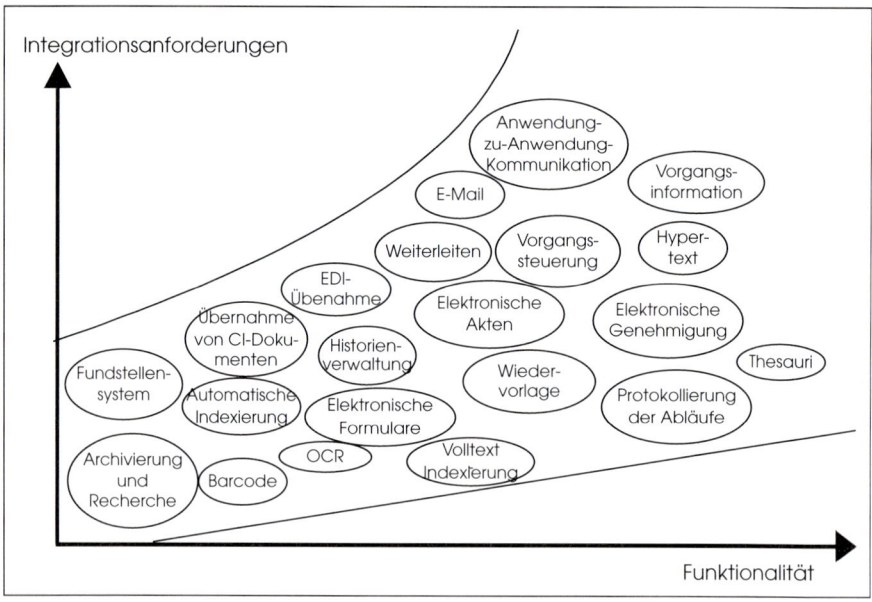

Abbildung 5: Funktionalität versus Integrationsbedarf

❑ weitgehend strukturierbare Abläufe niedriger Komplexität,
❑ gegenseitige Anpassung von organisatorischen Abläufen und Konzeption des DMS,
❑ Integration der bestehenden Anwendungssysteme.

Anforderungen an die organisatorische und technische Integration steigen nahezu linear mit der angestrebten Funktionalität des Systems. Die umfangreichen Funktionen zur Vorgangsbearbeitung (Abbildung 5) stellen hohe Anforderungen an die Integration in bestehende Systemwelten und bedingen oft gravierende organisatorische Veränderungen. Die Anforderungen an Archivierungs- und Recherchesysteme sind deutlich niedriger einzustufen.

Alle genannten Punkte werden später ausführlich erläutert. Es wird aber bereits aus dieser kurzen Darstellung deutlich, daß Vorgangssysteme den größten Nutzen generieren können, aber aufgrund ihrer Komplexität umfangreiche Vorarbeiten erfordern. Teilweise wird in Insider-Kreisen diskutiert, ob es wirklich schon DMS gibt, die den hohen Zielen gerecht werden und den Namen »Vorgangssystem« verdienen.

1.3 Einsatzfelder

DMS lassen sich grundsätzlich überall dort einsetzen, wo große Mengen an Informationen anfallen und diese – zumindest teilweise – auf traditionellen Medien (Papier, Mikrofilm) vorliegen. Dies ist dann der Fall, wenn viel mit externen Partnern (Kunden, Lieferanten, Dienstleistern) korrespondiert wird und diese Dokumente zusammen mit selbsterstellten Dokumenten (z.B. Korrespondenz) in einer oder mehreren Akte(n) bearbeitet und abgelegt werden.

Die ausschließliche Archivierung von Computerdaten kann prinzipiell ebenfalls durch ein DMS abgedeckt werden. Für diesen Anwendungsfall existieren jedoch spezielle Lösungen, die meist als Ersatz für COM[2]-Verfahren- zum Einsatz kommen. Typisch für DMS sind Anwendungen, bei denen zwar auch Computerdaten einfließen, die aber zusätzlich externe Dokumente übernehmen müssen und damit den Einsatz eines Scanners bedingen.

Ein erster Hinweis auf mögliche Einsatzfelder ergibt sich bereits aus den unterschiedlichen Zielsetzungen, die im letzten Abschnitt beschrieben wurden. So läßt sich beispielsweise ein Archivsystem natürlich überall dort einsetzen, wo bereits heute Archive existieren und Vorgangssysteme überall dort, wo heute

---

2 COM = Computer Output on Microfilm: Archivierung von Daten durch Ausdruck
   auf einen Mikrofilm und anschließende Löschung in dem Computer

bereits strukturierte Abläufe vorherrschen. Häufig greifen diese Überlegungen jedoch zu kurz, denn

❏ außerhalb der Archive existieren umfangreiche Ablagen,
❏ wenig strukturierte Abläufe können ebenfalls vom Einsatz eines DMS profitieren,
❏ effiziente Nutzung der Informationsbestände ist bei vielen Bürotätigkeiten von hoher Bedeutung.

Obwohl DMS grundsätzlich in allen Branchen eingesetzt werden können, lassen sich die Einsatzfelder grob in branchenübergreifende und branchenspezifische Anwendungen untergliedern.

Branchenüber-
greifende
Einsatzfelder

Zu den branchenübergreifenden Einsatzfeldern von DMS gehören die klassischen Archive und Ablagen, wie zum Beispiel

❏ Personalakten,
❏ Belegarchive (Rechnungen, Aufträge etc.),
❏ Presse- und Patentarchive,
❏ Firmen- und Produktinformationen,
❏ Rechts- und Steuerakten,
❏ Informationssammlungen für Öffentlichkeitsarbeit und
❏ Markterhebungen.

Im Sinne der oben angeführten Kategorisierung handelt es sich dabei im wesentlichen um DMS der Kategorien Archiv- oder Recherchesysteme. Ob der Einsatz eines elektronischen Systems in diesen Fällen interessant ist, bestimmt sich im wesentlichen aus dem Verhältnis der Archivgröße zur Zugriffshäufigkeit. So ist der Einsatz eines DMS in der Personalabteilung meist nur für sehr große Unternehmen mit mehreren tausend Mitarbeitern interessant, denn aufgrund der (in der Praxis üblichen) redundanten Personaldokumente in den Fachabteilungen und des generell seltenen Zugriffs auf Personalakten ist der Aufwand für ein DMS nicht gerechtfertigt.

Allerdings ist die Situation völlig anders zu bewerten, wenn an einen unternehmensweiten Einsatz gedacht wird, der dann die redundante Aktenhaltung vermeidet und Fachabteilungen den Zugriff auf zentrale, elektronische Akten ermöglicht. In diesem Fall wird nicht nur eine redundante Aktenhaltung vermieden, sondern die Personalabteilung kann durch das DMS die Aktualität, Ordnungsmäßigkeit und Vollständigkeit der Unterlagen sicherstellen. Über die Verwaltung restriktiver Zugriffsberechtigungen ist sie (meist besser als bisher) in der Lage, den Mißbrauch dieser sehr sensiblen Informationen zu kontrollieren.

Branchenspezifische Einsatzfelder können sehr vielfältig und unterschiedlich sein. Eine kleine Auswahl zeigt Abbildung 6.

Finanzdienst-leister	Industrie	Handel	Öffentlicher Bereich	Sonstige Dienstleister
Wertpapier-verwaltung	Angebotserstellung		Anträge, Meldungen	Immobilien-verwaltung
Immobilien-verwaltung	Auftragsabwicklung		Erlasse, Verordnungen	
	Fracht- und Transportpapiere		Kataster u. Grundbücher	
Kredit-abwicklung	Prüfberichte und Zertifikate			Patienten-akten und Patienten-verwaltung
	Technische Dokumentation			
Pressearchiv	Zeichnungen, Stücklisten			
	Patente		Patente	Pressearchiv

Quelle: In Anlehnung an Diebold

Abb. 6: Ausgewählte branchenspezifische Einsatzfelder

Typische branchenspezifische Einsatzfelder sind Vorgangssysteme in Angebots- und Auftragsbearbeitung. Je nach Organisation, Produkten und Marktgegebenheiten sind hier sehr unterschiedliche Abläufe notwendig, um Zielsetzungen wie besseren Kundenservice und effizientere Verwaltung zu erreichen. Vorgangssysteme werden häufig eingesetzt für die Bearbeitung von Standardvorfällen bei Versicherungen, die Bearbeitung von Eingangsrechnungen sowie Angebots-, Auftrags- oder Antragsbearbeitung in verschiedenen Branchen.

Während bei branchenübergreifenden Einsatzfeldern häufig Standardsysteme unverändert übernommen werden können, sind bei branchenspezifischem Einsatz zumindest Anpassungen, häufig aber auch softwaretechnische Veränderungen oder Ergänzungen notwendig. Bei Vorgangssystemen, die naturgemäß immer branchenspezifisch sind, ist der Einsatz eines »DMS von der Stange« kaum möglich.

1.4 Nutzenpotentiale im Vergleich zu traditionellen Medien

DMS sind erst durch die Technologie der optischen Speicher möglich geworden. Millionen von Papierdokumenten in einem Computer kostengünstig abzuspeichern, ist mit den Magnetspeichern trotz stetig fallender Kosten bis heute nicht möglich.

Erst die Kapazität und die Wechselbarkeit der Elektro-Optischen Speicher[3] macht solche Lösungen wirtschaftlich.

Im Gegensatz zu den ersten DMS sind die heutigen Systeme im allgemeinen nicht mehr ausschließlich an die Einbeziehung optischer Speicher gebunden. Heutige Lösungen können auch auf Basis von Magnetspeichern realisiert werden und teilweise sogar Mikrofilm integrieren.

»Hybrid-systeme«

In den folgenden Abschnitten werden wir auf die wichtigsten Vor- und Nachteile von DMS als rein elektronischen Systemen im Vergleich zu traditionellen Verfahren wie Mikrofilmsystem und papierorientierter Ablage eingehen. Im konkreten Einzelfall kann auch die Kombination von DMS und Mikrofilm in sogenannten »Hybridsystemen« sinnvoll sein.

Vorteile von DMS im Vergleich zu Papierarchiven

Aus dem Vergleich zu herkömmlichen Papierarchiven und Ablagen lassen sich als Vorteile des DMS erkennen

❏ Kontinuierliche Verfügbarkeit und Ordnungsmäßigkeit

Der gesamte Bestand ist immer verfügbar. Es gibt keine »vergriffenen« oder falsch abgelegten Dokumente. Ein einmal richtig erfaßtes Dokument ist immer richtig abgelegt, da keine Dokumente oder Akten entnommen werden, sondern lediglich Reproduktionen ausgedruckt oder angezeigt werden.

❏ Geografische Unabhängigkeit

Dokumente und deren Nutzer können räumlich getrennt sein (oder werden), da der Zugriff über elektronische Netze erfolgt. Damit wird der Zugriff auf Dokumente der zentralen Hauptverwaltung aus einer Zweigstelle oder Niederlassung genauso möglich wie die Schaffung einer gemeinsamen Ablage für unterschiedliche Bereiche oder Abteilungen.

❏ Gleichzeitiger Zugriff

Auf eine Seite (oder eine Akte) kann auch zugegriffen werden, wenn diese bereits bei anderen Personen in Bearbeitung ist. Dies eröffnet organisatorisch vollkommen neue Möglichkeiten, da die Aufgabenteilung nicht mehr von der physischen Verfügbarkeit einer Akte abhängt. Beispielsweise muß ein Kunde nicht bei einem bestimmten Sachbearbeiter anfragen, um eine Auskunft zu bekommen, sondern kann einen beliebigen DMS-Anwender ansprechen.

---

3 Als Elektro-Optische Speicher werden Speichermedien bezeichnet, die durch Laserlicht beschrieben und gelesen werden können. Speichermedien, Seite 241

❑ Komfortablere Suche

Akten, Dokumente oder einzelne Seiten können mit mehreren Suchbegriffen (und deren Kombinationen) gesucht werden. Ein Kundenschreiben kann zum Beispiel über Kundenname oder Kundennummer oder Eingangsdatum oder eine Kombination dieser Kriterien
gefunden werden. Auch der Text des Dokuments kann als Suchkriterium dienen. Es lassen sich beispielsweise alle Dokumente identifizieren, in denen jemand von einem »Saftladen« spricht.

❑ Geringer Raumbedarf

Auf einem einzigen Speichermedium[4] lassen sich heute bis zu
200.000 gescannte und komprimierte DIN-A4-Seiten speichern.
In einem DMS von der Größe eines normalen Kleiderschrankes
finden bereits mehrere Millionen Seiten Platz. Soweit Dokumente von einem Computer direkt übernommen werden – also nicht
gescannt werden müssen – können noch jeweils um den Faktor
10 bis 20 mehr Dokumente gespeichert werden. Es sind also
nahezu beliebige Kapazitätsanforderungen realisierbar.

❑ Schneller Zugriff

Über Robotersysteme für den automatischen Wechsel von Speichermedien kann eine beliebige Seite aus einem Bestand von
mehreren Millionen Dokumenten innerhalb von 15 bis 20 Sekunden herausgesucht und angezeigt werden. Bei Antwortzeiten von
ein bis drei Sekunden, wie wir sie von DV-Systemen gewöhnt
sind, erscheint dies zwar langsam. Der Vergleich zu den Minuten
bis Stunden, die benötigt werden, um ein Dokument aus einem
Zentralarchiv zu bekommen, zeigt den enormen Fortschritt.

❑ Speicherung beliebiger (multimedialer) Informationen

Da sich heute neben Texten auch Töne, Grafiken, Fest- und
Bewegtbilder in Computersystemen speichern lassen, können
alle diese Informationen auch durch DMS verwaltet werden.

❑ Bessere Integration in die Informationstechnik

DMS sind Computersysteme. Als solche lassen sie sich naturgemäß einfacher als Systeme auf Basis anderer Technologien (z.B.
Mikrofilm) in die bestehende Informationstechnik integrieren.

❑ Nutzung der Informationstechnik

Als Computersysteme bieten DMS die Möglichkeiten, die wir
aus der Datenverarbeitung kennen, auch für die Dokumentverar-
beitung an. Dazu gehören:

❑ Vergabe von Zugriffsrechten an bestimmte Personen,

---

4 WORM-Speicher mit 10 GByte Kapazität

❏ automatische Erstellung von Sicherungskopien,

❏ Zugriff von entfernten Standorten auf Informationen über Datennetze,

❏ elektronische Verteilung von Informationen.

Eine gemeinsame Ablage der eigenen, mittels Datenverarbeitung erstellten Schriftstücke zusammen mit der Eingangspost in einem einzigen System wird damit möglich. Die Medienbrüche zwischen diesen beiden Ablagen, die heute im allgemeinen nur durch Ausdrucken der eigenen Schriftstücke (also durch noch mehr Papier) überwunden werden, sind nicht mehr vorhanden.

Nachteile von DMS im Vergleich zu Papierarchiven

Es soll nicht verschwiegen werden, daß DMS auch Nachteile gegenüber einem herkömmlichen Papierarchiv haben. Die frühzeitige Berücksichtigung dieses Problempotentials ist für die erfolgreiche Einführung eines DMS maßgeblich. In diesem Buch wollen wir auch versuchen, Hilfestellung zur Reduzierung oder Umgehung dieser Schwächen zu geben; ganz vermeiden lassen sie sich jedoch nicht. Die größten Probleme von DMS sind:

❏ **Aufwendige Eingabe**

Das Einscannen (die Überführung eines Papierdokuments in die elektronische Form) ist nur mit einem relativ hohen Aufwand realisierbar. Dieser Aufwand ist um so größer, je unterschiedlicher das einzuscannende Papier ist (Farbe, Form, Stärke, Schriftgröße) und je mehr Suchkriterien zu vergeben sind.

Bei der Übernahme von Dokumenten aus anderen DV-Systemen ist vor allem der (einmalige) Aufwand für die Anpassungen der Formate, Schnittstellen, Suchkriterien etc. zu beachten. Laufende Aufwendungen und der Kapazitätsbedarf im DMS sind gegenüber den diesbezüglichen Anforderungen der zu scannenden Dokumente meist vernachlässigbar.

❏ **Notwendige Investitionsvolumen**

Die Verarbeitung gescannter Informationen stellt erhebliche Anforderungen an die Leistungsfähigkeit der elektronischen Systeme. So ist für den dezentralen Zugriff vom Arbeitsplatz ein schnelles Netzwerk Voraussetzung. Darüber hinaus sind meist leistungsfähige Peripheriegeräte erforderlich, um die Dokumente zu bearbeiten und auf den Speichermedien zu verwalten. Hinzu kommt die erforderliche Anpassung an die organisatorischen Abläufe, die die Erstellung individueller Software bedingt. Für große Systeme ist daher ein Investitionsvolumen von mehreren Millionen Mark nicht ungewöhnlich.

❏ Eingeschränkte Mobilität

Papier ist ein sehr flexibles und mobiles Medium. Solange die Menge in überschaubaren Grenzen bleibt, ist es sehr einfach, papiergebundene Informationen an beliebige Orte zu transportieren. Bei DMS hingegen ist man immer von einer entsprechenden Infrastruktur abhängig. Zumindest eine passende Steckdose muß verfügbar sein.

Dies kann sehr leicht zum Problem werden. Es ist beispielsweise eine übliche Praxis in Arbeitskreisen, daß jeder Teilnehmer einen Ordner mit den Protokollen und Diskussionsunterlagen der letzten oder aller Sitzungen zu jedem Treffen mitbringt. Werden diese Dokumente in einem DMS verwaltet, muß entweder der jederzeitige, schnelle Zugriff während der Sitzung sichergestellt oder ein umfangreicher Ausdruck vor jeder Veranstaltung durchgeführt werden. Beide Alternativen sind häufig nicht praktikabel.

❏ Erhöhter Anteil Bildschirmarbeit

Je mehr das DMS der Unterstützung der Vorgangsbearbeitung dient, desto höher wird der Anteil der Bildschirmarbeit. Die Konsequenzen daraus, wie zum Beispiel Erhöhung des Pausenanteils oder veränderte Arbeitsplatzgestaltung, sind die Folge. Es ist zu bedenken, daß DMS-Projekte im allgemeinen die Mitarbeit von Betriebs- oder Personalräten erforderlich machen. Empfehlenswert ist es fast immer, diese bei der Einführung eines DMS einzubeziehen.

❏ Akzeptanz

Die Trennung von einem so vertrauten Medium wie dem Papier ist für viele von uns kaum vorstellbar. Wenn auch das papierlose Büro vorläufig Fiktion bleibt, so erfordert auch ein papierarmes Büro Umstellungen der eigenen Arbeitsweise. Schon allein der Zugriff über die Angaben von Suchkriterien anstatt des Blätterns in Papierakten ist für viele Personen nur schwer vorstellbar.

Die Praxis zeigt jedoch, daß sich in Bereichen, die aufgrund der zu bewältigenden Mengen unter den traditionellen Verfahren leiden, auch nach anfänglicher Skepsis eine sehr gute Akzeptanz der DMS ergibt. Die Akzeptanz ist natürlich nicht systemspezifisch bedingt, sondern vor allem von der Gestaltung der Anwendung und der Vorgehensweise im Projekt abhängig.

Vorteile von DMS im Vergleich zu Mikrofilmlösungen

Der Raumbedarf von DMS ist mit dem von Mikrofilmarchiven durchaus vergleichbar. Ein modernes Mikrofilm-Archivsystem stellt im Vergleich zu der herkömmlichen Papierablage auf jeden

Fall einen Fortschritt dar. Eindeutige Schwächen der Archivierung auf Mikrofilm ergeben sich aber hinsichtlich der Integrationsmöglichkeit in bestehende Systemwelten und hinsichtlich der Vorgangsunterstützung. Ansonsten gelten generell jene Vorteile eines DMS gegenüber Mikrofilm, die auch schon im Vergleich von DMS und Papierarchiv diskutiert wurden. Dazu gehört auch, daß die Informationsrückgewinnung bei Mikrofilmorganisationen meist relativ aufwendig ist.

Nachteile von DMS gegenüber Mikrofilmlösungen
Beschränkt sich die Funktionalität eines Systems nur auf die Archivierungskomponente (Ablage für den Eventualfall, geringe Zugriffshäufigkeit, großes Archivierungsvolumen), dann wird ein Mikrofilmarchiv kostengünstiger sein und weniger Aufwand für den Eingabeprozeß erfordern. Der Aufwand für die Recherche darf allerdings nicht vernachlässigt werden.

Bei Aufbewahrungszeiten von mehreren Jahrzehnten bietet der Mikrofilm ein geringeres Risiko als DMS. Er besitzt eine hervorragende Haltbarkeit, und die Dokumente können – unabhängig vom jeweiligen Stand der Technik und Standardisierung – notfalls mit einer Lupe gelesen werden.

Das Argument des geringeren Investitionsumfangs bei Mikrofilm verliert durch den Verfall der Hardwarekosten und der Preise für Standard-Software immer mehr an Bedeutung. Die Höhe des tatsächlichen Zeitaufwands für die Erfassung bei DMS wird durch die aufwendigere Indexierung und die oft zusätzlich notwendige Sichtkontrolle nach dem Scanvorgang bestimmt. Sind die zu erfassenden Dokumente von gleichbleibender Qualität (gleiche Größe, gleiches Papier, maschinengeschrieben), dann kann durch technische und organisatorische Maßnahmen der Erfassungsvorgang wesentlich vereinfacht werden. Der Vorteil der Mikroverfilmung schwindet dann.

Die heute üblichen papierorientierten Verfahren und die Mikroverfilmung werden den Anforderungen an eine Vorgangsunterstützung nicht gerecht. Bei reinen Archivsystemen mit wenigen Zugriffen pro Tag muß den Papier- und Mikrofilmsystemen jedoch nach wie vor eine Daseinsberechtigung eingeräumt werden. Im Einzelfall ist deshalb abzuwägen, ob für Spezialfälle oder abgegrenzte Teilbereiche der Einsatz eines DMS wirtschaftlich sinnvoll ist.

1.5 Die wichtigsten DMS-Begriffe

Zum besseren Verständnis der folgenden Kapitel sollen hier die
unvermeidbaren DMS-spezifischen Begriffe kurz erläutert werden. Definitionen zu weiteren Begriffen finden sich im Glossar.

❑ **CI, NCI**

Im Zusammenhang mit DMS kommt der Unterscheidung zwischen codierter Information (CI, coded information) und nicht
codierter Information (NCI, non coded information) eine sehr
hohe Bedeutung zu, da NCI-Dokumente wesentlich höhere Anforderungen an die Leistungsfähigkeit und Kapazität der Systeme stellen.

⇨ Eingabe
und Indexie-
rung, Seite 113

Computer arbeiten im allgemeinen mit codierten Informationen
(CI). Jedes Objekt, zum Beispiel ein Buchstabe, wird systemintern durch eine zugehörige Zahl (einen Code) dargestellt. Erst bei
der Ausgabe auf einen Bildschirm oder einen Drucker wird das
Erscheinungsbild festgelegt (siehe Abbildung 7). Computer können demnach auch nur codierte Informationen verarbeiten, das
heißt suchen und vergleichen. Eine nicht codierte Information
(NCI) kann zwar als Bild im Rechner gespeichert und auf Bildschirm und Drucker ausgegeben werden, eine Verarbeitung kann
aber nicht stattfinden, da der Rechner zum Beispiel die Buchstaben eines Textes nicht erkennen kann.

Gescannte Dokumente liegen zunächst immer als NCI vor[5]. Sie
sind weitestgehend identisch mit den Informationen, die ein
Faxgerät verarbeitet. Daher können auch direkt in einen Computer übertragene Faxdokumente nur gespeichert, angezeigt und
ausgedruckt werden. Der Text des Faxdokuments läßt sich aber
nicht bearbeiten.

Informationsarten	Beispiel: "A"	
	systemintern	Präsentation
CI: Codierte Information	65	
NCI: Nicht codierte Information		

Abb. 7: Unterscheidung zwischen CI und NCI

5 Siehe Begriffserklärung "Scannen/Komprimieren" in diesem Kapitel

19

❏ **Dokument**

Der Begriff »Dokument« wird in diesem Buch, wie auch generell bei DMS, als Oberbegriff für alle in Papierform vorliegenden Informationen benutzt. Unter dem Begriff »Dokument« verstehen wir einen Beleg, ein Formular, ein ein- oder mehrseitiges Kundenschreiben, einen vielseitigen Bericht oder eine Zeichnung.

❏ **Index, Attribute, Suchmerkmale**

Dokumente müssen in einem DMS mit Suchbegriffen versehen werden, um sie wiederzufinden. Das Abbild des Dokuments wird als Bild nach rein technischen Gesichtspunkten innerhalb des DMS gespeichert. Erst über die Suchbegriffe (Indexwerte), kommt es in eine bestimmte Ordnung und kann zugegriffen werden. Die Indexwerte werden getrennt von dem Abbild des Dokuments in einer Datenbank gespeichert (Abbildung 8). Die Vergabe von Indexwerten ist bei NCI-Dokumenten unabdingbar, aber auch bei codierten Informationen meist sinnvoll. Den Vorgang der Zuordnung von Indexwerten zu einem DMS-Dokument nennen wir »Indexierung«. Anstatt des Begriffs »Index« sind auch die Begriffe »Attribute«, »Deskriptor« oder »Suchmerkmale« gebräuchlich.

Es können beliebige Merkmale als Index zugeordnet werden. Beispielsweise kann ein Dokument über das Eingangsdatum, die Kundennummer, den Namen des Kunden und ein Sachbearbeiterkennzeichen identifiziert werden. Weiterhin können vordefinierte Schlagworte oder frei vergebene Stichworte zugeordnet werden. Bei der Suche kann das Dokument über jedes dieser Merkmale oder eine Kombination derselben wiedergefunden werden.

❏ **Scannen / Komprimieren**

⇨ Eingabe
und Indexie-
rung, Seite 113

Unter Scannen wird das zeilenweise, auf Bildpunkte bezogene Abtasten einer Vorlage verstanden. Man spricht auch von »Digitalisierung«. Für den Benutzer ist der Vorgang mit der Erstellung einer Fotokopie vergleichbar. Das Abbild der Vorlage wird aber nicht auf Papier ausgegeben, sondern in elektronischer Form im angeschlossenen Computer gespeichert.

Eine abgetastete DIN-A4-Seite entspricht einem Datenvolumen von ein bis zwei Millionen Byte. Das Volumen hängt stark von der benutzten Auflösung ab, also von der Anzahl von Punkten, die pro Zentimeter bzw. pro Inch abgetastet werden. Dieser Wert wird in »dots per inch« oder kurz »dpi« gemessen. Höhere dpi-Werte bedeuten mehr Abtastpunkte pro Inch und damit höhere

Datenvolumina. Gescannte Seiten werden daher (fast) immer in komprimierter Form im DMS verwaltet. Die DIN-A4-Seite benötigt dann noch 50.000 bis 100.000 Byte. Für Computersysteme und -netze, die von ihrer internen Struktur auf codierte Daten ausgelegt sind, stellen diese Datenmengen eine erhebliche Belastung dar. NCI verlangen sehr hohe Speicher-, Verarbeitungs- und Übertragungskapazitäten, was eine höhere Leistungsfähigkeit bei den einzelnen Systemkomponenten (Speichermedien, Netzwerken, Arbeitsplatzsystemen) voraussetzt.

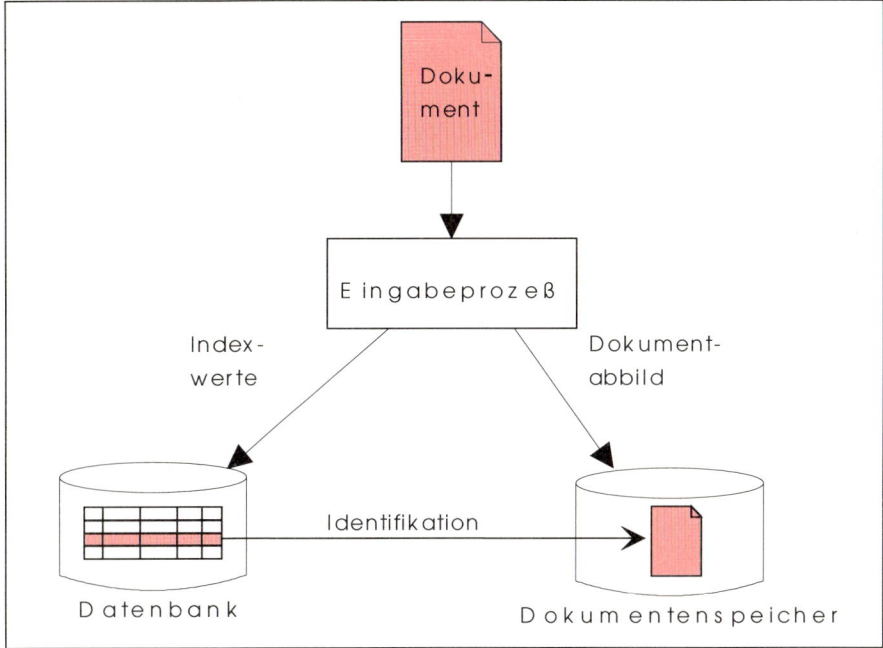

Abb. 8: Indexierung von Dokumenten

Abbildung 9 zeigt die Größenordnung der entstehenden Datenvolumina, einer typischen DIN-A4-Textseite bei unterschiedlichen Auflösungen (200 und 400 dpi) in komprimierter und unkomprimierter Form und desselben Textes bei einer Speicherung im ASCII-Code im Vergleich. Deutlich sind die enormen Unterschiede zwischen codierter (ASCII) und nicht codierter Speicherung (NCI) mit verschiedenen Auflösungen und dabei wiederum zwischen komprimierter und unkomprimierter Speicherung zu sehen. Analog wird in der zweiten Zeile dargestellt, wieviel Seiten jeweils auf einer Speicherkapazität von fünf Gigabyte (GB) unterzubringen wären (1 GB = 1.000 Megabyte).

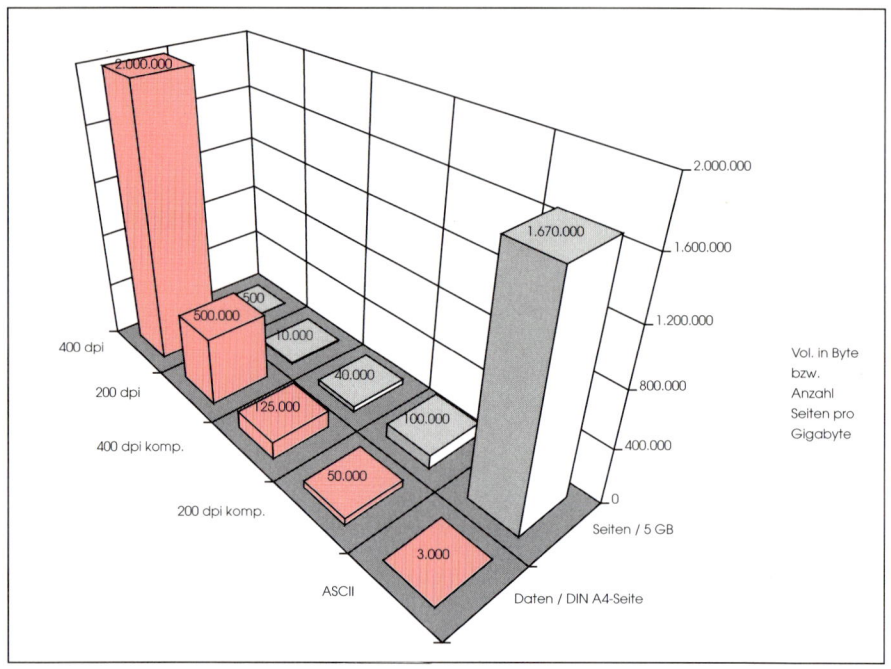

Abb. 9: Datenvolumina gescannter Seiten und resultierende Anzahl Seiten pro 5 GB.

2. Strategische Aspekte

Besonders bei der Gestaltung von DMS mit der langfristigen Zielsetzung, eine unternehmensweite Infrastruktur zu schaffen, sind eine Reihe von strategischen Aspekten zu berücksichtigen. Zunächst sind die aktuellen organisatorischen Trends zu evaluieren. Vor allem die Geschäftsprozeßoptimierung ist hier von großer Bedeutung und wird im folgenden anhand des Ansatzes der Unternehmensberatung Diebold näher betrachtet. Im Anschluß daran werden wir die für DMS relevanten Trends in der Informationstechnik und die Marktentwicklung behandeln, da diese Punkte bei der strategischen Planung ebenfalls zu berücksichtigen sind.

2.1 Geschäftsprozeßoptimierung

Veränderungen im Marktumfeld, wie die Liberalisierung der Märkte durch den EG-Binnenmarkt haben bei vielen Unternehmen neue Strukturen entstehen lassen. Zu beobachten sind insbesondere die Aufsplittung in überschaubare Geschäftseinheiten oder die Bildung von Allianzen, um im Wettbewerb bestehen zu können. Die internen Organisationsstrukturen können den damit einhergehenden veränderten Anforderungen (permanente Anpassung der Abläufe an die aktuelle Marksituation, Aufbrechen bestehender Hierarchien, weniger Taylorismus) nicht gerecht werden und stehen der Ausschöpfung sich bietender Marktchancen im Weg.

Ansätze, die bei der Neuausrichtung der Unternehmensstrukturen auch die interne Organisation mit einbeziehen, werden mit den Begriffen »Business Reengineering« oder »Optimierung der Geschäftsprozesse« überschrieben. Beispielhaft möchten wir hier den Ansatz der Management- und Technologieberatung Diebold Deutschland GmbH vorstellen.[1]

Grundlage der Geschäftsprozeßoptimierung (GPO) ist die Ausrichtung der Organisation an Ergebnissen und Leistungen, die maßgeblich zum Markterfolg beitragen. Optimiert wird damit der gesamte, arbeitsteilige Prozeß, der zum Beispiel vom Eingang einer Anfrage (durch den Kunden) bis zur Ablieferung der Ware beim Kunden inklusive der internen Verbuchung geht (Abbildung 10),

Ausrichtung an erfolgsbestimmenden Prozessen

---

1 siehe W. Dernbach, in: Scharfenberg, Strukturwandel in Management und Organisation, Seite 125 ff.

losgelöst von bestehenden Strukturen, einzig orientiert an quantifizierbaren Leistungszielen (z.B. Durchlaufzeit eines Auftrags), die dem Unternehmen einen Wettbewerbsvorsprung verschaffen können. Mögliche Nutzenpotentiale eröffnen sich dabei durch den zielgerichteten Einsatz aller in den Prozeß involvierten Ressourcen (u.a. Personal, Produkte, Informationstechnik).

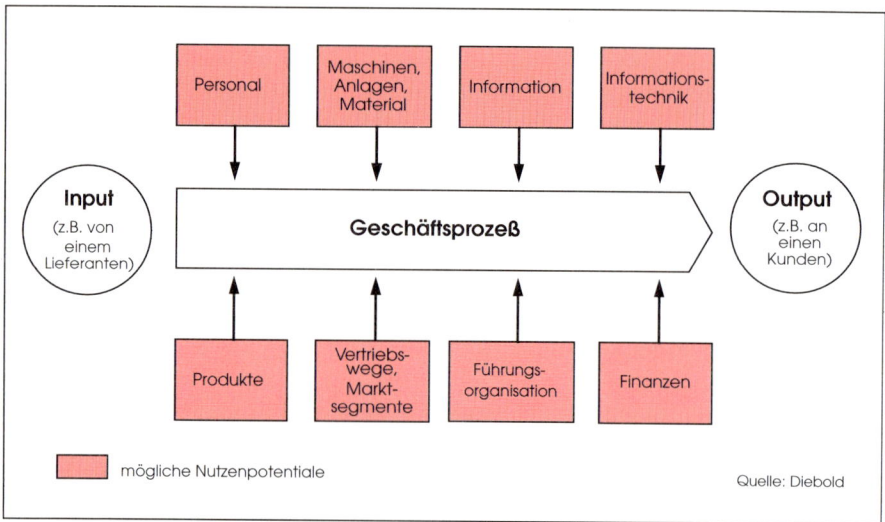

Abb.10: Geschäfts-Prozeß-Optimierung

Die Abgrenzung der Geschäftsprozesse untereinander wird so vorgenommen, daß der Anteil des einzelnen Prozesses an der gesamten Wertschöpfungskette als klares Organisationsziel definiert werden kann.

Die Geschäftsprozeßoptimierung selbst, also der Weg zu einer marktorientierten Organisation des Unternehmens, vollzieht sich in vier Teilschritten (siehe Abbildung 11).

Die **Strukturierung der Geschäftsprozesse** baut auf den Geschäftsfeldern auf, die von dem Unternehmen abgedeckt werden sollen. Unter Geschäftsfeldern sind hierbei abgrenzbare Produkt-Markt-Kombinationen zu verstehen. Je nach Situation des Unternehmens lassen sich operative Geschäftsprozesse definieren, bei denen zum Beispiel das Vertriebsmanagement nach Absatzwegen (direkt / über Händler), die Einteilung nach Produktgruppen (z.B. Duschwannen / Whirlpools / Sanitärzubehör), oder die Differenzierung nach Kundengruppen (Privatpersonen / Firmen / Interessengemeinschaften) im Vordergrund steht. Bei der Abgrenzung und Festlegung der Produkt-Markt-Kombinationen, ist auf weit-

gehende Homogenität der Marktanforderungen innerhalb eines
Geschäftsfeldes zu achten.

Im zweiten Schritt werden pro Geschäftsprozeß konkrete **Ziel-
vereinbarungen** getroffen, wie zum Beispiel eine Reduzierung
der Lieferzeit von sechs auf zwei Monate.

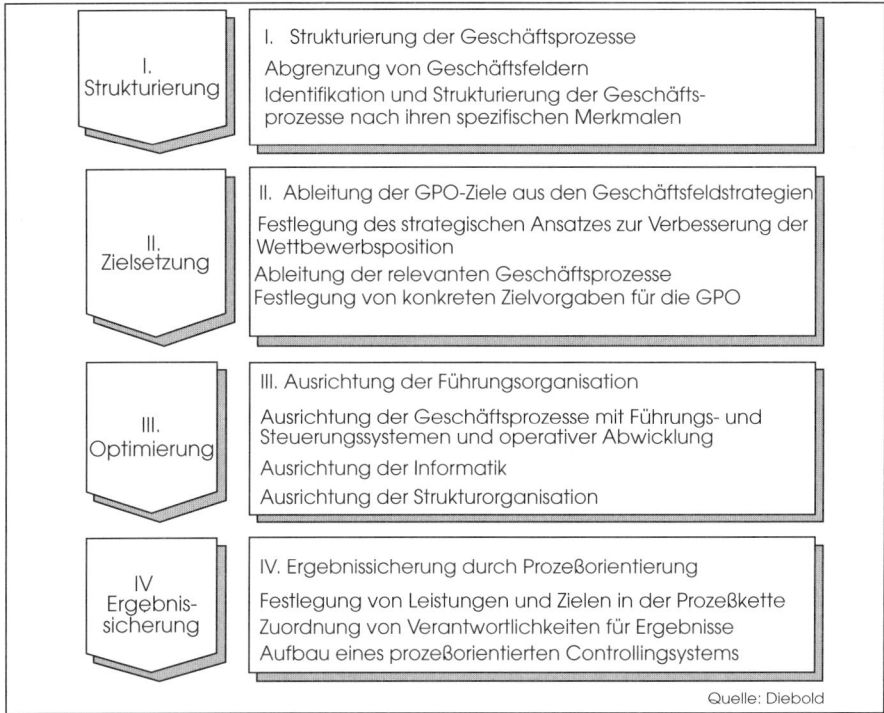

Abb. 11: Vorgehensweise Geschäftsprozeßoptimierung

Nachdem Gegenstand und Ziel des einzelnen Geschäftsprozesses
klar beschrieben ist, gilt es im nächsten Schritt, die **bestehende
Organisation top down in dieser Hinsicht zu optimieren** und
sich dabei von den existierenden Strukturen zu lösen.

Die Optimierung der Geschäftsprozesse ist allerdings nicht als
einmalige Aktion zu verstehen. Damit sich auch langfristig ein
Vorsprung im Markt für das Unternehmen ergibt, bildet erst die
Sicherung der Ergebnisse durch die Einrichtung eines **prozeßorientierten Controllingsystems** und klar **definierte Verantwortlichkeiten** für jeden Prozeß den Abschluß der »GPO«.

Das Konzept der Geschäftsprozeßoptimierung oder des Business
Reengineerings verlangt von den Unternehmen ein völliges Um-
denken und bedingt eine Neuausrichtung. Dennoch bleiben Ele-

mente wie Informationstechnik, Finanzen und Führungsorgani-
sation auch weiterhin lebensnotwendig für das Unternehmen. Sie
werden in diesen Ansätzen nur jetzt als Potential für den effizienten Einsatz innerhalb der Prozesse verstanden. Jeder Prozeß
setzt diese oder andere Potentiale – also das latente Leistungsver-
mögen des Unternehmens – im Prozeßverlauf ein. Dabei ergibt
sich eine Differenzierung der operativen Geschäftsprozesse in

- Primärprozesse, die in erster Linie zur Realisierung der Markt-
  leistung beitragen,
- Sekundärprozesse, die die Bereitstellung der benötigten Res-
  sourcen umfassen und
- Innovationsprozesse, die unter anderem die Produkt- und
  Marktentwicklung vorantreiben.

Die Geschäftsprozeßoptimierung ist als Management-Instrument
zu verstehen, das dazu beiträgt, die Schlagkraft des Unternehmens kurzfristig (ein bis zwei Jahre) zu steigern und langfristig
zu sichern. Gerade deutsche Unternehmen entdecken diesen Ansatz als Reaktion auf die verschärfte Wettbewerbssituation, weil
sich gerade deutsche Unternehmer in den vergangenen Jahren
verstärkt auf kundenspezifische Angebote konzentriert haben
und sich von einer Ausrichtung der Geschäftsprozesse mit dem
Kunden als Dreh- und Angelpunkt Vorteile versprechen.

2.2 DMS innerhalb neuer organisatorischer Trends

DMS berühren die diskutierten strategischen Aspekte in vielerlei
Hinsicht. Die prozeßorientierte Abwicklung in Vorgangsbearbei-
tungssystemen und die bereichs- und durchaus auch unternehmensübergreifende Verfügbarkeit von Dokumenten und Informationen unterstützen die Optimierung der Geschäftsprozesse. Der
Ausgangspunkt für ein DMS kann durch die Aufsplittung der
Geschäftsprozesse in Subprozesse und Teilprozesse gegeben
sein.

Hat man zum Beispiel die Beschaffung als primären Prozeß (der
zur Realisierung der Marktleistung beiträgt) lokalisiert, so könnte hieraus der Teilprozeß Rechnungseingang gebildet werden.
Dieser Teilprozeß läßt sich in die Subprozesse Prüfung durch
Fachabteilung, Rechnungsprüfung und Zahlung/Buchung trennen, von denen jeder wiederum als Prozeßkette dargestellt werden kann. Die Umsetzung und Unterstützung dieser Subprozesse
könnte Aufgabe eines DMS sein (Abbildung 12).

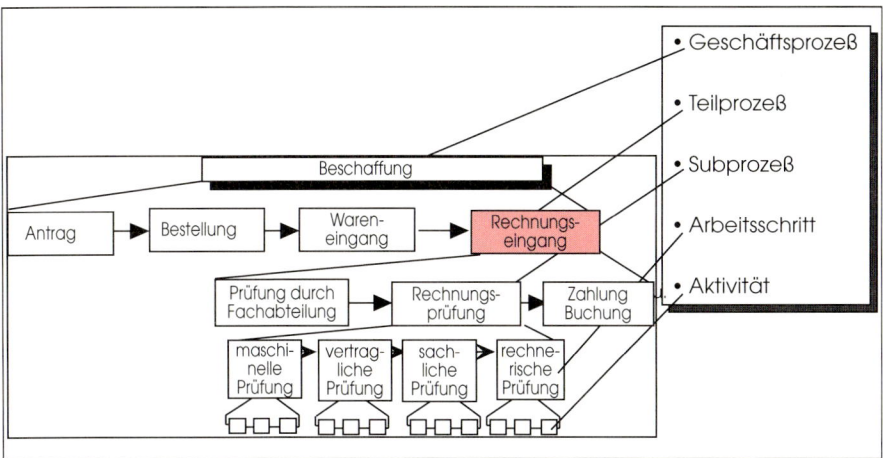

Abb. 12: Aufteilung eines Geschäftsprozesses

Mit DMS verliert die Frage an Bedeutung, an welchem Ort welche Dokumente abgelegt werden müssen. Vielmehr sind die Zugriffsrechte auf gemeinsam genutzte Speichermedien und die Nutzung im Netz allgemein verfügbarer Dokumenten-Management-Funktionen zu organisieren. Gleichzeitig gewinnt die Dokumentation der Abläufe an Bedeutung. Sicher nicht, um einzelne Mitarbeiter zu kontrollieren, aber bestimmt, um einzelne Abläufe nachvollziehen zu können und um weitere Rationalisierungspotentiale zu erschließen. Erste Beratungsunternehmen haben begonnen, ihre Dienstleistungen nach Vorschrift der ISO9000-Norm zu dokumentieren. Die ISO9000-spezifische Dokumentation wird als eine Art Qualitätssiegel verstanden und kann auch durch unabhängige Einrichtungen zertifiziert werden.

Auch im Sinne eines späteren Projekt-Controlling sollten die Zielsetzungen konkret formuliert werden. Beispiele können sein:

❑ Reduzierung der Papierablage um 70%
❑ Verkürzung der Durchlaufzeit um 30%

Erhöhung des Anteils bei der Erstbearbeitung abgeschlossener Vorgänge um 50%.

Die Idee des systemunterstützten Dokumenten-Managements liegt damit genau im Trend der aktuellen organisatorischen Entwicklungen.

ABER: Die Einführung eines DMS kann nicht auf den existierenden organisatorischen Abläufen einfach aufgesetzt werden. Damit wäre nur eine Technik durch eine andere ersetzt. Die Potentiale, die mit dem systemgestützten Dokumenten-Manage-

Keine 1:1
Umsetzung

ment verbunden sind, lassen sich erst in Verbindung mit einer Reorganisation im Sinne einer Prozeßorientierung verwirklichen.

> DMS können einen entscheidenden Beitrag zur Umsetzung neuer Entwicklungen der Unternehmensstrategie leisten. Die Durchführung einer GPO vor der DMS-Einführung ist die optimale Ausgangsposition für eine bestmögliche Erschließung der Nutzenpotentiale eines DMS-Vorgangssystems. Wichtiger als die vordergründigen organisatorischen und technischen Veränderungen ist jedoch die Benennung prozeßorientierter Verantwortlichkeiten und die Induktion einer neuen Denkweise.

2.3 Positionierung im Rahmen neuer Informationstechnologien

DMS zur inter-
personellen
Kommunikation

Einer der Schwerpunkte von DMS liegt auf der interpersonellen Kommunikation. DMS sind als Teil eines Informations- oder Dokumenten-Warenhauses zu verstehen. Die traditionelle Bürokommunikation stellt dafür die notwendige Funktionalität zur Verfügung. Während Bürokommunikations-Pakete wie Textverarbeitung, Tabellenkalkulation, Grafik- und Präsentationsprogramme mehr auf den einzelnen Arbeitsplatz zugeschnitten und damit noch eng mit dem Begriff »Personal computing« verbunden sind, liegt die Aufgabe der DMS mehr in der Unterstützung des Informationsaustauschs zwischen Arbeitsplätzen (Vorgangssteuerung, dezentrale Bereitstellung von Dokumenten). Die Funktionen am Arbeitsplatz werden durch DMS um Module zur Erfassung und Bearbeitung von Papierdokumenten ergänzt. Vorhandene Komponenten der elektronischen Post werden oft als Vehikel für die Verteilung von Dokumenten genutzt, und grafikfähige Endgeräte ermöglichen überhaupt erst die Darstellung von gescannten Dokumenten. DMS können als logische Fortentwicklung der traditionellen Bürokommunikation gesehen werden.

Workflow-
Systeme

»Workflow« ist ein relativ neues Schlagwort. Es bezeichnet im wesentlichen die Ablaufsteuerung bei der Vorgangsbearbeitung. Im einfachsten Fall handelt es sich dabei lediglich um eine Ergänzung zu einem bestehenden E-Mail-System.[2] Wie wir später noch ausführlicher erläutern werden, gehört aber zu der Unterstützung der Vorgangsbearbeitung wesentlich mehr als nur die

---

2 E-Mail = Electronic Mail = Elektronischer Versand von Nachrichten und Dokumenten zwischen Arbeitsplatzsystemen

Automatisierung des Datentransports zwischen den Beteiligten an einem Vorgang (= Ablaufsteuerung). Innovative Organisationsformen führen sogar zu einer Verminderung der heutigen Bedeutung der Ablaufsteuerung. Die ganzheitliche und vollständige Bearbeitung eines Vorganges durch eine Person bereits bei der erstmaligen Beschäftigung führt zwangsläufig zu wesentlich einfacheren und kürzeren Abläufen.

Da der Begriff vor allem in den Prospekten der Anbieter gern, aber in sehr unterschiedlicher Bedeutung verwendet wird, ist eine kritische Hinterfragung der jeweiligen Bedeutung angeraten. Wir sehen Workflow als Bestandteil eines DMS zur Unterstützung der Vorgangsbearbeitung (= Vorgangssystem) und benutzen den Begriff nicht isoliert.

Als ein weiteres Schlagwort wird »Groupware« oder »Workgroup Computing« in der Presse diskutiert. Groupware setzt auf den bekannten Elementen der Bürokommunikation, elektronische Post, Textverarbeitung und Terminkalender, auf und nutzt Datenbanken als Informationsbasis. Der innovative Charakter ist in der Art der Verknüpfung und Erweiterung der Funktionselemente für die Benutzung durch Gruppen im Gegensatz zur bisher vorherrschenden Benutzung durch Einzelpersonen zu sehen.

Groupware

Im Unterschied zu DMS-Vorgangssystemen, bei denen durch die Bereitstellung von Dokumenten am Arbeitsplatz mehr die elektronische Abbildung, Steuerung und Kontrolle von strukturierten Abläufen im Vordergrund steht, unterstützt Groupware (unstrukturierte) Abläufe im interpersonellen Bereich und ist auf Effizienzsteigerungen innerhalb einer Gruppe ausgelegt (Abbildung 13).

Groupware: 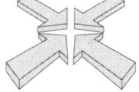 **Unstrukturierte Gruppen-Interaktion**

Kein Wissen darüber, wer welche Information bekommt und was damit zu tun ist

Workflow-Systeme:  **Strukturierte Abläufe**

Verteilung von Informationen in Abhängigkeit von Regeln, Ereignissen und Zeit

Abb. 13: Groupware versus Workflow

Teilweise wird Groupware auch als Überbegriff für Workflow benutzt, weil auch dort Gruppen von Benutzern unterstützt werden. In diesem Sinn gehören DMS zu Groupware, da sie im allgemeinen die Verwaltung, Recherche und Koordination von Dokumenten für eine Gruppe von Benutzern übernehmen. Da Groupware-Funktionen zukünftig generellen Einzug in Anwendungssoftware halten, ist der Begriff »Groupware« unseres Erachtens langfristig nicht überlebensfähig.

Multimedia   Im Gegensatz zu traditionellen Computersystemen sind DMS in der Lage, mehrere Medien zu integrieren. So verwaltet das DMS neben Textdokumenten auch Zeichnungen, Grafiken und Bilder, die auf unterschiedlichen Speichermedien vorliegen (Papier, Mikrofilm, Magnetspeicher). Gegebenenfalls können Dokumente auch mit Sprachanmerkungen versehen werden. Vor dem Hintergrund, daß Anwendungen, die mindestens zwei Medien integrieren, mit dem Begriff »Multimedia« zu bezeichnen sind, wären DMS ebenfalls als Multimedia-Anwendungen zu verstehen. Diese Definition von Multimedia ist zwar durchaus gebräuchlich, läßt aber die unterschiedlichen Anwendungsbereiche außer acht.

Multimedia wird heute primär technologisch gesehen und diskutiert. Es stellt sich daher die Frage, ob der Begriff mit der zunehmenden, selbstverständlicher werdenden Verfügbarkeit dieser Technologie überhaupt überlebensfähig ist. Ähnlich wie heute bei Multimedia war auch bei DMS die Diskussion in den 80er Jahren primär technologieorientiert, man sprach von »Imaging«. Heute hingegen stehen die Anwendungsmöglichkeiten und organisatorischen Fragestellungen im Vordergrund. Beginnt man auch im Bereich Multimedia mehr über die Gestaltung von Präsentationen und Schulungsprogrammen zu diskutieren als über Video-Schnittstellen und Komprimierungs-Algorithmen.[3] Wenn auch die Abgrenzung nicht immer eindeutig möglich ist, so möchten wir im vorliegenden Buch doch davon ausgehen, daß DMS und Multimedia zwei getrennte Themen sind.

Einsatzfälle für DMS, Groupware, Workflow und Multimedia haben zwar Gemeinsamkeiten und teilweise funktionale Überschneidungen, sie unterscheiden sich dennoch grundsätzlich. Einige der genannten Begriffe sind vermutlich nicht überlebensfähig. Vielleicht reden wir zukünftig nur noch von »Büroautomation« (als Weiterentwicklung der »Bürokommunikation«) und verstehen darunter die gesamte Funktionalität, die heute noch mit den erwähnten Begriffen verbunden ist.

---

3 beispielsweise H.P. Förster, M. Zwernemann; H 1993

2.4 Der DMS-Markt

Dokumenten-Management, also die Verwaltung von beliebigen Dokumenten mittels Computer, wurde erst mit dem Erscheinen der elektro-optischen Speichermedien interessant. Erst durch diese Technologie war es möglich, die bei dem Scannen von Dokumenten entstehenden Datenmengen wirtschaftlich in einem Computersystem zu speichern.

Historie und
Anwender

⇨ Speicherme-
dien, Seite 241

Nach der Erfindung der Compact Disc (CD) durch Philips und Sony Ende der 70er Jahre und der anschließenden Entwicklung der Bildplatte erschienen erste DMS bereits Anfang der 80er Jahre auf dem amerikanischen Markt. Man hatte sehr schnell erkannt, daß diese »Bildplatte« mit ihrer sehr hohen Kapazität nicht nur zur Speicherung von Fernsehbildern, sondern auch für Daten geeignet war.

Allerdings war es nicht nur die Speichertechnologie, die den Einsatz damaliger Computer für ein DMS mit NCI verbot. Die gesamte interne Struktur der Systeme (Hauptspeicher, Datenkanäle etc.) und auch die Endgeräte (= Terminals) waren nicht für die Verarbeitung von NCI geeignet. Die ersten DMS waren daher geschlossene Spezialsysteme mit limitierter Funktionalität, die lediglich als Insellösung ohne Integration in die bestehende Informationstechnologie betrieben werden konnten. Hard- und Software waren zu großen Teilen komplett neu entwickelt worden. Die notwendige Stabilität solcher Lösungen im produktiven Betrieb mit Eingabe und Zugriffen von mehreren tausend Dokumentseiten pro Tag war selten gegeben. Außerdem waren diese proprietären Lösungen sehr teuer. Allein die Endgeräte schlugen bei einigen Anbietern mit 30.000 bis 40.000 DM zu Buche. Hinzu kamen Investionen für zentrale Hard- und Software von ein bis zwei Millionen DM.

Zunächst
geschlossene
Spezialsysteme

Man kann sich leicht vorstellen, daß bei diesen Randbedingungen die Nachfrage nicht sonderlich groß war. Lediglich einige wenige Unternehmen, die neben dem entsprechenden Leidensdruck und der Finanzkraft auch den – für die Einführung einer innovativen Technologie – nötigen Pioniergeist besaßen, interessierten sich für diese Systeme. In Deutschland waren dies primär die Versicherungen, aber z.T. auch einzelne Visionäre anderer Branchen (z.B. Gruner & Jahr, Landesbausparkassen, Europäisches Patentamt).

Pioniere

Mit dem Fortschreiten der Technologie wurden die Probleme geringer, so daß bis Ende der 80er Jahre zunehmend neue Systeme auf dem Markt erschienen. Mit der steigenden Leistungsfähigkeit der PC – und der Verfügbarkeit günstiger Scanner glaubten einige PC-Lieferanten, durch einfaches »Zusammenstöp-seln« und die Anreicherung mit etwas Datenbanksoftware ebenfalls eine Lösung anbieten zu können. Sie verkannten allerdings die notwendige Beratungsintensität für organisatorische Fragestellungen.

Umstrukturie-rung des Marktes

Da die Nachfrage aber immer noch relativ gering war, hatte man eine Weile den Eindruck, es gäbe mehr Anbieter als Anwender dieser Systeme. Daß dies kein gesundes Verhältnis war, liegt auf der Hand. Mit den zunehmenden Schwierigkeiten der Datenverarbeitungs-Anbieter Anfang der 90er Jahre fand eine generelle Umstrukturierung der Marktgegebenheiten statt. So haben sich einige Anbieter entschlossen, sich gänzlich aus dem Markt zurückzuziehen, während andere sich auf Teilgebiete konzentrieren oder Lösungen nur noch in Kooperationen anbieten.

Offene Systeme und Standard-plattformen

Außerdem war es nun an der Zeit – und durch die Weiterentwicklung der Mainstream-Technologie möglich – die proprietären Insellösungen durch offene Systemplattformen zu ersetzen. Heutige Systeme zeichnen sich daher durch die weitestgehende Verwendung von verbreiteten Standardkomponenten für Hard- und Software aus. Insgesamt zeichnet sich ein Trend ab in Richtung offener, modularer Systeme, in die gegebenenfalls auch Fremdsoftware integriert werden kann. Einige Firmen bieten – neben Komplettlösungen – auch einzelne Hard- und Softwaremodule an.

Boom in vielen Branchen

Mit dieser Umstrukturierung des Marktes setzte nun auch ein Boom bei den Installationen ein. Neben den Versicherungen, die nach wie vor eine treibende Kraft besonders bezüglich der Vorgangsbearbeitung darstellten, kamen andere papierintensive Branchen wie Behörden, Banken und Handel hinzu. Vor allem die öffentlichen Verwaltungen zeigten, daß sie auf adäquate Problemlösungen (hier Dokumentenflut) durchaus aufgeschlossen reagieren.

Industrie

Aber auch die Industrie hat, zumindest für die Belegverwaltung in Buchhaltung und Rechnungswesen, die Vorteile von DMS längst erkannt. Die zunehmende Aufhebung der Trennung zwischen kommerzieller und technischer Datenverarbeitung, die stärkere Ausrichtung an den Geschäftsprozessen, die Anforderungen der ISO9000-Normen und die Vorschriften des Produkthaftungsgesetzes sind gute Ausgangsbedingungen für ein DMS. Allerdings muß dieses DMS nicht nur DIN-A4-Seiten, sondern auch Formate bis DIN A0 aufnehmen, die gängigen CAD-Formate unterstützen und einige weitere Anforderungen erfüllen. Daraus resultieren heute noch unterschiedliche Marktsegmente. Man spricht für den technischen Bereich auch von »Engineering Document Management Systems (EDMS)«. Trotz unterschiedlicher Begriffe sind die grundsätzlichen funktionalen Anforderungen zwischen technischem und kommerziellem Bereich ähnlich. Was der Techniker »Red-lining« nennt, sind für den Verwaltungsangestellten »Anmerkungen«, und wo dieser von »Optical Character Recognition« (OCR) redet, denkt der Techniker an »Vektorisierung«.

Dies haben einige Anbieter erkannt und versuchen daher, in beiden Segmenten zu akquirieren. Auch die Industrieunternehmen wollen für kaufmännische und technische Bereiche nicht getrennte Systeme aufbauen. Wie sollten sonst Geschäftsprozesse ganzheitlich abgebildet und unterstützt werden? Beispielsweise enthält ein Angebot häufig sowohl Kalkulationen von Einkauf und Vertrieb als auch Zeichnungen und Beschreibungen der Technik. Diese Informationsarten müssen auch gemeinsam in einem System verwaltet werden. So ist zu erwarten, daß beide Segmente bedient werden und die Unterscheidung zwischen DMS und EDMS hinfällig wird.

EDMS und DMS

Dem DMS-Markt steht insgesamt noch ein sehr großes Wachstum bevor. Während sich zunächst primär große Unternehmen dieser neuen Technologie annahmen, implementieren seit ca. 1992 auch mittelständische und kleine Unternehmen entsprechende Systeme. Analysen sprechen teilweise von einer wertmäßigen Verdoppelung des deutschen Marktes pro Jahr bis Ende der 90er Jahre.

Marktwachstum

Gefördert wird dieses Wachstum unter anderem durch die zunehmende generelle Verfügbarkeit der benötigten Infrastruktur. PC-Endgeräte und LAN (Local Area Network) sind heute meist ohnehin vorhanden. Der Einsatz relationaler Datenbanken und grafischer Bedienoberflächen ist ebenfalls Standard. Die volle Integration der elektro-optischen Speichermedien in Standard-Betriebssysteme hat diese Medien bereits von dem Hauch des Exotischen befreit. Aufgrund der Standardisierung und allgemeinen Verfügbarkeit der Technologie werden die DMS-spezifischen Investitionen in Hard- und Software immer geringer.

Wachstumsförderer

Obwohl das Potential für die jährliche Marktverdoppelung sicher besteht, ist es dennoch zweifelhaft, ob sich dieses Wachstum tatsächlich realisieren läßt. Denn erstens sind DMS nach wie vor sehr komplexe, beratungsintensive Produkte und zweitens sind zur optimalen Nutzung häufig erhebliche Umorganisationen angeraten. Die Beratungs- und Organisationskapazität ist aber sowohl bei den Anbietern als auch bei den Anwendern limitiert. Bremsend wirken außerdem die Preiskonkurrenz zum Mikrofilm

Wachstumsbremsen

bei einfachen Archivsystemen und der zunächst häufig unter-
schätzte Erfassungs- und Indexierungsaufwand.

Wie auch immer die Entwicklung im einzelnen verläuft, eines
scheint klar zu sein: Die Gefahr, daß DMS demnächst als nette
Spielerei einiger Technologiefetischisten in der Versenkung verschwinden, besteht nicht.

> Die Bedeutung von DMS wird weiter zunehmen. Sie haben sich
> einen festen Platz in den Anwendungsportfolios der Unterneh-
> men erkämpft.

DMS-Anbieter   Aufgrund des beschriebenen Potentials ist der DMS-Markt für Anbieter aus bisher weitgehend getrennten Lagern interessant (Abbildung 14). Es gibt Spezialisten, die sich eigens diesem Markt ver-
schrieben haben, aber auch Anbieter aus anderen Märkten, die ebenfalls ein Stück von diesem »neuen Kuchen« haben möchten.

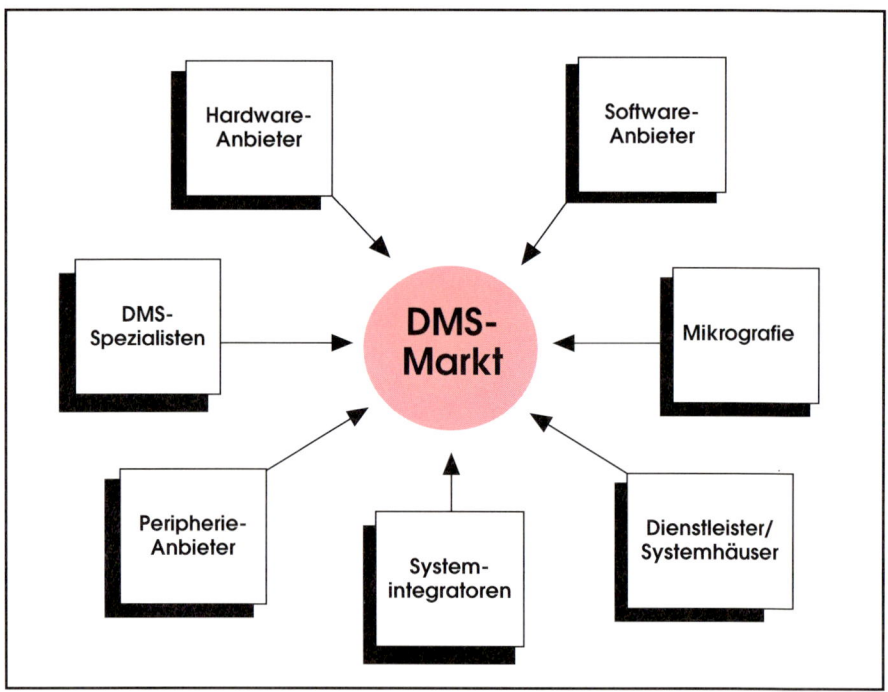

Abb. 14: Anbieter im DMS-Markt

Dies ist auch nicht weiter verwunderlich, sucht die Datenverar-
beitungs-Industrie doch immer noch nach neuen Märkten und
bieten DMS – aufgrund ihres Ressourcenbedarfs – die Möglich-

keit, viel und teure Hard- und Software abzusetzen. Außerdem möchte man verstärkt Dienstleistungen verkaufen, für die bei DMS-Einführung ebenfalls Bedarf besteht. Kontinuierlich kommen neue Lösungsanbieter hinzu. Bei den Basiskomponenten finden sich zwar bestimmte Produkte immer wieder, Software, Konfiguration und Integration unterscheiden sich jedoch stark. Entsprechend unübersichtlich ist der Markt.

Obwohl wir uns im folgenden auf die Anbieter von Komplettlösungen beschränken wollen[4], ist es nicht möglich, einen auch nur annähernd vollständigen Überblick zu geben. Wir beschreiben daher lediglich die einzelnen Anbietergruppen (Lager), nennen bekannte Beispiele und zeigen die Stärken und Schwächen der einzelnen Gruppen auf. Dies sollte ausreichen, um bei der Anbieterauswahl eine erste Eingrenzung vornehmen zu können.

Zu den Spezialisten gehören sowohl Firmen, die speziell mit dem Ziel gegründet wurden, ein DMS anzubieten (z.B. FileNet), als auch Firmen, die aus anderen Unternehmen ausgegliedert wurden, um diesen Markt besser bedienen zu können (z.B. COI ausgegliedert aus INA oder CE ausgegliedert aus Bertelsmann).

Spezialisten

Die Spezialisten leben ausschließlich vom Verkauf von DMS, so daß man mit einer umfassenden Betreuung und relativ leistungsfähigen Produkten rechnen kann. Da es für eine einzelne Firma aber unmöglich ist, die Integration zu allen vorhandenen DV-Systemen zu realisieren und zu pflegen, sind in diesem Punkt häufig Abstriche zu machen. Die Integrationsfähigkeit beschränkt sich meist auf die Systeme mit den größten Marktanteilen (z.B. IBM-Großrechner) und/oder auf relativ einfache Verfahren (z.B. Terminalemulation, Filetransfer). Wünschenswert hingegen sind Möglichkeiten der Kommunikation über entsprechende Schnittstellen.

Sind die Integrationsanforderungen spezieller, so empfiehlt es sich auch, die Lieferanten der eingesetzten Systeme anzufragen und deren Angebot zu prüfen. Alle namhaften Hardware-Anbieter und ein Großteil der Softwareanbieter haben mittlerweile DMS im Angebot. Natürlich muß in diesem Fall die funktionale Abdeckung der eigenen Anforderungen kritisch geprüft werden, denn eine systemtechnische Integration zu einem anderen Rechner stellt alleine auch noch keine Lösung dar.

Hard- und Softwareanbieter

---

4 Andere Publikationen führen in diesem Zusammenhang auch Anbieter von einzelnen Komponenten (Volltextsystem, OCR o.ä.) auf. Dies scheint uns nicht sinnvoll, da der Interessent dann seine Lösung selbst zusammenstellen, anpassen, konfigurieren und testen muß.

Systeminte-
gratoren oder
Systemhäuser

Bei der Systemvielfalt einzelner Anbieter kann nicht davon ausgegangen werden, daß die Integration des DMS in die bereits
installierte EDV-Landschaft selbstverständlich und problemlos
ist. Vor allem bei heterogenen Systemlandschaften kann die Integration zu einem erheblichen Problem werden. In diesem Fall
bietet sich der Blick zur Gruppe der Systemintegratoren oder
Systemhäuser an. Obwohl auch diese Anbietergruppe mittlerweile über Komplettlösungen verfügt, so sind sie dennoch in der
Lage, umfangreiche Anpassungen vorzunehmen.

Außerdem können nahezu beliebige Erweiterungen der Funktionalität in Auftrag gegeben werden. Das Problem liegt weniger in
der Machbarkeit von Anforderungen als in der Gefahr, eine zu
spezielle Lösung zu kreieren, die nichts mehr mit einer Standard-
Anwendungssoftware zu tun hat und dadurch mit allen Risiken
von Individualsoftware behaftet ist.

Peripherie-
Anbieter

Hat man ohnehin nur sehr geringe Anforderungen und braucht
man keine Integration zu mittleren oder größeren EDV-Syste-
men, benötigt aber eine möglichst günstige Lösung, dann kann
man sich an die Anbieter von Peripheriegeräten (Scanner, elektro-optische Speicher) und deren Distributoren wenden. Durch
Ergänzung ihrer Produkte um OCR- oder Archivierungs- und
Recherchesoftware bieten sie Lösungen für DMS mit begrenztem
Umfang an.

Dabei handelt es sich um Komplettsysteme, die nur geringe
Anpassungen erlauben. Für die Realisierung eines einfachen
Archivsystems mit geringem Durchsatz kann dies durchaus ausreichen und ist preislich auf jeden Fall interessant. Die Unterstützung der Vorgangsbearbeitung und die Bewältigung hoher Zugriffsraten ist mit diesen Systemen aber nicht möglich.

Mikrofilm-
anbieter

Liegt das Problem primär in der Integration bestehender Mikro-
filmarchive, bietet sich die Anfrage bei Anbietern an, die sowohl
DMS als auch Mikrofilmsysteme im Angebot haben[5]. Obwohl
auch bei diesen Anbietern nicht immer die passende Lösung
verfügbar ist, so sind sie, im Gegensatz zu den anderen Anbietern, zumindest kompetente Ansprechpartner in Fragen der Mi-
krofilmintegration.

Generell läßt sich sagen, daß bei der Realisierung von einfachen
Archivsystemen die Anbieter, die auch Mikrofilm anbieten, gutes
Verständnis für die Gesamtproblematik (also auch für die organi-

---

5 Ende der 80er Jahre waren die Mikrofilmanbieter sehr verunsichert, weil ihnen von
manchen Auguren der kurz bevorstehende Ersatz des Mikrofilms durch elektro-optische Speicher prophezeit wurde. Einige sind damals in den DMS-Markt eingestiegen und viele sind auch geblieben oder noch eingestiegen, als sich die Prophezeiung
als »Ente« erwies.

satorischen Fragestellungen) haben. Möchte man hingegen in die Unterstützung der Vorgangsbearbeitung einsteigen, sind auch diese Anbieter häufig überfordert.

Je nach Herkunft (bzw. Gruppe) dominieren bei den Anbietern unterschiedliche Interessenlagen und Know-how-Schwerpunkte. So wird zwar auch auf Anbieterseite viel von Vorgangssystemen geredet, an diesbezüglicher Funktionalität und Erfahrung mangelt es jedoch nicht selten.

Es ist aber nicht nur die Herkunft, die einen Anbieter für eine bestimmte Problemlösung mehr oder weniger geeignet macht. So haben sich einige Anbieter auf bestimmte Nischen spezialisiert, in denen sie besonders kompetent sind und für die sie leistungsfähige Produkte anbieten.

Nischen-Anbieter

Eine solche Nische ist die Archivierung von Massendaten der Datenverarbeitungs-Systeme[6], häufig als COM[7]-Ersatz- konzipiert. Hier finden sich vor allem Anbieter aus dem Großrechnerbereich. Die angebotenen Systeme sind im allgemeinen nicht in der Lage, NCI zu verarbeiten. Andererseits sind die DMS zwar in der Lage, CI zu verarbeiten, für die Archivierung der Massendaten eines Großrechners reicht aber die Durchsatzleistung häufig nicht aus. Außerdem wird für den Zugriff naturgemäß eine sehr enge Integration in Betriebssystem, Dateistruktur und Anwendung des Großrechners gefordert, die die meisten DMS ebenfalls nicht leisten.

COM-Ersatz

Weiterhin konzentrieren sich einige Anbieter auf bestimmte Systemumgebungen, z.B. Betriebssysteme (AS/400, bestimmte Unix-Versionen), bestimmte Dokumentarten (Belege, SGML-Dokumente, Fotos, Videos) oder die Integration in bestimmte Anwendungsumgebungen (SAP, bestimmte CAD-Systeme). Für eine passende Problemstellung erhält man bei diesen Anbietern oft die beste Lösung. Denkt man jedoch an ein DMS als Infrastruktur, d.h. die Funktionalität soll langfristig unternehmensweit angeboten werden, so muß man diesen Lösungen sehr kritisch gegenüberstehen.

Wie bereits eingangs erwähnt, ist der DMS-Markt unübersichtlich und, weil noch relativ jung, auch sehr dynamisch. Steht man vor der Auswahlentscheidung, kann es hilfreich sein, sich Produktvergleiche zu besorgen, wie sie von unabhängigen Instituten

Produkt-vergleiche

---

6 Dabei handelt es sich zwar nicht um DMS in unserem Sinne (keine NCI); da entsprechende Anbieter und Produkte aber auch in diesem Zusammenhang diskutiert werden, sollen sie hier nicht unerwähnt bleiben.
7 COM = Computer Output on Microfilm

oder in Zusammenarbeit mit Verlagen[8] gelegentlich hervorge-bracht werden. Allerdings können auch diese Vergleiche nie vollständig sein[9], und sie veralten relativ schnell. Lediglich für eine grobe Vorauswahl der in Frage kommenden Anbieter sind sie gut geeignet.

Vor allem muß man sich von der Idee befreien, es gäbe ein Produkt, daß objektiv das Beste sei, denn gerade bei DMS sind die Anforderungen aufgrund unterschiedlicher Zielsetzungen und organisatorischer Randbedingungen sehr heterogen.

Der Weg zu einem DMS geht immer von der individuellen Zielsetzung aus. Erst wenn diese Ziele und damit verbundene Anforderungen ausreichend bekannt sind, sollte man sich mit Produkten und Anbietern auseinandersetzen.

---

8 z.B. BBit, BIFOA, Computerwoche, IAO Fraunhofer Institut u.a.
9 Die mangelnde Vollständigkeit bezieht sich sowohl auf die Anzahl der untersuchten Produkte als auch auf die Leistungsmerkmale.

3. Rechtliche Fragen

Jeder Kaufmann ist für die ordnungsmäßige Aufzeichnung und Aufbewahrung aller handels- und steuerrechtlich relevanten Unterlagen verantwortlich. Die Aufbewahrung ist dabei so vorzunehmen, daß ein (sachverständiger) Dritter sich einen Überblick über die Geschäftsvorfälle und die Vermögenslage verschaffen und die Entstehung und Abwicklung der Geschäfte ohne erheblichen Aufwand nachvollziehen kann.[1] Ein bestimmtes System wird nicht vorgeschrieben. Der Gesetzgeber möchte mit dieser recht offenen Regelung die Ordnungsmäßigkeit der Buchführung sicherstellen. Ordnungsmäßig bedeutet, daß die erforderlichen Bücher tatsächlich geführt werden, die Bücher förmlich in Ordnung sind und der Inhalt auch sachlich richtig ist.

Für die Einführung eines DMS hat das zur Folge, daß spätestens bei der Analyse der Dokumente deren rechtliche Relevanz zu prüfen ist. Im wesentlichen sind hierbei Vorschriften des Handelsrechts (HGB), der Abgabenordnung (AO) und der Zivilprozeßordnung (ZPO) zu beachten. Diese Gesetzesgrundlagen regeln grob, welche Dokumente über welche Zeiträume aufzubewahren sind. Ferner enthalten sie Hinweise zur Art und Weise der Aufbewahrung. Darüber hinaus können die Grundsätze ordnungsmäßiger Speicherbuchführung (GoS)[2], die als Ergänzung der Grundsätze ordnungsmäßiger Buchführung (GoB)[3] zu verstehen sind und sich auf nur maschinell lesbare Datenträger beziehen, entsprechend Anwendung finden.

HGB, AO u. ZPO

GoB und GoS

3.1 Anerkennung im Sinne AO, HGB

Grundlage für die handelsrechtlichen Betrachtungen ist der bereits zitierte § 238 Abs.1 des Handelsgesetzbuches (HGB), der die allgemeine Buchführungspflicht der Kaufleute regelt. Dabei wird zunächst noch keine Aussage über die Form der Speicherung von Unterlagen getroffen. Erst § 238 Abs.2 HGB wird hier etwas konkreter. Danach ist der Kaufmann in bezug auf abgesandte Handelsbriefe verpflichtet, für die Wiedergabe des Wort-

§ 238 HGB

---

1 § 238 Abs.1, HGB, Buchführungspflicht und § 145 Abs.1, AO, Allgemeine Anforderungen an Buchführung und Aufzeichnungen
2 Die GoS wurden 1978 unter Mitwirkung des AWV (Ausschuß für wirtschaftliche Verwaltung in Wirtschaft und öffentlicher Hand e.V.) und der obersten Finanzbehörden des Bundes und der Länder erstellt
3 Die GoB sind im wesentlichen in Abschnitt 29 der Einkommenssteuer-Richtlinien von 1975 enthalten

lauts eine »Kopie, Abdruck, Abschrift oder sonstige Wiedergabe des Wortlauts auf einem Schrift-, Bild- oder anderen Datenträger«[4] bereitzuhalten.

Aufbewahrungspflicht und -frist Die Abgabenordnung (AO) schließt sich im Hinblick auf die Aufzeichnungspflicht und die allgemeinen Anforderungen den Ausführungen des Handelsrechts an[5]. Welche Unterlagen im einzelnen aufzubewahren sind, regeln die §§ 257 HGB und 147 AO. Wenn hier von »geordneter Aufbewahrung« gesprochen wird, so ist dies immer im Sinne der Grundsätze ordnungsmäßiger Buchführung zu verstehen. Die folgende Tabelle enthält die nach Handelsrecht und Abgabenordnung aufzubewahrenden Unterlagen und die jeweiligen Aufbewahrungsfristen.[6]

Bezeichnung	Aufbewahrungsfrist
Handelsbücher, Inventare, Eröffnungsbilanzen*, Jahresabschlüsse*, Lageberichte, Konzernlageberichte* sowie die zu ihrem Verständnis erforderlichen Arbeitsanweisungen und sonstigen Organisationsunterlagen	10 Jahre
empfangene Handelsbriefe und empfangene Geschäftsbriefe	6 Jahre
Wiedergaben der abgesandten Handelsbriefe und Wiedergaben der abgesandten Geschäftsbriefe	6 Jahre
Buchungsbelege	6 Jahre
sonstige Unterlagen, soweit sie für die Besteuerung von Bedeutung sind	6 Jahre

* Nach § 257 Abs.3, HGB und § 147 Abs.2, AO dürfen diese Unterlagen nicht ausschließlich auf einem Bild- oder Datenträger aufbewahrt werden. Sie sind in jedem Fall auch im Original aufzubewahren.

Abb. 15: Gesetzliche Aufbewahrungsfristen

Danach müssen zum Beispiel eingehende und ausgehende Rechnungen, soweit sie eine Buchfunktion bei Offener-Posten-Buchhaltung übernehmen, zehn Jahre aufbewahrt werden. Auftragsunterlagen inklusive der Unterlagen aus der vorausgehenden Angebotsphase sind sechs Jahre vorzuhalten.

Voraussetzung für die ausschließliche Aufbewahrung von Unterlagen auf Bildträgern (Fotokopien, Mikrofilm) oder Datenträgern (Magnetbänder, Magnetplatten, Disketten) ist, daß innerhalb der vorgeschriebenen Aufbewahrungsfrist jederzeit innerhalb eines angemessenen Zeitraums eine Reproduktion (Wiedergabe) vorgenommen werden kann, die bildlich (bei emp-

---

4 § 238 Abs.2, HGB, Buchführungspflicht
5 §§ 140, 145 AO
6 Ausführliche Informationen zu den Aufbewahrungsfristen finden sich auch in der Schrift 09155 der AWV

fangenen Handels- und Geschäftsbriefen sowie bei erhaltenen Buchungsbelegen) oder inhaltlich (bei allen anderen Unterlagen) mit den Originalunterlagen übereinstimmt.[7] Eine Aufbewahrung im Original ist, wie oben angeführt, nur in Ausnahmefällen erforderlich. Unter inhaltlicher Wiedergabe versteht man, daß Original und Wiedergabe der Aufzeichnung nach dem Inhalt übereinstimmen, also die Form, z.B. das Layout unterschiedlich sein darf. Die bildliche Aufzeichnung verlangt bei der Wiedergabe eine exakte Kopie des Originals (Faksimile).

Für die Wiedergabe von Unterlagen auf einem Bildträger bieten sich grundsätzlich zwei Verfahren an. Die bildliche Aufzeichnung auf Mikrofilm ist von der Aufzeichnung auf optischen Speichermedien vom Verfahren und damit auch von der rechtlichen Seite zu unterscheiden. Während es sich bei Mikroverfilmung um ein rein optisches Verfahren handelt, werden die elektro-optischen Aufzeichnungen (z.B. innerhalb von DMS) eher der elektronischen Datenverarbeitung zugeordnet, da die gespeicherten Informationen sowohl codiert als auch uncodiert (wie bei Mikrofilm) aufgezeichnet werden können.

Wiedergabe

Mikrofilm

Die Anerkennung der Aufbewahrung von Unterlagen auf Mikrofilm ist an die Einhaltung bestimmter Regeln gebunden, die in den »Grundsätzen für die Mikroverfilmung von gesetzlich aufbewahrungspflichtigem Schriftgut« festgehalten sind. So wird in den Mikrofilm-Grundsätzen unter anderem das Verfahren, die Protokollierung des aufgezeichneten Schriftguts und die Wiedergabe geregelt. Grundsätze für ordnungsmäßiges Dokumentenmanagement sind bei der AWV (Arbeitsgemeinschaft für wirtschaftliche Verwaltung e.V.) in Arbeit und erscheinen 1995.

Mikrofilm-Grundsätze

Optische Speicherplattensysteme

Die in DMS zumeist verwendeten elektro-optischen Speicherplatten sind inzwischen weitgehend als Speichermedium anerkannt. Diese Auffassung wird auch von den obersten Finanzbehörden geteilt, sofern das Speicherverfahren den Grundsätzen ordnungsmäßiger Buchführung genügt. Wichtig ist dabei, daß einmal erfaßte Belege nicht mehr verändert werden können und daß die Verfügbarkeit über den gesetzlich vorgeschriebenen Zeitraum garantiert werden kann.

---

7 §§ 257 Abs.3, HGB und 147 Abs. 2 AO

WORM = Write
Once Read
Many
⇨ Technisches
Konzept,
Seite 241

Beide Kriterien werden von WORM-Speichermedien (Write Once Read Many) erfüllt, die nach Herstellerangaben über eine Lesbarkeitsgarantie von mehr als 30 Jahren verfügen und durch das spezielle Verfahren der Datenaufzeichnung auch nicht mehr veränderbar sind.[8] Allerdings stellt sich die Frage, welcher tatsächliche Nutzen mit einer Lesbarkeitsgarantie verbunden ist. Stellt sich nämlich doch ein totaler Ausfall ein, so hat man sicher Anspruch auf Ersatz der Medien, die verlorenen Daten kann aber auch der Lieferant des Speichermediums nicht rekonstruieren. Sie sind unwiederbringlich verloren.

Haltbarkeit

Die Haltbarkeit des Speichermediums ist also nicht der kritische Faktor. Bei den immer kürzeren Produktlebenszyklen der neuen Verfahren wird eher die Verfügbarkeit des jeweiligen Systems einen Engpaß darstellen, zumal die Standardisierung der optischen Speichermedien teilweise unzureichend ist. Ob eine heute beschriebene optische Platte auch von dem DMS des Jahres 2010 verarbeitet werden kann, ist mehr als fraglich. Über längere Zeiträume ist deshalb aus heutiger Sicht wenigstens eine Konvertierung auf ein anderes (optisches) Speichermedium erforderlich. Die Übertragung auf einen anderen maschinell lesbaren Datenträger ist dabei gemäß den Grundsätzen ordnungsmäßiger Speicherbuchführung (siehe unten) aus juristischer Sicht unproblematisch.

Bei elektro-optischen Speichermedien wird, wie auch bei der Mikroverfilmung, eine aussagefähige Dokumentation des Verfahrens gefordert. Vorschriften, die in diesem Sinne über die Grundsätze ordnungsmäßiger Speicherbuchführung hinausgehen, sind bisher nicht bekannt.

Grundsätze ordnungsmäßiger Speicherbuchführung
Mit den Grundsätzen ordnungsmäßiger Speicherbuchführung soll über die GoB hinaus eine Transparenz geschaffen werden, die für den sachverständigen Dritten die Nachvollziehbarkeit des Speicherverfahrens DV-gestützter Verfahren erlaubt. Die Dokumentation der DV-technischen und organisatorischen Verfahren, Programme und Abläufe gehört damit zu den in §§ 257 Abs.1 HGB und 147 Abs.1 AO aufgeführten »Arbeitsanweisungen und sonstigen Organisationsunterlagen« und unterliegt den gesetzlichen Aufbewahrungsfristen.

---

8 Andere optische Speichermedien, z.B. MO-Speichermedien (magneto-optical) können wie Magnetplatten mehrfach überschrieben und gelöscht werden und erfüllen die juristischen Anforderungen des HGB und der AO nicht

Die GoS enthalten unter anderem Aussagen

❑ zur Aufzeichnung,
❑ zur Kontrolle und Abstimmung,
❑ zur Datensicherung,
❑ zur Dokumentation und Prüfbarkeit des Verfahrens,
❑ zur Aufbewahrung und Sicherung der Datenträger und
❑ zur Wiedergabe der Unterlagen.

Ordnungsmäßigkeit wird in den GoS untergliedert in Anforderungen an die ordnungsmäßige Transformation (Eingabe), die ordnungsmäßige Aufbewahrung (Speicherung) und die ordnungsmäßige Wiedergabe (Reproduktion) der Dokumente.

Die **ordnungsmäßige Transformation** muß sicherstellen, daß bei der Eingabe und Speicherung der Dokumente keine Veränderungen der Dokumente stattfinden. Dazu muß zunächst das Speichermedium zulässig sein. Mit den oben erwähnten Ausnahmen gibt es für die meisten Dokumente keine vorgeschriebenen Speichermedien, so daß die Speicherung speziell auf WORM unproblematisch ist.

Zum anderen muß die Transformation selbst vollständig, richtig und nachvollziehbar sein und nach einer festgelegten Methode erfolgen. Bei der Dokumenteingabe ist also darauf zu achten, daß die Dokumente vollständig (mit sämtlichen Randinformationen) gescannt werden und daß die Qualität der Abbilder ausreichend ist. Zur Vollständigkeit der Dokumente zählt in bestimmten Fällen auch, daß gegebenenfalls Informationen, die sich auf einer zusätzlichen Seite oder auf der Rückseite eines Dokuments befinden (z.B. Allgemeine Geschäftsbedingungen), mit eingegeben werden müssen.

Konsequenz aus der geforderten Nachvollziehbarkeit ist, daß der gesamte Eingabeprozeß im DMS mitprotokolliert werden muß. Dazu gehört auch, daß festgehalten wird, wer ein bestimmtes Dokument eingescannt hat. Das Eingabepersonal muß die entsprechenden Verarbeitungsprotokolle abzeichnen. Die geforderte Nachvollziehbarkeit führt zu weiteren Konsequenzen. Bei Vermerken oder Notizen auf den Schriftstücken muß der Urheber feststellbar sein. Anmerkungen auf dem Papier, die nach dem Scannen aufgebracht wurden, bedingen ein erneutes Scannen.

Mehrseitige Dokumente, Rückseiten und Allongen (z.B. Buchungsanweisungen) müssen im System eindeutig einander zugeordnet werden. Die Allonge darf keine Teile der Information verdecken. Gehen rechnungslegungsrelevante Informationen aufgrund der farblichen Gestaltung beim Scannen verloren, sind diese anderweitig mit dem Schriftstück festzuhalten.

Zu der **ordnungsmäßigen Aufbewahrung** gehört die Sicherstellung der jederzeitigen Verfügbarkeit und Lesbarkeit der Dokumente während der Aufbewahrungsdauer. Eine gewünschte Information ist in einer angemessenen – nicht näher bestimmten – Frist vorzulegen. Dies bedingt eine geordnete Aufbewahrung der Information. Jede Ordnung ist aus GoS-Sicht akzeptabel. Für den DMS-Einsatz ist also lediglich die Dokumentation der Ordnungskriterien für die einzelnen Dokumentarten erforderlich. Dies kann in Form eines »Archivplans« geschehen, der eine Übersicht darstellt, welche WORM-Platten mit welchen Inhalten, Erstellungsterminen und Aufbewahrungsfristen existieren.

⇨ Sicherheits-
konzept,
Seite 257

Da die gesetzlichen Aufbewahrungsfristen für die nach AO und HGB aufzubewahrenden Unterlagen nur sechs bis zehn Jahre betragen, ist die Lesbarkeit dieser Informationen bei WORM-Speichern gegeben. Wegen der oben erwähnten Problematik und da meistens auch noch Dokumente zu berücksichtigen sind, für die längere Fristen gelten, ist dennoch Vorsorge gegenüber Zerstörung und Verlust zu treffen.

Die **ordnungsmäßige Wiedergabe** verlangt die Reproduktion des ursprünglich eingegebenen Dokuments in bildlich bzw. inhaltlich richtiger Form. Richtig ist die Wiedergabe, wenn sie mit der eingegebenen und gespeicherten Information übereinstimmt. Die Veränderung der Dokumente bei der Reproduktion muß daher durch technische Maßnahmen und automatische Protokollierung verhindert werden. Reichen die technischen Möglichkeiten nicht aus, müssen sie durch manuelle/visuelle Kontrollen ergänzt werden.

Dokumente, die in bildlicher Form vorzulegen sind, müssen als exaktes Abbild des ursprünglichen Dokuments reproduziert werden. Um die Reproduktion aus einem DMS jederzeit in angemessener Frist zu ermöglichen, muß Hard- und Software funktionsfähig zur Verfügung stehen, die jedes Dokument, unabhängig vom Zeitpunkt der Eingabe, wiedergeben kann. Diese Möglichkeit muß für jedes Dokument über die gesamte Aufbewahrungsdauer sichergestellt sein.

Zusammenfassend läßt sich als Konsequenz für ein DMS ableiten, daß eine ausführliche Verfahrensdokumentation (Aufgabenstellung, Dokument/Datenein- und ausgabe, Fehlerbehandlung, Datensicherung) anzufertigen ist und daß die Vollständigkeit, Richtigkeit und Sicherheit der aufgezeichneten Unterlagen durch entsprechende Regelungen und Kontrollen sicherzustellen ist.

Dazu gehört auch, daß Vorkehrungen getroffen werden, die eine unerlaubte Manipulation der gespeicherten Daten und Dokumente verhindern und die die Lesbarkeit über die gesamte Aufbewahrungsfrist garantieren.

> Elektro-optische Speichermedien (WORM) sind aus handels- und steuerrechtlicher Sicht zur Speicherung der rechtlich vorgeschriebenen Unterlagen anerkannt. Bestimmte Unterlagen sind, wie auch bei elektronischer Speicherung oder Mikroverfilmung, zusätzlich im Original aufzubewahren. Besondere Beachtung ist dem Aufbau und der Dokumentation des Verfahrens zur Speicherung zu schenken. Einzelgenehmigungen sind zwar nicht mehr erforderlich, bei Unklarheiten sollte man sich mit dem zuständigen Steuerberater oder Wirtschaftsprüfer abstimmen.

3.2 Anerkennung als Beweismittel (ZPO)

Nach dem Bürgerlichem Gesetzbuch (BGB) sind mündliche und schriftliche Erklärungen rechtlich wirksam. Damit ist auch der elektronische Austausch von Daten oder Dokumenten und deren Reproduktion rechtsverbindlich. Entsteht jedoch Streit zwischen den Parteien, kommt es auf die beweisrechtliche Qualität an. In zivilrechtlicher Sicht stellt sich vordringlich die Frage, inwiefern elektro-optische Verfahren und die damit verbundene Reproduktion von Originalunterlagen als Beweismittel anerkannt werden.

Man kann heute davon ausgehen, daß optische Speichermedien ebenso als Beweismittel akzeptiert werden wie mikroverfilmte Unterlagen. Im wesentlichen obliegt dem Richter nach § 238 ZPO das Recht zur freien Beweiswürdigung. Ein Richter kann danach eine Reproduktion aus einem DMS (wie die von einem Mikrofilm) als Beweismittel anerkennen, ist aber vom Gesetz her nicht dazu verpflichtet.

Freie Beweis-würdigung

Weder Reproduktionen von Mikrofilm noch von optischen Speichermedien gelten als Urkunde im Sinne des Gesetzes. Allerdings können auch sogenannte »Objekte des Augenscheins« – und hierzu können Wiedergaben auf optischen Speichermedien aufbewahrter Unterlagen gezählt werden – vor Gericht in die Beweisführung eingebracht werden.[9] In der Praxis der Rechtsprechung werden die Reproduktionen daher üblicherweise anerkannt.

Objekte des Augenscheins

---

9 vgl. § 371 ZPO

In einigen Fällen, in denen dem Original ein höherer Beweiswert zugesprochen wird, ist es ratsam, die Originalunterlagen aufzubewahren. Hierzu zählen unter anderem beglaubigte Dokumente wie Abtretungserklärungen, Geburts- und Sterbeurkunden oder sonstige Urkunden der Behörden und Gerichte. Darüber hinaus sind bestimmte Unterlagen auf jeden Fall im Original aufzubewahren, weil sie zum Beispiel nur als Original Beweiskraft haben, oder weil mit diesen Dokumenten direkt ein bestimmtes Recht oder eine Funktion verknüpft ist. Die folgende Aufzählung enthält einige Beispiele, die den Charakter dieser Dokumente verdeutlichen:

❑ Verträge
❑ Schuldverschreibungen, Bürgschaftserklärungen
❑ Inhaber-, Order- und Rektapapiere (z.B. Wertpapiere)
❑ Vollstreckungsbescheide
❑ Vollmachten, Schuldscheine, Wechsel
❑ Testamente und andere einseitige, schriftliche Verpflichtungserklärungen, deren Vernichtung als schlüssige Handlung für ihre Aufhebung oder Ungültigkeitserklärung gedeutet werden kann.

⇨ Seite 158 Muß für bestimmte Dokumente das Risiko einer verweigerten Anerkennung ausgeschlossen werden, sind diese weiterhin (auch) in Papierform aufzubewahren. Im organisatorischen Konzept zeigen wir einige Möglichkeiten zur differenzierten Behandlung.

Im wesentlichen lassen sich die Aussagen zur handels- und steuerrechtlichen Situation auf das Zivilrecht übertragen. Obwohl Reproduktionen keinen Urkundencharakter haben, ist in der Praxis der Rechtsprechung die Anerkennung als »Objekt des Augenscheines« üblich. Im konkreten Einzelfall empfiehlt es sich, nur die Unterlagen zusätzlich in Papierform aufzubewahren, die mit einem erheblichen Streitwert direkt verbunden sind.

3.3 Anerkennung von Unterschriften

Unterschriften sind in unserer Gesellschaft ein wichtiges Hilfsmittel, um ein Einverständnis mit Vereinbarungen zu bezeugen, Genehmigungen zu erteilen und Gedankenäußerungen als authentisch zu kennzeichnen. Laut ZPO § 416 kommt einer Privaturkunde erst dann die volle Beweiskraft zu, wenn »sie vom Aussteller unterschrieben oder mittels eines notariell beglaubigten Handzeichens unterzeichnet ist. Dies bestätigt die Echtheit der Urkunde. Sie ist echt, wenn sie durch Unterschrift einem Namensträger zugeordnet werden kann. . . Zwangsläufig haben die Regeln der Zivilprozeßordnung Dokumente auf Papier im Visier, weil andere Speichermöglichkeiten von Gedankenäußerungen nicht üblich oder verfügbar waren, als die ZPO entstand (1877).«[10]

Wie bereits im letzten Abschnitt dargestellt, ist die Reproduktion eines gescannten Dokuments keine Urkunde im Sinne des § 416 ZPO, da es sich um eine Kopie und damit eben nicht um eine Urkunde handelt. Auch eine Unterschrift auf dem Originaldokument, die in der Reproduktion als Faksimiledruck wiedergegeben wird, ändert an dieser Rechtslage nichts. Erst die Unterzeichnung eines Computerausdrucks durch den Aussteller kann ein solches Dokument zur Urkunde machen.

In der Datenverarbeitung gibt es bereits seit einiger Zeit verschiedene Verfahren der »digitalen Unterschriften«. Die Identifikation und Authentizität des Ausstellers wird dabei über die Eingabe, Verschlüsselung und feste Dokumentenzuordnung eines nur dem Aussteller bekannten Begriffes (ähnlich einem Paßwort) sichergestellt. In der Rechtssprechung gibt es derzeit keine generelle Anerkennung von elektronischen Unterschriften.

Elektronische Unterschriften

Vorschläge für die juristische Anerkennung von Dokumentreproduktionen und digitalen Unterschriften sind in der Diskussion. Auch im Zusammenhang mit dem zunehmenden elektronischen Dokumentenaustausch in Form von Faksimiledokumenten oder in Form von Nachrichten nach dem EDI-Standard besteht dringender Handlungsbedarf. Derzeit ist noch keine generelle Anerkennung absehbar.

Die bisher geschilderte Situation gilt für den Austausch mit externen Partnern. Es finden jedoch – speziell in großen Unternehmen und Behörden – auch intern vielfältige Genehmigungs- und Mitzeichnungsprozesse statt. Hier existieren naturgemäß größere Freiheitsgrade.

Interne Genehmigungen

War die Unterschrift auch für die internen Genehmigungen ein adäquates Mittel, solange sich die Abläufe primär auf Papierdokumente stützten, so sollte bei der Einführung eines DMS über neue Möglichkeiten nachgedacht werden. Speziell bei Vorgangssystemen ist eine Abkehr von dem bisherigen Verfahren für den effizienten Einsatz notwendig. Es gibt in den Systemen eine Reihe von Möglichkeiten, sein Einverständnis zu erklären. Genehmigungen im DMS erfolgen

Vorgangs-unterstützung, Seite 191

---

10 AWV, Prozeßrechtliche Aspekte des Dokumenten-Managements mit elektronischen Speichersystemen, Eschborn 1993 c

❏ implizit durch Weitergabe eines Vorgangs/Dokuments an die
nächste Stelle,

❏ explizit durch

● Betätigen eines »OK-Knopfes«,

● Eingabe eines Geheimwortes,

● Nutzung von Magnet- oder Chipkarten.

Die im Einzelfall adäquate Maßnahme ist in Abstimmung mit
Organisation und Revision je nach Sicherheitserfordernis einzusetzen. Die Bewilligung eines Urlaubsantrages ist naturgemäß weniger risikobehaftet als die Unterzeichnung eines verbindlichen Angebots. DMS bieten damit als neuen Aspekt ein
differenzierteres Vorgehen, da nicht mehr alles mit der Unterschrift genehmigt werden kann. Sollen in bestimmten Fällen auch zukünftig Unterschriften Verwendung finden, so kann
man prinzipiell auch gescannte Unterschriften durch die Berechtigten hinzufügen lassen. Mit dieser technischen Möglichkeit lassen sich jedoch beliebige gescannte Unterschriften hinzufügen. Damit wird die erreichbare Sicherheit eventuell geringer.

Einen neuen Ansatz zukünftig mit Unterschriften zu arbeiten,
ohne daß wieder Papier erforderlich wird, bieten Stift-Computer.
Wesentlicher Vorteil: Gewohnte Arbeitsweisen können erhalten
bleiben. Dabei wird (mit gewissen Einschränkungen) auch die
maschinelle Verifizierung der Unterschrift möglich.

3.4 Datenschutzrechtliche Aspekte

Das Bundesdatenschutzgesetz (BDSG) verlangt, daß personenbezogene Daten in Datenverarbeitungssystemen besonders ge-
schützt werden und definiert Pflichten der verarbeitenden Stellen
und Rechte der Betroffenen. Ziel ist der Schutz des Persönlich-
keitsrecht, also die Vermeidung des »gläsernen Menschen«. Aufgrund der umfangreichen Möglichkeiten heutiger Informationssysteme und des immer intensiveren Datenaustausches zwischen
den Systemen ist diese Gefahr sehr real.

DMS müssen
BDSG berück-
sichtigen

Das BDSG ist ein »Auffanggesetz«. Es ist stets zu beachten,
wenn personenbezogene Daten verarbeitet werden und in anderen Rechtsvorschriften keine Regelungen getroffen wurden.
Aufgabe des BDSG ist die Sicherstellung des maximal möglichen Schutzes der Privatsphäre von Personen gegen die maschinelle Auswertung personenbezogener Daten. Erst durch die maschinelle Verarbeitung der Daten können sie in vielfältiger Art
und Weise ausgewertet werden; »Rasterfahndung« wurde erst

durch Computereinsatz möglich.[11] Die Speicherung personenbezogener Daten unterliegt somit erst dann dem BDSG, wenn sie in Computersystemen erfolgt. Der ausschließliche Einsatz von Mikrofilm oder Papier ist aus Sicht des BDSG unbedenklich. DMS hingegen müssen die Vorschriften des BDSG berücksichtigen.

Was sind nun eigentlich personenbezogene Daten? Laut BDSG handelt es sich um Einzelangaben über persönliche oder sachliche Verhältnisse einer bestimmten oder bestimmbaren natürlichen Person. Im Rahmen der Geschäftsdokumente, die üblicherweise mit DMS verarbeitet werden, sind natürlich eine Reihe von »Einzelangaben über persönliche oder sachliche Verhältnisse einer bestimmten oder bestimmbaren natürlichen Person« enthalten. Dazu gehören laut Geis/Mühlein[12] zunächst Namen, Adressen, Geburtsdaten und Unterschrift, aber auch weitere Informationen wie Diktatzeichen, Kundennummer, Personalnummer oder ähnliches. Auch wenn die Angaben sich nur auf juristische Personen beziehen, so unterliegen sie dennoch dem BDSG, sobald Rückschlüsse auf natürliche Personen möglich sind.

Personenbezogene Daten

Ein wesentlicher Punkt in bezug auf das BDSG ist das Kriterium der maschinellen Auswertbarkeit. Werden Dokumente eingescannt oder als Faksimile übernommen, so liegen sie im DMS zunächst nur als Abbild (NCI, Punktraster) vor. Diese nicht codierte Information (NCI) ist durch das DMS nicht auswertbar. Es kann die NCI-Dokumente lediglich anzeigen, speichern und drucken. Erst bei der Indexierung, bei der dem Dokument die gewünschten Suchbegriffe (Indexwerte) zugeordnet werden, erhält das DMS auswertbare Informationen zu dem Dokument.

Maschinelle Auswertbarkeit

Schwieriger gestaltet sich im Sinne der maschinellen Auswertbarkeit die Situation bei Dokumenten, die in codierter Form in das DMS übernommen werden (CI-Dokumente). Meistens sind dies die Dokumente, die im eigenen Haus auf PC oder anderen Rechnern erstellt werden. Aber auch NCI-Dokumente können prinzipiell in CI-Dokumente umgewandelt werden (OCR-Verfahren). CI-Dokumente können maschinell ausgewertet werden. Bei großen Dokumentmengen von mehreren tausend Dokumenten ist dies zwar ein sehr zeitaufwendiger und rechenintensiver Vorgang, er ist jedoch technisch problemlos. Werden die Dokumente vor der endgültigen Abspeicherung einer sogenannten Volltext-Indexierung zugeführt, ist die Auswertung auch nicht mehr zeitkritisch.

⇨ OCR, Seite 137

⇨ VolltextIndexierung, Seite 151

11 Wir beschränken uns hier auf die Anforderungen an die Wirtschaft. Für die Strafverfolgung gelten natürlich besondere Vorschriften.
12 AWV, Opto-elektronische Speichersysteme und Datenschutz

Damit kann prinzipiell jedes Dokument im Sinne des BDSG maschinell ausgewertet werden. Bei der Erstellung des organisatorischen Konzeptes, vor allem bei der Gestaltung der »Eingabe und Indexierung« für ein DMS, sind daher auch die Aspekte des BDSG zu beachten. Dabei gilt das »Verbotsprinzip«. Die Verarbeitung personenbezogener Daten ist demnach nur zulässig, wenn eine der drei folgenden Bedingungen erfüllt ist.

❏ Das BDSG selbst erlaubt die Verarbeitung bei
  ● Vorliegen eines Vertragsverhältnisses,
  ● Notwendigkeit der Verarbeitung zur Wahrung eines berechtigten Interesses der speichernden Stelle,
  ● Herkunft der Daten aus allgemein zugänglichen Quellen,
  ● der Datenverarbeitung zu Forschungszwecken.
❏ Eine Rechtsvorschrift außerhalb des BDSG erlaubt die Verarbeitung, z.B.
  ● Handelsgesetzbuch, Abgabenordnung.
  ● Betriebsverfassungsgesetz.
❏ Die Einwilligung des Betroffenen liegt vor.

Bei typischen Einsatzfällen von DMS ist meist eine der zwei ersten Bedingungen erfüllt. Die Einwilligung der Betroffenen bleibt als letzte Möglichkeit, sollte jedoch nicht überstrapaziert werden.

Die Datenverarbeitung ist im Sinne des BDSG primär für »laufende Verhältnisse« zulässig. Die Speicherung der Daten ist also nicht für unbegrenzte Zeit erlaubt. Die zulässigen Aufbewahrungszeiten sind abhängig von der Rechtsgrundlage, aufgrund derer die Verarbeitung erfolgt. Soweit es dort keine Vorschriften gibt, sind die Daten entsprechend BDSG § 35 Abs. 2 zu löschen.

Das Löschen nicht mehr relevanter personenbezogener Daten ist eine zentrale Forderung des BDSG. Es wird daher an dieser Stelle ausdrücklich darauf hingewiesen, daß das Löschen von Informationen auf der WORM (ohne physikalische Zerstörung der gesamten Platte) möglich ist, auch wenn häufig das Gegenteil behauptet wird! Sämtliche Daten werden auf der WORM in Form von Binärinformation (»0« oder »1«) durch das Einbrennen eines Lochmusters gespeichert. Beispielsweise wird die Information »010101« durch das Einbrennen von Löchern an der zweiten, vierten und sechsten Stelle eines definierten Bereiches gespeichert. Das Löschen geschieht nun durch Einbrennen von Löchern an der ersten, dritten und fünften Stelle. Damit ist die Information verloren. Dieses Verfahren ist vergleichbar dem kompletten Einschwärzen von Papierdokumenten.

Das BDSG billigt dem Betroffenen Auskunftsrechte über die gespeicherten Daten zu. Die Einhaltung dieser Auskunftsrechte ist aus DMS-Sicht unproblematisch und sollte mit dem DMS einfacher sein als bei traditionellen Systemen.

Auskunfts-
rechte

Im BDSG werden den Betroffenen die Korrekturrechte »Berichtigen«, »Sperren«, »Löschen« eingeräumt. Da DMS aufgrund der Anforderungen aus AO und HGB häufig auf Basis von WORM-Medien realisiert werden, ergibt sich das Problem, daß die Dokumente nicht (physikalisch) verändert (berichtigt) werden können. Für die Indexdaten, die in DMS auf Magnetspeichern abgelegt sind, ist die Berichtigung nur insofern problematisch, da sie aus Sicherheitsgründen zusätzlich auf der WORM gespeichert werden. Müssen die Indexwerte auch auf der WORM berichtigt werden, ist ein Umkopieren von Dokument- und Indexdaten in einen freien Bereich der WORM und das anschließende Löschen der alten Version möglich.

Korrekturrechte

Wird das oben beschriebene, physikalische Löschen nicht von dem ausgewählten DMS unterstützt, reicht nach der Novelle des BDSG von 1990 auch das Anbringen von Sperrvermerken. Bereits die organisatorische Maßnahme des äußeren Anbringens eines Sperrvermerks an den Speichermedien kann ausreichend sein. Etwas mehr Funktionalität sollte man aber schon verlangen. Zumindest das Einbringen von Sperrvermerken in der Indextabelle zu den betroffenen Dokumenten sollte möglich sein.

Sperren

Das BDSG verlangt eine besondere Sorgfalt bei der Dateneingabe. Für DMS ergeben sich damit vor allem organisatorische Anforderungen an das Scannen der Dokumente. Dazu gehört, daß

❑ Unbefugten der Zugang zu dem Beleggut zu verwehren ist,
❑ für Unbefugte der Zugriff auf Scanner und Speichermedien zu verhindern ist,
❑ Unbefugte die Speichermedien nicht Lesen, Kopieren, Verändern oder Entfernen können,
❑ überprüft werden kann, von wem welche Dokumente eingescannt wurden.

Weiterhin ist die Einhaltung des BDSG bei der Datenübertragung von und zu DMS von besonderer Bedeutung. Wichtig ist, daß

❑ Unbefugte das DMS nicht per Datenübertragung nutzen können,
❑ bei der Datenübermittlung kein unbefugtes lesen, kopieren, verändern oder löschen möglich ist,
❑ festgestellt werden kann, an welche Stellen Daten übermittelt wurden.

Wie schon bei den handelsrechtlichen Anforderungen, lassen sich die gleichen organisatorischen und technischen Maßnahmen (Zuständigkeitsregeln, Handlungsanweisungen, Protokollierung) auch für den Nachweis der Einhaltung des BDSG verwenden.

DMS müssen die Vorschriften des BDSG auch für gescannte Dokumente berücksichtigen. Die Verarbeitung von personenbezogenen Daten mit DMS ist im allgemeinen zulässig. Die Korrekturrechte der Betroffenen lassen sich mit der verfügbaren Technologie umsetzen. Sie sind aber durch organisatorische Maßnahmen zu ergänzen, die teilweise auch für die handelsrechtlichen Anforderungen benötigt werden.

4. Generelle Projektabwicklung und Vorstudie

Nachdem wir uns mit den grundsätzlichen Chancen und Risiken, dem Markt und der rechtlichen Problematik von DMS auseinandergesetzt haben, ist es nun an der Zeit, die praktische Seite eines Projekts zur DMS-Einführung in Angriff zu nehmen. Bevor wir uns der Vorstudie als erster Phase widmen, geben wir einen Überblick über die generelle Projektabwicklung, die auch diesem Buch zugrunde liegt. Aufgrund des direkten Bezuges zur Projektabwicklung berichten wir anschließend über Akzeptanz von DMS und Einbeziehung der Nutzer in die Gestaltung. Anschließend folgt die detaillierte Beschreibung der Aufgaben, Vorgehensweise und Inhalte der Vorstudie.[1]

4.1 Generelle Projektabwicklung

Die Einführung von DMS ist mit Veränderungen der Ablauforganisation und unter Umständen auch mit Eingriffen in die Aufbauorganisation verbunden. Zudem sind die zeitlichen und finanziellen Aufwendungen nicht unerheblich, und schließlich kann sich die Umsetzung eines Konzepts über ein bis zwei Jahre erstrecken. Umso wichtiger ist eine detaillierte Planung und ein adäquates Projektmanagement. Die Vorgehensweise zur Einführung eines DMS sollte sich an den gängigen Methoden und Verfahren zur Projektabwicklung orientieren. In unserem Buch werden wir lediglich auf Besonderheiten in Verbindung mit DMS eingehen. Den interessierten Leser möchten wir auf einschlägige Literatur zum Thema »Projektmanagement« verweisen.

Anhand eines generellen Projektablaufes werden in den folgenden Kapiteln die jeweils zu klärenden Fragen und die Möglichkeiten von DMS mit ihren Vor- und Nachteilen erläutert.

Abbildung 16 zeigt die einzelnen Phasen der Projektabwicklung. Die Ausprägung der einzelnen Projektphasen ergibt sich in Abhängigkeit von der Komplexität des Projekts und dem angestrebten Systemkonzept. Bei allen Entscheidungen sollte beachtet werden, daß Strategie Vorrang vor Organisation und Organisation Vorrang vor Informationstechnik hat. Eine noch so fortschrittliche technische Lösung bringt keine Vorteile, wenn sie nicht auf das organisatorische Umfeld ausgerichtet ist. Organisatorische

---

1 Nicht alle als DMS bezeichneten Produkte bieten die genannten Funktionen an.

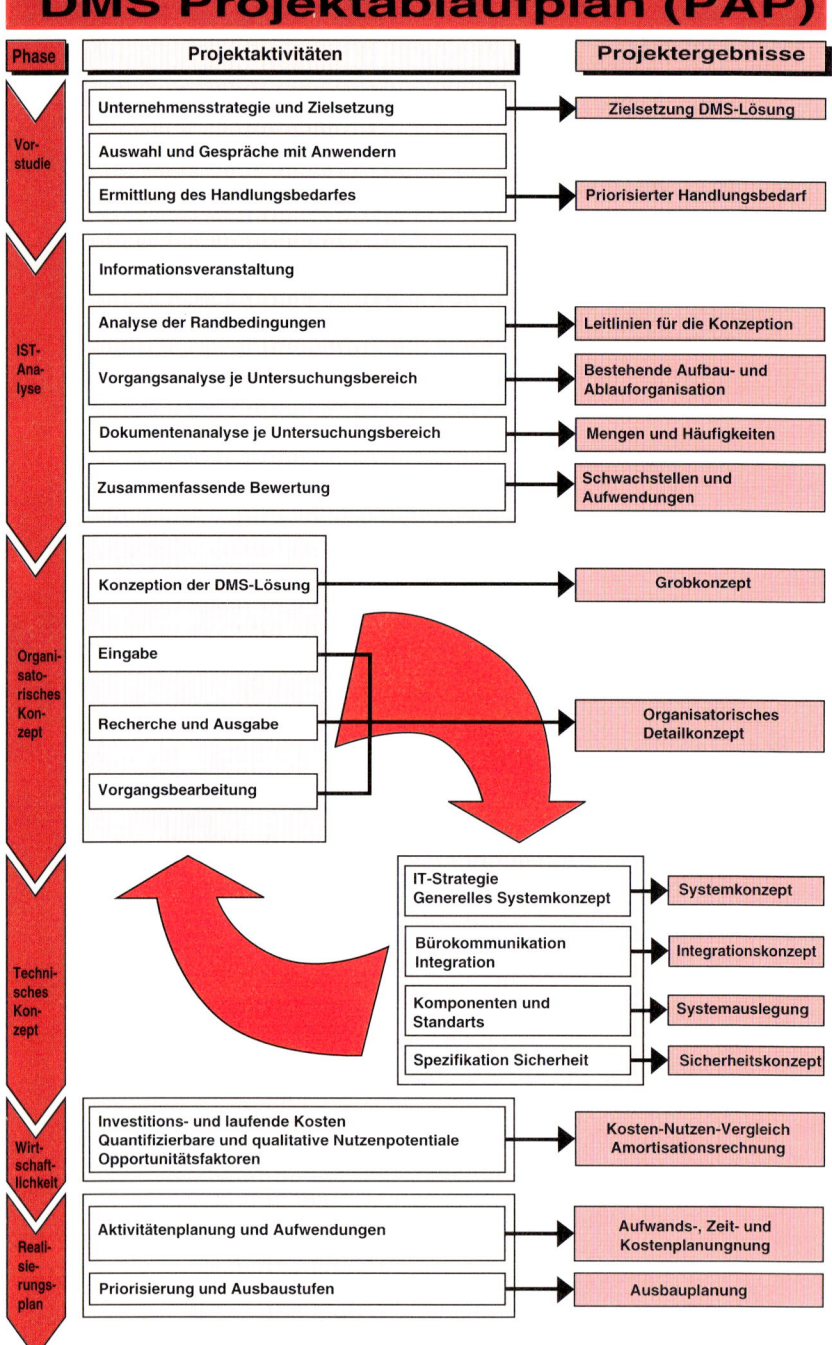

Abb. 16: Genereller Projektablauf

Lösungen sind wiederum im Zusammenhang mit den strategischen Unternehmenszielen zu sehen.

Das Phasenmodell folgt der klassischen Teilung in Vorstudie, Analyse, Konzeption, Bewertung der Wirtschaftlichkeit und Realisierung. Die einzelnen Phasen werden zwar typischerweise aufeinanderfolgend bearbeitet, jedoch bestehen zwischen den Projektabschnitten Schnittstellen, die auch das mehrmalige Durchlaufen einer Phase zulassen. In der Praxis bedeutet das, daß zum Beispiel Ergebnisse des organisatorischen Konzepts immer wieder auf technische Machbarkeit zu überprüfen sind und daß am Ende jeder Phase an einem sogenannten Meilenstein eine Entscheidung getroffen werden muß, ob das Projekt fortgesetzt wird oder ob auf einer früheren Phase mit veränderten Prämissen wieder angesetzt werden muß.

Die Vorstudie legt die Zielsetzung in Abhängigkeit von der generellen Unternehmensstrategie fest und ermittelt die Bereiche mit dem höchsten Handlungsbedarf. Dazu werden die wichtigsten Randbedingungen grob analysiert. In dieser ersten Projektphase ist zum Beispiel auch zu klären, welches Know-how im eigenen Haus verfügbar ist und zu welchen Themenkreisen externe Berater hinzugezogen werden. Weiterhin ist ein Projektteam zur Durchführung des Projekts zu bilden. In Abhängigkeit von der Bedeutung und dem Umfang des geplanten Projekts kann es hilfreich sein, einen Projektsteuerungsausschuß zu gründen, in dem auch Mitglieder des Betriebs- oder Personalrats vertreten sein können. Das Ergebnis der ersten Projektphase umfaßt eine abgestimmte Zielsetzung und eine gemeinsame Vorgehensweise.

Vorstudie

Die IST-Analyse dient zur Anforderungsdefinition, zur Beschreibung der momentanen Situation und der relevanten Randbedingungen für die Gestaltung der Zukunft. Sie ist die Ausgangsbasis für alle angestrebten Veränderungen. Die Analyse der Ausgangssituation bietet gleichzeitig die Chance zur Diskussion, welche Veränderungen tatsächlich sinnvoll und notwendig sind. Die Definition der groben Anforderungen an ein zukünftiges System bildet den Übergang zur nächsten Phase.

IST-Analyse

Haben sich in der Analysephase Potentiale für den Einsatz eines DMS nachweisen lassen, so wird in der nächsten Projektphase ein organisatorisches Konzept entwickelt. Das Projektteam sollte sich bei diesen konzeptionellen Überlegungen zur Aufbau- und Ablauforganisation von den bisherigen Abläufen lösen, um nicht eine ineffiziente 1:1-Umsetzung zu erhalten. Es sind zunächst einmal alle Abläufe in Frage zu stellen. Einzelne Entwürfe müssen auf ihre technische Machbarkeit hin geprüft werden.

Organisatorisches Konzept

Technisches
Konzept

In Anlehnung an das organisatorische Konzept wird anschließend die sinnvolle und notwendige informationstechnische Ausstattung bestimmt. Dabei sind Themen wie Datensicherung, Datenschutz, das Einhalten von Standards und die Ausstattung mit Hardware und Software zu berücksichtigen. Ein Überblick der Möglichkeiten am Markt verfügbarer Produkte sollte natürlich im Projektteam vorhanden sein.

Wirtschaft-
lichkeit

Nachdem die konzeptionellen Phasen abgeschlossen sind, werden die erkennbaren Kosten und Nutzenfaktoren in einer Wirtschaftlichkeitsbetrachung gegenübergestellt. Für die Beurteilung der monetären Seite stehen die gängigen dynamischen und statischen Verfahren der Investitionsrechnung zur Verfügung. Qualitative Aspekte fließen über Bewertungsschemata in die Beurteilung ein.

Realisierungs-
planung

Bei Entscheidung für das DMS wird in einem nächsten Schritt eine Vorgehensweise für die Realisierung des Systems entwickelt. Um später eine Vergleichbarkeit unterschiedlicher Anbieter zu ermöglichen, ist es sinnvoll, aus dem Konzept einen Anforderungskatalog abzuleiten, der als Grundlage für die Anbieterauswahl dient.

Bevor das System produktiv eingesetzt wird, sollten unbedingt Erfahrungen in einer Pilotinstallation gesammelt werden. Die Akzeptanz des Systems ist entscheidend für den Erfolg und kann sehr leicht durch anfängliche Probleme in Frage gestellt werden. Die Pilotphase hilft, Anfangsschwierigkeiten in den Griff zu bekommen. Sie kann auch als erstes Teilprojekt einer langfristigen Einführungsstrategie verstanden werden.

Erst nachdem ein einwandfreier Ablauf garantiert werden kann und die Unterstützung der Anwender sichergestellt ist, ist der produktive Einsatz des Systems zu empfehlen.

Die Einführung eines DMS stellt hohe Ansprüche an die Organisatoren und fordert die Bereitschaft, von bestehenden Ordnungen Abschied zu nehmen. Dokumenten-Management ist immer abteilungsübergreifend und betrifft das gesamte Unternehmen.

4.2 Akzeptanz und Einbeziehung der Nutzer

Viele Installationen von DMS wurden durch Fachabteilungen, die der täglichen Papierflut ausgesetzt waren, initiiert. Die Offenheit und Bereitschaft, sich mit der elektronischen Alternative auseinanderzusetzen, ist also generell vorhanden. Allerdings sind die Erwartungen teilweise recht hoch. Erkennen die potentiellen

Nutzer erst nach der Realisierung, daß DMS auch ihre Grenzen haben und daß zur Ausschöpfung der neuen Möglichkeiten Veränderungen der eigenen Arbeitsweise notwendig sind, wird die Situation schwierig.

Entscheidend für die Akzeptanz eines DMS ist die umfassende Einbeziehung der Mitarbeiter in den Entscheidungs- und Gestaltungsprozeß während des gesamten Projektes. Ziel der Konzeption muß die Lösung der Bedürfnisse der Anwender sein. Schließlich geht es bei DMS-Lösungen nicht darum, alle technologischen Möglichkeiten auszunutzen, sondern sinnvolle Unterstützung bei der täglichen Arbeit zu leisten. Dies gilt natürlich in besonderem Maße für Vorgangssysteme, aber auch Archiv- und Recherchesysteme haben grundsätzlich die gleichen Anforderungen zu erfüllen.

Akzeptanz
durch
Einbeziehung

Natürlich kann das nicht heißen, daß nun doch wieder die bestehenden Abläufe 1:1 übernommen werden. Dies ist wirtschaftlich nicht vertretbar und bei genauerer Betrachtung auch nicht im Interesse der Anwender. Es gilt vielmehr, ausgehend von der IST-Situation im Projektteam gemeinsam neue Abläufe zu gestalten oder bestehende Abläufe so zu verändern, daß sie sowohl den Anforderungen der Nutzer gerecht werden als auch die DMS-Technologie effizient nutzen.

Abläufe
gemeinsam
gestalten

Wenn das DMS die »eigene Lösung« darstellt, keine zu hohen Erwartungen geschürt wurden und »Akzeptanzhürden« bereits bei der Konzeption identifiziert und umgestaltet werden konnten, ist die Akzeptanz erfahrungsgemäß kein Problem. Selbst einzelne »Skeptiker« werden schnell zu »Enthusiasten« wenn sie die Potentiale erkannt und die Scheu verloren haben, weil sie erleben, daß sie diese Technik beherrschen.

Technik
beherrschen

Auch die Einbeziehung (nicht nur Information) von Betriebs- bzw. Personalrat ist zu empfehlen, denn bei DMS geht es immer um Veränderungen an den Arbeitsplätzen, für die entsprechende Mitbestimmungsregeln existieren (siehe auch EG-Richtlinie 90/270/EWG). Es kommt hinzu, daß bei unkontrollierter Anwendung der technischen Möglichkeiten mit Vorgangssystemen Mitarbeiter kontrolliert werden können. Dies ist aber nicht im Interesse des Unternehmens, denn das Gefühl, kontrolliert zu werden, führt zu einem offenen oder verdeckten Boykott der DMS-Nutzung und zu verringerter Motivation. Demgegenüber kann ein gemeinsam gestaltetes DMS die Motivation erheblich steigern, da die Investition des Unternehmens in den Arbeitsplatz eine Wertschätzung des Mitarbeiters ausdrückt.

Betriebs- bzw.
Personalrat

Motivation

4.3 Vorstudie

In jedem der folgenden Kapitel beschreiben wir eine Phase gemäß der dargestellten generellen Vorgehensweise. Dabei beschreiben wir jeweils zunächst die Aufgaben und die Vorgehensweise in der betreffenden Phase, bevor wir dann auf die inhaltlichen Aspekte detaillierter eingehen.

Das typische DMS-Projekt beginnt mit einer Vorstudie.

Aufgaben der Vorstudie

Aufgrund der unterschiedlichen Anforderungen der an einem
Projekt beteiligten Unternehmensteile muß der erste Schritt relativ breit angelegt werden. Es gilt vor allem, die Anforderungen
der Nutzer, nicht die der »Verwalter« der Dokumente/Akten zu
ermitteln. Die Einbeziehung der nutzenden Abteilungen ist bei
einer Lösung für ein Zentralarchiv genauso unabdingbar wie bei
der Realisierung von Recherche- und Vorgangssystemen.

In einem umfassenden Ansatz liegt allerdings die Gefahr, daß
zuviel Zeit mit Erhebungen und Analyse verbracht wird. Ist der
Aufwand für das Gesamtprojekt begrenzt, bleibt kaum noch Zeit
für eine durchdachte Konzeption und Wirtschaftlichkeitsbetrachtung. Ist der Aufwand nicht begrenzt, wird die Analyse leicht zur
»unendlichen Geschichte«. Findet sie dann doch irgendwann
einen Abschluß, sind die anfangs gemachten Erhebungen schon
obsolet.

Natürlich ist keine der beiden Alternativen befriedigend. Es hat
sich daher eine abgestufte Vorgehensweise bewährt. Dabei werden zunächst die grundsätzlichen Ziele und Ausgangssituationen
erhoben. Im Sinne eines »Rundumschlages« wird ein kurzer
Blick in mehrere (nicht in alle) Abteilungen geworfen, in denen
sich Nutzenpotentiale durch ein DMS eröffnen könnten.

Handlungs-
bedarf

Die sich in der nächsten Phase anschließende detaillierte Analyse
und Konzeption konzentriert sich auf die Bereiche mit hohem
Handlungsbedarf. Dies schließt zwar nicht aus, daß bei der späteren Systemauswahl auch noch bekannte Forderungen anderer
Bereiche einfließen. Aber es ist ein Zugeständnis an die Reali-
sierbarkeit. Einerseits werden die erwähnten Effekte der »unendlichen Geschichte« vermieden. Andererseits führt das Analysieren und Sammeln von Anforderungen in sehr unterschiedlichen
Bereichen unweigerlich zu dem Bedarf für eine »eierlegende
Wollmilchsau«, also zu einem nicht realisierbaren Konzept, das
wirklich alles abdeckt (und möglichst wenig kostet).

4.4 Vorgehensweise bei der Vorstudie

Schon bei der Durchführung der Vorstudie ist eine Orientierung
an Geschäftsprozessen einer Orientierung an den Abteilungs-
strukturen vorzuziehen. Die einzubeziehenden Abteilungen ergeben sich automatisch. Beispielsweise umfaßt der Prozeß »Rechnungsprüfung« einzelne Aufgaben der Abteilungen Finanzbuchhaltung, Einkauf und Wareneingang.

Die generelle Projektabwicklung wurde bereits erläutert. Eine
detaillierte Darstellung der Vorgehensweise sowie Aufgaben und
Ergebnisse der Vorstudie zeigt Abbildung 17.

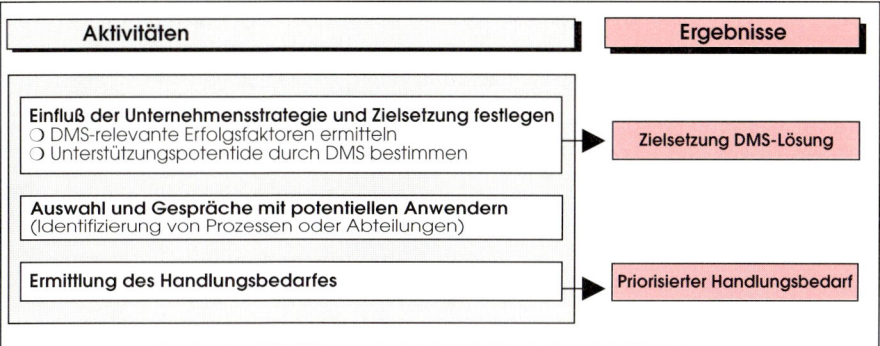

Abb. 17: Projektablauf Vorstudie

Vorstudie und IST-Analyse weisen bezüglich ihrer Inhalte eine
Reihe von Gemeinsamkeiten auf. Die Vorstudie ist umfassender
und weniger detailliert als die IST-Analyse. Die genaue Bestimmung, welche Punkte schon Bestandteil der Vorstudie und welche erst in der IST-Analyse zu behandeln sind, muß im Einzelfall
entschieden werden.

4.5 Einfluß der Unternehmensstrategie

DMS als informationstechnische Systeme mit zum Teil erhebli-
chem Investitionsbedarf müssen sich in die Gesamtstrategie eines Unternehmens einfügen. Sie haben Zielsetzungen und Aufgaben zu erfüllen, die einen sinnvollen Beitrag zur übergeordneten Zielsetzung des Unternehmens im Markt leisten.

Der Begriff »Archiv« wird von Top-Managern meist nicht mit
»strategisch bedeutsam« assoziiert. Schon aus diesem Grund sollte ein DMS-Projekt möglichst nicht als »Elektronisches Archivsystem« bezeichnet werden, auch wenn diese Bezeichnung eine
wohlklingende Abkürzung (»EASY«) ermöglicht. Abseits von

solchem Projektmarketing zeigt eine nähere Beschäftigung mit
den Einsatzmöglichkeiten von DMS im eigenen Unternehmen
aber auch Potentiale auf, die wenig mit herkömmlichen Archiven, aber viel mit neuen organisatorischen Entwicklungen wie
Geschäftsprozeßoptimierung zu tun haben.

Geschäfts-
prozeßoptimieru
ng (GPO)

⇨ Seite 23

Im Idealfall geht dem DMS-Projekt eine Geschäftsprozeßoptimierung (GPO) voraus. Eine GPO erfordert zwar – auch wegen
des neuen gedanklichen Ansatzes – erhebliche zeitliche Aufwendungen, sie nimmt aber bereits eine Reihe von Aufgaben vorweg,
die sonst innerhalb des DMS-Projektes zu bewältigen sind.
Außerdem kann das DMS bei der Lösungskonzeption seine Vorteile bei einer prozeßorientierten Struktur besser ausspielen als
bei einer herkömmlichen, funktionalen Orientierung.

⇨ Seite 26

Die generelle Positionierung von DMS im Zusammenhang mit
neuen Entwicklungen innerhalb der Unternehmensstrategien
wurden bereits in Kapitel 2 dargestellt. An dieser Stelle geht es
um die Umsetzung der strategischen Aspekte im Rahmen eines
DMS-Projektes. Wir gehen dabei von der Annahme aus, daß
keine GPO vorausgeht und konzentrieren uns auf die wichtigsten
DMS-relevanten Aspekte. Dafür gilt es zunächst, die primären
Erfolgsfaktoren des Unternehmens zu ermitteln.

Erfolgsfaktoren

Tatsächlich sind DMS in der Lage, Erfolgsfaktoren für den unter-
nehmerischen Erfolg zu unterstützen. Sie können also strategische Bedeutung erlangen. Diese Aussage soll im folgenden an
einigen typischen Erfolgsfaktoren belegt werden. Im konkreten
Einzelfall gilt es natürlich, die jeweils spezifischen Erfolgsfaktoren zu prüfen. Dies setzt wiederum voraus, daß man die Erfolgsfaktoren des eigenen Unternehmens kennt. Diese trivial anmu-
tende Forderung ist bei weitem nicht in allen Unternehmen erfüllt. Gerade wenn das Geschäft gut läuft, macht man sich oft
keine Gedanken oder ist unterschiedlicher Ansicht über die Ursache des eigenen Erfolgs. In schwierigen Zeiten sieht man sich
hingegen als Opfer der Umstände (Rezession, Standortnachteil
etc.). Erfolgreiche Unternehmen zeigen aber immer wieder, daß
das zielgerichtete Agieren (statt Reagieren auf den Wettbewerb)
für die Realisierung der eigenen Vorgaben maßgeblich ist.

Eine der ersten Aufgaben sollte es daher sein, zunächst die
relevanten Erfolgsfaktoren zu eruieren und mit den Entscheidungsträgern abzustimmen. Kann man dann zeigen, daß ein DMS
diese Erfolgsfaktoren wirkungsvoll unterstützt, ist die prinzipiel-
le Entscheidung über die Einführung unproblematisch, und es
geht nur noch um das »Wann« und »Wie«.

Die folgenden Erfolgsfaktoren sind repräsentativ für viele Unternehmen und sollen kurz erläutert werden:

❏ Kundenservice
❏ Produkt- bzw. Dienstleistungsqualität
❏ Durchlaufzeit
❏ Verwaltungskosten

In Märkten mit weitgehend identischen Produkten und geringer Kundenbindung, wie beispielsweise bei Versicherungen, kommt dem Kundenservice eine strategische Bedeutung zu. Die Differenzierung von den Wettbewerbern erfolgt durch

Kundenservice

❏ bessere Auskunftsfähigkeit gegenüber dem Kunden,
❏ schnellere Bearbeitung von Leistungsansprüchen des Kunden,
❏ schnellere Beantwortung und höhere Flexibilität gegenüber Wünschen und Forderungen.

Alle genannten Punkte setzen eine umfassende und schnelle Verfügbarkeit sämtlicher kundenbezogener Informationen/Dokumente voraus, was durch »elektronische Akten« innerhalb eines DMS realisiert werden kann.

Die Maximierung der Qualität der eigenen Produkte bzw. Dienstleistungen kann ebenfalls durch DMS unterstützt werden. Die Unterstützung erfolgt z.B. durch

Produkt- bzw. Dienstleistungs- qualität

❏ bessere Dokumentation und Nachvollziehbarkeit des Entwicklungsprozesses,
❏ bessere Nutzungsmöglichkeit vorhandener Entwicklungen,
❏ einfacherer Nachweis der Einhaltung von Gesetzen, Normen und Standards (ISO 9000, Produkthaftung etc.).

Die häufig als lästig empfundene Dokumentation kann somit durch das DMS vereinfacht und so als »Ressource« entdeckt und genutzt werden.

Ein Erfolgsfaktor, der häufig in der Investitionsgüterindustrie wichtig ist, ist die Reduktion der Durchlaufzeit für Verwaltungsvorgänge, die seit Jahrzehnten kaum verändert ist. So ist in der Investitionsgüterindustrie die Reaktionszeit auf einen Angebotswunsch in der Regel mit entscheidend für die Auftragsvergabe.

Durchlaufzeit

Bei solchen Angeboten sind viele Stellen im Unternehmen beteiligt. Diese Stellen müssen unterschiedliche Informationen (Beschreibungen, kaufmännische Kalkulationen, technische Berechnungen, Zeichnungen u.ä.) beitragen und sind z.T. voneinander abhängig. Die herkömmliche, stark gegliederte Aufgabenteilung führt bei seriellem Vorgehen zu unnötig langen Durchlaufzeiten.

Beispiel: Ange- botserstellung

Dies ist der typische Ansatzpunkt, um über die Optimierung dieses Geschäftsprozesses nachzudenken. Bei der Neugestaltung der Angebotsabgabe ergibt sich, daß

❑ eine verantwortliche Stelle den Ablauf jederzeit koordinieren und kontrollieren muß,

❑ die Angebotserstellung im wesentlichen einem strukturierten Ablauf folgt,

❑ bei Erreichen bestimmter Stati Entscheidungen zu treffen sind, von denen der weitere Ablauf abhängt,

❑ bestimmte Informationen/Dokumente immer, manche häufig und andere gelegentlich beizufügen sind.

Diese Aufgaben lassen sich mit Vorgangssystemen effizient unterstützen, so daß sich die vielfältigen Warte-, Wege- und Abstimmzeiten drastisch reduzieren lassen.

Verwaltungs-
kosten

In Märkten mit hohem Wettbewerb, in denen die Differenzierung primär über den Preis bestimmt wird, kann eine Ergebnisverbesserung lediglich durch die Reduzierung der eigenen Kosten erreicht werden. Da Produktion und Logistik meist schon optimiert wurden, bleiben lediglich die Verwaltungsbereiche, die in Phasen der Hochkonjunktur »Speck angesetzt« haben. In diesem Zusammenhang sind einerseits die erwähnten, langen Verwaltungsvorgänge aufgrund hoher Arbeitsteilung zu sehen, andererseits aber auch Kosten, die direkt durch die Art der Aufgabenbewältigung enstehen. Dazu einige DMS-relevante Beispiele:

❑ Viele an einem Geschäftsprozeß Beteiligte halten redundante Ablagen, die neben den mehrfachen Materialkosten (Fotokopierer, Papier, Ordner, Schränke etc.) mehrfach Arbeitszeit für die Ablagetätigkeit binden.

❑ Zur Verwaltung der Dokumentenflut und Sicherstellung der Ordnungsmäßigkeit und Vollständigkeit der Unterlagen wurden eigene Stellen geschaffen (Zentralarchiv, Registratur), die Raum, Material und Personal binden. Diese erzeugen wiederum eigene Vorgänge für das Anfordern und Ablegen von Akten und Dokumenten mitsamt einem eigenen Formularwesen, also mit noch mehr Papier.

❑ Das Formular(un)wesen führt in großen Organisationen ein gewisses Eigenleben. Wie in der Gesetzgebung, führen neue organisatorische Anforderungen immer zu neuen zusätzlichen Formularen. Eine Konsolidierung bestehender Formulare erfolgt meist nicht.

❑ Die Sammlermentalität in vielen von uns führt zusammen mit fehlenden Vorgaben zur Aufbewahrungswürdigkeit zur Ablage von Papieren, die nie wieder benötigt werden. Dazu gehören alte Fachzeitungen genauso wie Tagesstatistiken, alte Prospekte genauso wie vielfältige EDV-Listen.

Die Beispiele spiegeln den Alltag in den meisten Unternehmen wider und zeigen, daß hier noch erhebliche Einsparungspotentiale »schlummern«. Entsprechende Untersuchungen zeigen immer wieder, daß zwischen 20% bis 30% der Bürozeit für Ablage/Recherche, Kopieren und Faxen von Dokumenten verbraucht wird.

20%-30% für
Dokumenten-
Handling

Im Einzelfall wird es neben den erwähnten weitere Erfolgsfaktoren geben, die in ihren Unterstützungsmöglichkeiten durch DMS zu prüfen sind. Wird man bei der Suche nach DMS-relevanten Erfolgsfaktoren nicht fündig, ist der Bedarf für ein solches System generell in Frage zu stellen. Die Erfahrung zeigt: Selbst wenn man sein Papier in Büroräumen der Frankfurter Innenstadt[2] lagert, läßt sich allein aus der Einsparung der Raumkosten kein DMS rechtfertigen.

Raumkosten
alleine sind
keine Recht-
fertigung

Hat man die relevanten Erfolgsfaktoren identifiziert und aufgezeigt, wie ein DMS diese Faktoren unterstützen kann, so ergibt sich daraus automatisch die Zielsetzung, die die DMS-Lösung[3] zu erfüllen hat.

4.6 Gespräche mit potentiellen Anwendern

Ziel der Vorstudie ist es, ein Gefühl für die Gesamtsituation und das Verbesserungspotential in den ausgewählten Bereichen zu bekommen. Dazu werden Gespräche in diesen Bereichen über die Ablage- und Archivorganisation geführt.

Gegenstand der Gespräche sind vor allem:

❑ die wichtigsten Vorgänge und die dazu benötigten Informationen und/oder Dokumente,
❑ der Kommunikationsbedarf mit internen und externen Partnern,
❑ Probleme und Schwierigkeiten der bestehenden Organisation,
❑ Chancen und Risiken des DMS-Einsatzes,
❑ Klärung der Bereitschaft, bestehende Abläufe und Arbeitsweisen zu verändern.

In der Vorstudie werden somit bereits eine Vielzahl von Punkten angesprochen, es erfolgt aber keine detaillierte Erhebung und Analyse der Situation. Die Vorstudie darf nicht das Ziel verfolgen

---

2 Miete/qm: DM 40,- bis 60,- pro Monat
3 Der Begriff »Lösung« soll darauf hinweisen, daß es dabei nicht nur um das DMS, als technisches Vehikel, sondern um die gesamte organisatorische und technische Konzeption geht.

❏ sämtliche Vorgänge aller betroffenen Abteilungen zu erheben,
❏ die Vorgänge mit allen Arbeitsschritten und Abhängigkeiten
sowie
❏ alle Dokumente mit ihren Mengen, Zugriffen, Formaten etc.

vollständig zu erfassen.

Nach diesem »Rundumschlag« muß eine Priorisierung für das
weitere Vorgehen erfolgen. Es muß bestimmt werden, in welchen
Prozessen oder Abteilungen primär Handlungsbedarf besteht, um
in diesen Bereichen in der nächsten Projektphase die Analyse
weiter zu detaillieren.

4.7 Ermittlung des Handlungsbedarfs

Bestimmungs-
faktoren

Ein bewährtes Verfahren orientiert sich an den drei folgenden,
gleichgewichteten Bestimmungsfaktoren für den Handlungsbedarf:

❏ **Erfolgseinfluß**
bezeichnet den Einfluß auf den Geschäftserfolg des Unternehmens. Ist eine Abteilung oder ein Prozeß mit direktem Einfluß
auf den Geschäftserfolg optimal unterstützt, so verbessert sich
die Ertragslage des Gesamtunternehmens. Kundennahe Bereiche haben im allgemeinen einen hohen Erfolgseinfluß. Andererseits hat die bessere Arbeitsplatzausstattung des Zentralar-
chivars keinen direkten Erfolgseinfluß.

❏ **Leidensdruck**
ist ein summarisches Maß für alle Probleme und Schwierigkeiten, die sich aus der vorhandenen (papier- oder mikrofilmorientierten) Organisation ergeben. Je mehr die Beteiligten (nachvollziehbar) unter Raum-, Zugriffs- und Zeitproblemen leiden,
desto höher ist der Leidensdruck zu bewerten.

❏ **Machbarkeit**
umfaßt alle Punkte, die den Einsatz eines DMS in einem
bestimmten Bereich begünstigen (z.B. Infrastruktur vorhanden, Mitarbeiter motiviert) oder erschweren (z.B. große Altbestände sind zu übernehmen, Papier kann nicht vernichtet werden).
Ein wichtiges Kriterium ist dabei die Aufgeschlossenheit der
betroffenen Führungskräfte und Mitarbeiter für grundsätzliche Veränderungen der Abläufe. Ein DMS gegen den Willen
der Mitarbeiter einzuführen, ist ein aussichtsloses Unterfan-
gen; im günstigsten Fall tritt der beabsichtigte Nutzen nicht
ein.

Um den unterschiedlichen Handlungsbedarf zu ermitteln, bewertet man diese Bestimmungsfaktoren für jeden Bereich mit einem vier- oder fünfstufigen Verfahren.

⇨ Fiktives Beispiel, Seite 67

Die Erkenntnisse der Analyse können als positive (+) oder negative (−) Einflüsse auf die Bestimmungsfaktoren dargestellt und daraus der Handlungsbedarf abgeleitet werden. In Abteilungen, in denen alle drei Faktoren eine hohe bzw. niedrige Wertigkeit bekommen, besteht dringender bzw. geringer Handlungsbedarf. Der Handlungsbedarf ist nicht technologieorientiert, sondern weist lediglich auf die Notwendigkeit von Maßnahmen hin, die auch rein organisatorischer Natur sein können.

Natürlich läßt sich die Bewertung dieser Bestimmungsfaktoren nicht wirklich objektivieren. Vor allem der Leidensdruck ist für subjektive Einschätzungen anfällig. Die Bewertung durch die Mitarbeiter kann sowohl zu positiv als auch zu negativ ausfallen, je nachdem, wie sie der neuen Technologie gegenüberstehen. Dennoch empfiehlt sich die gemeinsame Abstimmung der Bewertung mit den Fachabteilungen.

Subjektive Einflüsse

Im konkreten Einzelfall ist man häufig versucht, eine Reihe weiterer Bestimmungsfaktoren zu definieren. Das ist meist nicht nötig, denn diese Kriterien sind im allgemeinen auch nur Varianten oder Untermengen der drei genannten Faktoren. Außerdem kommt man bei mehr Bestimmungsfaktoren sehr schnell zu der Notwendigkeit, unterschiedliche Gewichte zu definieren, was unnötige zusätzliche Diskussionen verursacht. Je mehr Bestimmungsfaktoren definiert werden, desto schneller geht der Überblick und die einfache Nachvollziehbarkeit (auch für Entscheidungsträger) verloren.

4.8 Vorstudie EXAMPLE GmbH

Um die gemachten Aussagen mit ihrer Konsequenz und den Möglichkeiten der Umsetzung in die Praxis zu verdeutlichen, beginnen wir hier unser Projektbeispiel. Die in allen Kapiteln behandelten Punkte werden für ein DMS-Projekt in dem Beispiel-Unternehmen dargestellt. Bei diesem Beispiel handelt es sich um eine Fiktion, die aber auf den Erfahrungen der Autoren und den Gegebenheiten realer Unternehmen basiert. Das Beispiel muß sich notgedrungen auf einen kleinen Ausschnitt des möglichen Anwendungsspektrums beschränken und eine Reihe von Annahmen und Vereinfachungen machen. Wir haben ein Beispiel gewählt, das für viele Leser anschaulich und nachvollziehbar ist und in dem wir viele der besprochenen Punkte darstellen können. Das sich die aufgezeigten Maßnahmen nicht ohne weiteres auf einen anderen Einzelfall übertragen lassen, versteht sich von selbst.

Unternehmen & Markt

Bei unserem Beispiel-Unternehmen, der EXAMPLE GmbH, handelt es sich um ein Industrie-Unternehmen mit 1.500 Mitarbeitern. Das Unternehmen stellt Personal Computer her und liefert diese auch an andere Informationstechnik-Anbieter (Original Equipment Manufacturer, OEM). Dabei werden lediglich die Elektronik (»Motherboard«, Zusatzkarten, Netzteil) und das Gehäuse selbst entwickelt, während Magnetplatten, Monitore etc. von externen Lieferanten zugekauft werden. Das Unternehmen verteilt sich auf mehrere Standorte.

Strategie & Zielsetzung

EXAMPLE bewegt sich damit in einem sehr dynamischen und wettbewerbsintensiven Markt. Produktinnovationen sind nur eingeschränkt möglich, da die Standards durch größere Unternehmen gesetzt werden. Die Unternehmensstrategie ist darauf ausgerichtet, veränderte Marktbedingungen frühzeitig zu erkennen und schnell in marktfähige Produkte mit ausreichender Qualität umzusetzen.

Die wesentlichen **Erfolgsfaktoren** sind ein ausgeprägtes Marketing, schnelle Reaktion und wettbewerbsfähige Preisgestaltung. Um trotz des ruinösen Preiskampfes ausreichende Profite erwirtschaften zu können, hat die Geschäftsführung die Minimierung der Verwaltungskosten beschlossen. Diesem Ziel möchte man durch stärkere Prozeßorientierung und Nutzung eines DMS näher kommen. Das DMS soll dabei nicht nur als Archivsystem konzipiert sein, sondern – soweit möglich und sinnvoll – die Bearbeitung der Vorgänge direkt unterstützen.

Handlungsbedarf ausgewählter Geschäftsprozesse

Von der Geschäftsführung werden vorab die Teilprozesse »Beschaffung«, »Rechnungsprüfung« und »Verkaufsabwicklung« als besonders personalintentsiv eingestuft. Mit der Beschaffung sind 4, in der Rechnungsprüfung 6 (davon 1 für Ablage) und in der Verkaufsabwicklung 12 Mitarbeiter beschäftigt.

Die Beschaffung und Rechnungsprüfung können später als ein gemeinsamer Geschäftsprozeß unterstützt werden, sind jedoch für den ersten Schritt zusammen zu umfangreich. Beide sind für die EXAMPLE GmbH von hoher Bedeutung, da aufgrund geringer eigener Wertschöpfung eine gewisse Lieferantenabhängigkeit besteht.

Die Ermittlung des Handlungsbedarfs für ein DMS ergibt, daß der größte Handlungsbedarf bei der **Rechnungsprüfung** besteht (Abbildung 18). In der Verkaufsabwicklung besteht ebenfalls Leidensdruck, die Komplexität der Abläufe und die geringe Strukturierbarkeit führen jedoch zu Einschränkungen bei der Machbarkeit. Die Verkaufsabwicklung soll daher erst bei einem weiteren Ausbau der DMS-Infrastruktur einbezogen werden.

Prozeß	Leidensdruck	Erfolgseinfluß	Machbarkeit	Handlungs-bedarf
Beschaf-fung	+ Raumproblem + Mengen-problem – keine Zugriffs-probleme	+ Lieferanten-abhängigkeit – geringe Kundennähe	+ strukturierbar – lange Aufbe-wahrungsfristen	
Rech-nungs-prüfung	+ Raumproblem + Mengen-problem + Zugriffs-probleme	+ Lieferanten-abhängigkeit – geringe Kundennähe	+ strukturierbar + PC vorhanden – lange Aufbe-wahrungsfristen	
Verkaufs-abwick-lung	+ Raumproblem + Mengen-problem – wenig Akten-zugriffe	+ Kundennähe + viele Nutzer	– komplexe Abläufe – viele Beteiligte – gering struk-turierbar	

Abb. 18: Beispiel: Bestimmung des Handlungsbedarfs

5. IST-Analyse

Das subjektive Gefühl, daß zuviel Papier verwaltet wird, ist eine ausreichende Motivation, sich mit dem Thema DMS zu beschäftigen. Die IST-Situation muß jedoch wesentlich umfassender und detaillierter analysiert werden, um Aussagen über Eignung, Konzeption und Wirtschaftlichkeit einer DMS-Lösung treffen zu können.

Die IST-Analyse ist Grundlage und Ausgangsbasis für Veränderungen der bestehenden Situation in den folgenden Projektphasen. Eine grobe Zielformulierung für eine DMS-Lösung ist schnell gefunden, aber nur, wenn die bestehende Situation hinreichend bekannt ist, können Aussagen für ein sinnvolles Vorgehen abgeleitet werden. Die IST-Analyse ist außerdem notwendig, um sich darüber klar zu werden, welche Erwartungen an die Lösung gestellt werden. So haben das Management aus unternehmerischer Sicht und die betroffenen Mitarbeiter aus ihrer Sicht meist unterschiedliche, eventuell auch gegensätzliche Erwartungen. Nur wenn Ziele, Erwartungen und potentielle Konflikte frühzeitig transparent sind, ist ein effizienter und erfolgreicher Projektverlauf möglich.

5.1 Aufgaben der IST-Analyse

Das primäre Ziel der IST-Analyse ist die Möglichkeit, nach ihrem Abschluß die wesentlichen Anforderungen aus Anwendersicht definieren zu können, um diese in dem folgenden Konzept umzusetzen.

Die IST-Analyse umfaßt

❏ Analyse der Randbedingungen,
❏ Vorgangsanalyse und
❏ Dokumentenanalyse.

Aufgaben der
IST-Analyse

Die IST-Analyse versucht, sehr unterschiedlichen Zielen gerecht zu werden, die wir im folgenden zunächst kurz erläutern wollen, bevor wir dann zu der gesamten Durchführung und zu den einzelnen Teilanalysen Hinweise geben.

Zu den Aufgaben der IST-Analyse gehören:

❏ Ermittlung der organisatorischen und technischen Randbedingungen in bezug auf
  ● Aufbauorganisation, Verantwortungsbereiche
  ● Standorte, Netzwerke

- Informatikstrategie, installierte Hard- und Software
- ❏ Schaffung einer soliden Basis für eine Neukonzeption und Abschätzung von Kosten und Nutzen:
  - Verständnis der Abläufe und Anforderungen der Vorgangs-bearbeitung,
  - Ermittlung der Zugriffsanforderungen an Ablagen und Art und Umfang der benötigten Mengen,
  - Ermittlung der direkten und indirekten Aufwendungen (Personal, Zeit, Finanzen) für die bestehende Situation,
  - Ermittlung von Schwachstellen, Problemen und Verbesse-rungspotentialen in der Vorgangsbearbeitung und bei der Gestaltung von Ablagen.

Bereits aus der IST-Analyse müssen sich die wichtigsten Anforderungen des Unternehmens und der betroffenen Fachabteilung an das DMS ableiten lassen.

5.2 Vorgehensweise

Eine detaillierte Darstellung der Vorgehensweise, Aufgaben und Ergebnisse der IST-Analyse zeigt Abbildung 19. Über verschiedene Einzelanalysen werden die Schwachstellen und Aufwendungen des bestehenden Verfahrens ermittelt.

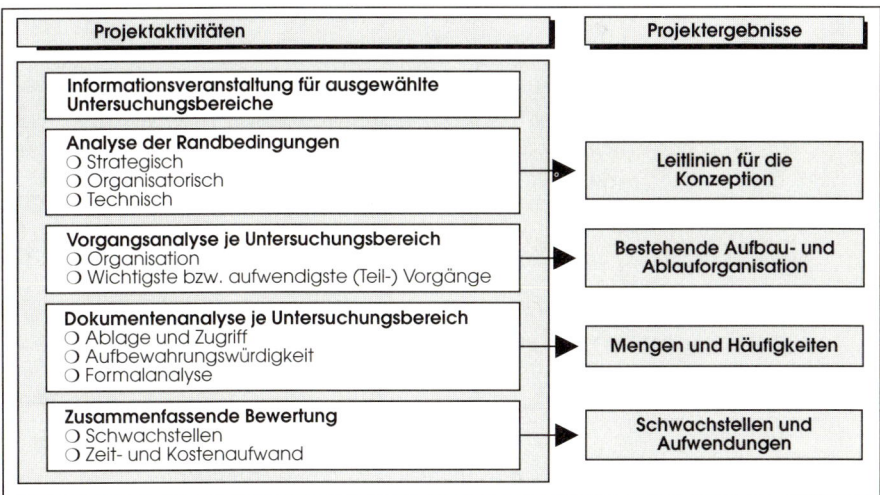

Abb. 19: Projektablauf IST-Analyse

Im allgemeinen werden während des Projektes mehrere Gespräche mit den Mitarbeitern der Fachabteilungen geführt. Daher empfiehlt es sich, frühzeitig eine allgemeine Informationsveranstaltung für alle betroffenen Mitarbeiter durchzuführen. Auf die-

Informations-veranstaltung

ser Veranstaltung wird grob erläutert, welchen Zweck man mit dem Projekt verfolgt, was ein DMS ist und welchen Nutzen es für die Fachabteilung bietet. Weiterhin wird die methodische Vorgehensweise und ein grober Zeitplan präsentiert. Erst danach beginnen die einzelnen Gespräche.

Zeitaufwand

Die Höhe des in die IST-Analyse zu investierenden Zeitaufwandes läßt sich nicht generell festlegen. Er ist natürlich abhängig von Art und Anzahl der untersuchten Prozesse/Abteilungen, der Komplexität des Umfeldes und der Zielsetzung. In Relation zum Gesamtprojekt (exklusive Software-Erstellungszeiten) sollten Vorstudie und IST-Analyse zusammen maximal ein Drittel des Gesamtaufwandes beanspruchen. Lediglich bei der Einbeziehung von externen Beratern kann man für diese Phasen einen etwas höheren Aufwand rechtfertigen, da der Berater am Anfang einen größeren Lernbedarf hat, bei den folgenden Phasen aber (hoffentlich) einen größeren Erfahrungsschatz einbringt. Dennoch: IST-Analysen, die das halbe Zeitbudget eines Projektes beanspruchen, deuten auf Fehler im Projektmanagement hin.

Richtlinien für die IST-Analyse

In der Praxis hat sich gezeigt, daß die Festlegung einiger genereller Richtlinien für IST-Analysen bzgl. DMS sinnvoll sind. Diese im folgenden formulierten Richtlinien sollte man sich immer wieder vor Augen führen, da sie die Qualität der Ergebnisse maßgeblich beeinflussen.

Richtlinien für die IST-Analyse:

❑ Nicht nur den heutigen Zustand erfassen, sondern auch absehbare Entwicklungen einbeziehen.

❑ Nicht nur DMS-orientierte Fragen, sondern sämtliche (organisatorische und technische) Möglichkeiten der Situationsverbesserung berücksichtigen.

❑ Nicht nur am verfügbaren Funktionsumfang, sondern am machbaren (idealistischen) Umfang orientieren.

❑ Nicht nur strukturierte Erhebung für Abläufe, Mengengerüste etc., sondern auch offene Fragen für Ziele, Wünsche, Ideen, Verbesserungsvorschläge.

❑ So umfassend wie nötig, so spezifisch wie möglich erheben.

Kreative Ideen entwickeln

Gerade bei Einbeziehung mehrerer Abteilungen ist eine strukturierte Vorgehensweise mit Leitfäden und Erhebungsbögen als Ergänzung zu den Interviews für die Nachvollziehbarkeit und Vergleichbarkeit unabdingbar. Wichtig ist es aber, dennoch offen zu sein für neue Ideen. Wenn man in dieser Phase bereits (zusammen mit den Fachabteilungen) kreative Ideen entwickelt, die den Betroffenen die Arbeit wirklich erleichtern, braucht man sich um

deren Motivation und Beteiligung in den folgenden Phasen kaum
Gedanken zu machen.

> Während der IST-Analyse ist zwar eine strukturierte Vorge-
> hensweise erforderlich, Visionen und »konstruktive Spinnerei-
> en« sind aber erlaubt.

5.3 DV-gestützte Analyse-Werkzeuge

Die Analyse von Geschäftsprozessen und Vorgängen, von Bestand und Wachstum von Daten und Dokumenten, von Mitarbei-
ter- und Ressourcenbedarf kann sehr leicht komplex und unübersichtlich werden. Die individuell gestaltete Vorgehensweise mit
Bleistift und Papier wird den heutigen Anforderungen nicht gerecht. Es gibt daher eine Reihe von DV-technischen Werkzeugen,
die den Organisator bei dieser Aufgabe unterstützen. Bevor wir
uns den Inhalten der einzelnen Analysen zuwenden, wollen wir
einen kurzen Blick auf diese Hilfsmittel richten.

Ergebnis dieser Analysewerkzeuge ist häufig ein Informations-
modell, das als Beschreibung des IST-Zustandes dient, aber auch
als Basis für die Planung und Entwicklung in den folgenden
Konzeptionsphasen fungiert. Teilweise existieren weitere, auf
den Analysewerkzeugen aufbauende Werkzeuge, um alle Phasen
von der IST-Analyse bis zum Datenmodell für das Zielsystem zu
unterstützen. Für die Vorgangsunterstützung heißt das, es werden
Vorgangsanalyse, -simulation und -modellierung unterstützt.

Die wesentlichen Vorteile des Werkzeugeinsatzes sind:

❑ Objektive Erfassung der Fakten
❑ Erzwingung einer strukturierten Vorgehensweise
❑ Automatische und systematische Dokumentation der Ergebnisse
❑ Einheitliche Basis für Analyse, Konzeption (Modellierung)
  und Realisierung

Werden sämtliche Projektphasen durch ein (oder mehrere zusam-
menhängende) Werkzeug(e) unterstützt, ist vor allem der letzte
Punkt von großer Bedeutung. Nach der Analyse können verschiedene konzeptionelle Varianten simuliert – dies gilt vor allem für
Vorgangsabläufe – und mit ihren Konsequenzen bezüglich zeitli-
cher und personeller Aufwendungen bewertet werden. Im Anschluß ist die durch das Werkzeug erstellte Dokumentation (Abläufe, Datenmodelle) direkter Bestandteil der Realisierung und
muß »nur noch« umgesetzt werden.

Zur Auswahl stehen mittlerweile eine Reihe von Produktalterna-
tiven, die in Ansatz und Komplexität jedoch große Unterschiede
aufweisen. Es ist daher eine intensive Beschäftigung mit den
eigenen Anforderungen/Erwartungen an den Werkzeugeinsatz
und den Werkzeugen selbst notwendig. Das ausgewählte Werkzeug sollte nicht nur in einem DMS-Projekt, sondern in möglichst
allen größeren Organisationsprojekten Verwendung finden.

Neben dem Aufwand für die Auswahl eines geeigneten Werk-
zeugs können weitere Nachteile relevant werden:

❑ Die Systematik erfordert im allgemeinen umfangreiche Da-
   teneingaben, auch für die Ermittlung einfacher Ergebnisse.
   Die teilweise geforderte Konzentration auf das Wesentliche ist
   nur eingeschränkt möglich.
❑ Die Werkzeuge erfordern hohen Einarbeitungsaufwand, da sie
   auf komplexen und abstrakten Unternehmensmodellen basieren. Daher werden sie häufig auch nicht richtig oder nicht
   ausreichend genutzt.
❑ Sie decken häufig nur Teilbereiche ab. Die Kombination mehrerer Werkzeuge verschiedener Hersteller verbietet sich jedoch
   aus Aufwands- und Kompatibilitätsgründen.
❑ Die geforderte Offenheit und Flexibilität bei der Analyse wird
   eingeschränkt.
❑ Die Werkzeuge erfordern im Vergleich zu Standardbürosoft-
   ware (Textverarbeitung, Grafikprogramm) erhebliche Investitionen.
❑ Die resultierenden Datenmodelle und Vorgangsdefinitionen
   können bei dem später ausgewählten DMS eventuell nicht
   direkt verwendet werden, da in dem DMS andere Werkzeuge,
   Formate usw. integriert sind (z.B. für Vorgangssteuerung).
   Teilweise geht auch die im DMS eingesetzte Hard- und Software von anderen Voraussetzungen aus.

Trotz der unbestreitbaren Vorteile der Werkzeuge und deren hoher Bedeutung vor allem für die Zukunft ist in der Praxis eine
differenzierte Anwendung notwendig. Für viele Analysen und
Konzepte reichen die Möglichkeiten der heutigen Bürowerkzeu-
ge wie Textverarbeitung, Grafikprogramm und Tabellenkalkulation aus. Auch mit diesen Werkzeugen ist ein systematisches
Vorgehen möglich. Die Systematik ist lediglich nicht vordefiniert
und daher über unterschiedliche Personen und Projekte hinweg
auch nicht einheitlich.

Vor allem bei Projekten bei denen die IST-Analyse in wenigen Wochen durchgeführt werden soll, muß man sich des enormen zusätzlichen Zeitaufwandes bewußt sein, den diese Werkzeuge bedingen. In diesen Fällen ist der Einsatz nur dann zu empfehlen, wenn es sich um eingeführte Werkzeuge handelt, keine Einarbeitung mehr erforderlich ist und erhöhte Vorleistungen für das spätere Hauptprojekt akzeptiert werden.

5.4 Analyse der Randbedingungen

Bei der Einführung eines DMS sind jeweils eine Vielzahl von Randbedingungen zu beachten. Einige Randbedingungen sind möglicherweise nicht einfach veränderbar und müssen daher in dem Konzept berücksichtigt werden. Die Randbedingungen bestimmen damit die organisatorischen und technischen Freiheitsgrade während der Konzeption. Sie müssen innerhalb der IST-Analyse transparent gemacht werden.

Die Randbedingungen lassen sich grob in drei Gruppen zusammenfassen:

❑ Randbedingungen aufgrund der Unternehmensstrategie,
❑ organisatorische Randbedingungen,
❑ technische Randbedingungen.

Der mögliche Einfluß der Unternehmensstrategie wurde weiter oben geschildert. Spätestens bei der IST-Analyse müssen die dort erwähnten Ziele der Geschäftspolitik und der unternehmensinternen Entwicklung definiert werden. Wir gehen an dieser Stelle davon aus, daß die strategischen Randbedingungen bekannt sind.

Organisatorische Randbedingungen

Obwohl wir darauf hingewiesen haben, daß die einfache Übernahme der bestehenden Organisation nicht empfehlenswert ist, so muß diese Organisation doch bekannt sein. Als organisatorische Randbedingungen sind die Aufbauorganisation, die Standorte und die geltenden Richtlinien zu berücksichtigen.

Bei der Analyse der Aufbauorganisation geht es zunächst um ein allgemeines Verständnis der Aufteilung von Aufgaben und Kompetenzen. Die bestehende Aufbauorganisation darf jedoch kein Dogma sein. Aufgrund der mit DMS zusammenhängenden Aufgabenveränderungen müssen Anpassungen der Aufbauorganisation für eine erfolgreiche DMS-Einführung möglich sein. Zumindest muß die neue Aufgabe der Dokumenteingabe (Scannen,

Aufbauorganisation

Indexieren etc.) einer neuen oder vorhandenen Stelle zugeordnet werden. Eventuell entfallen Aufgaben in zentralen Archiven / Registraturen oder werden zumindest reduziert. Führt man eine Geschäftsprozeßoptimierung durch mit dem Ziel, die Prozesse durch ein Vorgangssystem zu unterstützen, kann eine ganz neue Aufbau- und Ablauforganisation die Folge sein.

Standorte, Außenstellen, Filialen

➪ Netzwerk-problematik, Seite 228

Viele Unternehmen sind über mehrere Standorte verteilt oder mit Außenstellen, Filialen etc. in anderen Regionen vertreten. Bei intensiven Kommunikationsbeziehungen zwischen diesen Standorten werden immer auch Dokumente ausgetauscht und meist auch mehrfach abgelegt. Es kann daher sinnvoll oder (im Rahmen einer Prozeßoptimierung) notwendig sein, diese Standorte in die Analyse und anschließende Konzeption mit einzubeziehen. Inwieweit solche DMS-Lösungen trotz technischer Limitierungen der Netzwerke machbar sind, werden wir im Kapitel »Technisches Konzept« näher erläutern.

Richtlinien

Konzernrichtlinien, Vorschriften des Gesetzgebers, Erlasse der Aufsichtsbehörden und andere Richtlinien können ebenfalls die organisatorischen Freiheitsgrade einschränken. Beispielsweise gibt es in vielen größeren Unternehmen, unabhängig von den gesetzlichen Vorschriften, betriebsinterne Richtlinien für die Aufbewahrungsfristen bestimmter Dokumente. Auch die Vernichtung der Originalbelege kann nicht nur unter den Anforderungen des Gesetzgebers gesehen werden, sondern muß mit den internen Stellen (z.B. Revision, Rechtsabteilung) abgestimmt werden.

Mitarbeiter

Eine Randbedingung kann sich aus der Qualifikation der Mitarbeiter ergeben. Dieser Punkt wird zusammen mit der betroffenen Fachabteilung in der Vorgangsanalyse besprochen. Sollten sich aus dem DMS-Einsatz Anforderungen ergeben, die von den vorhandenen Qualifikationen nicht erfüllt werden, so sind diese Anforderungen im allgemeinen durch Qualifikationsmaßnahmen oder Umsetzungen im Unternehmen erfüllbar.

Technische Randbedingungen

Leicht nachvollziehbar ist die Notwendigkeit technische Gegebenheiten zu berücksichtigen. Denn die vorhandene Infrastruktur sollte weitestgehend genutzt werden. Das heißt natürlich nicht, daß DMS nur auf bestehenden Systemen und Netzen eingesetzt werden dürfen oder sollen. Eine Integration im Sinne des Austausches mit den bestehenden Systemen ist aber gerade bei DMS unumgänglich.

Die Aufnahme der technischen Randbedingungen erfolgt an dieser Stelle im Projekt relativ früh. Eine direkte Beeinflussung ergibt sich erst während der technischen Konzeption. Die frühzeitige Erhebung erleichtert jedoch das generelle Verständnis der Arbeitsumgebung und Organisation, da diese letztendlich durch die bestehende technische Infrastruktur geprägt wurden. Außerdem lassen sich technische Problempotentiale (z.B. unzureichende Netzinfrastruktur) rechtzeitig erkennen und evtl. unabhängig von dem DMS-Projekt in Angriff nehmen.

Relevante Randbedingungen ergeben sich vor allem aus den folgenden Gegebenheiten:

❏ Informatik-Strategie
   (Ziele der Informatik, Anwendungsportfolio, Endgerätestrategie und Netzwerkstrategie),
❏ vorhandene (relevante) Anwendungssoftware,
❏ vorhandene unternehmensinterne Netze,
❏ öffentliche Netzverbindungen,
❏ vorhandene Hardware und Betriebssysteme,
❏ vorhandene Mikrofilm-Infrastruktur,
❏ unternehmensinterne Standards
   (z.B. für PC-Anwendungen, Datenbanken, Programmiersprachen und Bedienoberflächen).

Die wichtigsten Angaben zu diesen Punkten werden zunächst einfach aufgelistet. Eine Analyse im Sinne einer Bewertung erfolgt nicht. Erst wenn sich bei der späteren technischen Konzeption Integrationsschwierigkeiten ergeben, erfolgt eine Bewertung der Alternativen zu den bestehenden Lösungen.

5.5 Vorgangsanalyse

Vorgangsanalyse und Dokumentenanalyse sind die Hauptbestandteile der IST-Analyse. Während es bei der Vorgangsanalyse um die Aufgaben und Abläufe innerhalb einer Abteilung oder eines Prozesses geht, beschäftigt sich die Dokumentenanalyse mit der Ablage und dem Zugriff auf die Dokumente bzw. Akten. Da Zugriffe wiederum durch Vorgänge veranlaßt werden, ist die Trennung nicht immer einfach, für eine systematische Erhebung aber dennoch notwendig. Es empfiehlt sich, zunächst die Vorgangsanalyse durchzuführen. Soweit dabei Angaben gemacht werden, die zu der Dokumentenanalyse gehören, werden sie bereits mit aufgenommen und später den Ergebnissen der Dokumentenanalyse zugeordnet.

Vorgangsanalyse versus Dokumentenanalyse

Eine – zumindest grobe – Analyse der Vorgänge, die mit den Dokumenten verbunden sind, ist immer sinnvoll und nicht nur für die Einführung eines Vorgangssystems relevant. Lediglich der

Detaillierungsgrad unterscheidet sich je nach geplanter System-kategorie.

Der Begriff »Vorgang« Verwirrung zwischen Vorgangs- und Dokumentenanalyse ent-steht auch durch unterschiedliche Verwendung des Begriffes »Vorgang«. Je nach Gesprächspartner wird unter »Vorgang« ent-weder ein organisatorischer Ablauf eines Geschäftsvorfalles oder die Dokumente, die zu einem Geschäftsvorfall gehören, verstan-den (Abbildung 20).

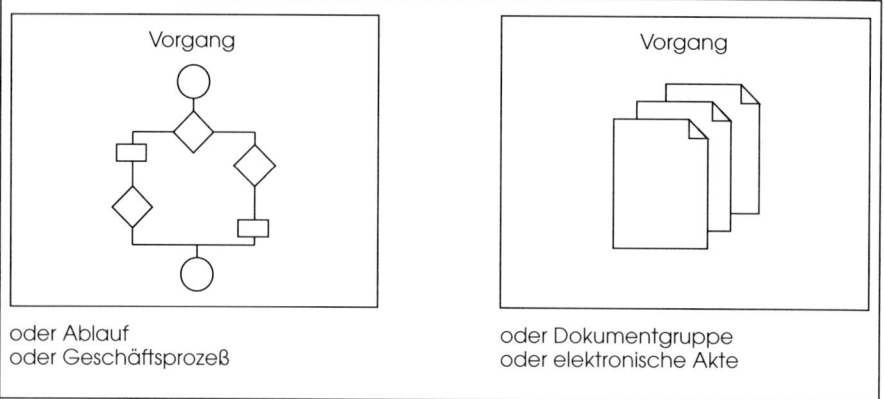

Abb. 20: Bedeutungen des Begriffs »Vorgang«

In diesem Buch beziehen wir uns mit dem Begriff »Vorgang« immer auf den organisatorischen Ablauf und die mit einem Ge-schäftsvorfall verbundenen Tätigkeiten. Für die Gruppe von Do-kumenten, die einem Geschäftsvorfall zugeordnet werden kön-nen, benutzen wir den Begriff »Akte«.

Klärungsbedarf kann auch bezüglich der Einordnung des Be-griffs »Vorgang« in einen hierarchischen Ablauf entstehen. Ein Vorgang in einer Abteilung ist nämlich einerseits in einen über-geordneten Prozeß eingebunden und enthält andererseits wieder-um Teilvorgänge und Arbeitsschritte.

Aufgaben und Vorgehensweise Vorgangsanalyse
Ziel der Vorgangsanalyse ist es, die Vorgänge kennenzulernen und unterscheiden zu können zwischen Tätigkeiten aufgrund sachlicher Notwendigkeit und solchen, die sich aus den bisheri-gen organisatorischen und technischen Gegebenheiten ableiten. Beispielsweise ist bei dem Zugriff auf Papierakten das Blättern für den Dokumentenzugriff technisch notwendig. Bei DMS je-doch kann ein Dokument über die Suchkriterien eindeutig iden-tifiziert und damit ohne zu blättern darauf zugegriffen werden.

Das genannte Beispiel darf jedoch nicht dazu verführen, daß die Vorgangsanalyse technologieabhängig erfolgt. Sie muß vielmehr losgelöst von Technologien, derzeitiger Organisation und vorhandener Infrastruktur sich dem Verständnis der Aufgaben, Abläufe und resultierenden Probleme für die Betroffenen widmen. Über Maßnahmen zur Verbesserung im Sinne der erwähnten »konstruktiven Spinnereien« darf man sich natürlich Gedanken machen, es besteht aber die Gefahr, daß man Detailprobleme »löst«, ohne den Gesamtzusammenhang ausreichend zu kennen.

Die Angaben zu Abläufen, Aufgabenteilung und Arbeitsschritten sind dabei kontinuierlich auf ihre Notwendigkeit im Hinblick auf die eigentlichen Ziele des Prozesses/der Aufgabe zu hinterfragen. »Warum wird das so gemacht?« ist hier die wichtigste Frage. In unseren Organisationen ist schließlich vieles »historisch gewachsen« und nicht unbedingt zeitgemäß.

Kontinuierliche Hinterfragung

Bei der Vorgangsanalyse liegt der Schwerpunkt auf der Betrachtung des Vorganges oder des übergeordneten Prozesses. Es geht darum, die Aufgaben einer Abteilung inklusive der damit zusammenhängenden vor- und nachgelagerten Aufgaben in anderen Abteilungen zu betrachten.

Wie detailliert die Vorgangsanalyse erfolgt, ist von verschiedenen Faktoren abhängig. Je nach Zielsetzung existieren unterschiedliche Anforderungen (z.B. erster Überblick zur Verifizierung des Handlungsbedarfes oder Detailanalyse eines Bereichs). Weiterhin erfordert die Einführung eines Vorgangssystem naturgemäß eine umfangreichere Vorgangsanalyse als die Einführung eines Archivsystems. Die beabsichtigten Wirtschaftlichkeitsaussagen bestimmen darüber hinaus den Detaillierungsgrad. Konkrete Aussagen über Einsparungen durch ein DMS können nur dann gemacht werden, wenn die Zeitaufwendungen und Kosten der bisherigen Vorgehensweise bekannt sind.

Detaillierung versus Gesamtzielsetzung

Inhalte Vorgangsanalyse
Unabhängig von der Art der Erhebung, sollten innerhalb der Vorgangsanalyse die folgenden Themen je Untersuchungseinheit (Abteilung oder Prozeß) behandelt werden:

❑ Organisation
  • Aufgaben und Ziele
  • Organisatorische Eingliederung
  • Anzahl beteiligter Mitarbeiter
  • Aufgabenteilung und Qualifikation der Mitarbeiter
❑ Wichtigste oder aufwendigste (Teil-)Vorgänge mit diesbezüglichen
    • Kommunikationsbeziehungen im Haus und zu Außenstellen,

- benötigten Dokumenten (inkl. Dokumentenfluß) und ggf. deren Erfassung,
- Hilfsmitteln (DV-Anwendungen, Ablagen)

❑ Probleme und Schwachstellen, die sich für die Mitarbeiter aus vorhandener Organisation und Hilfsmitteln ergeben.

❑ Möglichst detaillierte Angaben zu den Zeitaufwendungen und Kosten, die sich aus vorhandener Organisation und Hilfsmitteln ergeben.

Schwachstellen
Obwohl die Vorgangsanalyse generell technologieunabhängig sein soll, ist es natürlich nicht verboten, Fragen zu typischen Schwachstellen traditioneller Verfahren zu stellen, bei denen sich DMS-Lösungen anbieten. Zu solchen Schwachstellen gehören:

❑ Verfügbarkeitslücken der benötigten Informationen
- durch externe Verfilmung,
- weil mehrere Sachbearbeiter oder Abteilungen mit derselben Akte (oder demselben Microfiche) arbeiten,
- weil die Informationen aufgrund von Kapazitätsengpässen zu früh ausgelagert wurden.

❑ Zeitaufwendiger Zugriff auf Papier- oder Mikrofilmakten durch zentrale Ablage / Archivierung / Registratur mit komplizierten Anforderungsverfahren.

❑ Mängel bei Vollständigkeit und Ordnungsmäßigkeit, weil sich viele Mitarbeiter Akten und Dokumente teilen und die Ablage nach dem jeweiligen »individuellen Stil« erfolgt.

❑ Aufwendige Ermittlung des bestimmenden Ablagekriteriums. Sind Dokumente nach internen Nummern (z.B. Zeichnungsnummer) abgelegt, so ist zunächst diese Nummer zu eruieren. Da dies z.T. wiederum die Kenntnis anderer Nummern voraussetzt (z.B. Projektnummer), kann der Zugriff beliebig kompliziert werden.

Um diese Schwachstellen frühzeitig zu erkennen, empfiehlt es sich, bereits in den ersten Gesprächen diesbezüglich konkrete Fragen zu stellen.

Offene Fragen
Die strukturierte Vorgehensweise darf nicht dazu führen, daß die Mitarbeiter ihre eigenen Sorgen, Ideen und Vorschläge nicht artikulieren können. Um dies zu vermeiden, sind am Schluß des Interviews einige offene Fragen angebracht, die den Mitarbeitern Gelegenheit geben, ihre eigenen Gedanken zu dem Thema einzubringen. Man sollte für diesen Teil auf jeden Fall ausreichend Zeit einplanen, da an diesem Punkt teilweise sehr gute Ideen präsentiert werden. Schließlich kann auch eine sehr umfangreiche und detaillierte Erhebung nicht die Erkenntnis bringen, die ein aufgeschlossener Mitarbeiter durch seine tägliche Praxis erfährt.

Die Bewertung der Ergebnisse sollte in Zusammenarbeit mit der Untersuchungseinheit erfolgen, da sie für die Mitarbeiter nachvollziehbar sein muß. Diese Bewertung kann einerseits den Handlungsbedarf relativieren oder bestärken und ist andererseits die wichtigste Grundlage für die spätere organisatorische Gestaltung des DMS. Häufig lassen sich bereits aus der Vorgangsanalyse rein organisatorische Maßnahmen ableiten, die direkt, ohne auf ein DMS zu warten, umgesetzt werden können.

⇨ Rein organisatorische Maßnahmen, Seite 101

Risiken Vorgangsanalyse
Generell läßt sich sagen, daß die Vorgangsanalyse der komplexeste Teil der IST-Analyse ist. Sie birgt im Vergleich zu den anderen Aufgaben eines DMS-Projektes die größte Gefahr, sich zu »verzetteln«.

Zur Vermeidung dieser Gefahr existieren mehrere Möglichkeiten:

»Verzetteln« vermeiden

❑ Da während der IST-Analyse meist mehrere Gespräche mit den Fachabteilungen stattfinden, kann man die Fragen gewichten. Dabei ist Fragen zu den Problemen der Nutzung der Ablagen generell höheres Gewicht zu geben als einer generellen Problematik wie z.B. Raumbedarf.
❑ Eine kontinuierliche Überprüfung der Erhebung auch während der Erhebung ist auf jeden Fall notwendig. Als Erhebender sollte man sich häufiger die Frage stellen »Wozu will ich das wissen?« Eine Antwort darauf zu haben hilft auch, wenn einer der Befragten sich entsprechend erkundigt.

Ein weiteres Risiko, vor allem für die Vorgangsanalyse, ist der Blick auf den Statusquo oder sogar in die Vergangenheit, um daraus Konzepte für die Zukunft abzuleiten. Häufig lassen sich bereits aufgrund der Unternehmensplanung oder aufgrund von Veränderungen im Markt zukünftige Veränderungen absehen. Die frühzeitige und weitestgehende Berücksichtigung solcher Veränderungen ist für ein »passendes« Konzept unabdingbare Voraussetzung.

Zukünftige Entwicklungen vorhersehen

Hilfsmittel Vorgangsanalyse
Die Gespräche finden in Form von strukturierten Interviews mit den Fachabteilungen statt. Dabei sind sogenannte Interview-Leitfäden hilfreich. Ein Interview-Leitfaden enthält die zu beantwortenden Fragen in einer sinnvollen Reihenfolge. Er bietet dem Interviewer im Gespräch eine Orientierung und stellt sicher, daß keine wichtigen Fragen vergessen werden. Der Interview-Leitfaden kann den Fachabteilungen zur Information zwar vor dem Gespräch ausgehändigt werden, ist aber nicht als selbster-

klärender Fragebogen konzipiert, den die Fachabteilungen alleine ausfüllen können. Der Ausbau zum selbsterklärenden Fragebogen ist nicht sinnvoll, denn der Versuch, eine Erhebung durch die Fachabteilungen in »Eigenregie« durchführen zu lassen, ist selten erfolgreich. Die Fachabteilungen fühlen sich überfordert, und ein genereller Fragebogen ist zwangsläufig entweder über- oder unterdimensioniert.

⇨ Interview-Leitfaden im Anhang

Die Ausführungen in diesem Abschnitt finden sich in dem Interview-Leitfaden im Anhang wieder, der natürlich für den Einzelfall anzupassen ist. Die notwendigen Ergänzungen für Detailanalysen sind sehr stark von Zielsetzung, Branche und Untersuchungsbereich beeinflußt, so daß dafür keine generellen Angaben gemacht werden können.

⇨ Analyse-Werkzeuge, Seite 71

Im Normalfall reicht der erwähnte Interviewleitfaden als methodisches Hilfsmittel aus. Sollen die Abläufe im Detail analysiert werden, ist die Einsatzmöglichkeit verschiedener methodischer Werkzeuge zu prüfen. Diese Werkzeuge können die Analyse und Dokumentation des IST-Zustandes wesentlich erleichtern. Ihr Einsatz lohnt sich aber erst ab einer bestimmten Größenordnung und unter bestimmten Voraussetzungen (siehe auch »DV-gestützte Analyse-Werkzeuge«).

Eigenes Bild machen

Auf jeden Fall sollte man es als Analysierender nicht versäumen, sich die Gegebenheiten mit ausreichender Zeit anzuschauen und die Vorgangsbearbeitung, die Ablagen und Archive und die Dokumente vor Ort zu begutachten. Auch eine noch so gute Erklärung kann niemals den eigenen Eindruck ersetzen.

5.6 Dokumentenanalyse

Die Dokumentenanalyse steht in der Praxis in direktem Zusammenhang mit der Vorgangsanalyse und kann als weitere Detaillierung eines Teilbereiches gesehen werden.

Aufgaben und Vorgehensweise

Ziel der Dokumentenanalyse ist die Erfassung von Art und Umfang der abgelegten Dokumente sowie der Art und dem Grad ihrer Nutzung. Es geht also primär um Mengen und Häufigkeiten. Diese Angaben werden benötigt, um

❏ Unterschiede zwischen abgelegten und genutzten Dokumenten zu identifizieren,
❏ die erforderliche Größenordnung des Dokumenten-Management festzustellen (zu erwartendes Speichervolumen, Durchsatz etc.),

❏ frühzeitig aus DMS-Sicht schwierige Dokumenttypen zu identifizieren (Farben, Formate, Schriftgrößen),
❏ Dokumente in verschiedene Dokumentarten zu klassifizieren,
❏ Aussagen zu Raumbedarf, Handhabungs- und Entsorgungs-
aufwendungen abzuleiten.

Die Ergebnisse der Dokumentenanalyse bestimmen, zusammen
mit den Erkenntnissen der Vorgangsanalyse maßgeblich die organisatorische und technische Konzeption und bilden die Basis
für die Wirtschaftlichkeitsbetrachtungen. Die sorgfältige Analyse
der genutzten und abgelegten Dokumente ist eine der Voraussetzungen für die erfolgreiche Durchführung eines DMS-Projekts.

Die Dokumentenanalyse beschäftigt sich mit allen Aspekten der
untersuchten Dokumente. Obwohl es nicht sinnvoll ist, die Dokumentenanalyse vom Vorgehen her weiter zu untergliedern, sollte
man sich doch vor Augen halten, daß man das Dokument bei der
Durchführung der Analyse aus sehr verschiedenen Blickwinkeln
betrachtet (Abbildung 21). Auch hier gilt wieder, daß der Schwerpunkt der Analyse auf den genutzten Dokumenten liegen muß.

Inhalte
Dokumenten-
analyse

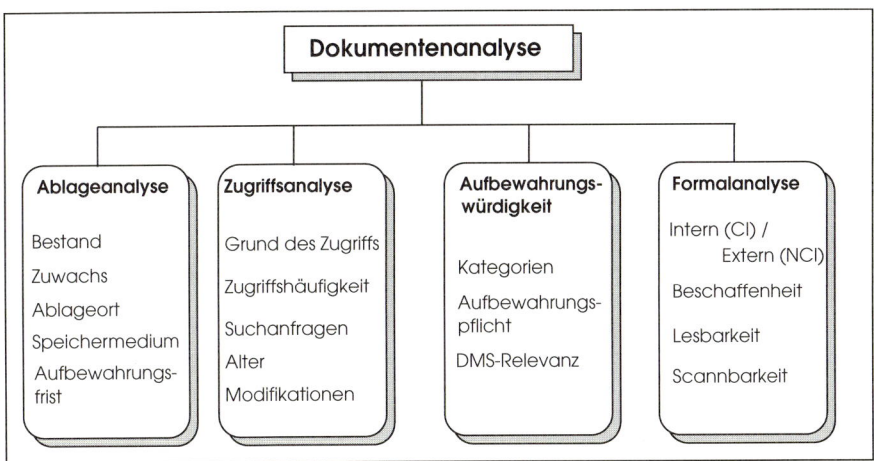

Abb. 21: Bestandteile der Dokumentenanalyse

Bei der **Ablageanalyse** geht es primär um die Aufnahme von Art
und Umfang der Bestände und deren absehbare Entwicklung. Sie
dient u.a. dazu, sich einen ersten Überblick über relevante Ab-
lageorte zu verschaffen, denn meist existieren mehrere Ablagen
und Archive, zwischen denen ein Dokument wandert. Häufig
anzutreffen ist folgendes Verfahren: Dokumente werden zunächst lokal im Büro abgelegt, dann in eine Abteilungs- oder
Etagenablage transportiert und schließlich in ein zentrales (Kel-
ler-)archiv verfrachtet. Die Entfernung zum gewählten Ablageort

Ablageort

hängt dabei primär von der Zugriffshäufigkeit und sekundär von dem verfügbaren Raum ab.

Bestand

Der enorme Bestand an Dokumenten ist meist zwar Ausgangspunkt für das Interesse an einem DMS, trotzdem sind viele Interessenten nicht in der Lage, den Bestand auch nur annähernd zu quantifizieren. Durchzählen der abgelegten Dokumente bedeutet einen immensen Aufwand, so daß im allgemeinen mit Schätzungen oder Stichproben (z.B. Strichlisten über einige Tage) gearbeitet wird. Wie detailliert Erhebungen und Schätzungen des Bestandes durchgeführt werden, muß von der Bedeutung dieser Größe für das DMS abhängig gemacht werden.

⇨ Übernahme der Altbestände, Seite 154

Die Bedeutung des Bestandes hängt vor allem davon ab, ob in ein DMS Altbestände übernommen werden müssen. Dann hängt der benötigte Aufwand natürlich direkt von der Bestandsgröße ab. In diesem Fall braucht man möglichst genaue Angaben, um eine seriöse Aufwandskalkulation machen zu können.

Wenn keine Altbestände übernommen werden müssen, ist der Zuwachs (Eingang) an Dokumenten pro Zeiteinheit die wichtigere Zahl. Denn der Zuwachs je Dokumentart, multipliziert mit der jeweiligen Aufbewahrungszeit, ergibt den zu erwartenden Bestand. Der Zuwachs ist außerdem die Menge, die nachher von dem DMS eingabeseitig zu bewältigen ist.

Speichermedien

Weiterhin werden in der Ablageanalyse die Speichermedien erfaßt, auf denen die Dokumente vorliegen. In Frage kommen Papier, Mikrofilm (in verschiedenen Formen) und DV-Speichermedien (Magnetplatte o.ä.) Dies ist von Bedeutung für die folgenden Aspekte:

❑ **Übernahme von Altbeständen**
Es müssen entsprechende Schnittstellen geschaffen werden.
❑ **Wirtschaftlichkeitsbetrachtung**
Eventuell muß die Speicherung eines Dokuments auf verschiedenen Medien unter wirtschaftlichen Gesichtspunkten abgewogen werden.
❑ **Identifizierung von Problemen und Schwachstellen**
Da die verschiedenen Speichermedien spezifische Limitierungen haben, kann bei Kenntnis des Mediums gezielt nach bestimmten Problemen gefragt werden.

Ablagekriterien

⇨ Suchanfragen, Seite 83

Für das Verständnis der bisherigen Ablagesituation ist die Kenntnis der Ablagekriterien notwendig, denn diese sind die einzige Möglichkeit, ein Dokument zu finden. Aufgrund der Limitierung der traditionellen Technologien entsprechen die Ablagekriterien häufig eher dem Machbaren als dem Wünschenswerten. Dies ist vor allem dann offensichtlich, wenn sich bei der anschließenden Zugriffsanalyse herausstellt, daß Suchanfragen und Ablagekriterien nicht identisch sind.

Vor allem bei zentralen Archiven mit eigener Verwaltung ist eine Katalogisierung (z.B. manuelles Eingangsbuch) der Akten, Ordner usw. üblich. Damit versuchen die Archivare, Ordnungsmäßigkeit und Vollständigkeit des Archivs zu erhalten und den Zugriff zu beschleunigen. Diese Katalogisierung gilt es später bei der DMS-Organisation zu berücksichtigen. Problematisch ist dies dann, wenn zwar eine Katalogisierung erfolgt, das entsprechende Schema aber nicht dokumentiert, sondern nur in den Köpfen eines/einiger Mitarbeiter verankert ist.

Katalogisierung

Die **Zugriffsanalyse** versucht zu ermitteln, welche Bedeutung die abgelegten Dokumente / Informationen für das Unternehmen / den Bereich haben. Bei der Zugriffsanalyse stehen die zugegriffenen, d.h. genutzten Dokumente im Vordergrund. Dies ist auch die Schnittstelle zur Vorgangsanalyse, bei der die benötigten Dokumente meist schon angesprochen wurden.

Die Angaben der Vorgangsanalyse werden nun weiter detailliert. Sofern man bisher lediglich von Akten (als einer Gruppe zusammengehöriger Dokumente, z.B. Kundenkorrespondenz) gesprochen hat, wird spätestens bei der Zugriffsanalyse eine weitere Differenzierung notwendig, zumindest auf bestimmte Dokumentgruppen hin (z.B. Auftragsdokumente). Es wird möglichst für jede Dokumentart ermittelt

❏ für welche Vorgänge sie in welchen Fällen benötigt wird,
❏ wie häufig auf ein solches Dokument zugegriffen wird,
❏ mit welchen Suchanfragen zugegriffen wird,
❏ wie alt die zugegriffenen Dokumente im allgemeinen sind,
❏ wieviel Zeitaufwand für den Zugriff benötigt wird,
❏ inwieweit die Dokumente beim Zugriff modifiziert werden.

Aus diesen Angaben lassen sich, vor allem im Zusammenhang mit der Ablageanalyse, bereits eine Reihe von Schlußfolgerungen ziehen. Hauptsächlich läßt sich die Bedeutung des jeweiligen Dokuments über den Grund (in welchem Fall) und die Häufigkeit des Zugriffs ableiten.

Grund und Zugriffshäufigkeit

Unterscheiden sich die Suchanfragen von den Ablagekriterien, weist dies bereits auf mögliche Verbesserungen des Recherchekomforts hin. Es ist daher wichtig, die Intention des Begriffes »Suchanfragen« den Befragten richtig zu übermitteln. Den Mitarbeitern erscheint es natürlich selbstverständlich, daß sie ein Dokument nur über das Ablagekriterium finden können. Wenn beispielsweise die Suchanfrage lautet »Rechnung von »Müller«

von vor drei Monaten«, als Ablagekriterium aber die Belegnummer erst ermittelt werden muß (z.B. über Listen, EDV o.ä.), ist eine konkrete Verbesserung durch ein DMS möglich.

Alter

Die Zugriffsanalyse erhebt außerdem das Alter der zugegriffenen Dokumente. Das Alter der zugegriffenen Dokumente ist für die spätere Konzeption des DMS von Bedeutung. Meistens wird nämlich nur auf die Dokumente der letzten drei bis sechs Monate zugegriffen. Daraus folgt für die Konzeption des DMS einerseits, daß sich die Übernahme von Altbeständen nicht lohnt, da das »Problem« sich nach dieser Zeit von selbst löst, und andererseits sind für die aktuellen Dokumente häufig Maßnahmen zur Optimierung der Antwortzeit notwendig.

⇨ Antwortzeit-optimierung, Seite 253

Zeitaufwand

⇨ Nutzen-potentiale, Seite 269

Der für den Zugriff benötigte Zeitaufwand ermöglicht direkte Aussagen über das diesbezügliche Nutzenpotential eines DMS. Der Zeitaufwand dokumentiert dabei alle Zeiten, die für die Besorgung der gewünschten Informationen entstehen können. Im Extremfall ist das Dokument in einem zentralen Archiv, an das (über formelle Verfahren) Anforderungen gerichtet werden müssen . Dann lassen sich enorme Zeiteinsparungen durch ein DMS erreichen. Andererseits ist die Zugriffszeit bei lokalen Ablagen in unmittelbarer Nähe des Arbeitsplatzes auch durch ein DMS kaum zu verbessern. Hier geht es eventuell schon darum, die Zeit nicht zu verschlechtern. Generell läßt sich sagen: Je mehr Zeit für das bisherige Verfahren verwendet wird, desto höher ist das Nutzenpotential des DMS.

Der Bedarf an Modifikationen ist von Bedeutung, da die Dokumente in einem DMS nicht (so einfach) zu verändern sind. Technisch ist die Modifikation zwar auch im DMS machbar, da es sich aber um Dokumente handelt, die auch zum Nachweis[1] benötigt werden, ist diese Möglichkeit meist unterbunden. Modifikationen wie Anmerkungen, Korrekturen, Genehmigungsvermerke weisen daher auf den Bedarf für Funktionen zur Vorgangsbearbeitung hin.

Nachdem die abgelegten und zugegriffenen Dokumente analysiert sind, muß noch deren Aufbewahrungswürdigkeit bestimmt werden. Nur für aufbewahrungswürdige und in ein zukünftiges DMS zu übernehmende Dokumente lohnt es sich, den nächsten Schritt der Formalanalyse zu tun. Für die Bestimmung der Aufbewahrungswürdigkeit hat sich die Einordnung in die folgenden Kategorien bewährt:

---

1 z.B. bei rechtlichen Auseinandersetzungen, Seite 39.

❑ **Kategorie A:**
   Dokumente mit hoher Bedeutung für das Unternehmen und hohen Zugriffsraten.
❑ **Kategorie B:**
   Dokumente mit hoher Bedeutung für das Unternehmen und niedrigen Zugriffsraten.
❑ **Kategorie C:**
   Dokumente mit niedriger Bedeutung für das Unternehmen und niedrigen Zugriffsraten, aber gesetzlicher Aufbewahrungspflicht.
❑ **Kategorie D:**
   Dokumente mit niedriger Bedeutung für das Unternehmen, niedrigen Zugriffsraten und ohne gesetzliche Aufbewahrungspflicht.

Bei Dokumenten der Kategorie D ist bereits zu diesem Zeitpunkt kritisch zu prüfen, ob diese überhaupt weiter abgelegt werden sollen. Eine weitere Analyse dieser Dokumente lohnt wahrscheinlich nicht, eine Übernahme in ein zukünftiges DMS würde nur Aufwand, aber keinen Nutzen generieren. Bei Dokumenten der Kategorie A hingegen bietet sich die Berücksichtigung innerhalb der beabsichtigten Lösung unbedingt an. A-Dokumente sollten auf jeden Fall auf ihre »DMS-Tauglichkeit« hin weiter analysiert werden.

Bei Dokumenten der Kategorie B und C ist vor der Formalanalyse zunächst zu prüfen,

❑ ob die Menge sehr hoch ist,
❑ ob sie in elektronischer Form übernommen werden können,
❑ ob sie an anderer Stelle redundant abgelegt sind,
❑ ob sie ohnehin zusätzlich in Papierform aufbewahrt werden müssen.

Für Dokumente, die in großen Mengen in den eigenen Systemen entstehen (CI-Dokumente), ist die Übernahme in ein DMS relativ problemlos. B- und C-Dokumente, die auch noch an anderen Stellen benötigt und ohnehin in Papierform aufbewahrt werden müssen, sollten nur dann weiter betrachtet werden, wenn sie im Rahmen der angestrebten Lösung eine besondere Bedeutung haben, z.B. für die Vorgangsunterstützung. Ist man sich noch nicht sicher, kann man diese Dokumente später noch im einzelnen analysieren. Eine Hilfestellung bei der Bestimmung der Aufbewahrungswürdigkeit gibt das Flußdiagramm in Abbildung 22.

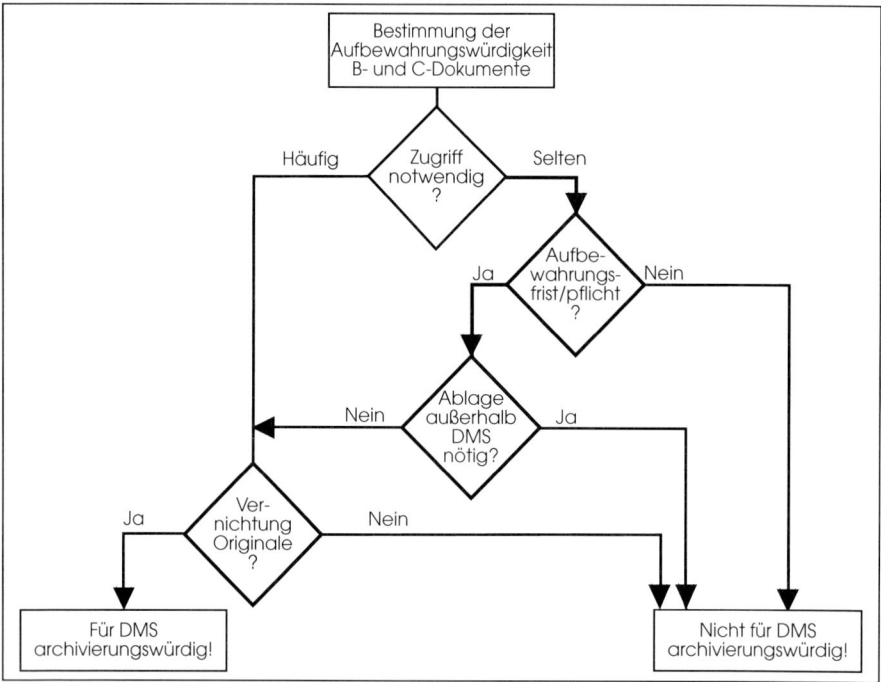

Abb. 22: Bestimmung der Aufbewahrungswürdigkeit von Dokumenten

⇨ Rechtliche Fragen, Seite 40

Bei den aufbewahrungspflichtigen Dokumenten ist dann weiter zu spezifizieren, wie lang die gesetzliche oder betriebliche Aufbewahrungsfrist ist, ob der Gesetzgeber nur inhaltliche oder auch bildliche Aufzeichnung verlangt und ob die Vernichtung der Originale möglich ist.

Bei der **Formalanalyse** werden die Dokumente, die als aufbewahrungswürdig bestimmt wurden, bezüglich ihrer »DMS-Tauglichkeit« analysiert. Relevant sind Dokumente, die nicht aus der eigenen EDV (Großrechner, Bürokommunikation oder sonstige PC) übernommen werden können, sondern als Papier eingescannt werden müssen (NCI-Dokumente). Dabei gibt es im allgemeinen keine »untauglichen« Dokumente, sondern lediglich problemlose und problembehaftete Fälle.

⇨ NCI-Eingabe, Seite 124

Scanner funktionieren ähnlich den allgemein bekannten Fotokopiergeräten. Sie liefern schlechte Ergebnisse, wenn die Vorlage über bestimmte Farben und geringe Kontraste verfügt. Stapeleinzüge haben außerdem Schwierigkeiten mit unterschiedlichen Papierformaten und Papierstärken in einem Stapel. Schließlich muß später der richtige Scanner (A2, A3, A4, Farbe, Schwarzweiß etc.) ausgewählt und die Eingabeorganisation (Sortieren, Entklammern etc.) angepaßt werden. Man schafft sich damit zunächst einen Überblick über die formelle Struktur bezüglich der vorhandenen Formate, Stärken, Farben, Kontraste und Bindungen, um so die »Problemfälle« mit Art und Umfang zu identifizieren.

Die Zusammenstellung einiger besonders kritischer Dokumente und das probeweise Scannen bei einem Anbieter oder Dienstleister ist der beste Weg, um sich einen realistischen Eindruck der zu erwartenden Schwierigkeiten zu verschaffen.

Kritische Dokumente

Risiken Dokumentenanalyse

Trotz der Bedeutung der Dokumentenanalyse muß auch hier wieder auf die Gefahr des »Verzettelns« hingewiesen werden. Es findet sich immer irgendwo noch ein Dokument, das analysiert werden kann. Man kann so beliebig viel Zeit mit »Erbsenzählerei«, statistischen Auswertungen und der Suche nach weiteren Dokumenten verbringen. Im Zweifel gilt deshalb »Mut zur Lükke«.

»Verzetteln« vermeiden

Obwohl auch die Identifizierung von nicht benötigten Dokumenten ein wichtiges Ergebnis ist, darf dies nicht zur Hauptaufgabe der Analyse werden. Auch bei der Dokumentenanalyse empfiehlt sich wieder eine Beschränkung auf das Wesentliche. Die Dokumente, die in den erfolgskritischen Vorgängen benötigt werden, sind die primären Kandidaten für die genauere Analyse.

Beschränkung auf Dokumente, die benötigt werden

Viele der bezüglich der Vorgangsanalyse gemachten generellen Hinweise lassen sich auch auf die Dokumentenanalyse übertragen, sind jedoch bei weitem nicht so kritisch wie bei der Vorgangsanalyse. Wie schon aus den »Richtlinien für die IST-Analyse« abgeleitet werden kann, ist natürlich auch bei der Dokumentenanalyse der Blick auf zukünftige Entwicklungen zu richten und die Offenheit für neue Ideen zu schaffen.

⇨ Richtlinien für die IST-Analyse, Seite 70

Hilfsmittel Dokumentenanalyse

Wird die Fachabteilung unvorbereitet mit den Detailfragen der Dokumentenanalyse konfrontiert, so sind die Angaben zwangsläufig relativ grob und unsicher. Die Dokumentenanalyse sollte daher über Erhebungsbögen vorbereitet werden.

Im Idealfall können die Erhebungsbögen bei den ersten Gesprächen (Infoveranstaltung oder Vorgangsanalyse) verteilt und erklärt werden. Bereits ausgefüllt, werden sie dann Bestandteil der folgenden Gespräche. Ein Muster für einen Erhebungsbogen findet sich im Anhang. Auch hier gilt natürlich wieder, daß dieser Bogen an die eigenen Gegebenheiten und Bedürfnisse anzupassen ist.

⇨ Erhebungsbogen im Anhang

Stichproben,
Strichlisten

Während sich Dokumentmengen und Raumbedarf meist relativ gut quantifizieren lassen, ist die Ermittlung von Zugriffsraten und Aufwendungen für Recherche und Ablage häufig ein Problem. Lassen sich auch über Schätzverfahren keine soliden Angaben ermitteln, müssen die fehlenden Größen über Stichproben, Strichlisten etc. und anschließende Hochrechnung erhoben werden. Daß die Auswahl möglichst repräsentativ sein und über einige Tage erfolgen sollte, ist selbstverständlich. Die Ermittlung dieser Werte sollte möglichst durch die Fachabteilung selbst vorgenommen werden, da sonst leicht der Eindruck der Kontrolle entsteht.

5.7 IST-Analyse EXAMPLE GmbH

Vorgangsanalyse

Der Vorgang Rechnungsprüfung beginnt mit dem Eingang der Rechnung in der Poststelle und umfaßt neben der Finanzbuchhaltung als Ort der Rechnungsprüfung die Organisationseinheiten Einkauf (inkl. Wareneingang), die beteiligte Fachabteilung und den Lieferant oder Dienstleister. Alle Rechnungen, unabhängig von Art oder Höhe des Rechnungsbetrages, durchlaufen dieses Verfahren (Abbildung 23).

Demnach werden die eingehenden Rechnungen an die Finanzbuchhaltung weitergeleitet und dort auf die einzelnen Prüfer nach Rechnungsart (Dienstleister, Telekom, Produktions- und sonstige Lieferanten) aufgeteilt. Die Sachbearbeiter prüfen zunächst die formale Richtigkeit (z.B. richtige Adresse, gültiges Datum). Sind formelle Kriterien nicht erfüllt, wird die Rechnung zusammen mit einem Standardbrief an den Lieferanten/Dienstleister zurückgesendet, eine Kopie dieser Unterlagen kommt in die Ablage. Anschließend erfolgt die Buchung und – soweit bereits möglich – Kontierung in einer entsprechenden operativen Anwendung. Die Buchung erfolgt auf jeden Fall, unabhängig vom weiteren Verlauf der Prüfung. Danach werden Rechnungskopien an Einkauf und Besteller versendet. Es folgen die diversen Prüfungen anhand der Bestellung, der Lieferantenkonditionen und der Leistungsnachweise (z.B. Dienstleistungen mit Zeitnachweisen). Diese Unterlagen müssen teilweise von der Einkaufsgruppe besorgt werden. Bei der Prüfung können sich vielfältige Unstimmigkeiten ergeben, die dann mit dem Einkauf oder der Fachabteilung geklärt werden müssen. Obwohl sich einiges per Telefon klären läßt, ist dafür häufig der Versand der Rechnung (oder einer Kopie) notwendig. Muß die Rechnung korrigiert werden, geht sie mit einem Standardschreiben an den Kreditor zurück. Ein Exem-

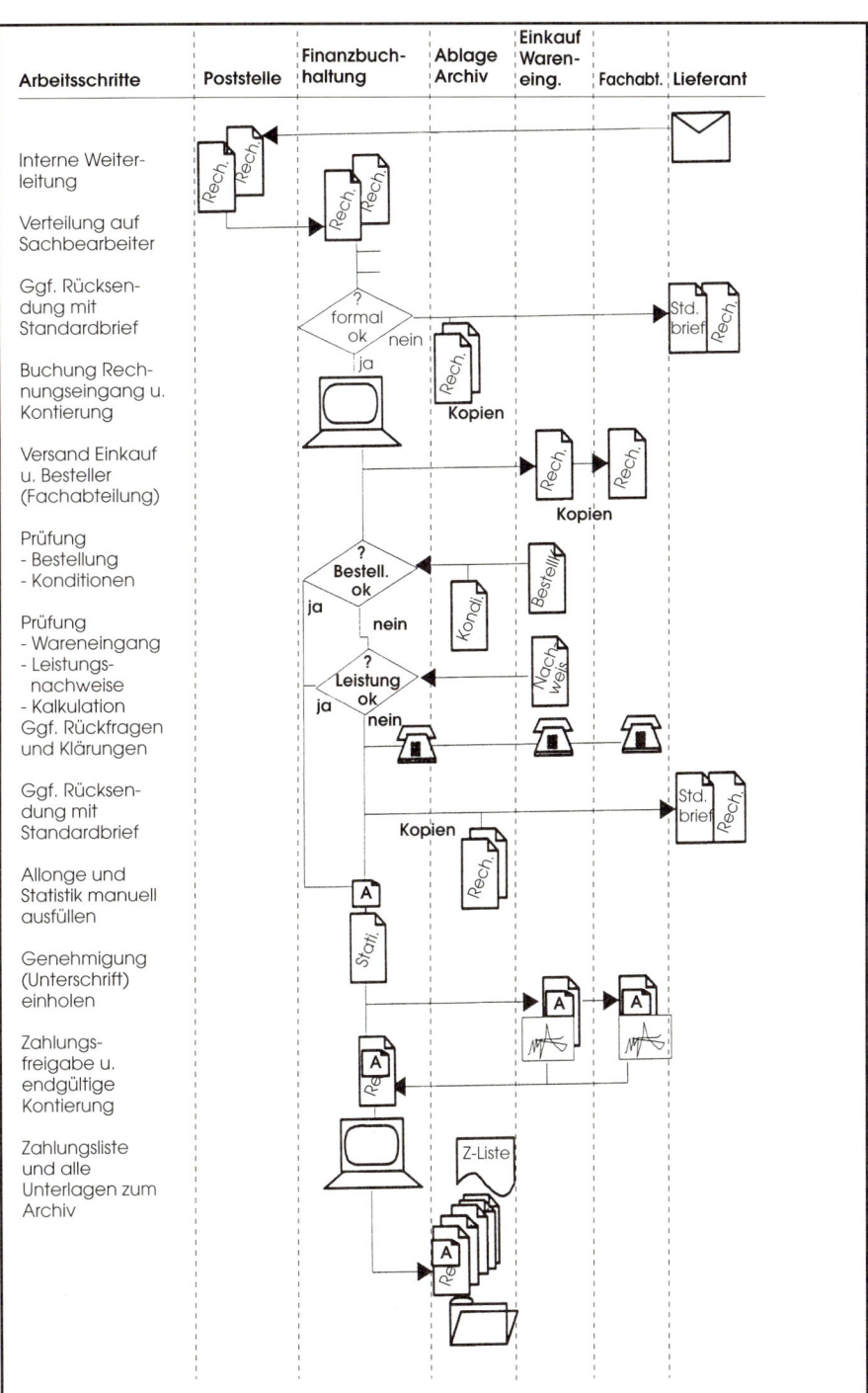

Abb. 23: Beispiel: IST-Ablauf der Rechnungsprüfung

plar bleibt während des internen oder externen Versands in der lokalen Ablage auf Wiedervorlage.

Ist die Rechnung abgestimmt, muß sie von dem Kostenstellenverantwortlichen genehmigt werden. Dazu wird der Rechnung ein Formular (»Allonge«) beigeheftet, auf dem der Sachbearbeiter die wichtigsten Daten handschriftlich einträgt. Außerdem wird eine manuelle Wochenstatistik ausgefüllt. Allonge und Rechnungsunterlagen gehen an den Kostenstellenverantwortlichen (in Einkauf oder Fachabteilung), der die Genehmigung durch Unterschrift auf der Allonge erteilt und beide Dokumente zurücksendet. Damit kann die Zahlungsfreigabe in der operativen Anwendung erfolgen. Die Zahlung erfolgt dann automatisch und wird durch eine entsprechende EDV-Liste dokumentiert. Die Zahlungsliste und die Rechnung zusammen mit Allonge, der Bestellung, den Nachweisen und versandten Standardbriefen werden im Archiv abgelegt.

Dokumentenanalyse

Die **Ablage** der Unterlagen für den Rechnungsprüfungsvorgang ist dreigeteilt. Neben der lokalen Ablage bei den Sachbearbeitern für die offenen Vorgänge und die ständig benötigten Informationen (z.B. Lieferantenkonditionen) existiert ein **Etagen- und ein Zentralarchiv**. Diese Archive werden von allen Verwaltungsabteilungen nach individuellen Gesichtspunkten genutzt. Umlagerung erfolgt je nach Raumbedarf. Die Ablage erfolgt ausschließlich nach der Belegnummer, die bei der Rechnungserfassung von der EDV erzeugt wird.

Dokument	Wachs tum p.a.	Ø Anzahl A4-Seiten	Ablagekriterien	Aufbe- wahrung
Bestellung	40.000	2	Belegnummer	7 Jahre
Rechnungseingang	40.000	1,5	Belegnummer	7 Jahre
Rechnungsanlage	10.000	4	mit Rechnung	7 Jahre
Leistungsnachweis	10.000	6	Belegnummer	7 Jahre
Mahnungseingang	2.000	1,5	Belegnummer	7 Jahre
Allonge	40.000	0,5	mit Rechnung	7 Jahre
Standardbrief (div.)	2.000	1	Belegnummer	2 Jahre
Zahlungsliste	12	100	Monat/Jahr	7 Jahre
Konditionen	500	1,2	Belegnummer	unbegrenzt
Wochenstatistik	52	20	Woche/Jahr	unbegrenzt

Abb. 24: Beispiel: Analyseergebnisse der Dokumentablage

Einige Dokumente (z.B. Bestellung) werden **redundant** in anderen Bereichen ebenfalls abgelegt. Teilweise werden **mehrere Durchschläge** desselben Dokumentes abgelegt. Insgesamt entsteht ein Volumen von **ca. 270.000 DIN A4-Seiten p.a.**

Zugriff in den Ablagen und Archiven erfolgt vor allem auf Bestellungen, Konditionen und Nachweise. Bei Nachfragen wird außerdem auf aktuelle Rechnungen bzw. Rechnungsanlagen relativ häufig zugegriffen. Auf Standardbriefe, Wochenstatistik und Zahlungslisten wird nach der Bearbeitung sehr selten zugegriffen. Die wichtigsten Werte der Wochenstatistik werden zu Monats- und Jahresstatistiken zusammengefaßt. Die Beschaffung von Dokumenten aus Etagen -und Zentralarchiv dauert relativ lange, wird aber nur bei einzelnen Nachfragen und nicht generell innerhalb der Rechnungsprüfung benötigt.

Dokument	Benötigt für Vorgang	Zugriffs-häufigkeit	Suchkriterien	typ. Alter zugegriff. Doku.
Bestellung	Rech.prüf.	100 / Tag	Lief.name, Datum	6 Monate
Rechnungs-eingang	Nachfrage	50 / Tag	Lief.name, Datum	2 Monate
Rechnungs-anlage	Rech.prüf.	50 / Tag	mit Rechnung*	2 Monate
Leistungs-nachweis	Nachfrage	100 / Tag	Lief.name, Datum	4 Monate
Mahnungs-eingang	Nachfrage	1 / Tag	Lief.name, Datum	6 Monate
Allonge	Nachfrage	20 / Tag	mit Rechnung*	3 Monate
Standardbrief (div.)	Nachfrage	5 / Tag	Lief.name, Datum	6 Monate
Zahlungsliste	Nachfrage	1 / Monat	Monat/Jahr	3 Monate
Konditionen	Rech.prüf.	100 / Tag	Lief.name, Datum	3-12 Monate
Wochen-statistik	intern	1 / Monat	Woche/Jahr	6 Monate

*Anlagen u. Allongen werden nur zusammen mit der Rechnung gesucht

Abb. 25: Beispiel: Analyseergebnisse der Dokumentzugriffe

Die **Aufbewahrungswürdigkeit** der hier relevanten Dokumente wird nur teilweise durch den Gesetzgeber bestimmt, es werden aber bisher alle zu einer Rechnung gehörenden Unterlagen aufbewahrt. Die Vernichtung der Originale nach der DMS-Eingabe ist prinzipiell für alle genannten Dokumente bedenkenlos. Allerdings besteht die **organisatorische Randbedingung**, daß Rechnungen mit einem Betrag von mehr als DM 10.000,– auch zukünftig in Papierform aufbewahrt werden.

Dokument	Kategorie (A,B,C,D)	CI / NCI	Gesetzliche Aufbewahrung?	Vernichtung der Originale?
Bestellung	A	CI	ja	ja
Rechnungseingang	B	NCI	ja	nur < 10 TDM
Rechnungsanlage	B	NCI	nein	ja
Leistungsnachweis	B	NCI	nein	ja
Mahnungseingang	B	NCI	ja	ja
Allonge	B	NCI	ja	ja
Standardbrief (div.)	D	CI	nein	ja
Zahlungsliste	C	CI	ja	ja
Konditionen	A	CI	nein	ja
Wochenstatistik	C	NCI	nein	ja

Abb. 26: Beispiel: Analyseergebnisse der Aufbewahrungswürdigkeit

Die **Formalanalyse** wird nur für die aufbewahrungswürdigen NCI-Dokumente durchgeführt. Problematisch sind vor allem die unterschiedlichen Leistungsnachweise. Anlagen und Nachweise gehen z.T. verspätet oder erst auf Anforderung per Fax ein.

Dokument	Formate	Papier-stärke	Farben	Gebunden, geklammert	∧ Qualität
Rechnungseingang	95% A4	70-80 g	diverse	ca. 30 %	normal
Rechnungsanlage	90% A4	70-80 g	diverse	ca. 80 %	z.T. Fax
Leistungsnachweis	80% A4	60-90 g	diverse	ca. 80 %	schmutzig
Mahnungseingang	99% A4	70-80 g	diverse	nein	normal
Allonge	DIN A6	80 g	s/w	nein	gut
Wochenstatistik		80 g	s/w	nein	gut

Abb. 27: Beispiel: Ergebnissse der Formalanalyse

Außer der generellen Zielsetzung gibt es keine **Randbedingungen** aus der Unternehmensstrategie. Die Anforderung, daß auch zukünftig alle Rechnungen an den Einkauf gehen müssen, ist als weitere organisatorische Randbedingung zu sehen. **Technisch** soll die bestehende Infrastruktur genutzt und ergänzt, aber nicht ersetzt werden.

Im Rahmen des vorliegenden Prozesses sind relevant:

❑ Mittelgroßer Zentralrechner mit operativen Anwendungen und Textverarbeitung (auch für Standardbriefe)

❑ Terminalnetz für Zentralsystem in allen relevanten Organisationseinheiten (auch andere Standorte)
❑ 5 vernetzte (Ethernet) PCs in der Rechnungsprüfung
❑ Verschiedene PC-Textverarbeitungsprogramme (auch für Standardbriefe)

Die spätere DMS-Anwendung soll keine funktionalen Überschneidungen zu der bestehenden operativen Anwendung erzeugen.

Zeit- und Kostenaufwand
Das bestehende Verfahren für die Rechnungsprüfung verursacht für die 270.000 DIN-A4-Seiten anteilige **Personalkosten** für Ablage, Umlagerung, Zugriff und Kopierzeiten. Insgesamt entstehen Kosten von ca. **305.000 DM p.a.** Für die **Vorgangsbearbeitung** ergeben sich verbleibende Aufwendungen von ca. **300.000 DM p.a.**

Personalkosten	Aufwand p.a.	Einzelkosten	Gesamtkosten
Dokumentablage	1 Mitarb. à 200 PT	500 DM	100.000 DM
Umlagerung Etagen- bzw. Zentralarchiv	insgesamt 10 PT	500 DM	5.000 DM
Zugriffe Archive, Besorgung der benötigten Unterlagen (inkl. Wegezeiten)	5 Mitarb. à 60 =300 PT	500 DM	150.000 DM
Kopieraufwendungen	5 Mitarb. à 20 =100 PT	500 DM	50.000 DM
Vorgangsbearbeitung	5 Mitarb. à 200 PT abzgl. 400 PT	500 DM	300.000 DM
SUMME	1.210 PT		**605.000 DM**

Abb. 28: Beispiel: IST-Analyse Personalkosten

Die **Sachkosten** enthalten alle der Rechnungsprüfung zuzuordnenden Kosten für Material (inkl. Kopierer), Entsorgung und Raum. Zusätzlich wurden die Skontoverluste aufgrund zu langer Bearbeitung geschätzt.

Sachkosten	Aufwand	Einzelkosten	Gesamtkosten
Materialanteil	Kopierkosten, Schränke, Ordner	10.000 DM	10.000 DM
Entsorgung	Dienstleistung	10.000 DM	10.000 DM
Raumkapazität	Miete f. ca.70 qm (7 J. Aufbewahrung)	30,-/qm/Mon. =12x30x70	25.200 DM
Sonstiges	Skontoverluste	10.000 DM	10.000 DM
SUMME			**55.200 DM**

Abb. 29: Beispiel: IST-Analyse Sachkosten

Schwachstellen

Vielfältige **Kopien** sind zeitaufwendig und kostenintensiv. Kopien und individuelle Ablagen in beteiligten Organisationseinheiten erhöhen die **Redundanz**. Redundanz entsteht auch durch abgelegte Durchschläge. Die **Besorgung der Unterlagen** von den beteiligten Organisationeinheiten ist sehr aufwendig.

Das **mehrfache Erfassen** der Rechnungsdaten (EDV, Allonge, Statistik) ist sehr aufwendig und nicht mehr zeitgemäß. Neben den eingehenden Dokumenten entstehen weitere Papiere während der Bearbeitung. Dokumente im lokalen Bereich sind in relativ schnellem Zugriff. Meistens ist aber zunächst die **Belegnummer** zu **ermitteln**. Die Papiermengen führen zu **Raumproblemen** im lokalen Bereich. Es findet daher eine frühzeitige **Umlagerung** in das Etagen- und später in das Zentralarchiv statt. Die Zugriffe auf diese Archive werden damit häufiger und sind außerdem zeitaufwendig (Wegezeit). Ablage und Zugriff in diesen Archiven erfolgen durch die einzelnen Sachbearbeiter nach individuellen Gesichtspunkten. **Aktualität, Vollständigkeit und Ordnungsmäßigkeit** der Bestände sind nicht garantiert.

Der **Rücklauf** der zur Abstimmung oder Genehmigung versandten Rechnungen ist schwer zu kontrollieren. Bei Mahnung durch den Lieferanten oder Dienstleister sind aufwendige Aktionen zur Feststellung des aktuellen Status erforderlich. Wegen der vielen Mahnungen hat die EXAMPLE GmbH ein schlechtes **Image** bei den Lieferanten. Außerdem gehen häufig mögliche **Skonti** durch die lange interne Bearbeitung verloren.

Der gesamte Ablauf der Rechnungsprüfung ist detailliert zu dokumentieren (stempeln, abhaken, unterschreiben, Anmerkungen und Kürzel anbringen), um den Ablauf mit den beteiligten Stellen jederzeit nachvollziehen zu können. Diese **Ablaufprotokollierung** ist relativ zeitaufwendig.

6. Organisatorisches Konzept

Das organisatorische Konzept zur Einführung eines DMS ist als der anspruchsvollste und aufwendigste Teilaspekt eines DMS-Projektes zu sehen. Es umfaßt Veränderungen der Ablauforganisation, eine Neugestaltung der Schnittstellen zwischen Organisation und Technik und unter Umständen auch eine Anpassung der Aufbauorganisation.

6.1 Aufgaben des organisatorischen Konzeptes

Das organisatorische Konzept enthält Aussagen über die konkrete Zielsetzung der Lösung, über die zu unterstützenden Prozesse/Abteilungen, die relevanten Dokumentarten und die Art der Unterstützung. Dabei kommt es vor allem auf die Nutzung der organisatorischen Potentiale der DMS an. Die Möglichkeit, in **einem** elektronischen System durchgängig sowohl eigene Dokumente als auch Dokumente externer Partner zu verwalten und beliebig viele Arbeitskopien an jedem beliebigen Ort zur Verfügung zu stellen, eröffnet vollkommen neue organisatorische Gestaltungsmöglichkeiten.

❑ Zugriffe verschiedener Bereiche/Abteilungen/Gruppen auf die Dokumentbestände anderer Bereiche/Abteilungen/Gruppen oder auf bereichsübergreifende Bestände. Damit ergibt sich eine Reduktion der (bisher notwendigen) redundanten Vorhaltung.

❑ Schaffung einer logischen, unternehmensspezifischen Ablagehierarchie mit einer einheitlichen, bereichsübergreifenden Struktur, in der (prinzipiell) jeder Mitarbeiter auf jedes Dokument zugreifen kann. Standortübergreifender Zugriff auf Dokumente aus entfernten Niederlassungen/Außenstellen/Filialen wird möglich.

❑ Direkte Unterstützung der Mitarbeiter bei der Vorgangsbearbeitung z.B. durch automatische Weiterleitung, Genehmigungsfunktionen, Vorgangsstati.

Die besprochenen neuen organisatorischen Trends werden häufig erst durch die Nutzung dieser Potentiale realisierbar. Beispielsweise

❑ kann jeder Sachbearbeiter Anfragen von jedem Kunden beantworten,

❏ können temporäre, projektspezifische Teams auf alle relevanten Dokumente, z.B. für eine Produktentwicklung, zugreifen,

❏ kann jeder in einem Prozeß eingebundene Mitarbeiter die zu
einem Vorgang gehörende (elektronische) Akte einsehen.

Konsequenz kann sein, daß nicht nur das zentrale Archiv aufge-
löst werden kann, sondern daß generell eine neue Arbeits- und
Kompetenzverteilung mit Zusammenlegung oder Auflösung bestimmter Abteilungen möglich wird. Aufgrund der resultierenden
Reduktion der bisherigen Koordinationsaufgaben ist die Abflachung der Hierarchie möglich.

Um diese organisatorischen Potentiale zu erschließen, ist zunächst die Rolle zu bestimmen, die das DMS in der Vorgangsbearbeitung übernehmen soll. Ausgehend von dem bisherigen Ablauf sind die Aufgaben zu bestimmen, bei denen eine Unterstützung sinnvoll erscheint. Prinzipiell ist die Unterstützung in allen
Phasen eines Vorganges möglich. Angefangen von dem Empfang
der Dokumente über die Verteilung und Sachbearbeitung bis zum
Archivieren und Kommunizieren der Ergebnisse können DMS
Unterstützungsfunktionen anbieten (Abbildung 30).

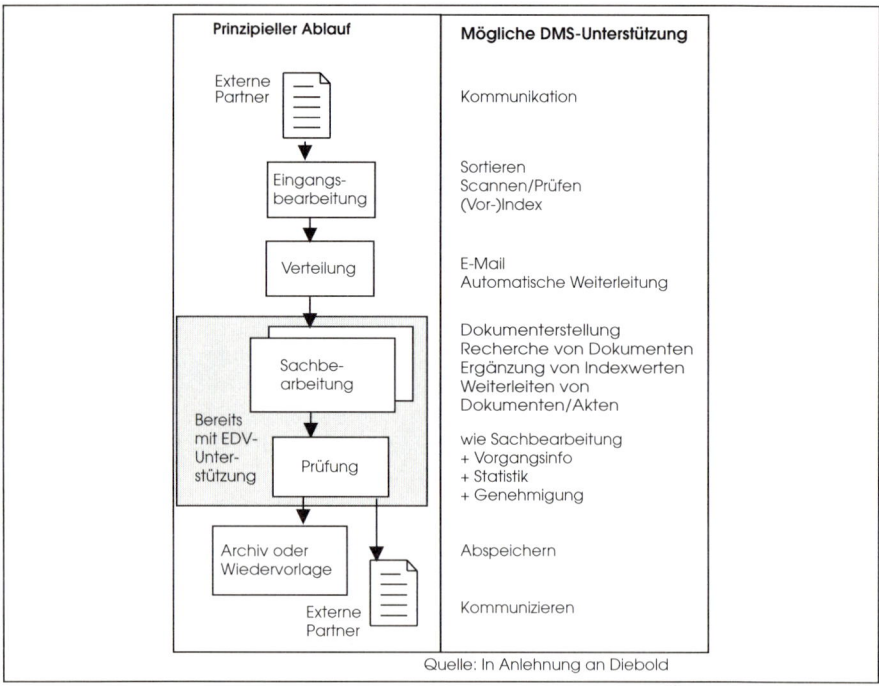

Abb. 30: Mögliche DMS-Unterstützung im gesamten Bearbeitungsablauf

Inwieweit man ein DMS-Projekt zum Anlaß für eine komplette Neuorganisation der Abläufe nimmt, hängt natürlich von Einzelfall ab. Wurden aber während der IST-Analyse entsprechende Schwachstellen identifiziert, ist eine grundlegende Neuorganisation zumindest überlegenswert.

Die Ausführungen zeigen, daß die Konzeption nicht durch die Abbildung der bestehenden organisatorischen Abläufe in einem neuen (technischen) System erfolgen kann. Diese »1:1-Umsetzungen« bringen keine wesentlichen Vorteile und halten im allgemeinen einer Betrachtung unter wirtschaftlichen Gesichtspunkten nicht stand. Teilweise erfordern sie Hochleistungs-Systeme, die aber nur in einzelnen Punkten (z.B. »Blättern«) Höchstleistungen bringen. Die restlichen, neuen Möglichkeiten werden nicht genutzt, da sie in der bisherigen papierorientierten Organisation nicht gefordert waren. Bezahlt werden muß aber das gesamte Leistungspotential und nicht nur die genutzte Leistung. Erst die Ausrichtung der Organisation an prozeßorientierten Strukturen, die Nutzung der beschriebenen organisatorischen Potentiale und damit auch mitunter die Auflösung aufbauorganisatorischer Hierarchien tragen zum Mehrwert von DMS bei.

Keine 1:1-Umsetzungen

DMS sind nicht per se wirtschaftlich. Der Einsatz der Technik und die damit verbundenen Kosten (Anfangsinvestitionen für Hardware und Software, Ausgaben für Systempflege, Investitionen für die Schulung der Mitarbeiter) sind erst bei Ausschöpfung der organisatorischen Möglichkeiten gerechtfertigt.

6.2 Vorgehensweise

Folgt man dem in vielen Organisationshandbüchern zu findenden Satz

Strategie VOR Organisation
Organisation VOR Technik,

so ergibt sich eine strikte zeitliche Abfolge und eine eindeutige Abhängigkeit zwischen Organisation und Technik. Das ist im Hinblick auf die Bedeutung der Aufbau- und Ablauforganisation (die an den Unternehmenszielen ausgerichtet wurde) gegenüber einer technischen Unterstützungsfunktion auch richtig. Die Praxis hat aber gezeigt, daß bei der Gestaltung eines Organisationskonzepts natürlich die heute bestehenden Restriktionen zu beachten sind. Bei relativ neuen Techniken – und hierzu zählen die DMS – muß man noch einen Schritt weiter gehen. Nach wie vor

existierende informationstechnische Einschränkungen und Un-
zulänglichkeiten müssen durch organisatorische Lösungen um-
gangen oder mindestens kompensiert werden.

⇨ Netzwerke,
Seite 228

So kann der Zugriff auf Dokumente nicht in beliebig kurzer Zeit
gewährleistet werden, da für Suche, Zugriff, elektronischen
Transport und Aufbereitung (Dekomprimierung) entsprechende
Zeiten, meist im Bereich zwischen drei und dreißig Sekunden,
anzusetzen sind. Sind Nutzer und Dokumentenspeicher nicht auf
demselben Grundstück, kommt bei den Transportzeiten die Problematik der Weitverkehrsnetze dazu. Dabei hat man meistens
nur die Wahl zwischen einer weiteren Verlängerung der Zugriffszeiten bis in den Minutenbereich oder sehr hohen Kommunika-
tionskosten. Im Projektverlauf wird sich deshalb eine Wechsel-
wirkung zwischen organisatorischem und technischem Konzept
einstellen.

Die einzelnen Aktivitäten und Ergebnisse des organisatorischen
Konzepts können wiederum dem entsprechenden Teil des Pro-
jektablaufplanes entnommen werden (Abbildung 31). Aufgrund
der Komplexität und des Umfangs dieser Phase muß, ausgehend
von einer groben Konzeption, schrittweise eine zunehmende
Detaillierung erfolgen.

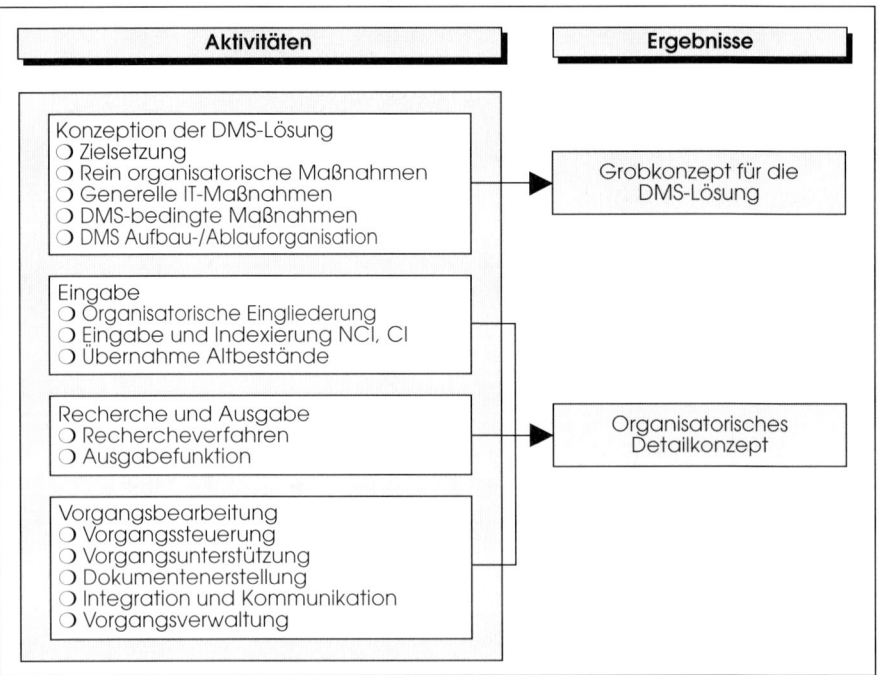

Abb. 31: Projektablaufplan Organisatorisches Konzept

Die Entwicklung des organisatorischen Konzepts orientiert sich an den Ergebnissen der vorausgegangenen Analysephase. Ausgehend von den daraus abgeleiteten konzeptionellen Anforderungen werden organisatorische Alternativen behandelt, die unter Berücksichtigung der vorhandenen Strukturen und Prämissen und unter Einbeziehung der Unternehmensziele durchführbar sind. Damit wird auch die Art und Weise der Nutzung neuer technologischer Möglichkeiten, die sich mit den heute verfügbaren DMS bieten, festgelegt. Alle diese Erkenntnisse müssen in einem »Grobkonzept« zusammenfließen.

Grobkonzept

Speziell bei der Erstellung des Grobkonzeptes ist es von großem Nutzen, sich gedanklich von den bisherigen Verfahren zu trennen. Die neuen organisatorischen Potentiale der DMS sind auf ihre Anwendbarkeit und ihren Nutzen für das anvisierte Einsatzfeld zu prüfen, da sich erfahrungsgemäß nur so eine optimale Konzeption erreichen läßt.

Dabei steht zunächst die Frage im Vordergrund: Was soll die Lösung leisten? D.h. es geht primär um das Was und nicht das Wie, und es geht um die Leistungen der Gesamtlösung (Technik **und** Organisation) und nicht nur um die Leistungen des DMS. Aus diesen groben Anforderungen lassen sich die sinnvollen und/oder notwendigen Maßnahmen ableiten, also erste »Wie-Antworten« generieren.

Das Grobkonzept dient als Ausgangspunkt für die spätere Detaillierung des endgültigen Konzeptes. Es muß daher sowohl mit den betroffenen Fachabteilungen als auch mit den Entscheidungsträgern abgestimmt werden.

Grobkonzept abstimmen

Das Grobkonzept ist weitestgehend technologie- und damit DMS-unabhängig zu gestalten. Dies ist vor allem wichtig, wenn erst im Rahmen des Projektes entschieden wird, mit welcher Technologie die Realisierung erfolgt. Es sind dann im Anschluß an die Konzeption die einzelnen Alternativen zu spezifizieren und mit ihrer Wirtschaftlichkeit zu bewerten.

Die folgende Übersicht (Abbildung 32) zeigt einige Gestaltungsrichtlinien, die für eine wirtschaftliche und effiziente Nutzung als Voraussetzung zu sehen sind.

Durchgängigkeit	❑ Vermeidung von Medienbrüchen
	❑ Unterstützung entlang der Geschäftsprozesse
	❑ Kompatibilität mit speziellen Werkzeugen (z.B. Desktop Publishing)
Einheitlichkeit	❑ Einheitliche Werkzeuge entlang von Prozessen
	❑ Gleichartige Darstellung und Bedienung
Integration	❑ Integration in das IT-Umfeld
	❑ Integration der Daten und Werkzeuge entlang der Prozesse
Flexibilität	❑ Anpassungsmöglichkeiten an organisatorische Veränderungen
	❑ Anpassungsmöglichkeit an Wünsche der Benutzer
	❑ Kurzfristige Umsetzung neuer Anforderungen (neuer Prozesse)
Optimierung	❑ Reduzierung unnötiger (systemspezifischer) Tätigkeiten
	❑ Adäquates Antwortzeitverhalten
Motivation	❑ Erleichterungen der Arbeit
	❑ Verbesserter Zugriff auf aktuelle Informationen
	❑ Erweiterung der Arbeitsinhalte (Job-Enrichment, Job-Enlargement)
	❑ Einfache und komfortable Bedienung, klare Darstellung und Benutzerführung
	❑ Konsistentes und stabiles Systemverhalten

Abb. 32: Gestaltungsrichtlinien eines Organisatorischen Konzeptes

Maßnahmen-
gruppen

Bereits während der IST-Analyse wurden Probleme und Wünsche der Fachabteilung identifiziert und einige Ideen für eine zukünftige Situationsverbesserung generiert. Eine Reihe weiterer Anforderungen ergeben sich durch die Zielsetzung und die gewünschte Nutzung der organisatorischen Potentiale. Die entstehende Mixtur von Anforderungen, Schwachstellen, prinzipiellen Möglichkeiten und Ideen kann sehr verwirrend sein und muß zunächst einmal sortiert werden.

Typischerweise ist ein Teil der Maßnahmen weitgehend unabhängig von dem DMS-Einsatz und ergibt sich einfach aus der angestrebten Lösung und den gesammelten Erkenntnissen. Es hat sich daher die Einteilung in drei Gruppen bewährt:

❑ **Rein organisatorische Maßnahmen**

sind organisatorische Veränderungen, die Abläufe effizienter machen und ohne technische Veränderungen umgesetzt werden können.

❑ **Generelle informationstechnische Maßnahmen**

sind Veränderungen oder Ergänzungen bei den bestehenden

informationstechnischen Systemen, die organisatorische Abläufe effizienter machen.

❏ **DMS-bedingte Maßnahmen**

sind Veränderungen oder Ergänzungen der Organisation und
der bestehenden informationstechnischen Systeme, die für die
optimale Erreichung der DMS-Nutzenpotentiale notwendig
werden.

Im Einzelfall sind natürlich eine Vielzahl von Maßnahmen denkbar, die einer der drei Gruppen zugeordnet werden sollten. Für
jede der drei Maßnahmengruppen werden daher im folgenden
einige Beispiele beschrieben, die sich auf viele Unternehmen
übertragen lassen.

Obwohl lediglich die letzte Maßnahmengruppe direkt durch den
Einsatz des DMS bedingt ist, gehören sämtliche Maßnahmen
zum Grobkonzept, da sie aufeinander abgestimmt sein müssen
und erst in ihrer Gesamtheit die Lösung darstellen. Auch bei
DMS-Konzepten ist – wie so häufig – der Gesamtnutzen von
aufeinander abgestimmten Maßnahmen wieder größer als die
Summe der einzelnen Nutzenpotentiale.

Übertragbare
Beispiele

6.3 Rein organisatorische Maßnahmen

Der große Vorteil der »rein organisatorischen Maßnahmen« ist,
daß sie unmittelbar umgesetzt werden können und den Fachabteilungen häufig sofort Erleichterung verschaffen. Außerdem erleichtern sie die späteren Projektphasen. Werden beispielsweise
bestimmte Dokumente nicht mehr benötigt, stellt sich später erst
gar nicht die Frage, ob sie in das DMS zu übernehmen sind.

Natürlich kommt es vor, daß Veränderungen der Abläufe generelle technische Maßnahmen oder eben die Einführung eines DMS
bedingen, z.B. zur Informationsversorgung von nicht mehr direkt
in einen Ablauf eingebundenen Mitarbeitern. Dann werden diese
Maßnahmen in eine der beiden anderen, noch zu besprechenden
Maßnahmengruppen eingegliedert.

Bei der IST-Analyse der Vorgänge werden häufig organisatorische Gegebenheiten transparent, die so nicht (mehr) sinnvoll
sind. Typische Beispiele sind:

Veränderung
der Abläufe,
Aufgabentei-
lung und
Kompetenzen

❏ zu viele Prüfungs- und Genehmigungsinstanzen,
❏ zu viele beteiligte Stellen,
❏ mehrfache Erfassung derselben Daten,
❏ zu komplizierte Bearbeitungsvorschriften.

Neuorgani-
sation der
Abläufe

Meistens resultieren diese Vorschriften aus einer stark arbeitstei-
ligen und hierarchisch gegliederten Organisation. Da dies nicht
mehr den heutigen Anforderungen an moderne Organisationen
mit flachen Hierarchien, verstärkter Delegation der Verantwortung und verstärkter Selbstorganisation entspricht, sind in einem
solchen Fall entsprechende Korrekturen notwendig. Das heißt,
die an einem Vorgang beteiligten Stellen und die Aufgabenteilung sollten neu definiert werden. Dabei kann den Sachbearbeitern meistens mehr Entscheidungskompetenz als bisher zugeordnet werden. Die Mitarbeiter können in vielen Fällen von der
obligatorischen Pflicht der Akteneinsicht befreit werden, da heute bereits viele Informationen für die Sachbearbeitung in den
operativen Anwendungen verfügbar sind.

Eliminierung
nicht auf-
bewahrungs-
würdiger
Dokumente

Die Reduktion der Papiervolumina ist eine der wichtigsten unter
den rein organisatorischen Maßnahmen. Vorarbeiten dazu wurden bereits während der IST-Analyse mit der Bestimmung der
Aufbewahrungswürdigkeit geleistet, so daß hier nur die Abstimmung mit den zuständigen Stellen und die Weisung zur Eliminierung der nicht aufbewahrungs- und damit nicht archivierungs-
würdigen Dokumente zu veranlassen ist.

Wertgrenzen

Häufig muß die Aufbewahrungswürdigkeit einzelner Dokumente
im Zusammenhang mit den oben erwähnten organisatorischen
Veränderungen noch einmal überdacht werden. Dies gilt vor
allem für Dokumente, die für den eventuellen Streitfall vorgehalten werden. Gespräche mit den Rechtsabteilungen bestätigen,
daß es natürlich nicht wirtschaftlich ist, für beliebige kleine
Streitwerte vorzusorgen. Daher ist die Aufbewahrungswürdigkeit teilweise auch innerhalb einer Dokumentenart noch einmal
zu differenzieren.

Analysieren wir Anzahl und Wert von typischen kommerziellen
Dokumenten, z.B. Aufträgen, und stellen dies akkumuliert dar, so
ergibt sich häufig ein Bild ähnlich Abbildung 33. Ein großer
Anteil der Dokumente würde im Ernstfall nur einen geringen
Streitwert darstellen (im Beispiel sind ca. 30% der Aufträge unter
200 Mark), während eine sehr geringe Anzahl von Dokumenten
von hohem Wert ist (im Beispiel sind ca. 2% der Aufträge oberhalb von 2.000 Mark). Hat man eine solche Kurve aufgestellt,
lassen sich Grenzen für die organisatorische Behandlung festlegen.

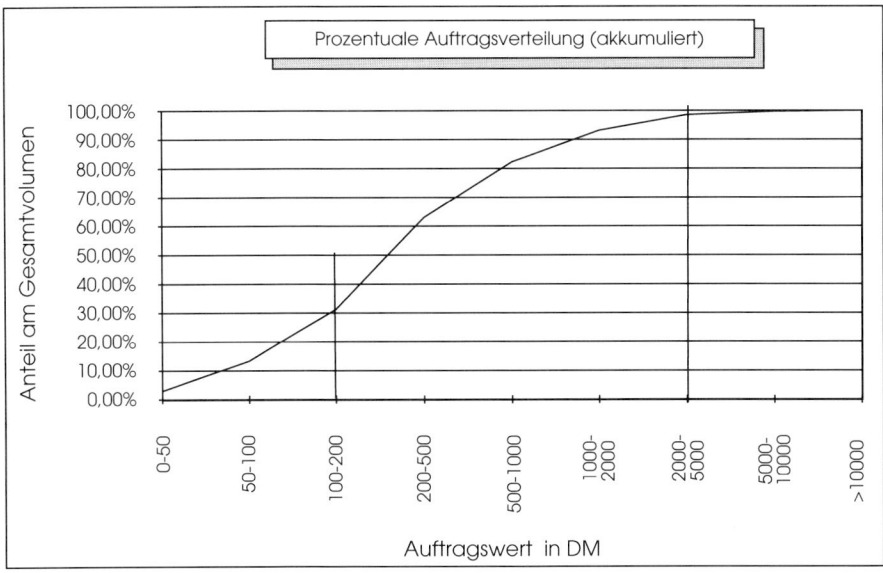

Abb. 33: Beispiel für Differenzierung über den Dokumentenwert

In dem Beispiel von Abbildung 33 sind eine untere und eine obere Grenze angedeutet, die organisatorisch bedeuten können:

1. Dokumente unterhalb des unteren Grenzwertes sind generell nicht aufbewahrungswürdig und können nach der Bearbeitung sofort vernichtet werden.
2. Dokumente zwischen den Grenzwerten sind aufbewahrungs-würdig und werden zukünftig im DMS vorgehalten.
3. Dokumente oberhalb des oberen Grenzwertes werden sicher-heitshalber zusätzlich zu dem DMS in Papierform aufbewahrt.

Die Bestimmung der Aufbewahrungswürdigkeit ist aber nicht der einzige Weg zur Reduktion der Papiervolumina. Betrachtet man sich beispielsweise das Formular(un-)wesen in Unternehmen und Behörden, so entdeckt man, daß es zwar auch Formulare gibt, die nicht mehr benötigt werden, für den dominierenden Teil aber noch Einsatzfälle existieren. Häufig sind bei diesen jedoch große inhaltliche Überschneidungen festzustellen, weil sie für ähnliche Vorgänge konzipiert wurden. So ist es durchaus üblich, eine Vielzahl von internen Anforderungsformularen für die Bestel-lung unterschiedlicher Leistungen zu pflegen. Obwohl es aus sachlichen Gründen sinnvoll sein kann, die gesamte Komplexität verschiedener Fälle auf mehrere Formulare zu verteilen, spiegelt der Status quo meist mehr die organisatorische Entwicklung der Vergangenheit wider. Eine rein organisatorische Maßnahme, die

Konsolidierung von Formula-ren und stan-dardisierten Ausdrucken

der DMS-Realisierung vorgeschaltet sein sollte, kann daher die
»Durchforstung« und Konsolidierung des Formularwesen sein.

Die bezüglich des Formularwesens geschilderte Situation läßt
sich auch direkt auf Standardbriefe und sonstige standardisierte
Ausdrucke übertragen, da auch diese Dokumente eine Art Formular darstellen. Ein Beispiel aus der Beratungspraxis soll dies
verdeutlichen. Ein Handelshaus druckte zu jeder Lieferung nicht
nur einen Lieferschein in mehrfacher Ausfertigung, sondern auch
eine »Warenausgangsrückmeldung« aus. Schon der Name muß
skeptisch machen. Die Warenausgangsrückmeldung enthielt im
wesentlichen die gleichen Daten wie der Lieferschein. Es kamen
lediglich zwei zusätzliche Angaben für interne Zwecke hinzu.
Die aus den Lieferungen resultierende Papierflut wurde allerdings verdoppelt. Die entsprechende Maßnahme lag auf der
Hand: Nennen wir die Warenausgangsrückmeldung zukünftig
einfach Lieferschein, und lassen wir den alten Lieferschein verschwinden.

6.4 Generelle informationstechnische Maßnahmen

Um ganz ehrlich zu sein, müssen wir zugeben, daß die Lösung
mit der Warenausgangsrückmeldung ganz so einfach doch nicht
war. Es war nicht möglich, eines der beiden Dokumente einfach
»verschwinden« zu lassen, sondern beide mußten zu einem neuen
Lieferschein integriert werden. Dies machte natürlich eine Änderung auf der Seite der Anwendungssoftware erforderlich. Im
geschilderten Fall handelte es sich um eine weit verbreitete
Standard-Anwendungssoftware, die die notwendige Flexibilität
enthielt, so daß die Änderung minimal war. Damit sind wir aber
bereits bei der nächsten Maßnahmengruppe, den Maßnahmen,
die die generelle informationstechnische Infrastruktur betreffen,
ohne daß sie Voraussetzung für das DMS wären.

Verände-
rungen der
operativen
Anwendungs-
systeme

Im Einzelfall kann der Bedarf für vielfältigste Erweiterungen und
Veränderungen der bestehenden operativen Systeme bis zur Neu-
entwicklung bestimmter Module entstehen. Natürlich sind hier
die notwendigen zeitlichen, finanziellen und personellen Aufwendungen zu berücksichtigen. Dennoch sollte man sich solchen
Wünschen nicht von vornherein verschließen, da hier teilweise
erhebliche Rationalisierungspotentiale bestehen.

Doppel-
entwicklungen
vermeiden

Eine Gefahr, vor allem bei Vorgangssystemen, ist allerdings, daß
parallel zu dem operativen System bestimmte Aufgaben nochmal
(im DMS) programmtechnisch umgesetzt werden, obwohl diese

Aufgaben – zumindest teilweise – schon in den bestehenden Systemen gelöst sind. Standard-Anwendungssysteme, wie z.B. SAP-Software, enthalten bereits Funktionen für die Überprüfung und Verfolgung der mit ihnen verwalteten Objekte, wie gebuchte Rechnungen oder Bestellungen. Sie unterstützen aber meist nur Teile eines Vorganges. Soll nun der gesamte Prozeß unterstützt werden, bieten die operativen Anwendungssysteme häufig nicht die notwendige Offenheit und Flexibilität. Andererseits sind aber nur in diesen Systemen sämtliche benötigte Daten verfügbar, z.B. über den Wareneingang zu einer Rechnung. Die komplette Unterstützung des Vorganges in einem eigenen, von der operativen Anwendung unabhängigen System ist damit meist nicht mehr praktikabel. Bei Eingaben, z.B. eingegangene Teillieferung, müßten alle Prüfungen und Aktualisierungen der Datenbestände zweifach (im Vorgangssystem und in der operativen Anwendung) durchgeführt werden. Im Extremfall liefe das auf die Neuprogrammierung des operativen Anwendungssystems hinaus.

Die Lösung kann hier nur in einer klaren Aufgabenteilung der Systeme liegen. Beispielsweise kann eine Fachabteilung im DMS per elektronischem Formular eine Bestellung anfordern, sich die notwendigen elektronischen Genehmigungen holen und die fertige Anforderung auf elektronischem Weg an den Einkäufer senden. Bei dem Einkäufer wäre in diesem Beispiel die Schnittstelle zu dem operativen System. D.h. auf seine Veranlassung hin werden die Daten automatisch aus dem elektronischen Formular übernommen, und fortan erfolgt die weitere Bearbeitung der Bestellung in dem operativen System. Dieses Verfahren ist im Sinne einer durchgängigen Vorgangsbearbeitung zugegebenermaßen nicht ideal, dafür aber praktikabel.

Aufgabenteilung zwischen DMS und operativen Systemen

In den meisten Unternehmen finden wir heute eine Koexistenz unterschiedlicher Hilfsmittel für die Aufgaben der Bürokommunikation. Neben der immer noch zunehmenden Verbreitung von PC und PC-Netzen mit entsprechenden Büro-Anwendungen (Text-, Kalkulations-, Grafiksoftware) existiert Bürosoftware auf DV-Systemen unterschiedlicher Größenordnung. Hinzu kommt eine zunehmende Verbreitung von Faxgeräten und auch die Schreibmaschinen sind noch nicht gänzlich verschwunden. Die unterschiedlichen Systeme sind häufig nicht integriert und werden nach individuellen Gesichtspunkten genutzt (oder eben nicht genutzt[1]).

Vereinheitlichung der Bürokommunikation

---

1 Speziell die installierten E-Mail-Systeme werden kaum genutzt. Die Ursache liegt meist in der unzureichenden Anzahl erreichbarer Teilnehmer, die selbst »E-Mail-Willige« zu traditionellen Verfahren greifen lassen.

Eine Vereinheitlichung einer solchen Situation ist im Rahmen eines DMS-Projektes dringend angeraten. Erstens können Dokumente, die sonst in Papierform übernommen werden müßten, in elektronischer Form in das System eingebracht werden. Zweitens vermeidet man Aufwendungen für die Anpassung an Schnittstellen von nicht mehr strategischen Systemen. Drittens läßt sich die Nutzung der gewünschten Systeme forcieren und damit die Investition nicht nur schützen, sondern – eventuell erstmalig – ein »Return on Investment (ROI)« realisieren.

Die Maßnahmen zur Vereinheitlichung sind von der Infrastruktur und den jeweiligen Anforderungen abhängig. Typischerweise sind zunächst die folgenden Punkte zu prüfen:

❑ Werden aufbewahrungswürdige Dokumente handschriftlich oder mit Schreibmaschine erstellt?
❑ Werden aufbewahrungswürdige Dokumente sowohl mit PC-Systemen als auch mit anderen Bürosystemen erstellt?
❑ Existieren mehrere, nicht miteinander verbundene E-Mail-Systeme?
❑ Werden zu sendende Faxbriefe ausgedruckt, in ein Faxgerät eingelesen und dann in Papierform abgelegt?

Werden die Fragen bejaht, so sind Maßnahmen zur Vereinheitlichung empfehlenswert. Ziel der Vereinheitlichung muß es sein, die Anzahl unterschiedlicher Systeme, die gleichzeitig für dieselben Aufgaben verwendet werden, zu reduzieren. Das bedeutet typischerweise:

❑ Vereinheitlichung der Erstellung von Dokumenten, z.B. nur noch über PC-Systeme, mit Ausnahme von Standardbriefen aus der zentralen Stapelverarbeitung. Dazu gehört gegebenenfalls auch die Vereinheitlichung der PC-Software, falls hier bereits ein entsprechender »Wildwuchs« herrscht.
❑ Schaffung eines (aus Anwendersicht) einheitlichen E-Mail-Systems, über das möglichst alle Mitarbeiter erreichbar sind. Dies kann entweder durch Verbindung der verschiedenen E-Mail-Systeme oder durch das Zusammenführen der vielen Systeme auf ein System geschehen.
❑ Schaffung einer einheitlichen elektronischen Ablagestruktur für die selbst erstellten Dokumente und Faxe. Damit kann eventuell bereits ohne DMS die Ablage der eigenen Dokumente in Papierform entfallen.

Fax-Gateways   Eine Infrastruktur, die kurzfristig zur Standardausstattung in den meisten Unternehmen gehören wird, sind Fax-Gateways. Gemeint ist die Möglichkeit, Faxdokumente direkt in elektronischer Form (ohne den Umweg über einen Papierausdruck) versenden

und empfangen zu können. Die persönliche Faxdurchwahl etabliert sich zunehmend und wird ähnlich wie die persönliche
Telefondurchwahl bald zur normalen Arbeitsplatzausstattung gehören. Da es aber weder sinnvoll noch notwendig ist, jedem
Mitarbeiter ein Faxgerät auf den Schreibtisch zu stellen, werden
die Faxdokumente über den – im allgemeinen ohnehin vorhandenen – PC für die Mitarbeiter verfügbar. Die automatische Weiterleitung zentral eingehender Faxdokumente an die entsprechenden Arbeitsplätze ist technisch noch problematisch. Es existieren
jedoch verschiedene Lösungen, die auf ihre Eignung für die
vorhandene Umgebung (Telefonanlage, LAN, Mail- und Fax-
software) geprüft werden müssen.

Die technische Verbindung zum Netz ist, wie bei einer Telefonanlage, an zentraler Stelle realisiert, in dem sogenannten Fax-Gateway. Ist der Ziel-PC nicht eingeschaltet, können dort auch Faxe
zwischengespeichert werden. Im Idealfall besteht eine Verbindung zwischen Fax-Gateway und E-Mail-System, so daß der
Anwender wirklich nur eine Software für die schriftliche Kommunikation zu beherrschen braucht. Das Versenden von Faxdo-
kumenten ist unproblematisch und geschieht zukünftig ohnehin
über den PC.

Wir erwähnen diese Möglichkeiten etwas ausführlicher, weil Fax
im professionellen Bereich bereits heute die papiergebundene
Kommunikation zu einem nennenswerten Teil ersetzt hat und
sich dieser Trend fortsetzt. Daß in diesem Zusammenhang der
Ausdruck auf Papier und das anschließende Einscannen in ein
DMS nicht sinnvoll sein kann, ist offensichtlich. Faxdokumente
können und sollten auf jeden Fall in elektronischer Form in das
DMS übernommen werden. Die Installation eines Fax-Gateways
kann daher als vorbereitende, aber von dem DMS unabhängige
IT-Maßnahme gesehen werden.

⇨ Eingabe
von Fax in
DMS, Seite 130

Bei Lösungen für den kommerziellen Bereich müssen heute auf
jeden Fall die Möglichkeiten des elektronischen Dokumenten-
austausches (EDI) berücksichtigt werden. EDI ist vor allem interessant für den Austausch von Bestellungen/Aufträgen und
Rechnungen mit den wichtigsten bzw. volumenstärksten Partnern, da hier von vornherein erhebliche Papiermengen gespart
werden können. EDI reduziert aber nicht nur Papier, sondern aus
dem EDI-Format können später auch gleich die wichtigsten Indexwerte für das DMS extrahiert werden.

⇨ EDI,
Seite 150

Es soll an dieser Stelle allerdings auch nicht verschwiegen werden, daß die konkrete Realisierung von EDI meist ein eigenes
komplexes Projekt erfordert. Die Schwierigkeit liegt dabei –

ähnlich wie bei DMS – nicht in der Technik, sondern in der Veränderung der Organisation.

Beleglose Erfassung und elektronische Formulare

Eine weitere Möglichkeit, das Papieraufkommen zu reduzieren, ist in dem Einsatz der beleglosen Erfassung beziehungsweise der Nutzung elektronischer Formulare zu sehen. Dabei wird nicht nur Papier vermieden, sondern es ergeben sich eine Reihe weiterer Vorteile:

❑ Der Komfort für den Benutzer läßt sich erhöhen durch
  ● gezielte Führung von Formularfeld zu Formularfeld,
  ● eine Liste gängiger oder gültiger Eingabewerte für ein Feld,
  ● kontextabhängige Hilfestellung,
  ● zusätzliche Hilfsmittel wie Software-Taschenrechner.
❑ Die Eingaben lassen sich sofort auf Syntax- und Plausibilitäts-fehler hin prüfen.
❑ Formulare lassen sich über E-Mail-Systeme (ohne nennens-werte Transportzeiten) weiterleiten und verteilen (keine Ko-pieraufwendungen).
❑ Eingabewerte lassen sich direkt in Anwendungssoftware über-nehmen.
❑ Es lassen sich sofort einige (oder alle) Indexwerte für die spätere DMS-Übernahme ableiten.
❑ Formulare mit ihren Varianten und Versionen lassen sich zen-tral verwalten.

Besteht Bedarf für eine Konsolidierung des Formularwesens, sollte die Möglichkeit der anschließenden Umsetzung in elektro-nischer Form auf jeden Fall geprüft werden, da sich diese Maß-nahmen natürlich ideal ergänzen. Speziell in großen Unterneh-men ist ein Großteil der (schriftlichen) Kommunikation rein interner Natur. Daher liegt in diesem Ansatz ein häufig stark unterschätztes Nutzenpotential.

Dem Einsatz der elektronischen Erfassung stand bisher meist die gleichzeitig benötigte Mobilität des/der Erfassenden entgegen. PC sind zwar zunehmend kleiner und leichter geworden, die Bedienung mit einer Hand (mit der anderen muß man den PC halten) ist aber recht umständlich. Weiterhin waren die PC bisher nicht leicht genug, und die Batteriekapazität reichte ebenfalls nicht. Zumindest das Tastaturproblem ist auch bei der letzten Generation, den Sub-Notebooks[2], noch immer vorhanden. Die einzige Möglichkeit, die blieb, waren proprietäre Spezialgeräte, die relativ teuer und in ihrer Funktionalität limitiert waren. Außerdem boten sie nicht den für die Anwendungsprogrammie-rung gewünschten Komfort.

---

2 Notebooks, die kleiner als DIN-A4-Format sind und unter 2 kg wiegen.

Die Lösung dieser Probleme ist in der Eingabe per Stift zu sehen. Derzeit verfügen primär zwei Gerätekategorien über diese Möglichkeit[3], Personal Digital Assistants, PDA (Standardbeispiel: Apple Newton ®) und Notepads, also »elektronische Schreibblöcke«. Notepads sind technisch gesehen Standard-PCs ohne Tastatur, aber mit Stifteingabe. Eine Tastatur läßt sich (für die stationäre Benutzung) separat anschließen.

PDA, Notepad und (Sub-) Notebook

Der wesentliche Vorteil des Notepad ist, daß es sich um einen Standard-PC handelt, auf dem die vielen hunderttausend für Standard-PC verfügbaren Softwarepakete ablauffähig sind. Damit können auch die in diesem Rahmen verfügbaren Entwicklungsumgebungen weitestgehend genutzt werden. Außerdem ist bei den Benutzern mittlerweile bereits generelles PC-Know-how vorhanden, so daß Akzeptanz- und Einarbeitungsschwierigkeiten minimiert werden. Die wesentlichen Nachteile liegen in Größe, Gewicht und Batterielaufzeit, die aufgrund der geforderten Kompatibilität nicht besser als bei Notebooks werden können. In eben diesen Punkten können PDA Pluspunkte verbuchen. Sie sind dafür (derzeit) mit dem Makel der Proprietät versehen. Damit ist das verfügbare Softwareangebot stark eingeschränkt. Sollten PDA wirklich die von manchen Auguren prognostizierten Verbreitungsgrade erreichen, könnte sich dies ändern.

PDA vs. Notepad

Wie auch immer die Entwicklung weitergeht, für das Ausfüllen strukturierter, elektronischer Formulare sind beide Gerätekategorien bereits heute gut geeignet. Natürlich ist dabei nicht daran gedacht, umfangreiche Freitexte über die Handschriftenerkennung entziffern zu lassen. Dies würde bei dem Stand der Technik auf unüberwindbare Akzeptanzschwierigkeiten stoßen, denn die niedrige Erkennungsrate der Systeme würde viele umfangreiche Nachkorrekturen erfordern. Bei der Gestaltung der Formulare ist deshalb darauf zu achten, daß (fast) alle der möglichen Eingaben vordefiniert sind und nur noch ausgewählt werden müssen. Dies wird ohnehin von einer modernen Bedienoberfläche verlangt und ist bei den strukturierten Aufgaben, über die wir hier reden, meistens auch kein Problem. An den Stellen, wo freie Eingaben zugelassen werden müssen, z.B. Ablesewerte, kann man bei der Anwendungsentwicklung der Handschriftenerkennung durch Zusatzinformationen »unter die Arme greifen«. Beispielsweise kann definiert werden, daß in einem bestimmten Feld nur vierstellige Nummern innerhalb eines bestimmten Wertebereiches eingegeben werden können. Mit ein wenig Training funktioniert die Erkennung dann recht gut.

Handschriftenerkennung

---

3 Es gibt auch Notebooks mit zusätzlicher Stifteingabe. Für die beleglose Erfassung bieten sie keine Vorteile, die Tastatur stört aber.

6.5 DMS-bedingte Maßnahmen

Nachdem wir Maßnahmen besprochen haben, die lediglich durch
die DMS-Problematik initiiert wurden und mit DMS zu tun
haben, wollen wir nun einen Überblick über die Maßnahmen
geben, die direkt durch den DMS-Einsatz bedingt sind.

Im Rahmen der direkt dem DMS zuzuordnenden Maßnahmen
sind zunächst die folgenden Fragen zu beantworten:

❏ **Welche Abläufe (Vorgänge) müssen durch das System abgedeckt werden?**
Ausgerichtet an den zu unterstützenden Erfolgsfaktoren sind
die wichtigsten Vorgänge auszuwählen.

❏ **Welche Benutzerkreise und Arbeitsplätze sind einzubeziehen?**
Der Systemaufbau orientiert sich an Prozessen, die in der
Regel an der Grenze einer Organisationseinheit nicht aufhö-
ren. Jeder Arbeitsplatz kann in ganz unterschiedliche Prozesse
involviert sein. Für den Aufbau des Systems ist es deshalb
wichtig, welche Arbeitsplätze mit welchen Funktionen ausgestattet sein müssen und welcher Arbeitsplatz in welche Prozesse integriert werden muß.

❏ **Welche Funktionen sind grundsätzlich durch das System
bereitzustellen?**
Gemeint sind Funktionen, die die eigentliche Bearbeitung des
Vorgangs, die Eingabe und Indexierung, die Ausgabe und
Recherche oder die Verwaltung des Systems betreffen. Weiterhin ist zu bestimmen, wie die traditionelle Bearbeitung abgebildet wird (z.B. Blättern in Akten, Anmerkungen, Prüfvermer-
ke, Veränderungen, Genehmigungen).

❏ **Welche Ergänzungen und Veränderungen der Aufbauorganisation sind notwendig?**
DMS verursachen eine Umverteilung von Aufgaben. Sie bringen
neue Aufgaben mit sich, z.B. scannen, und sie eliminieren oder
reduzieren andere Aufgaben, z.B. zentrale Archivierung. Die
neuen Aufgaben müssen Stellen und Personen zugeordnet werden, und es ist zu entscheiden, welche Konsequenzen aus der
Reduktion in den anderen Bereichen gezogen werden können.

❏ **Welche Ergänzungen und Veränderungen der Ablauforganisation sind notwendig?**
Wie bei der Aufbauorganisation sind auch die notwendigen
Ergänzungen und Veränderungen bei der Ablauforganisation
stark abhängig von der angestrebten Unterstützung. Auf jeden
Fall muß bestimmt werden, wie und zu welchem Zeitpunkt
welche Dokumente in das DMS eingebracht werden und wann
sie wem zur Verfügung stehen.

❑ **Welche Informationsstrukturen werden durch das DMS berührt?**

Informationen sind Voraussetzung für jede Entscheidung. Das DMS muß nicht nur die Verwaltung und den Transport von Dokumenten abdecken, sondern auch die für den Vorgang relevanten Informationen bereitstellen.

❑ **Welcher technische Integrationsbedarf zu bestehenden Büro- und operativen Anwendungen besteht?**

Die funktionale Integration mit Büro- und operativen Anwendungssystemen ist aus Anwendersicht ebenfalls eine der zentralen Anforderungen. Im Idealfall muß im bestehenden operativen Anwendungssystem bei der Betrachtung eines bestimmten Datensatzes, z.B. Rechnungsbuchung, durch Betätigen einer zusätzlichen Funktionstaste der Originalbeleg erscheinen.

Integrationsbedarf zu Bürosystemen ergibt sich meist aus der Anforderung, ausgehende Dokumente zusammen mit den zugehörigen eingehenden Dokumenten in **einer** (elektronischen) Akte verfügbar zu haben.

Häufig ergibt sich außerdem Integrationsbedarf, weil Daten der anderen Systeme als Indexwerte in das DMS übernommen werden sollen.

❑ **Welcher Ergänzungs-, Veränderungs- und Integrationsbedarf zu der bestehenden Hardware und Systemsoftware ist absehbar?**

Je nach der bestehenden informationstechnischen Infrastruktur lassen sich bereits zu diesem Zeitpunkt Konsequenzen für die Infrastruktur absehen. Ergänzungen und Veränderungen können erforderlich werden bei den zentralen Rechnerkapazitäten, den Endgeräten und bei den Netzwerken.

In den folgenden Unterkapiteln werden die mit der direkten DMS-Konzeption zusammenhängenden Aspekte detailliert beschrieben, um die Möglichkeiten bei der Gestaltung der einzelnen Ausprägungen mit ihren Vor- und Nachteilen transparent zu machen. Wir möchten aber noch einmal darauf hinweisen, daß die Lösung für den Anwender aus der Gesamtheit aller – nicht nur den durch DMS bedingten – Maßnahmen entsteht.

> Die Einführung eines DMS alleine stellt noch keine Lösung dar. Erst im Zusammenhang mit anderen informationstechnischen Maßnahmen (z.B. beleglose Erfassung, EDI) und rein organisatorischen Veränderungen (z.B. generelle Reduktion des Papieraufkommens) ergibt sich eine wirkliche Verbesserung der Situation.

6.6 Grobkonzept EXAMPLE GmbH

Rein organisatorische Maßnahmen

Unmittelbar umsetzen lassen sich Anweisungen zur **Vermeidung der Ablage mehrerer Durchschläge** desselben Dokuments und die Definition von **Aufbewahrungsfristen für Wochen- und Monatsstatistiken**. Aufgrund der engen Zusammenarbeit und als Vorbereitung für die Unterstützung des gesamten Beschaffungsvorganges werden Rechnungsprüfer und Einkäufer aufgefordert, eine **gemeinsame Ablagestruktur** abzustimmen und einzuführen.

Generelle IT-Maßnahmen

Das bestehende Programm zur Rechnungserfassung ist bezüglich einer **automatischen Generierung der Statistiken** zu erweitern. Auf die gleiche Art wird auch die **Allonge automatisch erstellt** und ausgedruckt. Mit der Einführung des DMS entfällt der Ausdruck. Die Extraktion und Zusammenstellung der Allonge-Daten wird aber auch bei der DMS-Einführung benötigt. Für die Standardbriefe der Rechnungsprüfung wird die **ausschließliche Nutzung einer PC-Textverarbeitung** vorgeschrieben. Die entsprechenden Standardbriefe werden vorkonfiguriert. Der **Austausch** der Rechnungs- und Lieferantendaten zwischen PC und Zentralrechner wird **automatisiert**. Für die Telefonrechnungen soll das **EDI**-Angebot der Telekom, Elektronische Fernmelderechnung (ELFE) genutzt werden. Zur Vereinfachung der internen und externen Kommunikation werden ein **E-Mail**-System und ein angepaßtes **Fax-Gateway** installiert. Diese Funktionen sind für die Rechnungsprüfer direkt aus der PC-Textverarbeitung aufruf- und ausführbar. Außerdem können sie Faxdokumente in der persönlichen Mailbox direkt empfangen.

DMS-bedingte Maßnahmen

Für die weitere Verbesserung der Situation ist die Einführung eines DMS sinnvoll. Dabei wird die Realisierung der rein organisatorischen und der generellen informationstechnischen Maßnahmen vorausgesetzt. Das DMS kennzeichnet sich durch:

❏ Unterstützung des Rechnungsprüfungsvorgangs mit elektronischer Akte für alle Dokumente zur Rechnungsprüfung,
❏ Lesender Zugriff auf offene Vorgänge durch alle Beteiligte,
❏ Nutzung einer gemeinsamen, einheitlichen Ablagehierarchie,
❏ Übernahme der eigenen Dokumente in codierter Form (CI),
❏ Scannen der eingehenden Dokumente vor der Bearbeitung,
❏ Unterstützung der Rechnungsprüfer bei Steuerung, Bearbeitung Information und Protokollierung von Vorgängen.

6.7 Eingabe und Indexierung

Das Ziel der Gestaltung der Dokumenteingabe muß sein, den notwendigen personellen Aufwand auf ein Minimum zu reduzieren. Unreflektiertes Scannen des täglichen Dokumenteneinganges mit manuellem Zuordnen von fünf bis zehn Indexwerten führt sehr schnell zu Verfahren, die aufwendiger sind als die bisherige Organisation der Papierablage oder des Verfilmens. Erfahrungswerte der Praxis zeigen, daß an einem Eingabeplatz häufig nur ca. 1.000 Dokumente pro Tag[4] eingegeben werden. Bei unreflektiertem Einscannen würde das für 2.000 täglich eingehende Dokumente bedeuten, daß zwei Personen Vollzeit nur mit der Eingabe dieser Dokumente beschäftigt wären. Bei geschickter Organisation kann aber eine Person auch 2.000 Dokumente oder mehr pro Tag bewältigen. Bestimmte Dokumentarten können automatisch in das DMS übernommen und indexiert werden. Sie beanspruchen im laufenden Betrieb (fast) keinen Personalaufwand. Bei der Dokumenteingabe kann man also sehr viel richtig, aber auch viel falsch machen.

1.000 oder 2.000 Dokumente pro Tag pro Platz

Vor allem bei reinen Archivsystemen ist die effiziente Gestaltung des Eingabeprozesses maßgeblich für die Wirtschaftlichkeit. Wenn der Nutzen bei Recherche und Ausgabe begrenzt ist (wegen geringer Zugriffshäufigkeit), muß der Aufwand bei der Eingabe im Vergleich zu dem bisherigen Verfahren ebenfalls gering sein, damit der DMS-Einsatz sinnvoll ist. Die Gestaltung des Eingabeprozesses entscheidet daher häufig darüber, ob eine DMS-Lösung wirtschaftlich ist.

Wirtschaftlichkeit wird gemacht

Dies bedeutet konkret, daß der Eingabeprozeß soweit wie möglich automatisiert werden muß. Wo immer sich technische Möglichkeiten wie elektronische Übernahme, OCR-/Barcode-Erkennung oder automatische Indexierung/Indexergänzung sinnvoll einsetzen lassen, müssen sie eingesetzt werden. Welche Alternativen sich in welchen Fällen anbieten, werden wir in den folgenden Abschnitten besprechen.

Automatisierungsmöglichkeiten prüfen

Grundsätzlich sind für jede archivierungswürdige[5] Dokumentart die folgenden Fragen in der gegebenen Reihenfolge zu beantworten:

---

4 Dies umfaßt den gesamten Eingabeprozeß inklusive manuellem Indexieren, mehrmaligem Einscannen schwieriger Dokumente etc. Außerdem sind auch die notwendigen Pausen- und Verteilzeiten berücksichtigt. Eine Detaillierung des Eingabeprozesses folgt später in diesem Kapitel.
5 Dies wurde bereits im Rahmen der IST-Analyse und des Grobkonzeptes bestimmt.

1. Kann das Dokument aus eigenen oder fremden Rechnern als CI übernommen werden?

CI-Dokumente müssen nicht gescannt werden, sondern können per Dateiübertragung (eventuell im Rahmen der Stapelverarbeitung) in das DMS eingebracht werden.

Meistens lassen sich alle oder ein wesentlicher Teil der Indexwerte automatisch aus den Dokumentinhalten extrahieren oder ebenfalls per Dateiübertragung übernehmen.

CI-Dokumente haben außerdem einen wesentlich geringeren Ressourcenbedarf als NCI-Dokumente. Dies spiegelt sich sowohl in den Antwortzeiten als auch in den Kosten der Komponenten wider. Die Maximierung des CI-Anteils ist auf jeden Fall anzustreben. Hierzu gehören auch EDI-Dokumente.

2. Kann die Indexierung (weitestgehend) automatisiert werden?

Auch wenn das Dokument selbst nicht als CI verfügbar ist, kann häufig ein Teil der Indexwerte aus den vorhandenen Systemen übernommen werden. Beim Scannen muß dann »nur« eine Minimal-Indexierung erfolgen für die interne Verwaltung und die spätere Zuordnung der restlichen Indexwerte.

3. Kann das Dokument als Fax direkt elektronisch in das DMS eingebracht werden?

Dokumente, die über einen Fax-Gateway direkt in das DMS gelangen, müssen nicht eingescannt werden. Alle anderen Arbeitsschritte im Rahmen der NCI-Eingabe, wie z.B. prüfen, indexieren usw., fallen jedoch trotzdem an.

Nur wenn alle drei Fragen negativ beantwortet werden müssen, ist die »normale« Vorgehensweise mit Scannen und manueller Indexierung notwendig.

6.7.1 Dokumentklassen

Dokument-
arten
klassifizieren

Sowohl für die Eingabe als auch für die spätere Verarbeitung ist die frühzeitige Klassifizierung von Dokumenten im DMS ein wichtiges Hilfsmittel zur Automatisierung einzelner Abläufe. Dabei werden Dokumente mit gleicher inhaltlicher Struktur (z.B. Schadensmeldungen) und/oder gleicher formaler Struktur (z.B. kontrastarmer Durchschläge) einer Klasse zugeordnet.

Die Klassifizierung kann je nach organisatorischen oder technischen Erfordernissen eher generell oder sehr spezifisch erfolgen. Beispielsweise kann die Klasse »Kundenkorrespondenz« sowohl inhaltlich als auch formal sehr unterschiedliche Dokumente ent-

halten, dennoch gibt es natürlich eine Reihe von Gemeinsamkeiten (alle sind NCI, alle sind mit der Kundennummer indexiert).
Andererseits ist eine Klasse, die nur ein spezifisches Formular
enthält, z.B. Schadensmeldung bei Kfz-Unfällen, inhaltlich und
formal sehr genau bestimmt.

Anhand dieser Klassifizierung kann das DMS vordefinierte Aktionen ausführen. Zum Beispiel können:

❏ automatisch bestimmte Scannereinstellungen erfolgen,
❏ automatisch bestimmte Indexwerte (z.B. Aufbewahrungsfrist)
vorgegeben werden,
❏ Weiterleitung und Weiterverarbeitung nach der Eingabe (NCI)
bzw. Übernahme (CI) gesteuert werden,
❏ weitere Hilfsmittel (z.B. OCR, Barcode-Erkennung) herangezogen werden,
❏ erwartete Dokumente automatisch offenen Vorgängen zugeordnet werden,
❏ für die Sachbearbeitung zusätzlich benötigte Dokumente automatisch aus dem (elektronischen) Archiv geholt werden (Prefetch).

Auf die genannten Möglichkeiten werden wir später noch
im einzelnen zu sprechen kommen. An dieser Stelle möchten
wir nur aufzeigen, daß in der Definition von Dokumentklassen große Potentiale für die Erhöhung der Effizienz des DMS
liegen.

Neben dem Begriff »Dokumentklasse« werden teilweise auch die
Begriffe »Dokumenttyp«, »Dokumentgruppe« oder einfach »Dokumentart« synonym benutzt.

6.7.2 Indexierungsverfahren

Dokumente werden in DMS über Indexwerte verwaltet, die unabhängig von der Abspeicherung des Dokuments selbst in Daten-
banktabellen vorgehalten werden. Für jedes Dokument existiert
in einer (Datenbank-)Tabelle ein Eintrag, der sämtliche Indexwerte, also die beschreibenden Merkmale und einen Verweis auf
den Speicherort des Dokuments selbst enthält. Diese Tabelle
nennen wir Indextabelle.

Es liegt nahe, für jedes Dokument möglichst viele Indexwerte zu
speichern, um es nachher über möglichst viele Begriffe wieder
auffinden zu können. Diesem Wunsch steht aber die notwendige
Minimierung des Eingabeaufwandes entgegen. Um dennoch beiden Zielen gerecht zu werden, versucht man im organisatorischen
Konzept zwar einerseits, die manuellen Eingaben zu minimieren,

andererseits aber die Eintragungen in der Indextabelle durch
weitere Daten zu ergänzen (Abbildung 34).

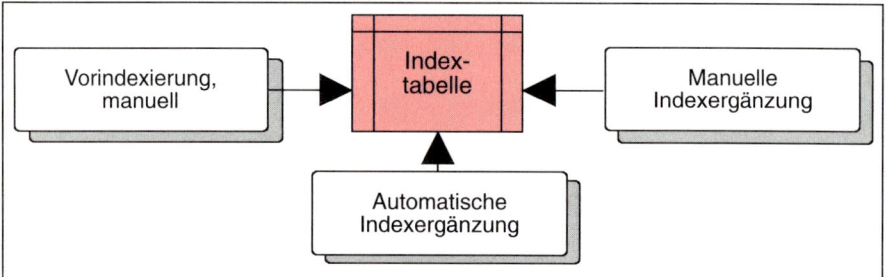

Abb. 34: Alternativen für Eingaben in die Index-Tabelle

Die Indexwerte in der Indextabelle können daher resultieren aus

- manuellen Eingaben bei der Dokumenteingabe (Vorindexierung),
- manuellen Ergänzungen bei der Dokumentbearbeitung,
- automatischen Ergänzungen bei oder nach der Dokumenteingabe.

Vor allem die automatische Ergänzung bietet große Potentiale
und sollte intensiv genutzt werden. Wir wollen an dieser Stelle
einen Überblick über die Automatisierungsmöglichkeiten geben.
Automatische Ergänzung der Indexwerte ist möglich durch

- die Übernahme von Systemwerten, z.B.
  - Eingabedatum,
  - Systemkennung des eingebenden oder bearbeitenden Benutzers,
  - vom System erzeugte laufende Nummern für Dokumente
oder Vorgangsakten.
- die automatische Selektion von Indexwerten aus dem Dokument über
  - Barcode,
  - Zeichenerkennung (OCR/ICR),
  - vordefinierte Struktur bei CI-Dokumenten,
- die Übernahme von Daten aus anderen Anwendungen und
Systemen, z.B.
  - aus operativen Anwendungen,
  - aus anderen Datenbanken.

Außerdem können Indexwerte wiederum in Abhängigkeit von anderen Werten vorgegeben werden. Dazu gehört beispielsweise die Aufbewahrungsfrist, die von der Dokumentklasse bestimmt wird, aber auch die Zuordnung von Auftrags- und Kundennummer, die sich über die Eingabe einer Vorgangsnummer ableiten läßt.

6.8 Organisatorische Eingliederung der NCI-Eingabe

Bei der organisatorischen Eingliederung der Dokumenteingabe ist zu bestimmen, an welcher Stelle und zu welchem Zeitpunkt innerhalb des Dokumentflusses die Eingabe in das DMS (Scannen und zugehörige Aufgaben) anzusiedeln sind. Für beide Aspekte gibt es eine Reihe von Alternativen, die wir noch im einzelnen erläutern wollen. Bei der Eingliederung dieser neuen Aufgaben in die bestehende Organisation empfiehlt sich eine Betrachtung der bestehenden (Erst-)Bearbeitung der betreffenden Dokumente, z.B. Erfassung in operative Anwendungen. Diese Aufgaben werden – evtl. in veränderter Form – auch zukünftig anfallen, so daß sich Synergien zu den neuen Scanaufgaben ergeben können.

6.8.1 Eingabe in Verbindung mit operativen Anwendungen

Führen eingehende Papiere, wie beispielsweise Aufträge, bei dem Eingang in das Unternehmen zunächst zu einem Zugriff auf die operativen Anwendungen (zur Ermittlung von Stammdaten oder zur Erfassung), so sollte auch die Eingabe der Papiere in das DMS in diesen Ablauf integriert werden. Diese Integration hat den großen Vorteil, daß mit nur sehr geringem Zusatzaufwand die Verbindung zwischen dem eingegangenen Papierdokument und den zugehörigen Daten der operativen Anwendung hergestellt werden kann. Daten der operativen Anwendung können dadurch relativ einfach als (zusätzliche) Indexwerte dem Dokument zugeordnet werden, ohne daß sie eingegeben werden müssen.

Dabei sind unterschiedliche Abläufe denkbar. Ein möglicher Ablauf mit DMS-Eingabe nach der Erfassung ist in Abbildung anhand einer Auftragserfassung dargestellt. Das Beispiel läßt sich aber ohne große Modifikationen direkt auf die Erfassung von Eingangsrechnungen oder Anträgen übertragen.

117

⇨ Zoom bei
Ausgabe-
funktionen,
Seite 176

Vor allem ist es auch möglich, die Eingabe in das DMS vor der Erfassung in der operativen Anwendung anzusiedeln. Die Erfassung erfolgt dann bereits papierlos mit einem Abbild des Originalbeleges am Bildschirm. Dabei ergeben sich wieder neue Möglichkeiten. Bei Erfassung von Dokumenten mit definiertem Layout lassen sich beispielsweise gezielt die zu erfassenden Ausschnitte mit einer Zoom-Funktion vergrößern und in der benötigten Reihenfolge ansteuern. Damit kann die Erfassung der Belege vereinfacht und beschleunigt werden.

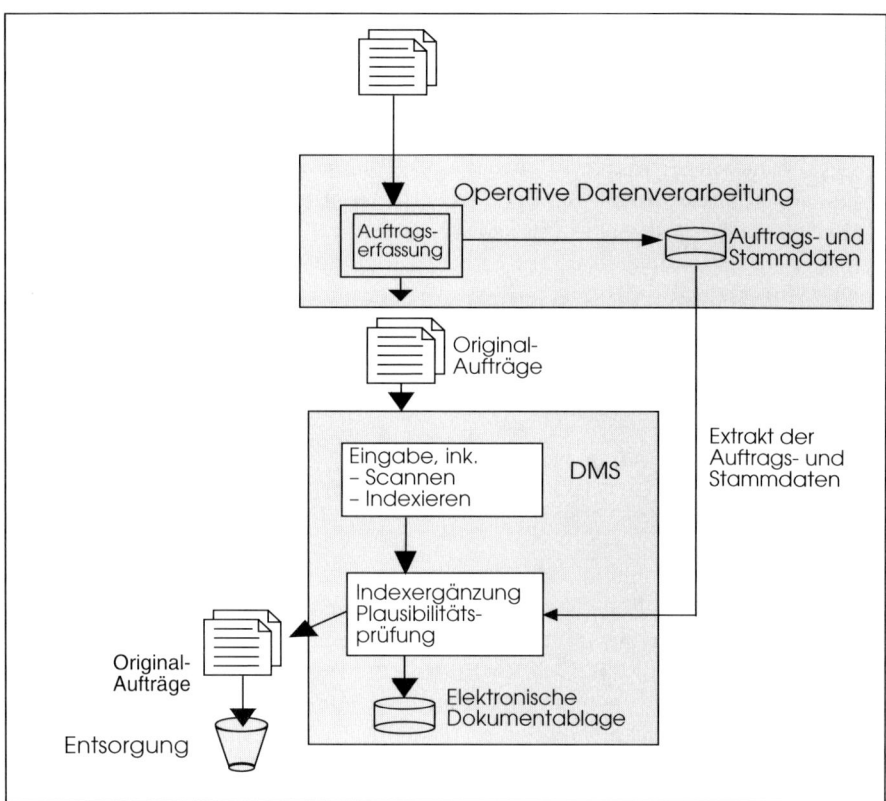

Abb. 35: Ablauforganisation Dokumenteingabe am Beispiel Auftragserfassung

Zunächst werden die Dokumente – wie bisher – in der operativen Anwendung erfaßt, sie werden dann zu der Eingabestelle für das DMS transportiert und dort gescannt und (minimal) indexiert. Der Index wird anschließend durch Daten ergänzt, die in der operativen DV aus den zu dem Kunden, Vorgang oder Auftrag gehörenden Daten extrahiert wurden. Dabei kann gleichzeitig eine Plausibilitätsprüfung stattfinden, um Erfassungsfehler zu identifizieren. Die Daten der operativen DV können im Rahmen der vorhandenen Stapelverarbeitung zeitlich getrennt von der Eingabe der NCI-Dokumente übernommen werden. Im Rahmen dieser Übertragung können gleichzeitig zum gleichen Vorgang/zur gleichen Akte gehörende CI-Dokumente (eigener Korrespondenzausgang, Ausgangsrechnungen, Mahnungen usw.) aus der operativen DV in das DMS übertragen werden.

6.8.2 Lokalisation der Scanstelle

Grundsätzlich bieten sich mehrere Alternativen für die Eingabe an, die von sehr dezentral bis sehr zentral reichen. Im einzelnen stehen zur Wahl die Lokation

❑ direkt am Arbeitsplatz der Sachbearbeiter,
❑ an einer Stelle innerhalb der nutzenden Abteilung,
❑ am Eingangsort in das Unternehmen (z.B. Warenannahme, Außenstelle, Poststelle),
❑ an einer zentralen Stelle des Unternehmens (z.B. neue Stelle, Archiv, Poststelle der Hauptverwaltung).

Die Eingabe direkt am Arbeitsplatz des Sachbearbeiters bietet die größte Flexibilität bezüglich des Zeitpunktes der Eingabe und der Möglichkeit, noch handschriftliche Anmerkungen auf dem Dokument zu vermerken. Außerdem ist der Sachbearbeiter (meist als einziger) in der Lage, die endgültigen Indexwerte zu definieren, die somit dem Dokument gleich zugeordnet werden können. Nach der Bearbeitung kann das Dokument so direkt endgültig indexiert in dem Archiv plaziert werden.

Eingabe direkt am Arbeitsplatz der Sachbearbeiter

Der entscheidende Nachteil liegt in der Notwendigkeit, einen Scanner je Arbeitsplatz zu installieren. Dies führt zu einem erheblichen Investitionsbedarf, einer ineffizienten Geräteausnutzung, und der Sachbearbeiter wird mit niederwertigen Aufgaben belastet. Außerdem fehlt meistens der Platz für solch eine Ausstattung[6].

Die Eingabe direkt am Arbeitsplatz des Sachbearbeiters ist daher lediglich im Rahmen eines zeitlich begrenzten Pilotbetriebes mit sehr wenigen Arbeitsplätzen sinnvoll.

Ist die Eingabe innerhalb der nutzenden Abteilung angesiedelt, profitieren die Sachbearbeiter (= Nutzer) einerseits von der räumlichen Nähe, die gute Kommunikation (z.B. für Indexierung)

Eingabe an einer Stelle innerhalb der Abteilung

---

6 Prinzipiell ließen sich auch Handscanner installieren. Die Eingabe per Handscanner ist aber für einen professionellen Einsatz nicht geeignet.

zwischen den eingebenden Mitarbeitern und den Nutzern ermöglicht, andererseits werden die Sachbearbeiter nicht mit diesen
Aufgaben belastet. Besonders bei schwierigem Schriftgut und
hohen Dokumentvolumina erfordert die Eingabe ein gewisses
»Fingerspitzengefühl«, welches spezialisierte Kräfte besser und
schneller entwickeln. Die Eingabe geht damit schneller und wirt-
schaftlicher vonstatten.

Die Einbindung in die nutzende Abteilung bietet den Ein-
gabekräften ein besseres Verständnis für die Bedürfnisse der
Nutzer und führt damit auch zu guter Motivation. Hinzu kommt,
daß der Eingabeprozeß flexibel ist (weil nur die Bedürfnisse einer
Abteilung zu berücksichtigen sind) und auch kurzfristig verändert werden kann. So kann relativ schnell entschieden werden,
welche Dokumente vor und welche nach der Bearbeitung einzuscannen sind.

Nachteilig ist dieses Verfahren, wenn das DMS einen Prozeß über
mehrere Abteilungen unterstützen soll oder als allgemeine Infrastruktur flächendeckend ausgebaut wird. Ein Ziel der Prozeßorientierung ist die Reduktion der Abteilungsegoismen und
die Optimierung des Informationsflusses durch alle beteiligten
Gruppen und Abteilungen. Baut jede Abteilung ihre eigene Eingabestelle mit entsprechendem Personal auf, führt dies zu erheblichen Redundanzen, Medienbrüchen und letztendlich
unwirtschaftlichem Betrieb.

Die Eingabe innerhalb der nutzenden Abteilung ist daher vor
allem für abteilungsspezifische Lösungen ohne Prozeßorientierung interessant. Innerhalb einer abgeschlossenen Pilotanwen-
dung kann dies ein pragmatisches Verfahren für den Anfang sein.

Eingabe am Eingangsort in das Unternehmen

Dokumente kommen in der Praxis nicht nur an einer, sondern an
mehreren Stellen in das Unternehmen (z.B. Warenannahme, Fi-
liale, Poststelle). Soll das DMS als generelle Infrastruktur im
ganzen Unternehmen verfügbar sein, liegt es nahe, Dokumente
direkt bei ihrem Eintreffen in das Unternehmen in das System zu
übernehmen.

Die Eingabeaufwendungen für das DMS werden damit auf mehrere Stellen verteilt, die ohnehin mit dem Dokument zu tun haben
und dessen Inhalt verstehen müssen. Sofern noch Vermerke während der Erstbearbeitung gemacht werden müssen, z.B. abhaken
empfangener Waren auf einem Lieferschein, kann dies noch vor
dem Scannen geschehen. Nach dem Scannen ist kein Papiertrans-
port mehr erforderlich, und das Dokument ist im DMS direkt für

jedermann verfügbar. Es entsteht für die Beteiligten zwar zusätzlicher Aufwand, der aber für die betroffenen Stellen teilweise
eine Aufwertung ihrer Arbeit darstellt.

Der wichtigste Nachteil besteht darin, daß für das Dokument
keine endgültige Indexierung möglich ist, da diese erst nach der
endgültigen Bearbeitung durch die Sachbearbeiter bestimmt werden kann. Kommt an sehr vielen Stellen im Unternehmen sehr
unterschiedliches Schriftgut an, kann außerdem die Investition
für die gerätetechnische Ausstattung diese Alternative uninteressant machen.

Die Eingabe am Eingangsort eignet sich primär als Ergänzung zu
einer der anderen Alternativen, wenn an einzelnen Stellen sehr
große Dokumentvolumina in das Unternehmen eingehen.

Dies ist die »klassische« Zentrallösung. Unabhängig davon, ob
die Eingabestelle nun als neue Abteilung, innerhalb des zentralen
Archivs oder der Poststelle der Hauptverwaltung angesiedelt
wird, kennzeichnet sich diese Alternative dadurch, daß alle Dokumente ausschließlich an dieser Stelle in das DMS eingegeben
werden.

Eingabe an
einer zentralen
Stelle des
Unternehmens

Für die Standardfälle können entsprechende Hochleistungsscanner eingesetzt werden, da die zentralseitig entstehenden Dokumentvolumina die Investitionen eher rechtfertigen. Ein wichtiger
Aspekt für den Durchsatz ist außerdem die Fertigkeit des Eingabepersonals, welches hier aufgrund seiner Spezialisierung optimale Ergebnisse erreicht. Für stark unterschiedliches Schriftgut
können bei der zentralen Eingabe Spezialgeräte beschafft werden, da durch die Zentralisierung immer noch ausreichende Dokumentmengen zusammenkommen.

Nachteilig ist, daß eine endgültige Indexierung nur dann möglich
ist, wenn die Dokumente erst nach der Bearbeitung zur Eingabestelle kommen und die notwendigen Indexwerte enthalten,
z.B. durch handschriftliche Anmerkungen. Wird vor der Bearbeitung eingescannt, muß eine Vorindexierung genügen, die im
weiteren Ablauf der Bearbeitung ergänzt wird. In diesem Fall
müssen für das Eingabepersonal und/oder das DMS eindeutige
Kriterien für die Zuständigkeiten von Bereichen, Abteilungen
oder Personen für bestimmte Dokumentarten definiert sein, damit eine zielgerichtete Weiterleitung erfolgen kann.

Die Eingabe an zentraler Stelle ist im produktiven Betrieb und
bei flächendeckendem Einsatz die wirtschaftlichste Alternative.
Bei einer konsequenten Prozeßorientierung ist sie meist die sinn-
vollste Lösung.

6.8.3 Zeitpunkt des Einscannens

In engem Zusammenhang mit der Fragestellung nach der Lokalisation der Scanstelle ist die Frage nach dem Zeitpunkt des
Einscannens zu beantworten.

Scannen vor
der Bearbei-
tung

Das Scannen vor der Bearbeitung ermöglicht die schnellstmögli-
che Verfügbarkeit des Dokuments in dem DMS und damit für alle
Nutzer des DMS. Existiert im DMS bereits ein Vorgang oder eine
Akte, zu der das Dokument gehört, kann es (bei entsprechender
Indexierung) direkt diesem Vorgang/dieser Akte zugeordnet werden. Wurde auf das Eintreffen des Dokuments gewartet, kann die
Zuordnung gleichzeitig eine Wiedervorlage bei dem zuständigen
Sachbearbeiter auslösen. Hinzu kommt, daß das Dokument nach
der Eingabe nicht mehr verlorengehen kann und nicht mehr
transportiert werden muß. Es ist jederzeit für alle Berechtigten
aus dem DMS abrufbar und kann innerhalb des DMS auch (elektronisch) verschickt und verfolgt werden.

⇨ Vorgangs-
bearbeitung,
Seite 181

In bezug auf Kundenservice ist allein schon das Wissen um
ein Kundenschreiben und dessen Aufenthaltsort (bei Sachbearbeiter XY in Bearbeitung) ein nicht zu unterschätzender Vorteil. Dies ist vor allem für die Vorgangssteuerung von Bedeutung,
weil fast jeder Vorgang mit einem eingehenden Dokument beginnt. Hier ist also ein enger Zusammenhang zur Ablauforganisation.

Daß das Dokument nach dem Scannen nicht mehr verändert
werden kann, kann je nach Betrachtungsweise sowohl als Vor- als
auch als Nachteil gewertet werden. Vorteilhaft ist, daß das Dokument im DMS exakt so hinterlegt ist, wie es in das Unternehmen
eingangen ist, jedoch können Häkchen, handschriftliche Bemerkungen, Anweisungen usw. damit nicht mehr aufgebracht werden. Das Dokument ist nur noch über den Bildschirm verfügbar.
Wie wir im Rahmen der Möglichkeiten der Vorgangsbearbeitung
erläutern werden, lassen sich im DMS zwar sämtliche traditionellen Bearbeitungsschritte nachbilden, aber es handelt sich eben
um eine Nachbildung, die Veränderungen der gewohnten Arbeitsweise erforderlich macht.

Scannen
nach der
Bearbeitung

Die Erhaltung der gewohnten Arbeitsweise ist der wesentliche
Vorteil des Scannens nach der Bearbeitung. Dabei werden die
Dokumente wie bisher bearbeitet, mit Anmerkungen versehen, in
Papierform durch das Haus transportiert (z.B. für Abstimmun-
gen) und mit Unterschriften und Genehmigungsvermerken abge-
zeichnet. Die Mitarbeiter haben weniger Akzeptanzprobleme.

DMS-Vorteile
kaum genutzt

Es stellt sich allerdings die Frage, ob der DMS-Einsatz in diesem
Fall einen ausreichenden Nutzen generiert. Die Vorteile des DMS

werden nur für die Dokumente verfügbar, die fertig bearbeitet sind und daher (im Normalfall) nicht mehr benötigt werden. Die enormen Nutzenpotentiale elektronisch unterstützter Vorgangsbearbeitung können nicht erschlossen werden. Verkürzung von Durchlaufzeiten durch Reduktion der Anzahl der notwendigen Arbeitsschritte und durch Verkürzung der für bestimmte Arbeiten benötigten Zeit ist kaum möglich.

Kann man sich trotz aller Vorteile nicht für die (teilweise radikale) Veränderung entschließen, die das Scannen vor der Bearbeitung mit sich bringt, bleibt noch ein Kompromiß. In vielen Fällen ist (zumindest in traditionellen Organisationen) eine endgültige Bearbeitung nicht bei der ersten Beschäftigung mit einem Dokument möglich, weil Unterlagen und Informationen fehlen oder unvollständig sind (z.B. Bürgschaft bei Kreditantrag). In diesen Fällen kann das Dokument nach der Erstbearbeitung in das DMS eingebracht werden und dann dort innerhalb einer (elektronischen) Wiedervorlage auf die weitere Bearbeitung warten.

Scannen nach der Erstbearbeitung

Diese Lösung stellt einen klassischen Kompromiß dar. Die Arbeitsabläufe können teilweise erhalten bleiben, und die Vorteile des DMS können teilweise genutzt werden. Zwar ist diese Alternative in keiner Hinsicht optimal, bietet aber häufig eine pragmatische und durchsetzbare Scanorganisation.

Zeitpunkt / Lokalisation	Nach der Sachbearbeitung	Vor der Sachbearbeitung
Zentrale Poststelle		
Am Eingangsort im Unternehmen		
In der Abteilung		
Am Arbeitplatz des Sachbearbeiters		

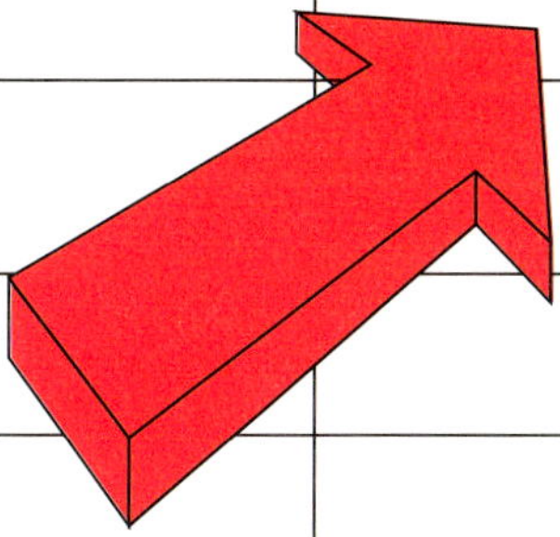

Abb. 36: Lokalisierung und Zeitpunkt des Scannens

Auch bei der Frage, ob vor oder nach der Bearbeitung gescannt werden soll, ist, wie bei der Entscheidung über die Lokalisation

der Scanstelle, die Zielsetzung der angestrebten Gesamtlösung
maßgeblich. Beide Aspekte müssen zusammen betrachtet werden
(Abbildung 36).

> Je mehr man den flächendeckenden Einsatz des DMS als
> Infrastruktur zur prozeßorientierten, elektronisch unterstützten
> Vorgangsbearbeitung anstrebt, desto mehr muß das Scannen vor
> der Bearbeitung an zentraler Stelle (z.B. Posteingang) erfolgen.

6.9 Eingabe von NCI-Dokumenten

6.9.1 Papierdokumente

Die Eingabe der Papierdokumente haben wir bisher vereinfacht
mit »Scannen und Indexieren« umschrieben. Bei einer detaillierten Betrachtung ist der Ablauf etwas komplexer. Die einzelnen
Schritte während der Eingabe von Papierdokumenten mittels
Scanner werden in Abbildung 37 dargestellt. Aus dieser Abbildung wird deutlich, daß neben dem eigentlichen Scannen noch
vor- und nachbereitende Tätigkeiten anfallen. Speziell die Eingabe von Papierdokumenten kann erhebliche Personalkapazitäten
binden und hat damit maßgeblichen Einfluß auf die Wirtschaftlichkeit der DMS-Lösung.

Entheften und
Entklammern

Scanner arbeiten ähnlich wie Fotokopierer. Sie erzeugen lediglich nicht neues bedrucktes Papier, sondern NCI in dem angeschlossenen Computer (meist PC oder Workstation). Wie bei den
Fotokopierern wird für die Eingabe größerer Dokumentmengen
ein Stapeleinzug verwendet. Es erscheint dabei auf den ersten
Blick trivial, daß geheftete und geklammerte Dokumente von
dieser Bindung befreit werden müssen. Bei mehreren tausend
täglich eingehenden Dokumenten kann allerdings auch ein relativ kleiner Anteil gehefteter/geklammerter Dokumente erhebliche Zusatzzeiten verursachen, die zumindest bei der Aufwands-
schätzung berücksichtigt werden müssen.

Sortieren

Sortieren kann sowohl aus organisatorischen als auch aus technischen Gründen sinnvoll bzw. notwendig sein. Kann man einen
Stapel gleichartiger Dokumente (z.B. Antragsformulare) in einem Arbeitsgang scannen, lassen sich vielfältige Voreinstellun-
gen für Scannerparameter, Indexwerte, Seiten pro Dokument,
Weiterleitfunktionen usw. vornehmen.

Eigene
Trennseiten

Gegebenenfalls kann es sinnvoll sein, zwischen den Dokumenten
eigene (Trenn-)Seiten einzufügen, die automatisch lesbare Informationen in Form von Barcode oder OCR-Schriftzeichen enthal-

ten. Anhand dieser Informationen kann das DMS beispielsweise feststellen, welche Seiten zu welchem Dokument gehören und diese automatisch zusammen abspeichern, d.h. mit den gleichen Indexwerten versehen.

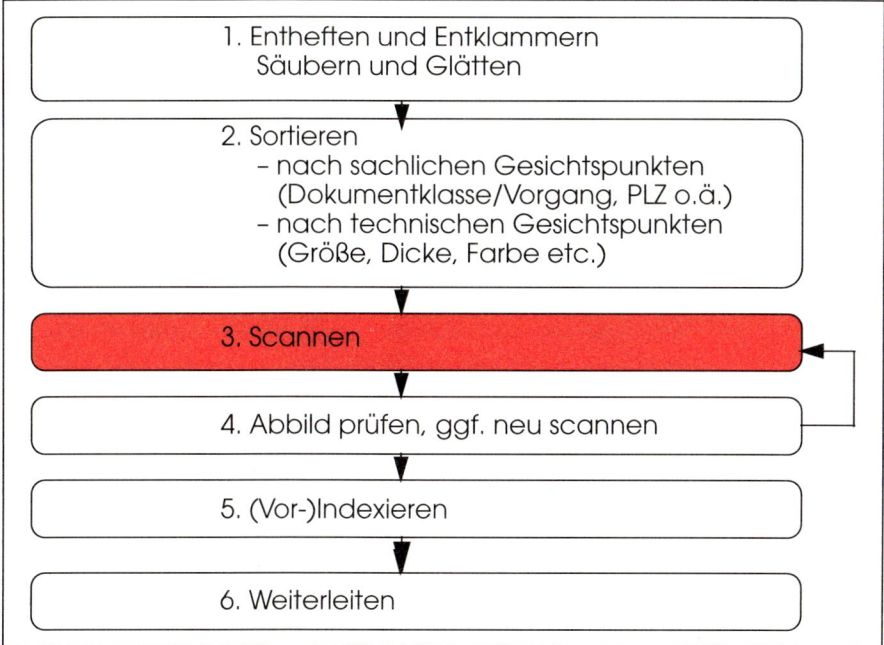

Abb. 37: Aufgaben im Zusammenhang mit dem Scannen

Solche Maßnahmen machen den Scanvorgang im Vergleich zu der (chaotischen) Eingabe der Dokumente in der Reihenfolge des Eintreffens wesentlicher effizienter. Bei der chaotischen Eingabe muß für jedes Dokument eine komplette Neubestimmung der erwähnten Parameter erfolgen, was häufig aufwendiger als die Zeit für das Sortieren ist.

Sortieren kann auch aus technischen Gründen notwendig werden. Verfügt man beispielsweise über sehr heterogenes Schriftgut, hat aber eine klare Dominanz der unproblematischen Dokumente (einseitig, schwarzweiß, DIN A4), empfiehlt es sich, zwei unterschiedliche Scanner einzusetzen. Ein Scanner ist auf Durchsatz optimiert und für das unproblematische Schriftgut zuständig, der andere Scanner ist zwar nicht so schnell, dafür aber in der Lage, auch problematische Dokumente (vom Papierschnipsel bis zum Bierdeckel) zu verarbeiten. Konsequenz dieser Vorgehensweise ist allerdings, daß die Dokumente vorher sortiert werden müssen.

⇨ Verbindung mit operativen Anwendungen, Seite 117

Häufig werden Dokumente ohnehin sortiert, z.B. als Vorbereitung für die Erfassung in die eigenen operativen Anwendungssysteme. Hier bietet sich wieder die Nutzung dieser Vorarbeiten an durch Integration oder Anhängen der Dokumenteingabe an diese bestehenden Abläufe.

⇨ Technisches Konzept, Seite 232

Der eigentliche Scanvorgang, also die Abtastung des Papiers durch das Gerät, ist zeitlich sehr unbestimmt. Von fünf Minuten für eine Farbseite bis zu zwei Sekunden für eine Schwarz-Weiß-Seite ergibt sich eine große Bandbreite[7]. Bei der organisatorischen Gestaltung kommt es daher nur darauf an, daß der Scanvorgang im gesamten Eingabeprozeß keinen Engpaß bildet. Daraus lassen sich dann die Anforderungen an die Geräte ableiten.

Engpaß ermitteln

Spätestens wenn mehrere Scanner eingesetzt werden, (aufgrund der Heterogenität der Dokumente oder weil (auch) dezentral einzuscannen ist), so ist die Durchsatzleistung der Geräte bei Betrachtung des gesamten Eingabeprozesses nicht der kritische Faktor, da die Engpässe dann mehr in den vor- und nachbereitenden Aufgaben liegen.

Abbild prüfen

Ziel des DMS-Einsatzes ist unter anderem die Entsorgung der Originalpapiere. Es muß daher sichergestellt sein, daß das im DMS gespeicherte Abbild vollständig und lesbar ist, damit es mit einer ausreichenden Qualität reproduziert werden kann. Dies hängt einerseits natürlich von der Qualität der Vorlage und andererseits von den gewählten Scannereinstellungen ab. Erfahrungen, die man bei der Verfilmung gesammelt hat, können nicht ohne weiteres übertragen werden. Es kommt auch vor, daß der Scanner bestimmte Randbereiche nicht oder nicht sauber erfaßt. Gerade dort können sich aber (juristisch) sehr wichtige Informationen befinden (z.B. Geschäftsführerangaben auf einem Briefbogen).

Über Veränderungen der Scannereinstellungen für Kontrast, Helligkeit und Auflösung lassen sich auch sehr schlechte Vorlagen mit relativ hoher Qualität einlesen. Es kommt sogar vor, daß aufgrund der Umsetzung von Grautönen in Schwarz-Weiß-Darstellung das Abbild im DMS besser lesbar ist als das Original.

Automatische Kontrastanpassung

Häufige Veränderung der Scannerparameter ist sehr zeitintensiv. Der Zeitaufwand ist bei spezialisiertem Bedienungspersonal mit dem entsprechenden »Fingerspitzengefühl« zwar wesentlich geringer, erfordert aber bei großen Volumina heterogener Dokumente immer noch nennenswerten Aufwand. Abhilfe können vordefinierte Scanprofile schaffen, die bei der Spezifikation der

---

7 Dabei ist zu beachten, daß die Angaben der Hersteller recht theoretische Werte sind und sich in der Praxis meist nicht realisieren lassen.

Dokumentklasse automatisch angezogen werden. Außerdem gibt es Scanner, die sich automatisch an die Kontrastverhältnisse anpassen und versuchen, ein optimales Ergebnis zu erzielen. Bei der Systemauswahl sollte diese Fähigkeit mit den eigenen Dokumenten getestet und bei Erfolg genutzt werden.

Für die Prüfung des gescannten Abbildes stehen natürlich alle Funktionen der Ausgabe wie Rotieren, Blättern und Vergrößern von Dokumenten zur Verfügung. Die Prüfung der Abbilder muß im organisatorischen Ablauf auf jeden Fall berücksichtigt werden. Ob eine hundertprozentige Prüfung notwendig wird, ist im Einzelfall zu entscheiden.

⇨ Ausgabe-
funktionen,
Seite176

Die Prüfung des Abbildes sollte direkt bei dem Scannen oder in unmittelbarer Nähe zum Scanarbeitsplatz erfolgen, da häufig schon kleine Veränderungen der Scannerparameter (Helligkeit, Kontrast) die Qualität des Ergebnisses stark verbessern. Es bietet sich an, die beiden Arbeitsschritte »Scannen« und »Abbild prüfen« zusammen an einem Arbeitsplatz zu installieren. Dokumente, die ungenügende Ergebnisse geliefert haben, können dann sofort noch einmal gescannt werden.

Scannen und
Abbild prüfen
an einem
Arbeitsplatz

Die wichtigste Tätigkeit ist die Indexierung, denn – im Gegensatz zu manchen traditionellen Archiven – kann ein Dokument innerhalb eines DMS ohne richtige Indexierung nicht abgelegt werden. Bei dem Indexieren werden dem Dokument die Indexwerte, d.h. Suchbegriffe zugeordnet, mit denen es später gefunden werden kann. Wird beispielsweise zu einem Schreiben lediglich das Eingangsdatum und die Kundennummer zugeordnet, kann es auch nur über diese beiden Kriterien recherchiert werden. Sonstige Merkmale, zum Beispiel, daß es sich um eine Reklamation handelte, sind nicht mehr verfügbar. Eine Ausnahme bilden lediglich Volltextindizes, da hier (fast) alle Worte als beschreibendes Merkmal für das Dokument gespeichert werden.

Indexieren

⇨ Volltext-
Indexierung,
Seite 151

Inwieweit das Dokument vollständig oder nur teilweise indexiert werden kann, hängt von der oben beschriebenen organisatorischen Eingliederung der Dokumenteingabe ab. Wird vor der Bearbeitung gescannt, muß das Dokument an die zuständige Abteilung/den Sachbearbeiter weitergeleitet werden. Dies kann automatisch geschehen, wenn dem DMS mitgeteilt wird, um welche Art (oder Klasse) von Dokument es sich handelt (sozusagen die Minimal-indexierung) und im System hinterlegt ist, wer für diese Art von Dokumenten zuständig ist. Dort muß dann die endgültige Indexierung stattfinden. Man spricht hier von einer **Vor-**Indexierung, die später manuell oder automatisch zum vollständigen Index ergänzt wird.

⇨ Eingliede-
rung der
Dokument-
eingabe,
Seite 117

Wird nach der Bearbeitung gescant, sind die notwendigen Indexwerte während dieses Eingabeprozesses hinzuzugeben. Meistens wurden die wichtigsten Werte von den Sachbearbeitern auf
dem Dokument vermerkt. Sie müssen dann manuell in das DMS
in eine Erfassungsmaske eingegeben werden.

⇨ Automa-
tische Indexie-
rung, Seite 132

Bei vielen Indexbegriffen, z.B. bei inhaltlicher Erschließung von
Presseartikeln, kann dieser Arbeitsschritt sehr zeitintensiv werden. Es ist daher immer zu prüfen, welche Möglichkeiten der
Automatisierung der Indexeingabe bzw. der Indexergänzung genutzt werden können. Einige Möglichkeiten werden wir später in
diesem Kapitel beschreiben.

Weiterleiten
automatisieren

Erfolgt das Scannen vor der Bearbeitung, muß das Abbild des
gescannten Dokuments (das Image) an die zuständigen Personen
weitergeleitet werden. Im einfachsten Fall erfolgt die Weiterleitung durch Übergabe an ein E-Mail-System und manuelle Eingabe des zuständigen Sachbearbeiters als Empfänger. Bei mehreren
tausend Dokumenten pro Tag wird dies sehr zeitaufwendig. Wenn
aus den Indexwerten ableitbar, sollten dem DMS die Kriterien für
die Weiterleitung bzw. die Zuständigkeiten bekanntgemacht werden, damit die Weiterleitung automatisiert werden kann. Wird
eine bestimmte Dokumentart, z.B. ein Versicherungsantrag, von
mehreren Gruppen bearbeitet, die jeweils für ein bestimmtes
Postleitzahlengebiet zuständig sind, so kann das Dokument mit
diesen beiden Angaben (Dokumentart, PLZ) automatisch an die
zuständige Gruppe weitergeleitet werden.

Diese Art der Weiterleitung ist wiederum eine Anwendung der
oben eingeführten »Dokumentklasse« als organisatorisches
Hilfsmittel. Bei den Kriterien für die Weiterleitung kann natürlich zunächst geprüft werden, ob die bestehende Organisation (im
Beispiel: nach Postleitzahlengebieten) benutzt werden kann. Ist
dies nicht der Fall, sollte die Veränderung dieser Organisation
geprüft werden, denn die Möglichkeit der automatischen Weiterleitung ist eines der interessanten Nutzenpotentiale der DMS. Vor
allem bei der Realisierung von Vorgangssystemen bringt die
automatische Weiterleitung nicht nur Einsparungen bei den Eingabeaufwendungen, sondern kann den Dokumentenfluß insgesamt – und damit die Durchlaufzeit des Vorganges – beschleunigen.

Qualifikation

Die an den Eingabeplätzen benötigte Qualifikation richtet sich
primär danach, inwieweit bei der Dokumenteingabe eine Indexierung erforderlich ist und wie komplex diese Indexierung ist.
Gerade die vordergründig einfache Anforderung, daß Dokumente nach der Eingabe an die zuständigen Personen weiterzuleiten
sind, stellt eine erhebliche Anforderung an das Personal dar.

Einerseits muß das Personal die Organisation des eigenen Unternehmens sehr gut kennen, andererseits müssen die inhaltlich teilweise stark unterschiedlichen Dokumente eindeutig zugeordnet werden. Dies wird spätestens dann schwierig, wenn ein Dokument mehrere Inhaltsschwerpunkte hat, für die unterschiedliche Bereiche zuständig sind. Gegenüber der papierorientierten Vorgehensweise helfen DMS aber dann insofern, als das gleiche Dokument gleichzeitig an verschiedenen Stellen im Unternehmen zur Klärung der Zuständigkeiten zur Verfügung gestellt werden kann.

Nicht das Scannen von Papier ist der kritische und aufwendige Vorgang, sondern der gesamte Eingabeprozeß mit allen Vor- und Nacharbeiten. Eine Optimierung durch organisatorische Maßnahmen ist daher meist auch wesentlich effizienter als die Beschaffung eines schnelleren Scanners. Vor allem die Indexierung muß an die Anforderungen und Gegebenheiten (z.B. Personalqualifikation) angepaßt organisiert werden.

6.9.2 Mikrofilmdokumente

Die grundsätzliche Problematik, wie sie für die Eingabe von Papierdokumenten geschildert wurde, läßt sich weitgehend auf die Eingabe von Mikrofilmdokumenten in DMS übertragen. Stark vereinfacht gesagt handelt es sich bei Mikrofilm nur um »eine andere Art von Papier«, die den Einsatz spezieller Geräte, eben Mikrofilmscanner, erforderlich macht.

Natürlich entfällt bei Mikrofilm das Entfernen von Klammern. Sortieren und andere vorbereitende Tätigkeiten fallen aber je nach Mikrofilmform (Rollfilm mit/ohne Blip, Microfiche, Filmcard, Jacket) ebenfalls an. Scannen, prüfen und vor allem die Indexierung müssen analog zu den für Papierdokumente geschilderten Verfahren organisiert werden.

CAR-Systeme

In Verbindung mit sogenannten Computer-Aided-Retrieval (CAR)-Systemen kann das Mikrofilm-System – ähnlich den DMS mit elektronischen Speichermedien – auf Anforderung eines bestimmten Dokuments durch den Benutzer den benötigten Mikrofilm lokalisieren, automatisch in den Scanner laden, scannen und das Abbild elektronisch zur Verfügung stellen. Ein DMS mit einem großen Archivbestand läßt sich über dieses »scanning on demand« auch ohne elektro-optische Speichermedien rein auf der Basis von Mikrofilm realisieren.

Den realisierbaren Zugriffsraten und Bestandsmengen im automatischen Zugriff sind im Vergleich zu rein elektronischen DMS enge Grenzen gesetzt. Diese Systeme eignen sich vor allem für bestehende Mikrofilmorganisationen oder reine Archivierungssysteme mit entsprechend geringen Zugriffshäufigkeiten.

Das Scannen von Mikrofilm ist allerdings eine relativ neue Technologie. In Anbetracht dieser Tatsache und bei der Vielfalt der existierenden Mikrofilmformen, kommt der Auswahl der Mikrofilmscanner im Vergleich zum Papierscanner eine wesentlich größere Bedeutung zu. Einige grundsätzliche Probleme, die sich aus den verschiedenen Mikrofilmformen ergeben, müssen ebenfalls bedacht werden.

❏ Die Anzahl Dokumentseiten pro Medium ist bei einigen Formen (z.B. Microfiche) im Vergleich zu elektronischen Speichermedien gering, damit ergeben sich häufige Medienwechsel.

❏ Das Einscannen von Akten auf Mikrofilm-Jackets kann sehr mühsam werden, da die einzelnen Bilder in keinem festen Raster angeordnet sind und auch schon einmal schräg in dem Jacket liegen.

❏ Besteht bereits eine computergestützte Verwaltung der Mikrofilm-dokumente, so kann man diese Informationen meist in das DMS übernehmen. Aufgrund der unterschiedlichen Speicherformen ist aber eine Nachbearbeitung erforderlich.

⇨ Übernahme von Altbeständen, Seite 154

Inwieweit das Einscannen von Mikrofilmdokumenten im produktiven Betrieb sinnvoll ist, muß also kritisch geprüft werden. Sieht man diese Möglichkeit primär als einmalige Aktion für die Übernahme von Altbeständen, sollte man auf jeden Fall bedenken, daß hier die Einschaltung eines externen, auf diese Fälle spezialisierten Dienstleisters sinnvoll ist.

6.9.3 Faxdokumente

Faxdokumente, die auf elektronischem Wege in das Unternehmen eingehen, sind technisch weitestgehend identisch mit eingescannten und komprimierten Papierdokumenten. Dies ist nicht weiter verwunderlich, denn die DMS nutzen für die Komprimierung die Algorithmen und Formate, die für den Faxdienst international genormt wurden, CCITT Gruppe III und IV[8].

Eingehende Faxdokumente sind NCI und können als solche nicht direkt von einem Computer interpretiert werden. Dies gilt auch, wenn sie per Fax-Gateway von einem Computer empfangen werden. Daraus ergibt sich, daß die Verteilung zentral eingehen-

---

8 CCITT war das internationale Standardisierungsgremium der Postgesellschaften. Aufgrund einer Umfirmierung ist dies nun die ITU, International Telecomunications Union (Internationale Fernmeldeunion).

der Faxdokumente im allgemeinen nicht automatisch, z.B. anhand einer Empfängerangabe, erfolgen kann.

Zentral eingehende Faxdokumente können daher organisatorisch
wie zentral eingehende Papierdokumente behandelt werden. Man
spart sich in diesem Fall lediglich den Scanarbeitsgang. Das heißt
auch, daß Faxdokumente – wie gescannte Dokumente – manuell
(vor-)indexiert werden müssen. Es existieren allerdings zwei
Ausnahmen von dieser Regel:

1. **Durch die Nutzung von OCR können die Faxdokumente
   interpretierbar gemacht werden.**

   ⇨ OCR,
   Seite 137

   Die OCR-Erkennung unterliegt allerdings bestimmten Limitierungen. Unabhängig davon muß auch ein fehlerfrei erkann-
   tes Fax eine bekannte Struktur aufweisen, um es automatisch
   weiterleiten zu können. Beispielsweise muß vor dem Empfän-
   gernamen immer »An:« stehen, oder Absenderangaben sind
   immer in einem bestimmten Bereich zu finden.

   Ist die Struktur der unter einer bestimmten Faxnummer eingehenden Dokumente bekannt und sind die Dokumente aus
   OCR-Sicht unproblematisch, ist die Weiterleitung möglich.

2. **Nutzung von verschiedenen Fax-Durchwahlnummern
   durch die sendenden Partner.**

   Die Faxdokumente können dann auch dezentral, z.B. direkt bei
   den Sachbearbeitern oder bei Gruppen- und Abteilungsleitern,
   empfangen werden.

   Dies funktioniert analog zu den Telefon-Durchwahlnummern
   und läßt sich mit einer gewissen Vorlaufzeit auch den externen
   Partnern vermitteln. Wir haben das zugrundeliegende Konzept
   bereits im Rahmen der generellen informationstechnischen
   Maßnahmen vorgestellt.

Diese Lösung arbeitet im allgemeinen zuverlässiger als die oben
erwähnte OCR-Alternative. Die Machbarkeit im jeweiligen technischen Umfeld ist jedoch durch Spezialisten zu prüfen.

Generelle IT-
Maßnahmen,
Seite 104

Plant man die Nutzung der automatischen Faxverteilung, ist der
Integration mit den restlichen DMS-Komponenten Beachtung zu
schenken. Im Idealfall kann der Benutzer die Faxdokumente
zusammen mit allen anderen internen und externen Dokumenten
in einem elektronischen Postkorb empfangen. Mehrere Postkör-
be können zwar aus organisatorischen Gründen gefordert werden, sollten aber nicht aus technischen Gründen notwendig werden.

Werden Faxdokumente elektronisch empfangen und verarbeitet,
muß auch die Indexierung am Bildschirm erfolgen. Dies geschieht sinnvollerweise bei der Sachbearbeitung, die, soweit es
Anmerkungen oder Korrekturen des Faxdokuments betrifft,

ebenfalls am Bildschirm erfolgen muß. Handschriftliche Vermerke (z.B. Indexwerte für die Eingabestelle) würden einen Papierausdruck erfordern. Da das Faxdokument bereits in dem DMS vorhanden ist, ist es aber nicht sinnvoll, einen Ausdruck zu veranlassen, der anschließend wieder den gesamten Eingangsprozeß durchlaufen muß.

> Obwohl wir – vor allem bei hoher Anzahl eingehender Faxdokumente, die Nutzung von Fax-Gateways sehr empfehlen – muß man sich bewußt sein, daß damit automatisch ein Schritt in Richtung elektronisch unterstützter Vorgangsbearbeitung verbunden ist.

6.10 Automatisierung der NCI-Eingabe

Die manuelle Eingabe von NCI-Dokumenten ist ein relativ zeitaufwendiges und fehleranfälliges Verfahren. Man muß daher versuchen, diese Eingabe weitestgehend zu automatisieren. Vor allem der Automatisierung der Indexierung kommt besondere Bedeutung zu. Die wichtigsten Hilfen bei dieser Eingabe-Automatisierung sind Barcode und automatische Zeichenerkennung (OCR / ICR). Eine zusätzliche Möglichkeit zur Automatisierung ergibt sich im Zusammenhang mit operativen Anwendungen.

6.10.1 Indexwerte aus operativen Anwendungen

Verwaltet das Anwendungssystem ohnehin eine Belegnummer je Dokument, kann diese Nummer als eindeutige Identifizierung in das DMS eingegeben werden. Aus den Datensätzen der perativen Anwendung können dann automatisch Werte selektiert und an das DMS zur Indexierung übergeben werden. Durch die auf beiden Systemen bekannte Belegnummer ist eine eindeutige Zuordnung möglich.

Dabei ist zu bedenken, daß auch Rechnungs-, Auftrags- oder andere Nummern der Anwendungssysteme als eindeutige Identifizierung eines Dokuments dienen können. Voraussetzung ist lediglich, daß eine 1:1-Beziehung besteht. Können beispielsweise aus einem Auftragsdokument mehrere Aufträge im operativen System resultieren, eignet sich die Auftragsnummer nicht als eindeutige Identifizierung für das DMS.

Online-Übernahme der Belegnummer

Wie die Zuordnung der Belegnummer erfolgen kann, hängt davon ab, ob Daten von dem Dokument erfaßt werden und wann das Scannen erfolgt. Wird vor der Erfassung gescannt und erfolgt die Erfassung am Bildschirm direkt von dem gescannten Abbild, kann die von dem operativen Anwendungssystem erzeugte Belegnummer im Dialog automatisch an das DMS übergeben werden. Dabei wird ein multifunktionales Endgerät mit fensterorientierter Bedienoberfläche genutzt (meistens ein PC), das über verschiedene Fenster für die operative Anwendung, die Abbildung des gescannten Dokuments und die Indexierungsmaske verfügt (Abbildung 38). Aufgrund einer vordefinierten Funktionstaste erfolgt die Übertragung der Belegnummer zwischen den Fenstern (innerhalb der Terminal-Emulation), ohne daß Änderungen oder Anpassungen an den Hintergrundsystemen erforderlich sind.

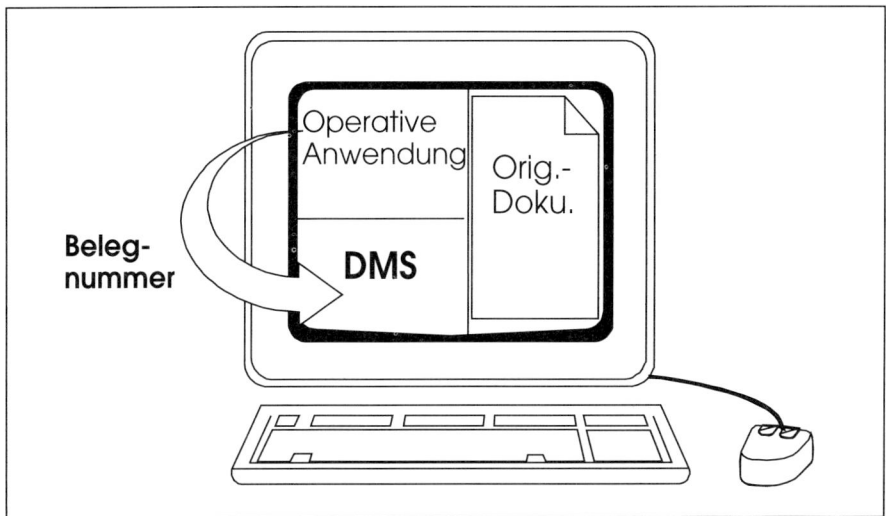

Abb. 38: Typische Fensteraufteilung bei multifunktionalem Endgerät

Wird nach der Erfassung der Anwendungsdaten gescannt, muß die von dem Anwendungssystem generierte Belegnummer handschriftlich auf dem Dokument vermerkt werden, um sie bei dem Scannen manuell eingeben zu können. Dies ist in diesem Fall die einzige manuelle Eingabe, da die zugehörigen Daten wiederum von der operativen Anwendung übernommen und automatisch zugeordnet werden können.

6.10.2 Barcode-Einsatz

Die Codierung von Daten in Form von Strichen unterschiedlicher Breite ist inzwischen allgemein bekannt. Zumindest beim Wiegen von Obst und Gemüse im lokalen Supermarkt sind die mei-

sten schon einmal mit dieser Technologie in Berührung gekom-
men.

Im Rahmen von DMS lassen sich Barcodes zur Automatisierung
der Eingabe von Papierdokumenten benutzen. So wie die Kasse
im Supermarkt über den Barcode den Artikel identifiziert und
damit den Preis ermitteln kann, so läßt sich der Barcode bei der
Dokumenteingabe interpretieren. Bei DMS gibt es Barcode-An-
wendungen

❏ zur Trennung von mehrseitigen Dokumenten bei der Stapeler-
fassung,
❏ zur Zuordnung von Dokumenten zu Daten von anderen Anwendungssystemen,
❏ zur Zuordnung eines Dokuments zu definierten Dokumentklassen.

Erkannt wird der Barcode entweder direkt im Scanner oder durch
nachgeschaltete Software in der Eingabestation.

Trennung von mehrseitigen Dokumenten
Werden Dokumente unterschiedlicher Seitenanzahl gescannt,
muß dem DMS mitgeteilt werden, welche Seiten zu einem Dokument gehören beziehungsweise wo ein Dokument aufhört und
wo das nächste anfängt. Dies kann durch das Einfügen von
Trennblättern mit aufgedrucktem Barcode zwischen den Dokumenten erreicht werden. Die zu einem Dokument gehörenden
Seiten werden dann auch systemintern zusammengefaßt und gemeinsam verwaltet. Die Trennseiten werden natürlich nicht im
DMS abgespeichert. Die Wiederverwendung derselben Trennseiten ist somit möglich.

Bei der Gestaltung des Barcodes gibt es vollkommene Freiheit.
Im einfachsten Fall handelt es sich um eine fortlaufende Nummer. Es ist aber auch möglich, unterschiedliche Trennblätter für
verschiedene Dokumentklassen oder verschiedene Erfasser zu
verwenden und diese Angaben im Barcode zu verschlüsseln.
Unter Umständen sind mehrere Barcode-Nummernkreise vorzu-
sehen. Das DMS kann diese Daten erkennen und entsprechend
vordefinierte Aktionen veranlassen, z.B. Protokolleintrag bei
Bedienerwechsel oder automatische Vorbelegung von Indexwerten.

Nachteilig ist bei diesem Trennseitenverfahren, daß die Trennseiten zunächst in den Stapel einsortiert und nach der Erfassung
eventuell wieder aussortiert werden müssen. Der resultierende
Zeitaufwand muß insbesondere bei großen Dokumentmengen
berücksichtigt werden. Eventuell ist es günstiger, auf die Wieder-

verwendung zu verzichten und die Trennseiten zusammen mit den Originaldokumenten zu vernichten.

Zuordnung zu Daten von anderen Anwendungssystemen

Ist die Zuordnung eines gescannten Dokuments zu Daten anderer Anwendungssysteme (z.B. operative Anwendungen auf Hostsystemen) gewünscht und kann erst nach der Datenerfassung gescannt weren, läßt sich Barcode ebenfalls nutzbringend einsetzen. Das DMS benötigt die eindeutige Zuordnung, um die eingegebenen Dokumente den richtigen, vom Anwendungssystem übernommenen Dateien zuweisen zu können. Häufig geschieht die Zuordnung durch manuelle Eingabe einer Nummer, z.B. Belegnummer der operativen Anwendung in das DMS. Diese Nummer muß manuell übertragen werden. Bei dem Scannen nach der Bearbeitung geschieht dies meist über einen handschriftlichen Vermerk, der bei dem Scannen und Indexieren manuell in das DMS erfaßt wird. Dieser Arbeitsschritt ist fehleranfällig und kann bei hohen Dokumentmengen nennenswerte Zeit beanspruchen.

Bei dem Einsatz von Barcodes werden diese im allgemeinen mit fortlaufender Nummer zentral ausgedruckt. Eingehende Papierdokumente werden mit diesem Barcode »von der Rolle« versehen und anschließend – wie bisher – in dem Anwendungssystem erfaßt.

Barcode von der Rolle

Als zusätzlicher Arbeitsschritt kommt die Eingabe des Barcodes hinzu, um wiederum die Zuordnung zu den Anwendungsdaten zu erlauben (Abbildung 39). Die Eingabe des Barcodes sollte über einen Lesestift erfolgen, um Erfassungsfehler zu vermeiden und die Erfassungszeit zu minimieren.

Lesestift

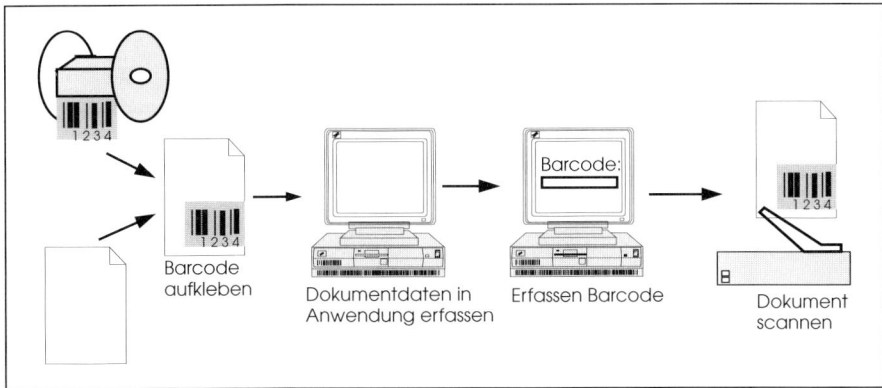

Abb. 39: Nutzung vorbereiteter Barcode-Aufkleber mit laufender Nummer

Ein Hindernis kann durch das Layout der Dokumente gegeben sein. Kann bei eigenen Dokumenten noch der Platz für den Barcode-Aufkleber vorgesehen werden, so ist bei eingehenden Dokumenten mitunter kein freier Platz mehr für den Aufkleber vorhanden. In diesem Fall muß der Barcode auf einem zusätzlichen Blatt aufgebracht werden, das mit dem eingegangenen Dokument gescannt und ihm softwaretechnisch zugeordnet wird.

Eine Alternative zu dem »Barcode von der Rolle« ist die Erweiterung der Datenerfassungssoftware um den Ausdruck des Barcode-Etiketts nach der Erfassung. Obwohl sich die Eingabe damit weitgehend automatisieren läßt, ist dieses Verfahren nicht unproblematisch. Werden die Daten großer Dokumentmengen (mehrere 100 Seiten pro Tag) unter Zeitdruck in dem Anwendungssystem erfaßt, empfinden die Mitarbeiter in der Datenerfassung das Abwarten des Ausdrucks als sehr störend. Bei sehr vielen Datenerfassungsplätzen erfordert die Beschaffung und Installation der Barcode-Drucker außerdem nennenswerte Investitionen. Weitere Probleme dieses Verfahrens liegen in der Anpassung und Ergänzung der Anwendungssysteme, um sie zu dem Ausdruck der Barcode-Aufkleber zu veranlassen.

Identifizierung bekannter Dokumentklassen
Die automatische Zuordnung eines eingehenden Dokuments zu der zugehörigen Dokumentklasse ist ein weiteres Einsatzgebiet für Barcode im Rahmen von DMS. Der Barcode ist dabei im allgemeinen bereits auf dem Dokument aufgedruckt[9]. Meistens handelt es sich um eigene Formulare, die handschriftlich ausgefüllt werden, z.B. Antragsformulare. Bei der Eingabe kann das DMS die Dokumentklasse automatisch identifizieren und entsprechende Aktionen, z.B. Weiterleitung, Vorindexierung veranlassen. Die vollständige Indexierung des jeweiligen Dokuments muß natürlich noch erfolgen, da sich mit diesem Verfahren nur die von der Dokumentklasse abhängigen Aufgaben automatisieren lassen.

Mit Barcode läßt sich die Dokumenteingabe (teilweise) automatisieren, so daß erhebliche Zeitaufwendungen eingespart werden können. Der Einsatz ist aber detailliert zu organisieren und kritisch mit anderen organisatorischen und/oder technischen Alternativen zu vergleichen.

---

9 Muß bei Formularen im Kundenkontakt, z.B. Anträge für Versicherungen, mit den Marketing-Bereichen abgestimmt werden.

6.10.3 OCR / ICR-Einsatz

Viele der Schwierigkeiten, mit denen wir bei DMS zu tun haben, resultieren aus der Notwendigkeit, NCI zu verarbeiten. Bereits seit geraumer Zeit gibt es daher Versuche, aus den NCI codierte Informationen, also CI zu machen. Die entsprechenden Verfahren der Buchstabenerkennung werden als Optical Character Recognition (OCR) oder bei lernfähigen Systemen als Intelligent Character Recognition (ICR) bezeichnet[10]. CAD-Systeme benötigen ebenfalls codierte Formate, um Zeichnungsobjekte bearbeiten zu können. Die Umwandlung von NCI-Zeichnungen in codierte Form nennt man Vektorisierung. Für die ersten Ansätze der automatischen Buchstabenerkennung war noch die Nutzung spezieller Schriftzeichen (OCR-A, OCR-B) erforderlich. Diese Schriften sind auch heute noch in Verwendung. Wir finden sie auf den Überweisungsformularen der Banken oder auf den Leistungsbelegen bei Kreditkartenzahlungen. Aufgrund der Einschränkungen auf bestimmte Schriftzeichen mit einem – für den Menschen – gewöhnungsbedürftigen Schriftbild blieb der Anwendungsbereich notgedrungen eng begrenzt.

⇨ Vektorisie-
rung, Seite 205

Mit neuen Algorithmen und der fortschreitenden Rechnerleistung hat es in den letzten zehn Jahren gravierende Verbesserungen bei der OCR-Erkennung gegeben. Alle gängigen Maschinenschriften (Courier, Times, Helvetica u.v.a.m.) können erkannt werden. Die Erkennung von Handschriften steckt zwar immer noch in den Kinderschuhen, zeigt aber die Perspektive dieser Technologie. Im Bereich der Erfassung von Massenbelegen wie etwa bei Banken, wird schon seit einiger Zeit Handschriftenerkennung erfolgreich eingesetzt. Wenn die Erkennungsraten auch weit unter den 99,x% für Maschinenschriften liegen, so sind auch 60% oder 70% Erkennung im Massengeschäft der Belegerfassung eine große Erleichterung. Über die neuen Stift-Computer kommt diese Technologie in einen Breitmarkt und verspricht noch erhebliche Leistungsverbesserungen.

Erkennung
vielfältiger
Schriftarten

Die OCR-Erkennung vom Maschinenschriften bietet im Rahmen von DMS vielfältige Einsatzmöglichkeiten. Sowohl die Erkennung kompletter Dokumente, z.B. als Voraussetzung für die Volltextindexierung von NCI-Dokumenten, als auch die Erkennung bestimmter Ausschnitte sind interessante Anwendungsgebiete.

⇨ Volltext-
Indexierung,
Seite 151

Über die Definition von Ausschnitten und der Art der dort erwarteten Informationen lassen sich ähnliche Anwendungen wie mit Barcode realisieren. Ist beispielsweise die Dokumentklasse im-

Definition von
Ausschnitten

---

10 Die Bezeichnung OCR wird im folgenden als Überbegriff benutzt und umfaßt damit auch ICR.

mer in einem bestimmten Bereich des Dokuments zu finden und Schriftart und Schriftgröße bekannt, ist die Erkennung dieser Information problemlos (Abbildung 40). Eine entsprechende organisatorische Maßnahme für die eigenen Dokumente könnte die Definition und generelle Angabe einer Formularnummer in der Fußzeile oder einer bestimmten Ecke der Dokumente darstellen.

Abb. 40: Beispiel für ein automatisch identifizierbares Formular

Das Verfahren ist aber nicht notwendigerweise an die eigenen Dokumente gebunden, sondern läßt sich auf alle Dokumente mit einem bekannten Layout anwenden. Also auch mit Formularen externer Partner oder sogar mit Korrespondenzschreiben. So ist es auch denkbar, die verbreitete »Ihr-Zeichen-Unser-Zeichen-Struktur« automatisch auszuwerten und ein Dokument direkt an den zuständigen Sachbearbeiter zu leiten. Einzige Voraussetzung ist, daß das Layout bekannt ist und die Menge gleichartiger Dokumente den Definitionsaufwand rechtfertigt.

Erkennungs-
qualität
Trotz der vielfältigen Möglichkeiten und der großen Flexibilität, die OCR bietet, ist ihr Einsatzbereich begrenzt, da sie – wie alle Technologien – spezifische Limitierungen hat. Die wichtigste Einschränkung ist in der erreichbaren Erkennungsrate zu sehen. Herstellerangaben sprechen von 99%, 99,5% oder 99,9%. Dies klingt zunächst beeindruckend. Konkret bedeutet es jedoch, daß auf eine durchschnittliche Textseite (3.000 Zeichen) bei 99% drei nicht erkannte Zeichen und bei 99,9% 3 nicht erkannte Zeichen kommen.

Hinzu kommen die – nie genannten – fehlerhaft erkannten Zeichen. Dies sind die Fälle, bei denen die OCR-Erkennung ein Zeichen eindeutig erkennt, aber ein falsches Zeichen interpretiert. Daß die manuelle Korrektur bzw. Ergänzung dieser nicht und falsch erkannten Zeichen schwierig bis unmöglich, auf jeden Fall aber zeitaufwendig ist, liegt auf der Hand. Professionelle

OCR-Systeme sind vielfältig konfigurierbar und können auch angewiesen werden, Fehler und Unsicherheiten zu ignorieren. Damit läßt sich zwar der Bedarf für Benutzerinteraktion reduzieren, eine wirkliche »Lösung« des Problems ist damit aber natürlich nicht verbunden.

Die Erkennungsrate wird durch eine Reihe unterschiedlicher Faktoren beeinflußt. Dazu gehören Abhängigkeiten sowohl von der Dokumenttypografie als auch von der Qualität des Scanergebnisses. Relativ einfach zu beeinflussen ist das Scanergebnis. Durch optimale Einstellung der Scannerparameter lassen sich Kontrastarmut bei ungünstigen Kombinationen von Vorder- und Hintergrundfarben oder bei schwachem Schriftbild optimieren. Außerdem wird die OCR-Erkennung durch Nutzung höherer Auflösungsraten sehr positiv beeinflußt[11].

*Einflußfaktoren
erkennen*

Die Dokumenttypografie ist nur bei eigenen Dokumenten (z.B. Formularen) zu beeinflussen. Für externe Dokumente hängt die erreichbare Erkennungsrate daher stark von folgenden Faktoren ab.

❏ **Schriftart**

Obwohl die gängigen Maschinenschriften generell gelesen werden können, ergeben sich je nach Schriftart nennenswerte Unterschiede in der Erkennungsrate. Schwierigkeiten gibt es auf jeden Fall mit »exotischen Schriften« wie *Script*, **Blippo Black**, *Brush Script*, Hobo und Marriage.

Bei Proportionalschriften mit sehr geringen Zwischenräumen kann OCR die Buchstaben nicht immer separieren. Bei Ausdrucken von niedrigauflösenden Matrixdruckern (unter 24 Nadeln) hingegen können bei der OCR-Wandlung zwei Buchstaben aus einem Buchstaben generiert werden, z.B. »I 3« statt »B«.

❏ **Schriftgröße**

Buchstaben, die größer als 30 Punkte sind, werden im allgemeinen als Grafik interpretiert.

❏ **Schriftattribute**

Prinzipiell sind OCR-Systeme in der Lage, Texte mit Schriftattributen (**fett**, <u>unterstrichen</u>, *kursiv*) richtig zu erkennen. Speziell bei Kursivschrift sinkt die Erkennungsrate aber merklich.

---

11 Daraus entsteht prinzipiell ein Konflikt zu dem Ziel der möglichst geringen Beanspruchung von Speicher-, Übertragungs- und Rechenkapazitäten, das verlangt, die geringstmögliche Auflösung zu wählen. Kann die NCI-Abbildung nach der OCR-Wandlung gelöscht werden, ist die temporäre Ressourcenbelastung akzeptabel, aber auch wenn dies nicht der Fall ist, sollte eher in mehr Rechenleistung als in mehr Nachbearbeitungsaufwand investiert werden.

❑ **Schriftsatz**

Heutige Texte enthalten neben länderspezifischen Zeichen wie Ä, Ö, Ü, ß, ¿, Å, £ eine Vielzahl weiterer Sonderzeichen, wie z.B. ❑, ☺, ●, ©. In mathematischen Texten kommen griechische Buchstaben und Formelzeichen hinzu. OCR-Systeme verfügen notwendigerweise über einen limitierten Schriftsatz, der auf Übereinstimmung mit den zu erkennenden Texten geprüft werden muß.

❑ **Spaltensatz**

Besonders bei der Verarbeitung von Zeitungsartikeln ist die richtige Erkennung des Spaltensatzes von großer Bedeutung. Texte fließen über mehrere Spalten, die häufig auch von Grafiken unterbrochen werden. Bei manchen Zeitungsseiten ist es auch für den Menschen nicht immer offensichtlich, wo ein Artikel weitergeführt wird.

❑ **Grafikanteile**

Grafikanteile müssen von dem OCR-System richtig erkannt und unverändert übernommen (oder ausgeblendet) werden.

Aus diesen Gründen sind in der Praxis Erkennungsraten von weit unter 90% durchaus üblich. Sind die Texte hingegen unproblematisch oder lassen sich viele Parameter (Schriftart, Schriftgröße, Schriftsatz) vordefinieren, erreichen moderne OCR-Systeme eine nahezu fehlerlose Erkennung.

Die Eignung von OCR hängt also maßgeblich davon ab, welche Erkennungsrate bei den gegebenen NCI-Dokumenten erreichbar ist und ob diese Qualität für den anvisierten Einsatzfall ausreicht. Dies ist insbesondere von dem Inhalt der Dokumente und der anvisierten Zielsetzung abhängig.

Niedrigere Erkennungsraten sind bei Volltext-Recherche-Systemen mit hochredundanten Dokumenten akzeptabel, z.B. bei Pressearchiven. Da man bei diesen Anwendungen die zukünftigen Fragestellungen nicht kennt, aber aus der Erfahrung weiß, daß zum Teil nur 5 bis 10% der eingegebenen Dokumente jemals wieder benötigt werden, ist der Eingabeaufwand zu minimieren. OCR-Nachbearbeitung verbietet sich also. Die Information in Presseartikeln ist aber typischerweise stark redundant, d.h. es tauchen dieselben Begriffe immer wieder auf. Es besteht daher Anlaß zu der Hoffnung, daß bei der Recherche nach einem Begriff dieser Begriff in den relevanten Dokumenten mindestens einmal fehlerfrei erkannt wurde. Ist dies bei einem Artikel nicht der Fall, wird akzeptiert, daß er nicht gefunden wird; meist sind noch andere Artikel zu dem Thema im Archiv, so daß das Rechercheergebnis ausreichend ist.

Andererseits sind niedrige Erkennungsraten bei typischen Belegarchiven für Nachweiszwecke (z.B. Rechnungen, Verträge)
nicht akzeptabel. Erstens muß ein eingegebener Beleg auf jeden
Fall wieder auffindbar sein, und zweitens sind Erkennungsfehler
überhaupt nicht akzeptabel. Man stelle sich vor, daß aufgrund
eines OCR-Fehlers ein Rechnungsbetrag oder eine Vertragssum-
me von 180.000 Mark auf 100.000 Mark verändert wird!

OCR nicht für
Belegarchive

Ist die Erkennungsrate ausreichend, stellt sich die Frage, ob die
NCI-Version des Dokuments nach der Erkennung im DMS gelöscht werden kann und nur noch die CI-Version weiter verwaltet
wird. Die Beantwortung dieser Frage hängt unter anderem davon
ab, welche Bedeutung das Originallayout (Spalten, Schriftattribute, Schriftart) hat. Obwohl moderne OCR-Systeme ihre Ergebnisse direkt in den Formaten gängiger Textsysteme speichern
können, gehen im allgemeinen viele Layoutinformationen verloren. Im schlimmsten Fall wird aus einer aufwendig gestalteten
Zeitungsseite ein einfacher, fortlaufender ASCII-Text, der so auf
jeder Reiseschreibmaschine hätte erzeugt werden können. Viele
Nutzer, beispielsweise Redakteure, betrachten solche Ergebnisse
als unzumutbar, weil die Gestaltung eines Artikels auch ein Teil
der Information ist.

NCI-Version
löschen

Im Falle der Nachweispflicht, wie bei einem eventuellen Ge-
richtsstreit ist dies ebenfalls zu beachten. Hier ist die NCI-Version unabdingbar, denn nur sie stellt eine **originalgetreue** Abbildung des Ursprungdokuments dar.

⇨ Rechtliche
Fragen,
Seite 39

> Der Einsatz von OCR in DMS ist sehr vielversprechend und
> bietet interessante Möglichkeiten zur Automatisierung der Do-
> kumenteneingabe. Es muß jedoch kritisch untersucht werden,
> welche Erkennungsrate bei den gegebenen Dokumenten er-
> reicht werden kann, ob sie sich verbessern läßt und ob die
> resultierende Qualität der Zielsetzung gerecht wird.

6.10.4 Massenbelege

In einigen Anwendungsbereichen fallen Belege in sehr großen
Mengen an. Typische Beispiele sind Überweisungsbelege bei
Banken oder Ablesebelege bei Energieversorgern. Diese Belege
können bereits heute durch spezielle Systeme (Belegleser) ge-
scannt und interpretiert werden. Die Interpretation enhält eine
OCR-Erkennung, die auch Handschriftenerkennung umfaßt.

Die Belegleser entnehmen dem Beleg also die relevante Information als CI. Normalerweise wird der Beleg in Papierform abgelegt, und nur die gelesenen Informationen werden an die opera-

tiven Anwendungssysteme übertragen. Belegleser sind aber ebenfalls in der Lage, das Abbild auf Mikrofilm oder elektro-optischen Speicher zu hinterlegen. Kommt eine beleglose Erfassung nicht in Frage und ist der Beleg auch zukünftig unverzichtbar, ist eine Verwaltung innerhalb von DMS überlegenswert.

Einsatz nur
mit Belegleser
sinnvoll

Der Einsatz eines DMS ist in diesen Fällen nur zusammen mit dem Belegleser sinnvoll, da diese Systeme für die Erfassung großer Belegmengen optimiert sind. Von dem Belegleser kann in diesem Fall sowohl das Abbild auf elektro-optischem Speicher als auch die gelesene Information für die Indexierung übernommen werden.

⇨ Recherche
über Fremd-
systeme,
Seite 172

Das DMS kann dann die operative Anwendung um die Möglichkeit der Belegreproduktion ergänzen. Das heißt, bei Bedarf kann in der operativen Anwendung bei einem gegebenen Datensatz das Abbild des Originalbeleges angefordert werden. Die operative Anwendung gibt diese Anforderung dann an das DMS weiter, welches für die Reproduktion sorgt.

⇨ Extraktion
Indexwerte,
Seite 144

Kritisch sind bei den teilweise vorkommenden Belegmengen die entstehenden Volumina an Verwaltungsinformationen (Indexwerte). Herkömmliche Datenbanken kommen damit schnell an ihre Leistungsgrenze. Dieses Problem ensteht sonst vor allem bei der Übernahme von CI-Dokumenten.

6.11 Eingabe von CI-Dokumenten

Wie wir gesehen haben, ist die Übernahme von NCI-Dokumenten einer der wesentlichen Aufwandsposten bei DMS. Alle Dokumente, die in codierter Form (CI) verfügbar sind, müssen daher auch in dieser Form übernommen werden. Dabei wird nicht nur der Aufwand für die Dokumenteingabe mit sortieren, scannen und Abbild überprüfen eingespart. Vor allem das Indexieren läßt sich bei CI besser automatisieren. Hinzu kommen die Ressourceneinsparungen bezüglich Rechnerleistung, Speicher- und Übertragungskapazität.

Wir befassen uns daher im folgenden mit den Möglichkeiten der Übernahme von CI-Dokumenten. Dies umfaßt sämtliche Dokumente, die auf einem Computer erstellt, eventuell ausgedruckt und dann intern oder extern verschickt werden. Ausgenommen sind die Datensätze aus Anwendungen oder Datenbanken, die als Massendaten für Sicherungs- oder Archivierungszwecke abgespeichert werden müssen. Diese Datensätze haben keinen Dokumentcharakter und gehören daher nicht zum originären Anwendungsfeld eines DMS. Die Archivierung von Massendaten erfordert andere, eigenständige Verfahren.

Zu übernehmende Dokumente können in verschiedenen Hard- und Softwaresystemen enstehen. Angefangen von einem PC mit Textverarbeitung über spezialisierte Workstations, z.B. CAD-Stationen, bis zu Großrechnern finden sich viele Quellen für DMS-relevante Dokumente.

Die Übernahme von CI-Dokumenten in das DMS erfolgt per E-Mail[12] oder Filetransfer. Voraussetzung ist lediglich die Verwendung der gleichen Kommunikationsprotokolle für den Transfer der Daten auf DMS und Partnersystem. Problematisch ist in diesem Zusammenhang lediglich die Vielfalt an Formaten zur Abspeicherung. Schließlich müssen die Dokumente auch noch in fünf, zehn, dreißig oder mehr Jahren lesbar sein.

⇨ Formate zur
Langzeit-
archivierung,
Seite

Typischerweise existieren die folgenden CI-Dokumente, die – Archivierungswürdigkeit vorausgesetzt – in das DMS zu übernehmen sind:

❑ Ausgehende Korrespondenz, z.B.
  • Serienbriefe aus Operativen Anwendungen (Mahnungen, Ausgangsrechnungen)
  • Serien- und Individualbriefe aus Bürokommunikation bzw. PC-Textverarbeitung
❑ Interne, elektronische Dokumente, z.B.
  • Formulare (Formularvorlagen und am Bildschirm ausgefüllte Formulare)
  • Konzepte, Berichte, Präsentationen
  • Sitzungs-, Prüfungs- und Projektprotokolle
❑ Interne, elektronisch erzeugte Grafiken und Zeichnungen, z.B.
  • CAD-Zeichnungen
  • Werbegrafiken
  • Grafisch aufbereitete Statistiken
❑ Elektronisch eingehender Schriftverkehr, z.B.
  • EDI-Dokumente (auch in branchenspezifischen Formaten)
  • Interne und externe Mitteilungen
  • Beliebige sonstige Dokumente in Formaten der vorhandenen Grafik-, CAD- und Textsystemen
❑ EDV-Listen

---

12 Elektronische Post (E-Mail) kann sowohl von unternehmensinternen Mitarbeitern über interne Netze (LAN, Großrechnernetze) als auch von externen Partnern über E-Mail-Systeme, z.B. nach dem internationalen X.400-Standard, empfangen werden.

Auch bei CI-Dokumenten empfiehlt sich die Definition und Nutzung von Dokumentklassen zur differenzierten Behandlung, z.B.
für Formatwandlungen. Gegebenfalls sind Dokumente während
der Archivierungszeit zu konvertieren, wenn absehbar ist, daß ein
bestimmtes Format zukünftig nicht mehr unterstützt wird. Teilweise existieren für verbreitete Formate bereits Konvertierpro-
gramme am Markt. Diese Konvertierung ist zwar vollkommen
automatisierbar, je nach Anzahl in Frage kommender Dokumente
und Komplexität der beteiligten Formate können sie aber sehr
viel Zeit und Rechenleistung beanspruchen. Müssen die betroffenen Dokumente reproduzierbar bleiben, hat man keine andere
Wahl.

Die CI-Dokumente können z.B. durch integrierte Funktionen
innerhalb des DMS enstehen, aber auch in anderen Rechnern
innerhalb der Bürokommunikation oder innerhalb von operativen Anwendungen erstellt worden sein. In jedem Fall kommt der
Extraktion der Indexwerte hohe Bedeutung zu.

6.11.1 Extraktion der Indexwerte

Damit CI-Dokumente später recherchiert werden können, müssen sie – wie NCI-Dokumente – indiziert werden, denn auch
CI-Dokumente werden über Tabellen verwaltet. Im Normalfall
geschieht dies über Datenbanken, im Fall der Volltext-Indexierung über eine spezielle Tabelle.

Von hoher Bedeutung ist daher vor allem die Klärung der Frage,
wie die Indexwerte ermittelt werden. Grundsätzlich existieren
bei CI-Dokumenten drei Möglichkeiten:

❏ Explizite Angabe der Indexwerte
❏ Extraktion der Indexwerte aus den übernommenen Dateien
❏ Extraktion der Indexwerte aus den zugrundeliegenden Daten-
sätzen

Der einfachste Fall ist, die Indexwerte bei der Erstellung des
CI-Dokuments abzufragen. Die von dem Benutzer eingegebenen
Angaben werden dann direkt in die DMS-Datenbank übertragen.
Dieses Verfahren ist vor allem für Dokumente aus Bürokommu-
nikations-Anwendungen geeignet.

Teilweise wird verlangt, daß bei dem erstmaligen Eröffnen eines
neuen Dokuments, also bevor auch nur ein Zeichen eingegeben
wurde, die Indexierung erfolgt. Dabei ist es möglich, die Eingabe
von zumindest einigen Angaben zu erzwingen, um die Belastung
des Systems mit Dokumenten unklarer Bestimmung von vornherein zu minimieren. Diese »obligatorische Indexierung« erfor-

dert natürlich Ergänzungen bzw. Veränderungen der entsprechenden Anwendungsprogramme. Bei modernen PC-Textverarbei-
tungen läßt sich dies meist über eine relativ einfache Makropro-
grammierung bewerkstelligen.

Die explizite Angabe der Indexwerte durch den Benutzer ist auch
bezüglich des Personalaufwandes identisch zur manuellen Indexierung von NCI-Dokumenten und sollte also nicht generell und
nicht bei großem Dokumentaufkommen angewendet werden.

Ist die Indexierung nicht bereits bei der Erstellung erfolgt und
handelt es sich um wiederholt vorkommende Dokumente definierter Struktur, versucht man, die Indexwerte automatisch aus
der Dokumentdatei zu extrahieren.

*Extraktion von
Indexwerten*

Für die automatische Extraktion aus der Dokumentdatei ist zu
definieren, an welcher Stelle sich welcher Indexwert befindet.
Handelt es sich beispielsweise um eine Ausgangsrechnung und
sollen Rechnungsnummer und Rechnungsdatum automatisch extrahiert werden, so ist exakt zu definieren, an welcher Stelle in
der Datei diese Daten zu finden sind und wie groß die zu extra-
hierenden Felder sind (Abbildung 41).

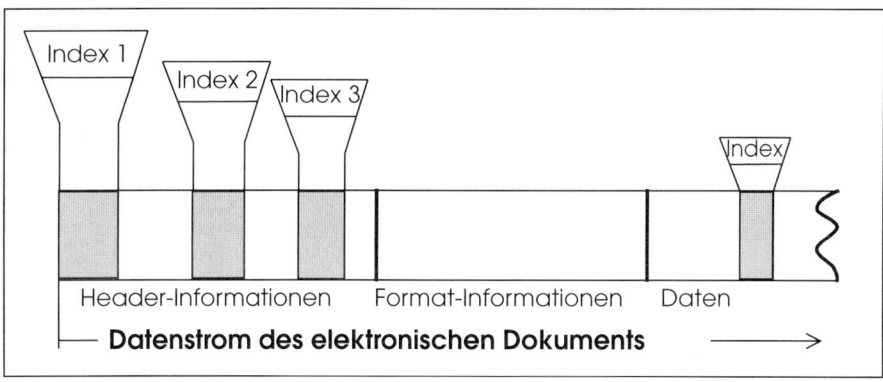

Abb. 41: Extraktion von Index-Werten aus CI-Dokumenten

Als dritte Möglichkeit der Extraktion von Indexwerten, kommt
der Zugriff auf Datensätze hinzu. Die genannten Dokumente
werden nämlich häufig auf Basis von Datensätzen erstellt. Sofern
die Struktur dieser Datensätze bekannt ist, empfiehlt es sich, die
Indexwerte dort direkt zu entnehmen. Dabei ist es prinzipiell
unerheblich, ob es sich um den Datensatz einer Datenbank oder
eines Anwendungsprogrammes handelt. Die Extraktion der Indexwerte gestaltet sich bei Datensatzstrukturen meist effizienter
als bei Dokumentdateien, weil über einfache Prozeduren direkt
auf die gewünschten Daten zugegriffen werden kann und sich

*Index aus
Satzstruktur
übernehmen*

145

diese Strukturen erfahrungsgemäß seltener ändern. Allerdings muß bei diesem Verfahren eine Zuordnung der aus dem Datensatz extrahierten Indexwerte zu den Dokumentdateien erfolgen. Am besten ist es daher, wenn die Zusammenstellung der Indexdaten gleichzeitig mit der Erstellung der Druckdateien erfolgt.

Ob die Extraktion besser in der Originaldatei oder in einer eventuell vorhandenen Druckdatei erfolgt und ob die Daten im Anfangsbereich (»Header-Information«) oder aus dem eigentlichen Datenbereich genommen werden müssen, sind technische Details, die im Einzelfall zu klären sind. Sobald sich jedoch die Struktur ändert, muß das Extraktionsverfahren angepaßt werden.

Viel Verwaltungs-Overhead

Generell ist bei der Übernahme und Indexierung von CI-Dokumenten in DMS zu bedenken, daß das Größenverhältnis der Dokumente zu den Indexwerten, also zu den Verwaltungsdaten relativ ungünstig werden kann. Während sich die 100 bis 200 Byte Index-Daten bei NCI auf 50.000 Byte und mehr Dokumentdaten beziehen, können bei CI sehr leicht Verhältnisse von Verwaltungs- zu Dokumentdaten von 1:1 entstehen.

Eventuell indexsequentielle Verwaltung

Die Aufbewahrungswürdigkeit ist daher auch für CI kritisch zu analysieren. Sehr große CI-Dokumentmengen verursachen zwar nicht die Speicherprobleme von NCI, bringen die Datenbanken der DMS aber schnell an ihre Leistungsgrenze. Bei sehr großen Mengen, z.B. Verarbeitung von Massenbelegen, muß eventuell auf indexsequentielle Verwaltungsverfahren zurückgegriffen werden.

6.11.2 Dokumente aus Bürokommunikation

Moderne DMS können Dateien beliebigen Inhaltes verwalten und speichern. Da das DMS selbst nur die Indexdaten auswertet, die in einer eigenen Tabelle vorgehalten werden, ist der eigentliche Dokumentinhalt für das DMS zunächst irrelevant.

Dokumente aus Textverarbeitungs-, Tabellenkalkulations-, Grafik- oder anderen Bürokommunikations-Programmen von PC oder anderen Systemen können so in das DMS übernommen und dort verwaltet werden. Um die organisatorischen Potentiale nutzen zu können, ist dies notwendig, denn beispielsweise kann nur so eine elektronische Akte nach rein organisatorischen Gesichtspunkten realisiert werden.

Problem Dokumentformate

Bei der Reproduktion auf Drucker oder Bildschirm wird der Dokumentinhalt bedeutsam. Die Druck- bzw. Anzeigesoftware muß das Format, in dem der Dokumentinhalt in der Datei abgespeichert ist, interpretieren können. Leider gibt es diesbezüglich keine verbindlichen Standards.

Zwar existieren international verschiedene De-facto- und De-jure-Standards (ODA, SGML/DDL, CDA), aber im Markt durchsetzen konnte sich noch keines dieser Formate. Jedes Text-, Grafik-, Kalkulations- oder sonstige Bürokommunikationsprogramm speichert die mit ihm erstellten Dokumente daher in seinem eigenen (proprietären) Format. Durch die enorme Innovationsgeschwindigkeit in diesem Bereich unterliegen diese Formate zusätzlich einer kontinuierlichen Veränderung, da mit jeder Version neue Eigenschaften hinzukommen. Der einzige gemeinsame Nenner ist die Abspeicherung als Standard-ASCII ohne Format und Layoutinformationen. Dies ist nun wirklich der »kleinste gemeinsame Nenner«, denn das Erscheinungsbild eines nach ASCII gewandelten Dokuments hat fast nichts mehr mit dem Bild des Originaldokuments gemein.

⇨ Glossar

Eine Alternative ist die Nutzung des Postscript-Formats der Firma Adobe. Obwohl Postscript ein Standard für die Druckausgabe ist, sind BK-Programme zunehmend in der Lage, Postscript-Dateien einzulesen. Soweit das Zielprogramm alle Postscript-Merkmale des Quellprogramms unterstützt, sind keine Abstriche bei dem Erscheinungsbild zu machen. Eine weitere Alternative könnte sich durch das ebenfalls von Adobe definierte PDF-Format ergeben, das in dem Produkt Acrobat® verwendet und auch von anderen Herstellern unterstützt wird. Ob sich dieses Format durchsetzt, ist noch nicht absehbar.

Aufgrund der Formatproblematik bei der Anforderung einer CI-Dokumentreproduktion durch den Benutzer das zugehörige Anwendungsprogramm aufrufen, da meist nur dieses Programm das entsprechende Format lesen kann. Wurde ein Dokument beispielsweise durch eine bestimmte PC-Textverarbeitung erstellt, wird diese Textverarbeitung bei der Reproduktion benutzt. Dieses Verfahren bedingt, daß

Automatischer
Aufruf
Anwendungs-
programm

❏ neue Versionen der Anwendungssoftware die Dokumente älterer Versionen verarbeiten können,
❏ alle Benutzer der Dokumente Zugriff auf sämtliche in Frage kommenden Anwendungsprogramme haben,
❏ die Anwendungssoftware auf dem Arbeitsplatzsystem des Benutzers lauffähig ist,
❏ ausreichend Lizenzrechte zur Verfügung stehen.

Zunehmend erscheinen – zumindest im PC-Bereich – spezielle Anzeigeprogramme (»View-Module«) auf dem Markt, die mehrere verbreitete Formate interpretieren können und lediglich An-

View-Module

zeigefunktionen bieten. Diese Programme sind wegen ihrer limitierten Funktionalität (nur anzeigen und drucken) wesentlich
kompakter und kostengünstiger als die entsprechenden Anwendungsprogramme. Das erwähnte Produkt Acrobat von Adobe
stellt im wesentlichen ein solches Anzeigeprogramm dar, das die
Unabhängigkeit von dem ursprünglichen Anwendungsprogramm
und Betriebssystem erhöht und dennoch das ursprüngliche Aussehen erhält (Schriften, Umbruch, Grafiken etc.). Ein solches
Anzeigeprogramm kann von dem DMS ebenfalls als Ersatz für
das ursprüngliche Anwendungsprogramm aufgerufen werden[13].

Natürlich ist der Aufruf von DMS-fremden Programmen speziell
unter Langzeit-Gesichtspunkten generell nicht unproblematisch,
aber als Alternativen bleiben nur die Abspeicherung als ASCII
oder TIFF/CCITT, die in den meisten Fällen beide noch weniger
geeignet sind.

6.11.3 Übernahme von EDV-Listen

Prinzipiell lassen sich mit den genannten Verfahren auch komplette EDV-Listen übernehmen. Als Indexwerte dienen (ausgewählte) Daten des Listenkopfes wie z.B. Art der Liste, Erstel-
lungsdatum, abgedeckter Zeitbereich. Mit diesen Angaben kann
die Liste später recherchiert und dann am Bildschirm durchgeblättert werden. Ist die gewünschte Liste am Bildschirm, kann
über eine einfache sequentielle Suche auch ein bestimmter Begriff oder Eintrag im Inhalt der Liste gesucht werden.

Es ist zu beachten, daß es mit diesem Verfahren nicht möglich ist,
Begriffe aus dem Inhalt der Listen für die Suche nach einer
bestimmten Liste zu benutzen. Dies würde voraussetzen, daß die
komplette Liste in die Datenbanktabelle umgesetzt wird. Aus
jeder Zeile der Liste würde dann ein Satz der Datenbanktabelle
generiert. Da die meisten Listen sehr umfangreich sind und
kontinuierlich neue Exemplare entstehen, führt dieses Verfahren
jede Datenbank sehr schnell an ihre Leistungsgrenze. Die Zugriffe auf EDV-Listen sind meistens relativ gering (aktuell benötigte
Daten sind noch über die operative Anwendung verfügbar), so
daß sich dieses Verfahren im allgemeinen nicht rechnet.

*Viele
EDV-Listen
überflüssig*

Aus der Erfahrung der Autoren ergibt sich, daß die Aufbewahrungswürdigkeit von EDV-Listen generell sehr kritisch zu prüfen
ist. Viele Listen, die irgendwann einmal benötigt wurden, werden
zwar immer noch ausgedruckt und archiviert, aber eigentlich

---

13 Die Firma Adobe versucht mit dem Produkt Acrobat® ein universelles Anzeigenmo-
dul im Markt zu etablieren. Aufgrund des vielversprechenden Konzepts könnte sich
damit ein De-facto-Standard entwickeln.

nicht mehr gebraucht. Neue Dialoganwendungen, verbesserte Integration der unterschiedlichen Systeme und vermehrte Datenübernahme und -auswertung auf PC haben viele Listen überflüssig gemacht.

Geht es lediglich darum, die gesetzlichen Anforderungen zu erfüllen, sind die Speicherung auf Magnetbändern oder die Erhaltung bestehender Computer-Output-on-Microfilm-Verfahren (COM) durchaus überlegenswerte Alternativen.

6.11.4 COLD-Dokumente

Die Abkürzung COLD steht für **C**omputer **O**utput on **L**aser**d**isk und wird von den Herstellern als Ersatz für das COM-Verfahren propagiert. Bei COM handelt es sich um ein Entsorgungs-Verfahren, bei dem operative Systeme (meistens auf Basis von Großrechnern) von den nicht mehr aktuellen Massendaten befreit werden. Dies geschieht, indem die Daten (für Archivzwecke) auf Mikrofilm ausgedruckt und anschließend im Rechner gelöscht werden. Teilweise werden die enstehenden Mikrofiche kopiert und an entfernte Filialen, Außenstellen oder Niederlassungen verteilt.

COLD-Systeme bieten vergleichbare Funktionalität auf Basis von elektro-optischen Speichern. Sie nehmen Spooldateien (per Magnetband oder Dateitransfer) entgegen, extrahieren Indexdaten und speichern die Dokumente auf elektro-optischen Speichermedien. Während bei COM-Systemen der Ausdruck auf Formulare oder Briefbögen durch Hinterlegung eines entsprechenden Dias simuliert wird, kann bei der Reproduktion von COLD-Dokumenten das Abbild eines gescannten Formulares oder Briefbogens hinterlegt werden. Die Verteilung der Information erfolgt bei COM über die Erstellung von Microfiche-Duplikaten und bei COLD über Datennetze.

Die COLD-Funktionalität ist daher ein essentieller Bestandteil moderner DMS. Typische Anwendungen für COM bzw. COLD sind Serienbriefe wie Ausgangsrechnungen, Gutschriften und Mahnungen. Diese (CI-)Dokumente werden in großer Anzahl erstellt und unterliegen der gesetzlichen Aufbewahrungspflicht.

Im DMS werden für jedes Dokument die Nettodaten und die Formulare getrennt gespeichert. Der Index enthält eine Angabe über die Zuordnung, so daß ein Ausgangsdokument wieder in der ursprünglichen Form erstellt wird. Bei der Zusammenführung von Daten und Formularen muß sichergestellt werden, daß die korrekte Version hinterlegt wird. Im Gegensatz zu NCI-Doku-

Nettodaten und Formular getrennt

menten ist hier die Verteilung über die vorhandenen Netze unproblematisch, da es sich hier um CI handelt.

Extraktion der
Indexwerte,
Seite 144
Die Extraktion der Indexwerte erfolgt auch bei COLD durch die
Selektion einzelner Daten aus der vordefinierten Dokumenten-
struktur.

6.11.5 EDI-Dokumente

Der Austausch von kommerziellen Dokumenten wie z.B. Bestel-
lungen, Lieferscheinen, Rechnungen, Statusberichten wird zwischen Firmen immer häufiger papierlos, als Übertragung von
Dateien realisiert. Während die Pioniere (z.B. Banken, Kraftfahr-
zeug-Industrie) bereits vor mehr als einem Jahrzehnt eigene For-
matstandards entwickeln mußten, existieren mittlerweile mit
EDIFACT weltweit einheitliche, von der UNO unterstützte
Standards für eine Vielzahl von Branchen und Dokumentarten.
EDI steht für »Electronic Document Interchange«, also für
»Elektronischer Dokumentenaustausch« zwischen Rechnersy-
stemen per Dateiübertragung oder Electronic Mail.

Ziele und
Probleme wie
bei DMS
Die Ziele, die mit der Einführung von EDI verfolgt werden, sind
dabei denen sehr ähnlich, die mit DMS angestrebt werden. Wie
bei DMS sollen mit EDI durch die Eliminierung der Papierform
Durchlaufzeiten verkürzt und Verwaltungsaufwendungen minimiert werden. Im Idealfall werden mit EDI nicht nur die Prozesse
innerhalb eines Unternehmens, sondern unternehmensübergrei-
fend optimiert. Auch die Schwierigkeiten sind ähnlich denen der
DMS. Obwohl viel über Standards und Technik diskutiert wird,
liegen die eigentlichen Probleme in der Umstellung der Organisation.

Es ist naheliegend, EDI auch innerhalb eines DMS zu nutzen,
denn schließlich müssen neue Medienbrüche vermieden werden.
Viele Nutzenpotentiale von EDI und DMS würden zunichte gemacht, wenn beide getrennt benutzt oder gar über die Generierung neuer Papiere integriert würden.

Wenn man bedenkt, daß in der Automobilindustrie 97% des
Austausches mit fünf Nachrichtenarten (d.h. elektronischen Dokumentarten) abgedeckt werden, sollte die Integration auch kein
Problem sein. Die Fahrzeughersteller wickeln bereits heute 90%
ihres Einkaufsvolumens elektronisch ab[14]. Eine direkte EDI-Un-
terstützung findet sich in den marktgängigen DMS jedoch kaum.
Viele DMS-Anbieter lassen sich durch die Vielzahl an EDI-

---

14 Alle Prozentangaben von W. Gallasch, Computerwoche Extra 18.03.94

Standards, Untermengen von Standards und die immer noch
andauernde Standardisierung verunsichern.

Technisch gleichen EDI-Dokumente den bereits besprochenen
CI-Dokumenten aus operativen Anwendungen. Die Struktur des
Inhaltes ist jedoch nicht von der operativen Anwendung, sondern
von dem verwendeten EDI-Standard abhängig. Sie können daher
auch mit denselben Verfahren in das DMS eingebracht und indexiert werden. Es ist also beispielsweise für eine Rechnung fest
definiert, wo in der Nachricht sich der Rechnungsbetrag in welchem Format befindet. Da es sich aber um standardisierte Formate handelt, ist es nicht akzeptabel, daß die Extraktion der Indexwerte jeweils neu – auf Kosten des Kunden – entwickelt wird.

6.11.6 Volltextindexierung

Sollen sämtliche in einem Dokument vorkommenden Begriffe
bei der späteren Recherche als Suchworte dienen können, müssen
die Dokumente bei der Eingabe eine sogenannte »Volltext-Indexierung« durchlaufen. Bei der Volltext-Indexierung werden die
im Dokument enthaltenen Begriffe mit einer Identifizierung für
das Dokument in einer speziellen Indextabelle hinterlegt (Abbildung 42).

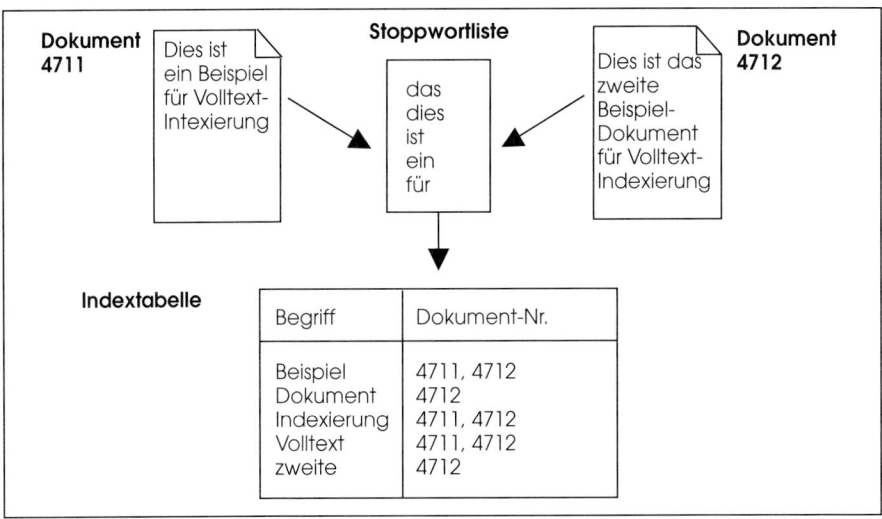

Abb. 42: Beispiel für Volltextindexierung von zwei Dokumenten

Bei der späteren Recherche nach beliebigen Begriffen müssen
daher nicht alle Dokumente durchsucht werden. Dies wäre bei
mehreren tausend Dokumenten nicht mehr praktikabel, sondern

es werden lediglich in der Indextabelle die relevanten Dokumente identifiziert. Auch bei der Volltextrecherche greift das DMS
also nicht direkt auf das Dokument, sondern nur auf eine »Ver-
waltungstabelle« zu.

Im Beispiel von Abbildung ist sofort ersichtlich, daß der Begriff
»Volltext« sowohl in Dokument 4711 als auch in Dokument 4712
vorkommt. Aus der Abbildung ist ebenfalls zu ersehen, daß die
Worte »das«, »dies«, »ein«, »für« und »ist« nicht in die Indextabelle übernommen wurden. Diese Worte sind in einer sogenannten »Stopwortliste« aufgeführt, die bei der Volltext-Indexierung
als irrelevante Begriffe herausgefiltert werden. Sie werden nicht
übernommen, da sie keine sinnvollen Suchbegriffe darstellen und
– auch wegen ihres häufigen Vorkommens – die Tabelle unnötig
»aufblähen« würden.

Kontinuierliche Pflege der Stopwortliste

Volltextsysteme bringen bereits vordefinierte Stopwortlisten mit.
Im Einzelfall müssen diese Listen jedoch ergänzt werden. In
einem Volltextsystem für die Dokumente der Autoren würde der
Begriff »DMS« vermutlich als Stopwort erscheinen, da er in
vielen unserer Dokumente vorkommt und somit nicht ausreichend differenziert. Die Pflege der Stopwortliste ist eine kontinuierliche Aufgabe bei Volltextsystemen. Der Aufwand lohnt
sich jedoch, denn die Effizienz des Systems wird maßgeblich von
einer angepaßten Stopwortliste beeinflußt.

Ressourcen-intensiv

Trotz Stopwortliste ist die Volltext-Indexierung ein aufwendiger
Eingabeprozeß. Er läuft zwar vollautomatisch ab, benötigt aber
bei mehreren hundert bis tausend Dokumenten pro Tag enorme
Rechenleistungen. Der Volltextindex kann dabei Größenordnungen erreichen, die dem Speicherbedarf der eigentlichen CI-Dokumente nahekommen.

Mangelhafte Charak-terisierung

Professionelle Dokumentare wenden gegen das Volltextverfah-
ren weiterhin ein, daß die Volltext-Indexierung aus dokumentari-
scher Sicht häufig keine hinreichende Charakterisierung des Do-
kumenteninhaltes darstellt. Ein Dokumentar würde den Inhalt
eines Dokuments über definierte Schlagworte – evtl. unter Nutzung eines Thesaurus – für das interessierende Sachgebiet erschließen. Die so vergebenen Schlagworte kommen aber unter
Umständen nicht in dem Text vor, würden also auch nicht von der
Volltext-Indexierung erfaßt. Bei der Recherche ist nicht mehr
bekannt, welche Begriffe in dem Dokument vorkamen; es wird
also eher nach den Begriffen des Dokumentars gesucht. Die
Rechercheergebnisse sind daher bei Volltextindizes häufig nicht
befriedigend, speziell wenn berücksichtigt wird, daß man auch
viele irrelevante Ergebnisse erhält. Beispielsweise erhält man bei
der Suche nach den Begriffen »Energie« und »Alternativ« nicht

nur Texte über regenerierbare Energielieferanten, sondern auch alle anderen Texte, die allgemeine Aussagen wie »... sollte mehr Energie auf die Betrachtung von Alternativen verwendet ...«.

Voraussetzung für die Volltext-Indexierung ist, daß die Dokumente als CI vorliegen. Das heißt auch, daß NCI-Dokumente vorher einer OCR-Erkennung unterzogen werden müssen und daß in diesem Fall das Ergebnis der Volltext-Indexierung auch von der Qualität der OCR-Erkennung abhängt.

Der Preis für den Komfort und die große Flexibilität bei der Volltextrecherche ist somit relativ hoch. Aufgrund der guten Automatisierbarkeit und der zunehmenden Leistungsfähigkeit der Informationstechnik ist die Einbeziehung in ein organisatorisches Konzept aber auf jeden Fall überlegenswert.

⇨ Volltext-
recherche,
Seite 168

6.12 Prüfung der manuellen Indexierung

Die Reduktion auf eine oder wenige manuelle Eingaben mit automatischer Indexergänzung hat einen entscheidenden Nachteil. Hängt die gesamte Indexierung von den manuell eingegebenen Indexwerten ab, können sich Fehleingaben fatal auswirken. Ein falsch indexiertes Dokument ist eventuell für immer verloren. Je weniger manuelle Eingaben gemacht werden, um so wichtiger wird die Sicherstellung der Richtigkeit dieser Eingaben. Zur Prüfung der manuellen Indexierung lassen sich grundsätzlich Plausibilitätsprüfungen und Integritätsprüfungen unterscheiden.

Bei der **Plausibilitätsprüfung** wird geprüft, ob diese Eingabe als solche richtig sein kann. Hierzu gehören die Prüfung von

❑ **Prüfziffern,**
die bei der Gestaltung der Nummer eingebaut wurden und die im System aus den Eingaben errechnet und verglichen werden, z.B. Quersumme, Moduloverfahren.

❑ **Gültigkeitsbereichen,**
die eine Eingabe auf Existenz prüfen. Wird beispielsweise eine Kundennummer eingegeben, so läßt sich prüfen, ob diese Nummer überhaupt existiert.

❑ **Strukturen,**
die bei der Gestaltung eingebaut wurden. Wurden beispielsweise in Auftrags- oder Rechnungsnummern Datum, Abteilungsschlüssel oder ähnliches an bestimmten Stellen eingebaut, so lassen sich diese bei der Eingabe prüfen.

Integritätsprüfungen umfassen Prüfungen der Dokumenteinga-
ben im Zusammenhang mit den Gegebenheiten im Unternehmen.
Bei der Eingabe eines Lieferscheines kann geprüft werden, ob
eine entsprechende Bestellung existiert, und bei der Eingabe
einer Rechnung kann geprüft werden, ob ein entsprechender
Lieferschein existiert.

Integritätsprüfungen können im Gegensatz zu Plausibilitätsprüfungen teilweise erst im nachhinein erfolgen, weil sie häufig von
den Daten auf anderen Systemen abhängen. Dennoch ist die
Nutzung dieser Möglichkeit sehr sinnvoll, weil dadurch Fehleingaben aufgedeckt werden können, die sich allein mit den Plausibilitätsprüfungen nicht erkennen lassen. Damit wird natürlich
auch die Integrität der verschiedenen Datenbestände erhöht. So
läßt sich beispielsweise prüfen, ob alle erfaßten Aufträge auch
gescannt wurden.

6.13 Übernahme der Altbestände

Ausgangspunkt für die Beschäftigung mit DMS sind meistens
Archivbestände von vielen tausend Dokumenten. Bei der Konzeption des DMS stellt sich daher auch die Frage, was mit den
bestehenden Archiven geschehen soll. Dabei ist zu bedenken, daß
der Aufwand für die Eingabe von »alten« Dokumenten prinzipiell identisch ist zu dem Aufwand für aktuelle (NCI-)Dokumen-
te. Stellt man diesem Aufwand den Nutzen der elektronischen
Verwaltung des Altbestandes gegenüber, ergibt sich häufig ein
krasses Mißverhältnis, da auf den Altbestand kaum zugegriffen
wird.

Stichtagslösung   In der Praxis überwiegen daher Stichtagslösungen. Dabei werden
ab einem bestimmten Stichtag alle neu eingehenden Dokumente
in dem DMS abgelegt und verwaltet. Zugriffe auf Dokumente,
die vor dem Stichtag eingegangen sind, erfolgen auf das bestehende Papier- oder Mikrofilm-Archiv nach dem bisherigen Verfahren (Abbildung 43). Das alte und das neue Verfahren koexi-
stieren während der Übergangszeit. Also so lange, bis die letzten
Dokumente des Altarchivs endgültig vernichtet werden können.

Die Übergangszeit kann im Hinblick auf die teilweise existierenden gesetzlichen Aufbewahrungspflichten durchaus einige Jahr-
zehnte betragen. Der Altbestand wird in dieser Zeit durch Einsatz
des DMS kontinuierlich schrumpfen. Die umfangreiche Freigabe
von Archivraum, wie sie in vielen Publikationen beschrieben
wird, stellt sich aber erst viel später ein.

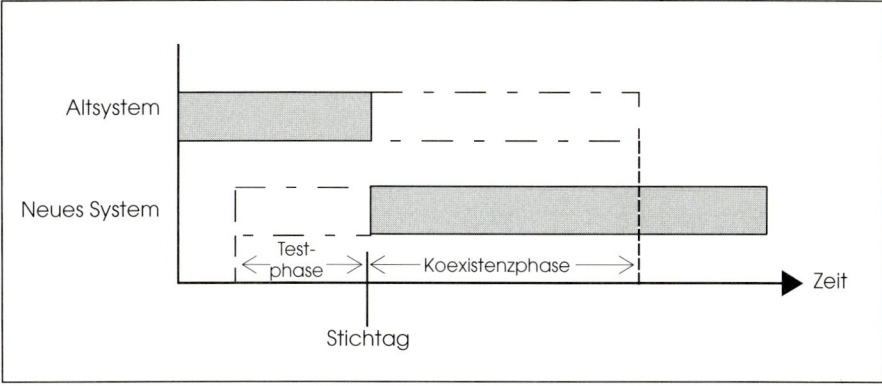

Abb. 43: Systemwechsel bei Stichtagslösung

Ist die Stichtagslösung nicht realisierbar, muß eine Beschränkung der zu übernehmenden Dokumentmengen auf das absolut notwendige Minimum erfolgen. Die Kriterien für die Übernahme müssen sich primär an den Zugriffsanforderungen orientieren und mit den Nutzern abgestimmt werden. Bei gelegentlichem oder bedingtem Bedarf für bestimmte Dokumente ist immer wieder der Aufwand für die Übernahme zu berücksichtigen.

Beschränkung der Übernahme

In der Praxis finden sich die unterschiedlichsten Regeln als Übernahmekriterium. Beispiele sind die Übernahme

❏ der Dokumente der wichtigsten Kunden (nach Bestellvolumen, Konditionen oder strategischer Bedeutung),
❏ bestimmter Dokumentklassen aller Akten (nur Anträge, Verträge, offene Posten),
❏ der Dokumente bis zu einem bestimmten Alter (z.B. der letzten drei bis fünf Jahre),
❏ der Akten, die aufgrund von neuen Geschäftsvorfällen gezogen werden (zum Zeitpunkt der Eröffnung dieser Vorgänge).

Bei der Gestaltung der Übernahmekriterien ist zu beachten, daß die Bewertung und Selektion einzelner Dokumente sehr aufwendig werden kann. Unter Umständen ist eine undifferenzierte Übernahme kompletter Akten mit minimaler Indexierung das effizientere Verfahren. Minimale Indexierung bedeutet in diesem Fall eine Indexierung auf Akten-, nicht auf Dokumentebene. Bei der Recherche ist dann kein direkter Zugriff auf ein Dokument möglich, sondern es kann lediglich die komplette Akte recherchiert und dann am Bildschirm durchgeblättert werden. Aufgrund der meist seltenen Zugriffe auf die »alten« Akten ist dieses Verfahren aber insgesamt effizienter als die Indexierung jedes Dokuments.

Dienstleister

Müssen große Dokumentmengen aus dem Altbestand – zusätzlich zu den täglich eingehenden Dokumenten – übernommen werden, erfordert dies sowohl auf der Geräteseite als auch bezüglich des Eingabepersonals enorme Kapazitäten. Hier ist auf jeden Fall die Einbeziehung entsprechender Dienstleistungsunternehmen zu prüfen. Diese Dienstleister sind sowohl von der Geräte- als auch von der Personalausstattung und -qualifikation auf hohen Dokumentendurchsatz spezialisiert. Gegenüber dem eigenen Aufbau dieser Kapazitäten ist der Einsatz solcher Dienstleister bei »Einmalaktionen« wie der Übernahme von Altbeständen immer kostengünstiger.

**Verfügbar-
keitslücke**

Auch die Eingabe der täglich eingehenden Dokumente kann einem Dienstleister übergeben werden. Dabei entstehen bzgl. der Dokumente aber Verfügbarkeitslücken, die wir schon von der externen Verfilmung kennen und die z.T. als sehr störend empfunden werden. Die Dokumente sind nämlich genau dann außer Haus, wenn erfahrungsgemäß die meisten Nachfragen kommen. Ist man sich noch unschlüssig über die Notwendigkeit der Altbestandsübernahme für den eigenen Einsatzfall, hilft die Orientierung anhand der Systemkategorien.

Bei typischen **Vorgangssystemen** ist die Stichtagslösung unproblematisch. Die Zugriffe erfolgen fast ausschließlich auf die Dokumente der letzten Wochen und Monate. Demnach muß nur für diese Zeit noch häufig auf das Altarchiv zurückgegriffen werden, danach nehmen die Zugriffe auf Dokumente außerhalb des DMS rapide ab (Abbildung 44).

Je nach Aufbewahrungsfristen kann das Altarchiv sukzessive abgebaut werden. Im Idealfall bestehen Aufbewahrungspflichten nur für die nach Abgabenordnung und Handelsgesetzbuch aufzubewahrenden Unterlagen. Dann kann jedes Jahr fast ein Sechstel des Bestandes endgültig vernichtet werden. Zumindest für diese Art der Dokumente existiert daher nach sechs Jahren kein Altarchiv mehr.

Umfaßt das Vorgangssystem Dokumente mit längeren Aufbewahrungspflichten, sind die erwähnten Überlegungen zur Altbestandsübernahme anzustellen.

Völlig anders ist die Situation bei **Recherchesystemen** wie z.B. bei Pressearchiven. Bei typischen Recherchesystemen ist zumindest eine teilweise Übernahme der Altbestände erforderlich. Der Nutzen von Recherchesystemen ergibt sich aus der Möglichkeit, aus einer großen Informationsmenge effizient nicht vorhersehbare Fragestellungen zu beantworten. Dies bedingt die Verfügbarkeit einer »kritischen Masse« an Informationen im System. Es ist daher nicht praktikabel, gemäß der Stichtagslösung nur die neu eingehenden Dokumente im DMS verfügbar zu machen. Die Investitionen in das Recherchesystem würden erst nach mehreren Jahren Nutzen generieren.

Hinzu kommt, daß die Recherchen meist lange Zeiträume umfassen, also auch auf Dokumente zugegriffen wird, die zehn und mehr Jahre alt sind (Abbildung 44). Die notwendige langfristige, parallele Vorhaltung von zwei Verfahren ist nicht nur störend, weil sich kurz- bis mittelfristig keine Raumeinsparungen ergeben, sondern führt zu einem neuen Medienbruch. Statt einer müßten zwei Recherchen aufgesetzt werden.

Eine (teilweise) Übernahme der Altbestände ist bei typischen Recherchesystemen daher unvermeidbar. Die Hinweise zur Beschränkung auf das absolut notwendige Minimum und die Spezifikation von Übernahmekriterien gelten umso mehr.

Bei **Archivsystemen** kommt den Überlegungen zur Altbestandsübernahme besondere Bedeutung zu. Die typischerweise vorhandenen großen Bestände und minimalen Zugriffe machen die komplette Übernahme auf jeden Fall unwirtschaftlich, da den Kosten für die Übernahme existierender Archivbestände in ein DMS nur wenige quantifizierbare Einsparungen (z.B. Raum- und Materialkosten) gegenübergestellt werden können und sich mögliche Zeiteinsparungen wegen der geringen Zugriffshäufigkeit kaum auswirken.[15] Ohne Übernahme der Altbestände führen die teilweise sehr langen Archivierungszeiten zu sehr langen Koexistenzphasen. Während der dadurch entstehenden langen Übergangszeit kann aber die Raumeinsparung, einer der wichtigsten Nutzenaspekte eines reinen Archivsystems, nicht oder nur teilweise realisiert werden (Abbildung 44).

Beispielhaft sei die Archivierung von Lebensversicherungsverträgen erwähnt, die bis zehn Jahren nach Ablauf der Versicherung aufbewahrt werden müssen. Bei frühzeitigem Abschluß einer solchen Versicherung und Erreichung eines hohen Lebensalters können so durchaus Aufbewahrungszeiten von 100 Jahren entstehen.

Eine Koexistenz von papierorientierter Ablage und DMS über solche Zeiträume ist nicht praktikabel, so daß in diesen Fällen eine Lösung der Altbestandsübernahme durch geeignete Übernahmekriterien gefunden werden muß.

---

15 Im Kapitel Wirtschaftlichkeitsbetrachtungen werden die Kosten- und Nutzenfaktoren gegenübergestellt. Die Übernahme von Altbeständen kann für Archivsysteme einer der maßgeblichen Kostenblöcke darstellen.

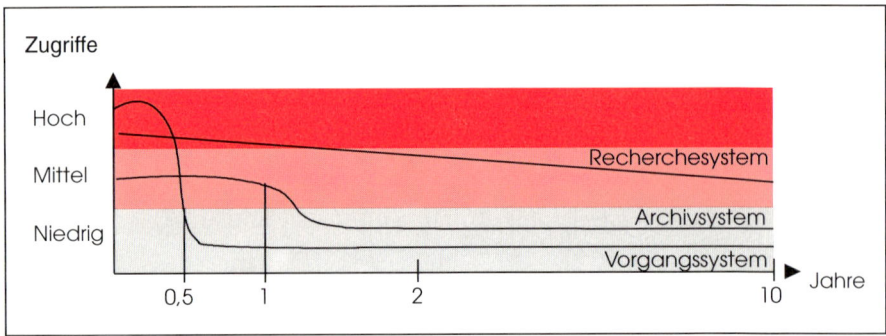

Abb. 44: Typischer Zugriffsverlauf der Systemkategorien

> Auf die Übernahme von Altbeständen ist zugunsten einer
> Stichtagslösung – wenn irgend möglich – zu verzichten. Müssen
> Bestände übernommen werden, sind Kriterien zu definieren, die
> den Aufwand auf das absolut notwendige Maß beschränken.
> DMS-Lösungen, die im produktiven Betrieb wirtschaftlich sind,
> können sonst an den Migrationskosten von dem alten zu dem
> neuen Verfahren scheitern.

6.14 Fundstellenverwaltung

Obwohl die Übernahme von Altbeständen in Papier- oder Mikrofilmform in ein DMS häufig nicht wirtschaftlich ist, kann das
DMS zur Verwaltung dieser Bestände genutzt werden. Dazu
müssen die betreffenden Dokumente/Akten/Mikrofilme in dem
DMS »nur« indexiert werden. In der Indextabelle findet sich
dabei anstelle des Dokumentverweises auf einen elektronischen
Speicher eine Angabe zur Fundstelle.

Fordert der Benutzer ein solches Dokument / eine solche Akte an,
erhält er vom System lediglich eine Nachricht, die beispielsweise
lauten kann »Dokument XY ist nicht im direkten Zugriff. Es
befindet sich im Archiv YZ, Regal 26, Ordner 194«. Über dieses
Verfahren werden die Benutzer von der Notwendigkeit befreit zu
wissen, welche Dokumente sich wo befinden, und es können alle
Dokumente, nicht nur die im DMS gespeicherten, in die Recherche einbezogen werden. Lange Koexistenzphasen zwischen verschiedenen Archivtechnologien sind so besser zu überbrücken.

*Indexierungs-
aufwand be-
rücksichtigen*

Natürlich ist im Einzelfall dieser Nutzen wieder dem notwendigen Aufwand für die Indexierung gegenüberzustellen. Ist der
Aufwand auf Dokumentebene zu hoch, kann die Indexierung

auch auf ausgewählte Ordner, Akten oder Vorgänge beschränkt werden. Bei der Gestaltung der Recherche sind diese »Objekte« dann einzubeziehen.

Neben der Nutzung der Fundstellenverwaltung für die Dokumente, die nicht in das DMS übernommen werden, gibt es ein weiteres Anwendungsfeld für diese Funktionen. Die Fundstellenverwaltung wird auch für die ausgelagerten DMS-Bestände benötigt.

Ausgelagerte
Dokumente

Obwohl DMS sehr große Speicherkapazitäten auf engem Raum bieten können, unterliegt die Kapazität, die in direktem Zugriff gehalten wird, Begrenzungen aus wirtschaftlichen Gründen. Dies führt dazu, daß auch bei DMS nach einem bestimmten Zeitraum Dokumente auszulagern sind. Dabei werden lediglich die Abbilder, nicht aber die Indexwerte ausgelagert[16]. Die Auslagerung erfolgt, indem die entsprechenden Speichermedien aus dem System[17] herausgenommen und in ein Regal oder einen Schrank gestellt werden. Die Anforderung für die Reproduktion eines ausgelagerten Dokuments ergibt damit wieder eine entsprechende Nachricht.

⇨ Wirtschaft-
lichkeit,
Seite 265

Gegebenfalls muß das ausgelagerte Speichermedium – vorübergehend – wieder in das DMS eingebracht werden. Der zusätzliche Verwaltungsaufwand für diese »Offline-Speicher« ist aufgrund der geringen Zugriffshäufigkeit begrenzt.

6.15 Eingabe und Indexierung bei der EXAMPLE GmbH

In das DMS werden die Dokumente der folgenden Tabelle übernommen. Die **Allonge entfällt** als eigenständiges Dokument, die relevanten Daten gehen in den Vorgangsindex ein. Standardbriefe werden nur (als CI) übernommen, wenn sie individuelle Texte enthalten. **Unveränderte Standardbriefe müssen nicht übernommen werden**, da ihre Existenz sich aus der Ablaufprotokollierung ergibt. **Konditionen, Statistiken und Zahlungsliste** werden außerhalb der Vorgangsakten in **separaten Bereichen** der Ablagehierarchie gespeichert. Alle Dokumente außer Rechnungen über 10.000 DM, werden nach der Übernahme in das DMS vernichtet. Die **Aufbewahrungszeit** im DMS entspricht

---

16 Eine Auslagerung der Index-Werte würde dem Löschen der Dokumente entsprechen, da das DMS dann nichts mehr über diese Dokumente »weiß«.

17 Größere Systeme verfügen über Robotersysteme zum Wechseln der Speichermedien, sogenannte Jukeboxen. Die entsprechendem Speichermedien werden bei der Auslagerung dem Roboterzugriff entzogen.

maximal der gesetzlichen Frist, kann aber für einige Dokumente kürzer angeben werden (**minimal 2 Jahre**).

Dokument	Übernahme als CI/NCI	Vorgangs akte	Aufbewah- rungszeit	Dokument klasse (Abkürz.)
Bestellung	CI	ja	6+ lfd. Jahr	BST
Rechnungseingang	NCI	ja	6+ lfd. Jahr	RDL,RPL,RSL
Rechnungsanlage	NCI	ja	2 – 6 Jahre	RA
Leistungsnachweis	NCI	ja	2 – 6 Jahre	NDL, NZ
Mahnungseingang	NCI	ja	6+ lfd. Jahr	EM
Standardbrief (div.)	CI	teilweise	2 – 6 Jahre	STB
Zahlungsliste	CI	nein	6+ lfd. Jahr	ZL
Konditionen	CI	nein	unbegrenzt	LKD
Statistiken	CI	nein	nein	STA

Abb. 45: Beispiel: Zu übernehmende Dokumente

Die **Vorgangsakte wird indexiert** mit Bestellnummer, Rechnungsbelegnummer, Lieferantennummer, Lieferantennamen, der Rechnungsnummer, Rechnungsdatum, Kontierung und einem Status. Die **Dokumente** der Vorgangsakte verfügen über die gleiche Indexstruktur wie die Vorgangsakte. Zusätzlich werden Indexwerte für Dokumentklasse, Betrag, Barcode, Erfasser und Erfassungsdatum zugeordnet. Für Bestellungen und Standardbriefe wird zusätzlich eine Nummer für das benutzte Formular bzw. den Briefbogen hinterlegt. Es werden verschiedene **Dokumentklassen** definiert, z.B. für Rechnungen von Dienstleistern (RDL), Produktions- (RPL) oder sonstigen Lieferanten (RSL) oder NZ für Zeitnachweise.

NCI-Eingabe

Die vom Lieferanten oder Dienstleister eingehenden Leistungsnachweise, Rechnungen inklusive Anlagen und Mahnungen werden **vor der Bearbeitung eingescannt**. Für das Scannen wird eine neue Stelle in unmittelbarer Nähe von Finanzbuchhaltung (mit Rechnungsprüfung) und Einkauf (als potentieller nächster Anwender) geschaffen. Für das Scannen wird die **Ablagekraft der Rechnungsprüfung** qualifiziert. Insgesamt sind ca. 163.000 A4-Seiten p.a. zu scannen. Bei 200 Arbeitstagen ergibt dies **800 Seiten pro Tag**. Dies ist bei den gegebenen Dokumenten und dem noch zu erläuternden Eingabeverfahren leicht durch eine Kraft zu schaffen.

Dokument	Wachstum p.a.	Ø Anzahl A4-Seiten	Scan-Volumen
Rechnungseingang	40 000	1,5	60 000
Rechnungsanlage	10 000	4	40 000
Leistungsnachweis	10 000	6	60 000
Mahnungseingang	2 000	1,5	3 000
SUMME			**163 000**

Abb. 46: Beispiel: Zu übernehmende NCI-Dokumente

Die Dokumente werden gemäß ihrem Eingang (unsortiert) **stapelweise gescannt**. Es werden lediglich Barcode-Trennblätter mit fortlaufender Nummer (»**Barcode von der Rolle**«) eingefügt, um die einzelnen Dokumente (z.B. Rechnung und Rechnungsanlagen) voneinander zu separieren und eindeutig zu identifizieren. Nach dem Scannen werden die (wenigen) Rechnungen **über 10.000 DM aussortiert**. Die Vernichtung der restlichen Dokumente erfolgt nach der endgültigen Archivierung auf optischen Speicherplatten. Beim Scannen erfolgt gleichzeitig die **Qualitätsprüfung der Abbilder** und eine Vorindexierung. Die **Vorindexierung** umfaßt bei Rechnungen die Indexwerte Dokumentklasse und Barcode, wobei der Barcode mit einem Lesestift übernommen wird. Andere Dokumente werden je nach Verfügbarkeit mit Rechnungs- oder Bestellnummer vorindexiert. Automatisch fügt das DMS das Erfassungsdatum in den Index ein. Alle anderen Indexwerte werden später von den Rechnungsprüfern manuell oder automatisch durch Datenübernahme von dem Zentralrechner hinzugefügt.

CI-Eingabe
Bestellungen, Briefe mit individuellen Ergänzungen, die Zahlungsliste, die Konditionsvereinbarungen und die Statistiken, die alle in den eigenen Systemen erzeugt wurden, werden in codierter Form übernommen. Insgesamt sind **ca. 83.340 A4-Seiten p.a.** zu übernehmen. Auch von Bestellungen und Standardbriefen werden nur die Nettodaten übernommen. Die Formulare bzw. Briefbögen werden lediglich einmal als NCI im DMS hinterlegt und bei der Ausgabe mit den Nettodaten »überblendet«. Die **Extraktion der Indexwerte erfolgt automatisch** an je Dokumentklasse vordefinierten Stellen.

Dokument	Wachstum p.a.	Ø Anzahl A4-Seiten	Übernahme-volumen
Bestellung	40 000	2	80 000
Standardbriefe	500	1	500
Zahlungsliste	12	100	1 200
Konditionen	500	1,2	600
Wochenstatistik	52	20	1 040
SUMME			**83 340**

Abb. 47: Beispiel: Zu übernehmende CI-Dokumente

Übernahme Altbestände

Eine Übernahme der Altbestände erfolgt nicht generell. Lediglich die Referenzinformationen wie Standardbriefe, Konditionsvereinbarungen, Formulare und Briefbögen werden einmal übernommen. Bei Aktualisierung dieser Basisinformationen sind die neuen Versionen natürlich auch im DMS zu hinterlegen.

6.16 Recherchefunktionen

In den vorangehenden Kapiteln haben wir beschrieben, welche Möglichkeiten der Dokumenteingabe bestehen und wie sie in das organisatorische Konzept zu integrieren sind. Eingabe und Indexierung sowie auch die Suche (Recherche) nach bestimmten Dokumenten und die Ausgabe von Dokumenten (Anzeige am Bildschirm oder Ausdruck) können durchaus losgelöst von einer Vorgangsbearbeitung gesehen werden und sind deshalb auch in separaten Kapiteln beschrieben.

Indexwerte bestimmen die Recherche-Möglichkeiten

Um ein einmal abgelegtes Dokument wieder in der Ablage zu finden und ausgeben oder anzeigen zu können, muß bereits bei der Eingabe das Dokument mit entsprechenden Indexwerten versehen worden sein, die eine Identifikation erlauben. Eingabe und Ausgabe stehen in einem sehr engen Zusammenhang. Je mehr Aufwand für die Eingabe investiert wurde, desto umfangreicher und genauer sind die Möglichkeiten des Zugriffs auf archivierte Dokumente. Die Aufgabe des organisatorischen Konzepts ist demnach, die Kombination herauszufiltern, die den Aufwand für Eingabe und Ausgabe insgesamt optimiert. Neben der Anzahl der einzugebenden Dokumente und der für eine eindeutige Identifizierung notwendigen Indexwerte ist hier insbesondere der Ablauf und die Häufigkeit der Rechercheanforderungen sowie die Art und Weise des benötigten Zugriffs zu beachten.

Die Suche nach Dokumenten in einem DMS kann unterschiedlich gestaltet werden. Die Möglichkeit, die Auswahl und Verknüpfung der bei der Indexierung eingegebenen Indexwerte direkt für die Recherche zu nutzen, liegt nahe. Diese **Recherche
über Indexwerte** führt in einem Arbeitsgang zu einer Liste von
Dokumenten, die den eingegebenen Kriterien entsprechen. Als
weitere Möglichkeit bietet sich die Recherche über den gesamten
Inhalt der Dokumente, die »**Volltextrecherche**« an. Dabei stehen
die Texte der Dokumente als Indexwerte zur Verfügung. Als dritte
Alternative bietet sich ein schrittweises Vorgehen und Eingren-
zen der in Frage kommenden Dokumente durch Bewegen innerhalb einer definierten Ablagehierarchie an. Bei dieser **Recherche
über die Ablagehierarchie** wird der Dokumentenbestand in
Gruppen von Dokumenten eingeteilt, denen ein festgelegter Platz
innerhalb einer Hierarchie zugeordnet ist. Eine Sonderstellung
nimmt die **systemübergreifende Recherche** ein, bei der ein Teil
des DMS (Indexwerte oder auch Dokumente) in einem separaten
System geführt wird. Je nach Kombination zwischen DMS und
»Fremdsystem« sind unterschiedliche Restriktionen und Besonderheiten zu beachten.

Alternativen
der Recherche

➪ Eingabe
und Indexie-
rung, Seite 113

Bei allen genannten Rechercheverfahren bleiben Eingabe, Indexierung, Speicherung und interne Verwaltung gleich. Die verschiedenen Rechercheverfahren entsprechen lediglich verschiedenen Wege an dieselben Informationen zu gelangen. Die Gestaltung der Bedienung muß auf das jeweils gewählte Rechercheverfahren abgestimmt sein. Entspricht bei der Recherche über die
Indexwerte und bei der Volltextrecherche sowohl die Eingabe-
maske als auch die Darstellung der gefundenen Dokumente eher
einem tabellarischen Aufbau, so werden bei der Recherche über
die Ablagehierarchie die in der jeweiligen Ebene existierenden
Verzeichnisse angezeigt. Einzelne Dokumente können zwar auf
jeder Hierarchieebene angesiedelt sein, typischerweise wird man
sie aber auf einer der unteren Ebenen finden.

Bei systemübergreifenden DMS ist die Gestaltung der Bedienung
davon abhängig, auf welchem System die Recherche- und Ausgabefunktionen genutzt werden. Grundsätzlich sind sowohl ta-
bellarische als auch hierarchische Darstellungen in Abhängigkeit
von den Möglichkeiten des Endgeräts realisierbar.

Die verschiedenen Alternativen der Suche nach Dokumenten in
einem DMS, die Gestaltungsmöglichkeiten der Ablagehierarchie, werden in den folgenden Abschnitten näher beschrieben.
Die verschiedenen Möglichkeiten der Ausgabe von Rechercheergebnissen werden im Kapitel »Ausgabefunktionen« dargestellt.

6.16.1 Recherche über Indexwerte

DMS bauen auf Datenbanken auf, in denen alle Indexwerte in Form von Tabellen abgelegt werden, die mit dem einzelnen Dokument zusammenhängen. Für jedes in einem DMS abgelegte Dokument wird ein Datensatz angelegt. Die Funktionen der Recherche über Indexwerte entsprechen deshalb auch weitestgehend den Möglichkeiten, die von Standard-Datenbankfunktionen abgedeckt werden.

Die Informationen, die mit dem Dokument verknüpft werden, lassen sich zunächst in systemorientierte und benutzerorientierte Indexwerte unterteilen. Zu den systemorientierten Indexwerten gehört zum Beispiel die Verknüpfung zwischen Datenbanksatz und Speichermedium, über die das Dokument zu finden ist. Diese Indexwerte können in der Regel nicht in eine Rechercheanforderung einbezogen werden.

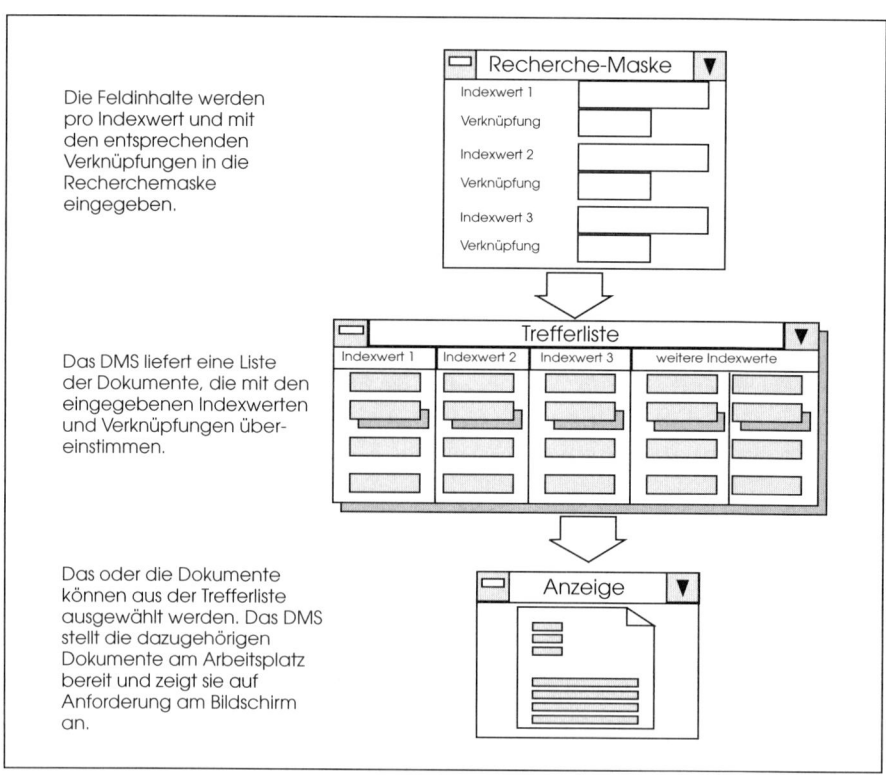

Abb. 48: Recherche über Indexwerte

Zur Eingabe von benutzerorientierten Suchbegriffen bieten professionelle DMS eine entsprechende Such- oder Recherchemaske an. Die Masken enthalten Felder, die eine Auswahl der möglichen Indexwerte repräsentieren. Daneben enthalten sie Felder, durch die die Verknüpfungen der Indexwerte in der Recherchemaske festgelegt werden. Dabei können logische Verknüpfungen (u.a. UND, ODER) oder Angaben von Bereichsgrenzen (GLEICH, KLEINER, GRÖSSER, VON, BIS) verwendet werden. Man spricht hier auch von »Boolescher Algebra«.

System- und benutzer-
orientierte
Indexwerte
Recherche-
Maske

Den Ablauf einer Recherche über Indexwerte und die einzelnen Bestandteile, wie die Recherchemaske zeigt Abbildung 48. Sinnvolle Einschränkungen der Auswahlkriterien sind aus Gründen der Bearbeitungszeit und der beanspruchten Systemzeit zu empfehlen. Aufwendige Anforderungen ohne gezielte Einschränkungen bei den Indexwerten oder bei den Verknüpfungen bedingen lange Suchzeiten im DMS-Bestand und führen häufig zu zahlreichen mehr oder weniger treffenden Fundstellen.

Die in der Recherchemaske eingegebenen Indexwerte und die zugehörigen Verknüpfungen werden dann zur Bearbeitung an das DMS übergeben. Alle Dokumente, die den Selektionskriterien entsprechen, werden als Ergebnis an den betreffenden Arbeitsplatz zurückgegeben. Zur Darstellung der Rechercheergebnisse muß im DMS eine Tabelle vorgesehen werden. Diese sogenannte Trefferliste enthält alle Datensätze der gefundenen Indexwerte, die der in die Recherchemaske eingegebenen Anforderungen entsprechen. Sie kann zusätzliche Indexwerte aus den Datensätzen mit anzeigen, die nicht schon als Suchkriterium für die Recherche verwendet wurden. Enthält die Recherchemaske zum Beispiel die Indexwerte Auftragsnummer, Ersteller und Auftragswert, so kann die Trefferliste außerdem die jeweils zugehörigen Angaben zum Datum des Auftrags oder zum Bearbeiter enthalten.

Trefferliste

Die Gestaltung der Anzeige einer Recherchemaske und der Trefferliste als Ergebnis einer Rechercheanforderung am Bildschirm unterliegt dabei keinen besonderen Restriktionen. Einschränkungen ergeben sich zum Beispiel aus der Anzahl der verfügbaren Indexwerte und aus Gründen der Übersichtlichkeit. Eine bildschirmfüllende Trefferliste möglichst noch mit relativ kleiner Schrift, um alle Indexwerte pro Dokument in einer Zeile darstellen zu können, wird nicht zu der gewünschten effizienten Bearbeitung der Rechercheanforderungen führen. Die gesuchten Dokumente werden im Zweifelsfall übersehen.

Übersichtlich-
keit wahren

Aus dem gleichen Grund sollte auch die Eingrenzung der Trefferliste durch die Auswahl und Verknüpfung der Indexwerte so gewählt werden, daß der Umfang der Trefferliste überschaubar (eine, maximal zwei Bildschirmseiten) bleibt. Bei vordefinierten Rechercheanforderungen ist dieser Aspekt bereits bei der Festlegung zu beachten. Die Trefferliste kann aber durchaus mehr Indexwerte pro Dokument enthalten als die Recherchemaske. Das ist immer dann zu empfehlen, wenn bereits durch die Anzeige der Indexwerte ein Zugriff auf das oder die gesuchten Dokumente vermieden werden kann, da insbesondere die Übertragung über das Netzwerk sowie die Aufbereitung von NCI-Dokumenten die involvierten Systeme belastet.

Direkte Dokumentanzeige bei eindeutiger Identifikation

Im allgemeinen werden Rechercheanforderungen ganz unterschiedliche Ziele verfolgen. Wird nur nach einem ganz bestimmten Dokument gesucht und existiert außerdem ein eindeutiges Identifikationsmerkmal (z.B. Rechnungsnummer), so läßt sich die Trefferliste ohne weiteres auch auf ein einziges Dokument einschränken. In diesem Fall wird man die Anzeige einer Trefferliste unterdrücken und direkt das gesuchte Dokument anzeigen. Es wird deutlich, daß die Festlegung der Indexwerte für die Indexierung der Dokumente ganz wesentlich die Effizienz beim Suchen beeinflußt.

Recherchefunktionen

Neben den logischen Verknüpfungen stehen dem Benutzer bei den meisten DMS weitere Hilfsmittel zur Verfügung, die das Auffinden eines einmal abgelegten Dokuments erleichtern:

❑ **Wildcards** sind Platzhalter (*, # oder andere Sonderzeichen), die einen Teil des Feldinhalts des Indexwertes repräsentieren. So kann durch Eingabe von »M*er« im Indexwert »NAMEN« nach »Meier« gesucht werden, egal ob Meier mit »ai« oder »ei« geschrieben wird.

❑ **Phonetische Suche** bedeutet, daß das DMS auch nach Begriffen sucht, die gleich oder ähnlich ausgesprochen werden. Die Suche nach dem Begriff »Telefon« berücksichtigt auch alle Fundstellen, an denen Telefon mit »ph« eingegeben wurde. Auch hier würden die im obigen Beispiel angeführten Formen von »Meier« als Fundstellen angegeben werden.

❑ **Truncating** ist ein Verfahren, bei dem an einer definierten Stelle Buchstaben des Feldinhalts des Indexwertes abgeschnitten werden. Diese Funktion wird vom Administrator im DMS fest eingestellt. Das DMS sucht dann zum Beispiel nach »Autor«, »Aut-o« und »Aut-os«, obwohl nur »Autos« eingegeben wurde. (Die letzten beiden Stellen wurden bei der Recherche »abgeschnitten«, um zum Beispiel auch Konjugationen oder die Mehrzahl des Begriffs zu finden). Dies ist ein relativ

einfaches Verfahren, führt aber nicht immer zu dem gewünschten Erfolg (Beispiel: Stuhl – Stühle).

❏ **Abstandsoperatoren** helfen, die Trefferlisten auf die relevanten Informationen einzugrenzen, indem die Recherche dadurch gesteuert wird, daß der gesuchte Begriff oder die Begriffskombination innerhalb eines vom Benutzer festgelegten
Abstands wiederholt vorkommen muß. Als Abwandlung der
Recherche mit Abstandsoperatoren kann die Recherche in Verbindung mit der Häufigkeit des gesuchten Begriffs oder einer
gesuchten Begriffskombination verstanden werden.

❏ **Synonymlisten** bieten die Möglichkeit, daß auch Synonyme
zu dem gesuchten Begriff in der Trefferliste ausgegeben werden. Zu dem Begriff »suchen« könnte als Synonym auch »auf
der Suche sein«, »vermissen« oder »durchsuchen« in die Rechercheanforderung aufgenommen werden.

❏ **Schlagworte** sind Begriffe, die sich auf den Inhalt des Dokuments beziehen und bei der Indexierung meist durch Auswahl
aus einer vom DMS angebotenen Liste dem Dokument beigefügt werden können. Schlagwortlisten sind fach- oder unter-
nehmensspezifisch und haben den Vorteil, daß ein Dokument
zusätzlich konkreten Themengebieten (Schlagworten) zugeordnet werden kann.

❏ **Thesauri** als Hilfsmittel zur inhaltlichen Erschließung unstruk-
turierter Texte gehen über die »Listenfunktionalität« von Schlagworten oder Synonymen hinaus. Sie ermöglichen eine umfassende, aber eindeutige Zuordnung von Schlagworten, die einen Text
charakterisieren. Dabei werden vielfältige Relationen verwendet,
von denen Synonyme nur eine Art darstellen. So »kennt« ein
Thesaurus nicht nur mehrere Wörter mit der gleichen Bedeutung
(Synonyme), sondern auch Wörter mit mehreren Bedeutungen
(Homonyme) und Beziehungen wie zum Beispiel zwischen
Über- und Unterbegriffen, einem Objekt und dessen Teilen sowie
assoziativen Relationen. Mit der DIN 1463 existiert eine Norm
zu dem Begriff »Thesaurus«.

Die Auflistung macht deutlich, daß es nicht unbedingt erforderlich ist, daß die eingegebenen Auswahlkriterien vollständig mit den Indexwerten des oder der gesuchten Dokumente
übereinstimmen, wenn zusätzlich die aufgeführten Hilfsmittel
unterstützt werden, was bei den professionellen DMS gegeben
ist.

Der Einsatz und die Bereitstellung dieser Hilfsmittel ist für den
konkreten Einzelfall zu prüfen. Insbesondere die Verwendung
eines Thesaurus oder einer Schlagwortliste ist mit einem unter
Umständen erheblichen Erstellungs- und Pflegeaufwand verbunden, der die Effizienz und Wirtschaftlichkeit des DMS beein-

*Aufwand für
den Einsatz
von
Recherche-
hilfsmitteln*

trächtigen kann, wenn sie nicht wirklich benötigt werden. Der
Einsatz eines Thesaurus wird in der Regel nur bezogen auf ein
definiertes Fachgebiet für DMS der Kategorie »Recherchesystem« interessant sein. Aufbau und Pflege verlangen auf jeden
Fall entsprechend qualifizierte Mitarbeiter.

Hypertext

Außer den aufgeführten Hilfsmitteln bei der Suche über Indexwerte werden für einige Recherche-Systeme zusätzliche oder
erweiterte Suchalgorithmen angeboten. Hierzu zählt zum Beispiel das Hypertext-Verfahren, bei dem die Recherche über Relationen zwischen den abgelegten Dokumenten erfolgt. Dem
Benutzer werden auf seine Anfrage auch Dokumente mit ver-
wandten Themen als Fundstelle angeboten. So könnte zum Beispiel der Suchbegriff »Verona« auch über die dort jährlich statt-
findenden Opernfestspiele mit Verdi's »Aida« assoziiert sein.
Hypertext-Funktionen erlauben Querverweise, wie wir sie mit
dem Zeichen »⇨« auch in diesem Buch anwenden. In elektronischer Form könnte die Auswahl des ⇨ den Leser direkt an die
entsprechende Stelle führen.

Komplexe Suchanfragen oder Recherchen in großen Datenbeständen benötigen mitunter viel Zeit. Zur Vermeidung von Leerlauf innerhalb der Bearbeitung (warten auf das Rechercheergebnis) sollte geprüft werden, ob in diesen Fällen eine Rechercheanforderung an das DMS nicht auch im voraus gestellt werden
kann, um dann während der Bearbeitung direkt auf die Ergebnisse zugreifen zu können.

*Zusammen-
hang zwi-
schen Recher-
cheanforde-
rung und
Systemkategorie*

Die Ausprägung und Vielfalt der erforderlichen Alternativen zur
Recherche über Indexwerte ist auch abhängig von der mit dem
DMS angestrebten Systemkategorie. Die höchsten Anforderungen für dieses Rechercheverfahren sind bei Recherchesystemen
zu erwarten, in denen die Suche nach Dokumenten zu einem
bestimmten Sachverhalt im Vordergrund steht. In Archivsystemen und in Vorgangssystemen, in denen eher nach einem ganz
bestimmten Dokument gesucht wird, werden die Rechercheanforderungen weniger komplex ausfallen. Es wird eher eine Trefferliste erwartet, die im Idealfall lediglich aus dem gesuchten
Dokument besteht.

6.16.2 Volltextrecherche

Aus der Sicht des Anwenders erscheint die Volltextrecherche
zunächst wie eine normale Recherche über Indexwerte. Suchbegriffe werden in eine Recherchemaske, verbunden über logische
Verknüpfungen, eingegeben. Der Unterschied besteht darin, daß
diese Suchbegriffe Bestandteile der gesuchten Dokumente sind.

Gerade bei wenig strukturierten Dokumenten, Dokumentbeständen, bei denen sich keine für den gesamten Bestand gültigen und zugleich aussagefähigen Indexwerte finden lassen oder in Fällen, in denen nach allen Dokumenten zu einem definierten Sachverhalt gesucht wird, zeigt die Volltextrecherche ihre Stärken. Typische Beispiele sind Archive von Berichten, Literatursammlungen, Zeitungsartikeln oder wissenschaftlichen Beiträgen. Natürlich wird man in diesen Archiven als eindeutigen Indexwert den Autor und das Erscheinungsdatum führen, die Suche wird sich aber eher auf einen bestimmten Sachverhalt konzentrieren und die Indexwerte »Autor« und »Erscheinungsdatum« bestenfalls als eingrenzendes Kriterium enthalten.

Volltextrecherche wird immer dann eingesetzt, wenn die Fragestellung und damit die Rechercheanforderung bei der Eingabe und Indexierung nicht bekannt ist und auch nicht abzusehen ist, auf welche Informationen aus dem Dokumentenbestand zukünftig zugegriffen wird. Die Einsatzmöglichkeiten sind vor allem durch die notwendige Volltext-Indexierung begrenzt.

⇨ Volltext-Indexierung, Seite 151

Dieses Rechercheverfahren wird oft in Verbindung mit Hilfsmitteln wie Synonymlisten eingesetzt, da es aufgrund des geringen Strukturierungsgrads schwierig ist, die richtigen Suchbegriffe für eine erfolgreiche Recherche auszuwählen. Eventuell wurden in einem relevanten Dokument andere Begriffe verwendet als die, die man für die Suche benutzen möchte.

Da die Bearbeitung umfangreicher und komplexer Rechercheanforderungen viel Zeit beanspruchen kann, sollte auch hier wie bei der Recherche über Indexwerte die Möglichkeit der zeitlichen Trennung zwischen Eingabe der Anforderung und Abfrage des Ergebnisses geprüft werden. Darüber hinaus können Funktionen wie Statusabfragen (Wieviel Prozent der Anforderung sind bereits bearbeitet?) oder Möglichkeiten, die Recherche abzubrechen, sinnvoll sein.

6.16.3 Recherche über die Ablagehierarchie

Für die Unterstützung der organisatorischen Abläufe in einem Vorgangssystem wird die Recherche über Indexwerte oder über eine Volltext-Indexierung alleine nicht ausreichen und in vielen Fällen nicht effizient genug sein. Dies gilt insbesondere dann, wenn ohnehin festgelegt ist, in welchem strukturellen Zusammenhang das Dokument mit anderen Dokumenten steht. Gerade bei gut strukturierbaren Dokumentbeständen kann eine Einordnung der Dokumente in eine hierarchische Struktur als effizienter Suchpfad genutzt werden. So könnte der Gesamtbestand eines

DMS auf einer ersten Ebene nach den Kundennummern differenziert sein und auf der zweiten Ebene nach den Aufträgen, die mit dem jeweiligen Kunden abgewickelt wurden. Alle Dokumente, die mit einer Rechnung zusammenhängen, sind dann wiederum in einer Dokumentengruppe wie in einer elektronischen Akte zusammengefaßt (siehe im Beispiel der EXAMPLE GmbH).

Als Indexwerte werden bei diesem Rechercheverfahren unter anderem die verschiedenen Ebenen der Ablagehierarchie genutzt. Jedes Dokument wird dieser Hierarchie bereits bei der Eingabe zugeordnet. Die Recherche beginnt damit in unserem Beispiel bei den Lieferanten als Einstiegspunkt. Durch die Auswahl eines Lieferanten werden auf der nächsten Ebene alle mit diesem Lieferanten verbundenen Lieferungen sichtbar. Die Auswahl einer Lieferung wiederum zeigt die damit verbundenen elektronischen Rechnungsakten an. Erst auf der nächsten Ebene werden die Einträge für die Dokumente, die sich in den elektronischen Akten befinden, angezeigt.

Mehrfachzu-
ordnung von
Dokumenten

Die Ablagehierarchie entspricht dabei einer logischen Struktur, die dem Dokument als Indexwerte zugeordnet sind. Es ist deshalb auch möglich, ein Dokument mehreren elektronischen Akten zuzuordnen. So könnte die Rechnung sowohl in einer auftragsbezogenen Akte als auch in einer separaten Akte »offene Rechnungen« zu finden sein. Das Dokument ist dann zwar mehrfach in der Ablagehierarchie aufgeführt, befindet sich aber physikalisch nach wie vor nur einmal im DMS.

Die Bezeichnungen der Hierarchieebenen sind oft den gängigen Begriffen aus dem vertrauten Büroumfeld angepaßt: Die erste Ebene wird meist als »Schrank« bezeichnet, in dem (auf der zweiten Ebene) sich beliebig viele »Ordner« befinden, die wiederum (auf der dritten Ebene) »Akten« oder »Register« enthalten. Die Anzahl der Ebenen ist nur durch Restriktionen der in Verbindung mit dem DMS verwendeten Datenbank begrenzt. Allerdings führt eine zu tiefe Staffelung genauso zur Unübersichtlichkeit wie eine sehr flache Hierarchie.

Folder-Konzept

Die Gestaltung der Ablagehierarchie, die auch unter dem Begriff »Folder-Konzept«[18] behandelt wird, ist sehr stark vom Einzelfall abhängig. Generelle Aussagen zur Auswahl und Gestaltung der Hierarchieebenen können deshalb nur bedingt getroffen werden. Anhaltspunkte für die Auswahl der Hierarchieebenen findet man unter anderem in der bestehenden Aufbaustruktur des Unternehmens oder in der Organisation bestehender Archive.

---

18 Folder = Aktendeckel, Aktenmappe

Mit der Einführung einer gemeinsamen Ablagehierarchie sind aber auch Strukturen realisierbar, die einer prozeßorientierten Arbeitsweise entsprechen oder eine weitergehende Kundenorientierung unterstützen. Gerade hier zeigen sich die Potentiale eines DMS, weil zum Beispiel alle mit dem Kunden verbundenen Vorgänge und Unterlagen quasi in direktem Zugriff stehen und damit Anfragen wesentlich schneller und effizienter bearbeitet werden können.

Der Vorteil einer hierarchischen Organisation besteht unter anderem darin, daß sie in Anlehnung an im Unternehmen bekannte und für den Mitarbeiter vertraute Aufbaustrukturen gestaltet werden kann. Damit wird von Anfang an eine gewisse Akzeptanz geschaffen, und der Mitarbeiter kann sich in kurzer Zeit mit der Handhabung des Systems vertraut machen.

Dennoch sollten bestehende Strukturen nicht absolut gesehen werden. Ein DMS stellt die Grundlage für das Überdenken des bisherigen Ablagesystems dar. Wurden im bestehenden System die Unterlagen am Ort ihrer Entstehung abgelegt (Rechnungen in der Buchhaltung, Korrespondenz im Vertrieb), so können jetzt alle Dokumente zum Beispiel kundenorientiert gruppiert an einem Ort, nämlich im DMS, abgelegt werden. Kundenspezifische Serienbriefe mit hohen Stückzahlen (Rechnungen, Gutschriften, Werbeaktionen oder Mahnungen), die aus Aufwandsgründen bisher nicht den Kundenakten zugeordnet werden konnten, werden durch das DMS automatisch den entsprechenden Akten beigefügt.

Eine der organisatorischen Aufgaben ist dabei die Festlegung einer einheitlichen Gruppierung von Dokumenten, mit der sich die verschiedenen Interessengruppen in einem Unternehmen zumindest weitgehend identifizieren. Eine Ablagehierarchie, in der jede Abteilung ihre eigenen Gruppierungen verwirklicht, führt demgegenüber zu erheblichen Zeitverlusten bei bereichsübergreifenden Recherchen, weil der Mitarbeiter die Strukturen anderer Bereiche nicht mehr nachvollziehen kann.

Bei der Gestaltung der Ablagehierarchie ist zu berücksichtigen, daß bei einer schrittweisen Recherche von Ebene zu Ebene die Übersichtlichkeit gewahrt bleiben muß. Ist die Anzahl der zu erwartenden und damit bei einer Recherche auch angezeigten Einträge auf der jeweiligen Hierarchieebene sehr groß (mehrere hundert oder sogar mehrere tausend Einträge), dann wird es entsprechend viel Zeit beanspruchen, denn gesuchten Eintrag zu finden. Ein definierter Einstiegspunkt für den einzelnen Benutzer auf einer bestimmten Ebene kann die Zeit für die Bearbeitung der Rechercheanforderung positiv beeinflussen. In dem dargestellten

Prozeßorientierung und Ablagehierarchie

Restrukturierung der Ablagen durch ein DMS

Beispiel der EXAMPLE GmbH könnte man diesen definierten
Einstiegspunkt durch eine Lieferantenzuordnung erreichen. Der
Bearbeiter bekommt dann im Standardfall die 20 oder auch 30
»Ordner« angezeigt, für die er zuständig ist. Eine Anzahl von
insgesamt 500 Ordnern auf dieser Ebene würde die Übersicht-
lichkeit dann nicht mehr beeinträchtigen.

6.16.4 Systemübergreifende Recherche

Bei den bisherigen Betrachtungen in diesem Kapitel sind wir
stillschweigend davon ausgegangen, daß die Bearbeitung der
Rechercheanforderungen und die Ablage der Dokumente innerhalb des gleichen Systems stattfinden. In der Praxis können diese
Teile des DMS aber durchaus auf unterschiedlichen Computersystemen installiert sein. Einerseits befinden sich nicht zwingend
alle Dokumente, die über die Rechercheanforderung gefunden
werden auf dem eigentlichen DMS. Andererseits existieren Arbeitsplätze (in der Regel zeichenorientierte Bildschirme[19]), die
keinen direkten Zugriff auf das DMS haben. Diese Situationen
ergeben sich häufig dann, wenn das DMS in eine bestehende
Großrechnerwelt integriert wird.

Recherche
auf Fremd-
systemen

Um Bildschirmen und Arbeitsplätzen, die an anderen Systemen
angeschlossen sind, den Zugriff auf das DMS und die darin
abgelegten Dokumente zu ermöglichen, kann zum Beispiel eine
entsprechende Recherchekomponente auf diesem »Fremdsystem« installiert werden. Die Recherche-Anforderungen können
dann an einem (zeichenorientierten) Bildschirm an dem Fremdsystem gestartet werden. Aus der auf dem Fremdsystem geführ-
ten Datenbank werden die entsprechenden Datensätze, die mit
den angeforderten Indexwerten übereinstimmen, ausgewählt und
am Bildschirm in einer Trefferliste angezeigt (soweit entspricht
der Ablauf einer Recherche über Indexwerte innerhalb des
DMS). Enthält diese Liste das oder die gesuchten Dokumente
und ist eine Einsicht in das gespeicherte Abbild des Originals
erforderlich, so wird jetzt über eine Kommunikations-Schnitt-
stelle der Datensatz an das DMS geschickt und dort das entsprechende Dokument selektiert und aufbereitet. Das Rechercheergebnis kann dann entweder an einem speziellen Arbeitsplatz (der
direkt mit dem DMS verbunden ist) angezeigt oder durchaus
auch direkt an einem Drucker reproduziert werden (Abbildung).
Natürlich ergibt sich damit in gewisser Weise ein Medienbruch.
Wenn man aber bedenkt, daß alternativ in manchen Unternehmen
einige hundert Bildschirme, die heute an einem Großrechner

---

19 Zeichenorientierte Bildschirme sind nicht in der Lage, NCI-Dokumente anzuzeigen.

angeschlossen sind und die nicht für die Anzeige von NCI geeignet sind, ausgetauscht werden müßten, nimmt man diesen Kompromiß durchaus in Kauf.

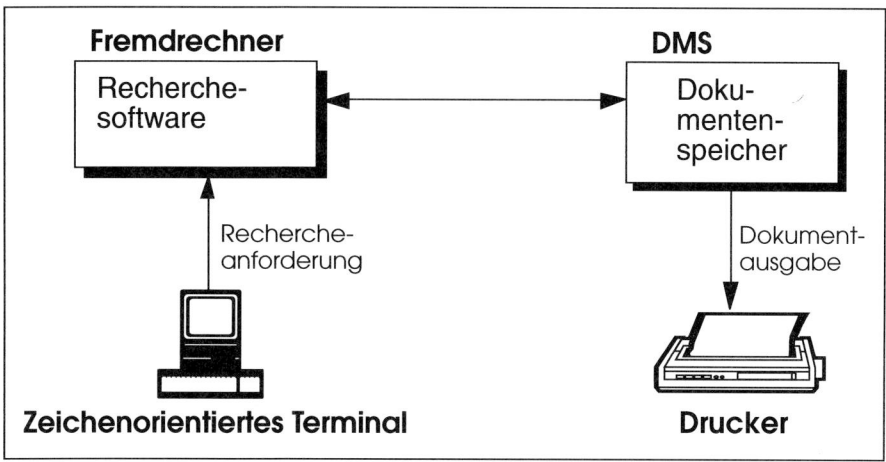

Abb. 49: Recherche über Fremdsystem

Ähnliche Gestaltungen der Abläufe sind mit Systemen denkbar,
die über Endgeräte (PC oder UNIX-Workstation) verfügen, an
denen eine direkte Reproduktion (Anzeige des Abbilds) möglich
ist. In diesem Fall liefert das DMS das Abbild des Dokuments an
das anfordernde System oder direkt an das Endgerät. Auch hier
erfolgt die Kommunikation zwischen den Modulen des DMS
systemübergreifend über Kommunikations-Schnittstellen. Entscheidend für die organisatorische Abwicklung ist eine klare
Aufgabentrennung zwischen den Systemen (keine redundante
Speicherung von Indexwerten).

Eine der organisatorischen Aufgaben besteht bei den beschriebenen systemübergreifenden Recherchen darin, den Zugriff auf die
archivierten NCI-Dokumente nach Möglichkeit zu vermeiden.
Oft stellt sich bei genauerer Untersuchung heraus, daß nicht das
Dokument im Originalabbild eingesehen werden muß, sondern
daß nur bestimmte Informationen (Indexwerte), die mit dem
Dokument zusammenhängen, für die Bearbeitung eines Vorgangs wichtig sind. Diese Informationen können unproblematisch in einem Datentransfer zwischen den Systemen übermittelt
und auch an einem zeichenorientierten Bildschirm angezeigt
werden.

Zugriff auf
Indexwerte
ausreichend

Umgekehrt findet man eine Reihe von Fällen, in denen bereits
umfangreiche Ablagen auf anderen Systemen bestehen oder in
denen Daten und Dokumente, die durch andere Anwendungen

⇨ Fundstellen-
verwaltung,
Seite 158

173

wie die Finanzbuchhaltung oder die Logistik erzeugt werden, das
Ziel von Rechercheanforderungen sein können. In diesen Fällen
wird man im DMS lediglich die Fundstellen mitverwalten, die
eigentlichen Dokumente und Daten aber nicht redundant führen.
Ein separater Indexwert weist dann darauf hin, wo diese Dokumente gespeichert sind. Auch die Verwaltung von Altbeständen,
die nicht mehr in das DMS aufgenommen werden, ist in diesem
Zusammenhang zu sehen.

6.16.5 Assoziative und grafische Rechercheverfahren

Die Schwierigkeit bei Rechercheanforderungen besteht generell
in der hinreichenden Definition und Auswahl der Indexwerte.
Werden die falschen Kombinationen von Schlagworten gewählt
oder vermutet man die Fundstellen in einem anderen Bereich der
Ablagehierarchie, dann sind die Rechercheergebnisse oft nicht
ausreichend. Durch weitere Suchläufe mit veränderten Rechercheanforderungen versucht man das Ergebnis zu verbessern, erhöht aber den Rechercheaufwand.

Neuronale
Netze und
Fuzzy Logic

Neuere Verfahren der Recherche tragen diesem Dilemma Rech-
nung, indem sie durch assoziative Aspekte und eine gewisse
Fehlertoleranz die Recherche-Anfrage selbständig erweitern.
Das Rechercheergebnis muß nicht mehr vollständig mit der Anforderung übereinstimmen, Schreibfehler können automatisch
korrigiert werden, sofern der Begriff dem System bekannt ist
(über einen Vergleich mit Thesauri, Synonymlisten oder anderen
Wörterbüchern). Im Vordergrund stehen hierbei Ansätze auf der
Basis von neuronalen Netzen. So versucht man zum Beispiel eine
Art »Fingerabdruck« eines Dokuments zu erstellen, indem alle
Dokumente nach vorher festgelegten Zeichenketten durchsucht
werden und die Ergebnisse dann als »Indexwert« abgespeichert
werden. Die Rechercheanforderung wird dann als eine Auswahl
der möglichen Zeichenketten formuliert und die gespeicherten
Dokumente werden auf die Ähnlichkeit mit dieser Zeichenkette
überprüft[20].

Gerade weil Schlagwortlisten und logische Verknüpfungen von
Indexwerten in vielen Anwendungsfällen als Suchkriterien nicht
ausreichen und Volltextrecherchen zu aufwendig und zeitintensiv
sind, werden in zukünftigen DMS zunehmend Verfahren zu finden sein, die auch »unscharfe«, nicht exakt definierbare Abfragen
erlauben (Fuzzy Logic).

---

20 N-GRAM-Methode, beschrieben in: AWV Schrift 06498, 1992, Seite 54/55

Als Erweiterung der Recherche über die Ablagehierarchie sind Verfahren zu verstehen, die die Recherche über grafische Elemente erlauben. Potentielle Anwendungen sind vor allem im technisch- wissenschaftlichen Bereich zu erwarten. Die oberste Ebene entspricht dann zum Beispiel einer gesamten Anlage, auf der folgenden Ebene sind einzelne Teile dieser Anlage als grafische Elemente zusammengefaßt. Die jeweils folgende Ebene wird durch Auswahl und »Anklicken« des entsprechenden grafischen Elements erreicht. Die Vorgehensweise ist in der folgenden Abbildung an einem kartographischen Beispiel dargestellt.

Grafische
Recherche

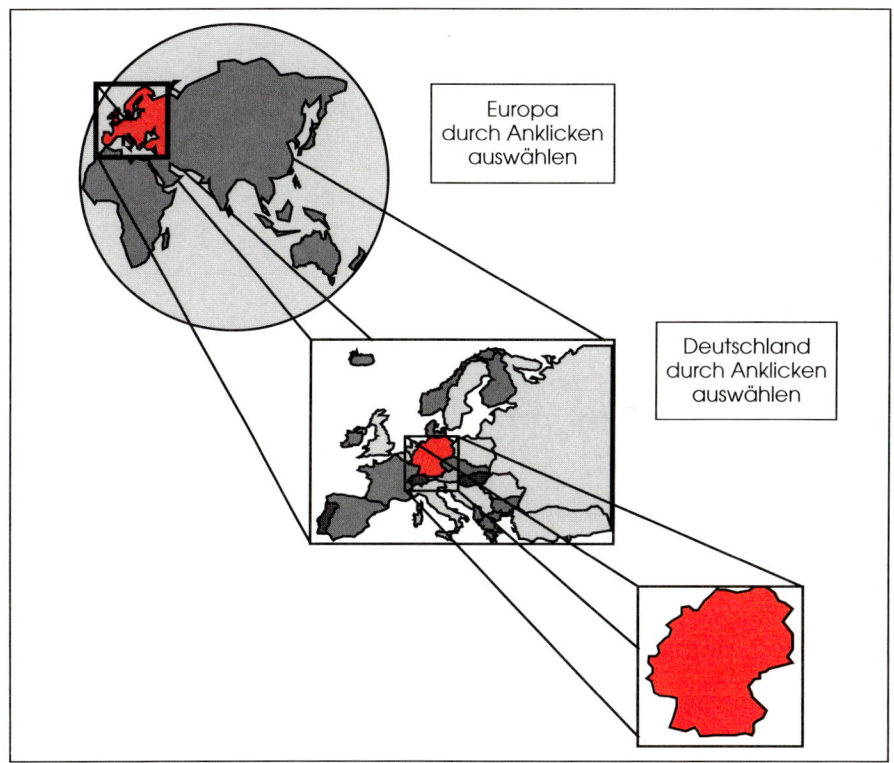

Abb. 50: Grafische Recherche

DMS haben eine umfangreiche Palette von Rechercheverfahren und Hilfsmitteln. Die erwartete Funktionalität im Arbeitsablauf steht in direktem Zusammenhang mit den Aufwendungen für Eingabe und Pflege. Weniger kann deshalb durchaus mehr sein.

Die Gestaltung der Ablagehierarchie ist insbesondere für Vorgangssysteme von entscheidender Bedeutung, da durch eine Optimierung der Ablagehierarchie die Effizienz der Vorgangsbearbeitung und die Akzeptanz des DMS deutlich verbessert werden kann

6.17 Ausgabefunktionen

Für die Ausgabe von Rechercheergebnisse (Ausgabe von im DMS gespeicherten Dokumente) können grundsätzlich folgende Möglichkeiten genutzt werden:

❑ Zeichenorientierte Bildschirme,
❑ Drucker,
❑ Faxgeräte,
❑ Grafikfähige Bildschirme.

Bei der Ausgabe sind wie bei der Eingabe die Anforderungen für CI- und NCI-Dokumente zu unterscheiden. Oft können aus Kostengründen nicht alle Arbeitsplätze mit den für die Anzeige von NCI notwendigen Funktionalitäten ausgestattet werden, oder die entsprechende Ausstattung aller in das DMS zu integrierender Arbeitsplätze kann nur in mehreren Schritten erfolgen. In diesen Fällen ist über alternative Ausgabemöglichkeiten nachzudenken, die die organisatorische Leistungsfähigkeit des Gesamtkonzepts nicht nachhaltig beeinträchtigen.

➪ Systemübergreifende
Recherche,
Seite 172

An einem zeichenorientierten Terminal kann im besten Fall ein selektiertes CI-Dokument angezeigt werden. Die Reproduktion von NCI-Dokumenten muß dann auf andere Arbeitsplätze verlegt werden. Oft installiert man hierzu einen entsprechenden Arbeitsplatz in räumlicher Nähe der betreffenden Mitarbeiter, an dem das NCI-Dokument angesehen werden kann. Da diesen Arbeitsplätzen mehrere Mitarbeiter zugeordnet werden (ein Recherchearbeitsplatz pro Abteilung oder Gruppe), ist in der Konzeption des DMS die Anzahl und Art (einseitig / mehrseitig) der zu erwartenden Reproduktionsanforderungen abzuschätzen, damit an diesen Arbeitsplätzen keine Warteschlangen entstehen.

Reproduktion
in Papierform

Eine Reproduktion in Papierform kann durch die Ausgabe eines gespeicherten Dokuments entweder auf einen am DMS angeschlossenen Drucker oder auch durch Übermittlung an ein Faxgerät vorgenommen werden. Die Ausgabe als Fax ist unproblematisch, weil NCI-Dokumente in der Faxkomprimierung (CCITT Gr. III oder Gr. IV) im DMS gespeichert werden. Zur Ausgabe auf einen Drucker sind Geräte (meist Laserdrucker) erforderlich, die NCI-Dokumente in einer Auflösung ausgeben, die sich von der Qualität des Originals nur geringfügig unterscheidet.

Grundsätzlich ist im einzelnen zu prüfen, welche Teile des Dokuments für den jeweiligen Bearbeitungsschritt tatsächlich angezeigt oder reproduziert werden müssen und welche Teile zusätzlich als Indexwerte gespeichert werden sollten. Der Zugriff auf Indexwerte wird immer schneller sein als der Zugriff auf ein Dokument, daß auf einem optischen Speichermedium abgelegt ist.

Reproduktion notwendig?

Die umfangreichste Funktionalität der Ausgabe bieten Arbeitsplätze mit hochauflösendem (100 dpi) und großem Bildschirm (19 oder 21 Zoll Diagonale), an denen Dokumente als Abbild des Originals in der ursprünglichen Größe angezeigt werden können. Zu diesen Arbeitsplätzen zählen entsprechend ausgestattete PC- und UNIX-Workstations, an denen neben der abbildgerechten Darstellung folgende Funktionen zur Verfügung stehen sollten:

Funktionalität der Ausgabe

❑ **Ganzseitige Darstellung** ist meist schon durch die Bildschirmgröße und Auflösung gegeben. Ist diese Funktion nicht gegeben, kann die Durchsicht eines mehrseitigen Dokuments viel Zeit beanspruchen, und der Anwender wird lieber das Dokument ausdrucken und mit der Papierform weiterarbeiten.

❑ **Blättern** umfaßt nicht nur ein einfaches Vorwärtsblättern, sondern auch ein Springen innerhalb des Dokuments auf eine bestimmte Seite oder an den Anfang oder das Ende des Dokuments.

❑ **Scrollen** erlaubt eine vertikale Bewegung innerhalb einer Seite und ergänzt somit die »Blätterfunktion«.

❑ **Zoom** steht für Ausschnittvergrößerungen und ist zum Beispiel bei der Kontrolle von Unterschriften oder sehr kleinen Schriften hilfreich.

❑ **Rotation** ist immer dann interessant, wenn Dokumente mit unterschiedlichen Formaten in das DMS aufgenommen wurden (zum Beispiel DIN A4 hoch, DIN A4 quer und Postkarten), oder wenn ein Dokument versehentlich auf dem Kopf stehend oder quer statt hoch eingescannt wurde.

❑ **»Thumb Nails«** sind ikonisierte Darstellungen des gesuchten Dokuments, die vor allen Dingen bei mehrseitigen Dokumenten eine grobe Übersicht erlauben, in dem die einzelnen Seiten in einer miniaturisierten Darstellung angezeigt werden.

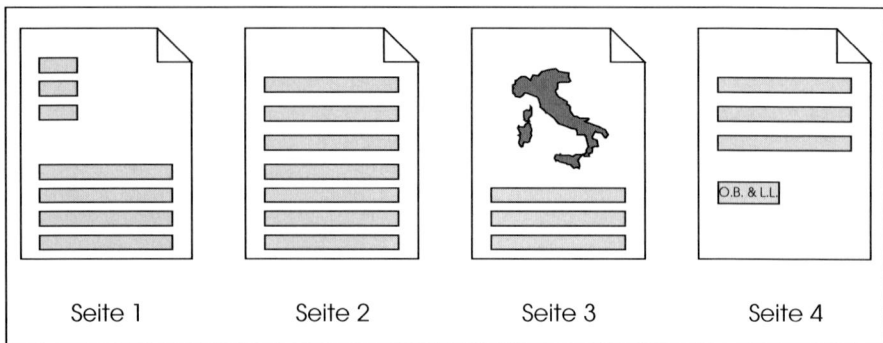

Seite 1 Seite 2 Seite 3 Seite 4

Abb. 51: »Thumb Nails« eines mehrseitigen Dokumentes.

Die häufig geäußerte Anforderung, sich einen schnellen Überblick über eine Akte oder ein Dokument verschaffen zu müssen,
um zu entscheiden, ob es die gesuchten Informationen enthält, ist
über »Thumb Nails« meist gut abzudecken. Durch die Integration
der aufgeführten Funktionen in einen Vorgang wird eine anforde-
rungsgerechte Aufbereitung der Dokumente am Bildschirm erreicht, und die Bearbeitungszeit kann wesentlich reduziert werden: Wenn zum Beispiel der Anwender nur den Briefkopf, den
Betreff und die Unterschrift benötigt, so kann das DMS diese
Ausschnitte direkt zur Verfügung stellen.

Gerade für die Einbeziehung von Außenstellen, die nicht an das
DMS angebunden sind, aber trotzdem auf Unterlagen zugreifen
müssen, ist die Ausgabe auf Faxgeräten eine zunächst auch unter
Kostenaspekten günstig erscheinende Lösung. Dabei ist zu bedenken, daß anschließende Veränderungen des empfangenen
Faxdokuments nur durch nochmalige Eingabe und Indexierung
wieder in das DMS aufgenommen werden können. Außerdem
entstehen so leicht wieder separate und redundante Ablagen, die
zu Fehlern durch Inkonsistenz und mangelnde Aktualität führen.
Je nach Aufkommen der Anforderungen ist es deshalb sinnvoll,
auch Außenstellen mit einem (oder mehreren) Arbeitsplätzen auszurichten, die CI- und NCI-Dokumente darstellen können. Die
Anbindung von Außenstellen an das Netzwerk und eine Ausstattung der Arbeitsplätze mit PC ist relativ kostengünstig zu
realisieren. Auch hier ist aber wieder nach den tatsächlich notwendigen Anforderungen zur Ausgabe von Dokumenten zu fragen.

Neben den Ausgaben mit dem Ziel der Reproduktion der gespeicherten Dokumente sind konzeptionell auch Ausgaben an andere Systeme zu berücksichtigen. Zu diesen Systemen zählen unter anderem Electronic Mail, BK-Anwendungen, Spezialsysteme (z.B. CAD) und andere Anwendungssysteme. In Verbindung mit DMS als Vorgangssystem gewinnt dieser Aspekt natürlich besonders an Bedeutung, da kaum prozeßorientierte Abläufe denkbar sind, in denen nicht mehrere Systeme und Anwendungen genutzt werden.

Systemschnittstellen in prozeßorientierten Abläufen

⇨ Eingabe von CI-Dokumenten, Seite 142

Ein DMS stellt für die Ausgabe gespeicherter Dokumente hohe Anforderungen an die Endgeräte. Gerade deshalb ist bei der organisatorischen Gestaltung des DMS darauf zu achten, was und in welcher Form tatsächlich ausgegeben werden muß. Die Restriktionen der oft noch eingesetzten zeichenorientierten Bildschirme lassen sich so teilweise durch organisatorische Lösungen kompensieren.

Mit grafikfähigen Bildschirmen sind eine Vielzahl von Anzeigefunktionen verfügbar, die das Handling der elektronischen Dokumente sehr erleichtern. Die volle Erschließung der DMS-Nutzenpotentiale ist erst durch den gezielten Einsatz dieser Funktionen möglich.

6.18 Recherche und Ausgabe bei der EXAMPLE GmbH

Rechercheverfahren

Die Recherche, also der lesende Zugriff auf die Dokumente, wird nicht nur von Rechnungsprüfern, sondern auch von anderen Bereichen eingesetzt, sofern sie über geeignete Endgeräte und Vernetzung verfügen. Speziell der Einkauf erhält diesen Zugriff von Anfang an, um die redundante Ablage von Rechnungsdokumenten zu vermeiden. Die Eingabe von Dokumenten des Einkaufs erfolgt erst mit dem weiteren DMS-Ausbau und der Unterstützung des gesamten Beschaffungsprozesses.

Die Recherche der Dokumente ist über drei Wege möglich. Für die Vorgangsbearbeitung und den bereichsübergeifenden Zugriff wird eine Ablagehierarchie (Abbildung 79) unterstützt. Für Nachforschungen steht die Recherche über sämtliche Indexwerte zur Verfügung. Für ausschließliche Nutzer des Zentralrechners ohne PC-Endgeräte wird der Zugriff über den Zentralrechner angeboten.

In der **Ablagehierarchie** existiert für jeden Lieferanten (Lief1 bis LiefX) eine eigene (elektronische) Akte, die Untergliederungen für die Konditionen und jeden Rechnungsvorgang (Rech1 bis Rech X) enthält. Bei Erweiterung auf den gesamten Bestellvorgang kommen weitere Untergliederungen hinzu. Der Übersicht halber sind Lieferanten und Dienstleister getrennt.

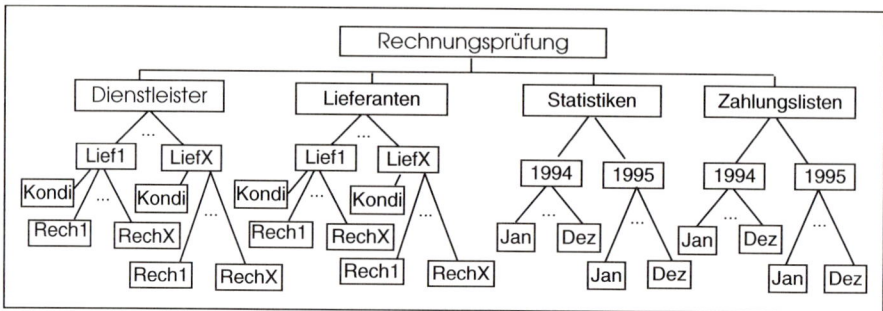

Abb. 52: Beispiel: Ablagehierarchie

Für die **Recherche über die Indexwerte** werden Standardfunktionen wie Recherchemaske, Trefferliste, logische Verknüpfungen etc. angeboten.

Über die bei der Rechnungserfassung vergebene Belegnummer können auch die Nutzer des Zentralrechners auf das DMS zugreifen. Bei dieser **systemübergreifenden Recherche** übergibt der Zentralrechner die Belegnummer und eine Identifikation des anfordernden Benutzers an das DMS, das die zugehörige Rechnung auf einem Drucker in der Nähe des Benutzers ausgibt. Der Zugriff ist auf Rechnungsdokumente limitiert.

Ausgabefunktionen

Die elektronische Vorgangsakte in der Lieferantenakte ist der gemeinsame Bezugspunkt für Rechnungsprüfungsdokumente innerhalb der EXAMPLE GmbH für alle beteiligten Mitarbeiter (auch Einkauf). Die Akte enthält alle bei der Rechnungsprüfung anfallenden Dokumente. Um die Redundanz und Kopieraufwendungen zu verringern, gibt es außerhalb der Akte keine Rechnungsprüfungsdokumente. Dies erfordert einfach bedienbare und universell zugängliche Recherche- und Ausgabefunktionen.

Standardmäßig sind bei den am Vorgang Beteiligten **PC** mit grafischer Bedienoberfläche und Netzwerkanschluß als Arbeitsplatzsysteme installiert. Jeder an das Netz angeschlossene PC kann lesend auf das DMS zugreifen. Über Netzwerkverbindungen zu anderen Standorten ist der **Zugriff über größere Entfernungen** möglich.

Zeichenorientierte Terminals werden nur im Rahmen der systemübergreifenden Recherche unterstützt. Ausgaben können außerdem auf sämtliche im DMS-Netz verfügbaren Drucker und per Fax-Gateway auf interne und externe Faxgeräte erfolgen.

Bei der Dokumentanzeige stehen alle Standardfunktionen wie Blättern, Zoom etc. zur Verfügung. Um sich einen schnellen Überblick über den Dokumentinhalt zu verschaffen, wird die ikonisierte Darstellung der einzelnen Seiten eines Dokuments unterstützt.

Eine Form der grafischen Recherche ist in der Ablagehierarchie möglich. Die Hierarchie wird grafisch dargestellt, und der Benutzer kann sich schrittweise durch die Hierarchie »klicken« und bekommt jeweils ein Inhaltsverzeichnis der aktuellen Ebene angezeigt.

6.19 Vorgangsbearbeitung

DMS können nicht nur Aufgaben der Ablage und Recherche von Dokumenten übernehmen, sondern auch die Bearbeitung der Vorgänge direkt unterstützen. Dies soll der bereits eingeführte Begriff »Vorgangssystem« vermitteln. Vorgangssysteme unterscheiden sich von den der Sachbearbeitung nachgelagerten Archivsystemen und den Recherchesystemen, die eine reine Hilfsmittelfunktion ausüben, dadurch, daß sie aktiv in die tägliche Bearbeitung der eingehenden Dokumente eingreifen. Vorgangssysteme helfen also bei der Bearbeitung der aktuellen und nicht nur der archivierten Dokumente.

Die weitgehende Unterstützung der Vorgangsbearbeitung durch DMS ist ein relativ junges Aufgabenfeld. Die Begriffe werden daher noch in unterschiedlicher Bedeutung benutzt, und sie kollidieren teilweise mit den in den Unternehmen bereits verwendeten Begrifflichkeiten.

Der Begriff »Vorgang«

Wie bereits an anderer Stelle erwähnt, steht in diesem Buch der Begriff »Vorgang« als Beschreibung des Ablaufes[21]. Die Zusammenfassung der Dokumente, die für die Bearbeitung benötigt

Ist-Analyse, Definition »Vorgang«, Seite 76

---

21 Ein **Vorgang** ist eine logische Einheit von Einzelaktivitäten, die als definierter, abgrenzbarer Ablauf dargestellt werden können. Der Vorgang ist unabhängig von Grenzen der Aufbauorganisation zu sehen. Er kann also bereichsübergreifend sein, ist aber auf einer tieferen Detaillierungsebene als ein Geschäftsprozeß angesiedelt, der typischerweise aus mehreren Vorgängen besteht.

werden oder während der Bearbeitung des Vorganges entstehen, bezeichnen wir als (elektronische) Akte oder Vorgangsmappe.

Vorgangsbe-
arbeitung
braucht Doku-
menten-Mana-
gement

In der Literatur und den Unterlagen der Hersteller umfassen die unter dem Begriff »Vorgangsbearbeitungssystem« aufgeführten Lösungen nicht unbedingt die Archivierungs- und Recherche-funktionalität, die bei dem hier vorgestellten Vorgangssystem als einer Systemkategorie eines DMS dazugehört. Da aber Vor-gangsbearbeitung ohne die Einbeziehung aktueller und archivier-ter Dokumente kaum praktikabel ist, erscheinen uns diese Syste-me mit einem Mangel behaftet.

DMS können vielfältige Auswirkungen auf die Bearbeitung von Vorgängen haben, da kein Papier mehr vorhanden ist. Sobald die Dokumenteingabe nicht mehr nach, sondern vor oder während der Bearbeitung erfolgt, müssen Dokumente mit elektronischen Anmerkungen versehen, auf Wiedervorlage gelegt oder bezüg-lich ihrer Indexierung verändert werden können. Es entsteht also Bedarf für zusätzliche Funktionalität, eben Vorgangsbearbei-tungsfunktionen.

Ein wesentliches Merkmal von Vorgangssystemen ist, daß im System ein Objekt »Vorgang« zu jedem Geschäftsvorfall exi-stiert. Diesem Objekt sind bestimmte Dokumente, Arbeitsschritte und Stati zugeordnet. Außerdem kann dieses Vorgangsobjekt indexiert und damit auch recherchiert werden.

Mit diesen Funktionen ergeben sich Potentiale der Effizienzstei-gerung bei der Vorgangsbearbeitung, die zu erheblichen Verkür-zungen der Durchlaufzeiten, zu größerer organisatorischer Flexi-bilität, zu besserer Qualität der Ergebnisse und zu schnellerer Reaktionsfähigkeit führen können.

Vorgangssysteme bieten die Informationstechnik, die die Reali-sierung der Geschäftsprozeßoptimierung (oder Business-Reengi-neering) erst ermöglicht. Vorgangssysteme umfassen dazu im wesentlichen die folgenden Potentiale:

❏ Zusammenfassen und Bereitstellen von Dokumenten nach rein organisatorischen Gesichtspunkten, unabhängig
  ● vom Ort der Entstehung,
  ● von der Lokalisation der Nutzer,
  ● von den eingesetzten Systemen.
❏ Sofortige Erledigung eines Vorganges bei der Erstbearbeitung durch
  ● direkte Verfügbarkeit sämtlicher benötigter Informationen/ dokumente,
  ● direkte Kommunikation mit internen und externen Stellen,

- Unterstützung vereinfachter Genehmigungs- und Mitzeichnungsverfahren.
❑ Vermeidung von Mehrfacherfassungen durch
  - Vermeidung von Medienbrüchen,
  - automatische Übernahme definierter Daten.
❑ Verkürzung der Transport- und Liegezeiten zwischen den beteiligten Stellen
  - automatische Verteilung und Weiterleitung an die zuständigen Stellen
  - automatische Wiedervorlagen und Erinnerungen
  - Vermeidung von unnötigen Routinetätigkeiten
❑ Besserer Überblick für Controlling und Management über
aktuelle Arbeitsbelastung, Problemfälle und Handlungsbedarf.

Vorgangssysteme eignen sich vor allem für prozeßorientierte, gut
strukturierbare Abläufe, da diese einen hohen Automatisierungs-
grad erlauben. Aufgrund ihrer vielfältigen Möglichkeiten können
sie jedoch auch bei funktionsorientierten und wenig strukturierbaren Abläufen bereits erhebliche Nutzenpotentiale erschließen.
Moderne Vorgangssysteme bieten genug Flexibilität und Offenheit, um -abweichend von einem vordefinierten Ablauf – auch die
Bearbeitung von Sonder- und Spezialfällen zu ermöglichen. Die
Aussage, daß sich Vorgangssysteme nur für vollkommen strukturierbare Abläufe eignen, kann also als Vorurteil zurückgewiesen
werden.

*Nicht nur für
gut strukturier-
bare Vorgänge*

Gerade bei Vorgangssystemen kommt der Offenheit für Veränderungen der Aufgabenteilung und der Abläufe besondere Bedeutung zu. Schließlich wurden die vorhandenen Strukturen auch auf
Basis der bisherigen, meist papierorientierten Möglichkeiten geschaffen. Es ist allgemein bekannt, daß diese – papierorientierte
– Organisation nicht automatisch die beste Form für ein informa-
tionstechnisches Verfahren ist. Eben weil Vorgangssysteme die
Vorgangsbearbeitung komplett und durchgängig unterstützen
können, wird die optimale Erschließung der Nutzenpotentiale
häufig erst durch entsprechende Veränderungen der Organisation
möglich. Vorausgehende Geschäftsprozeßoptimierungen bedingen ohnehin Veränderungen von Abläufen und Aufgabenteilung.

*Organisatori-
sche Änderun-
gen sind not-
wendig*

Gute organisatorische Konzepte für Vorgangssysteme charakterisieren sich durch die folgenden Merkmale:

❑ Prozeßorientierung

Um Durchlaufzeiten der Vorgänge zu optimieren, ist eine Orientierung an dem bereichsübergreifenden Prozeß oder Teilprozeß unabdingbar. Nur so können die Zeitreserven, die in der
Abstimmung zwischen den einzelnen Vorgängen liegen, genutzt werden. Die Verbesserung einzelner Vorgänge in einem

Bereich führt nur zu einer Verlagerung des Engpasses, nicht aber zu einer nennenswerten Verbesserung des gesamten Ablaufes.

❏ **Ereignissteuerung**

Wesentlicher Unterschied zu bisherigen Ansätzen wie beispielsweise der traditionellen Bürokommunikation, ist, daß das Vorgangssystem bei vordefinierten Ereignissen selbst die notwendigen Aktionen initiiert. Angefangen von der automatischen Weiterleitung bestimmter Dokumente an die zuständigen Sachbearbeiter bis zu der automatischen Wiedervorlage beim Eintreffen einer erwarteten Bestätigung gibt es viele Situationen, in denen das Vorgangssystem von sich aus aktiv werden kann.

❏ **Automatisierung**

Soweit wie möglich versuchen Vorgangssysteme Abläufe zu automatisieren. Beispielsweise kann ein Vorgangsystem nach definiertem Abschluß der Bearbeitung alle Beteiligten informieren und die zugehörigen Dokumente ordnungsgemäß archivieren, ohne daß es einer zusätzlichen Veranlassung durch einen Sachbearbeiter bedarf. Durch die Automatisierung wird gleichzeitig die vollständige Erfassung und Dokumentation aller Vorgänge im DMS sichergestellt.

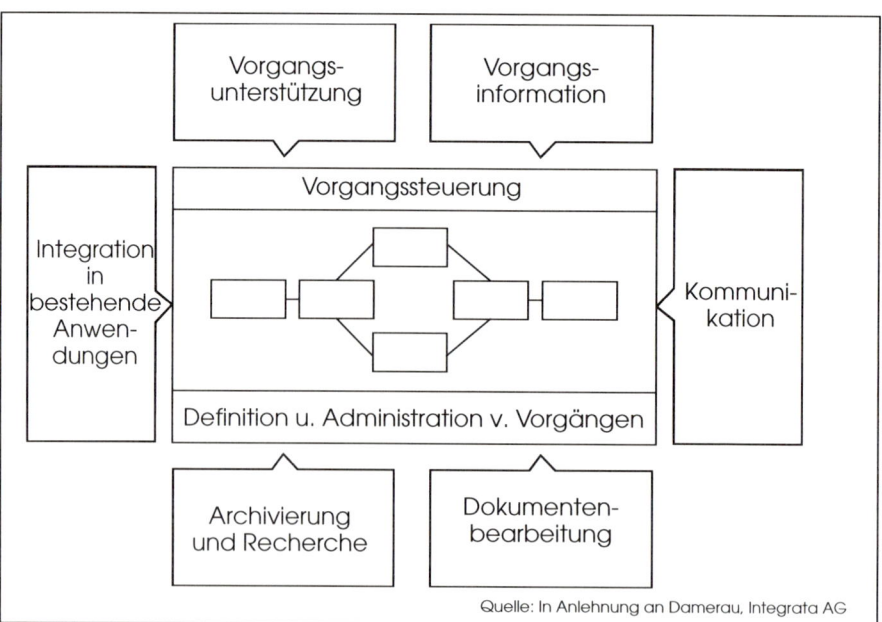

Quelle: In Anlehnung an Damerau, Integrata AG

Abb. 53: Module der Vorgangsbearbeitung

Die Vorgänge in unseren Unternehmen sind sehr vielfältig. Selbst
einfache Routineaufgaben sind in jedem Unternehmen unterschiedlich organisiert. Wenn dies bei objektiver Betrachtung
auch nicht immer notwendig erscheint, so bleiben auch bei einer
weitgehenden Vereinheitlichung vielfältige Anforderungen aufgrund der unterschiedlichen Zielsetzung, Branchenerfordernis
sowie geographischer, organisatorischer und technischer Randbedingungen. Die Unterstützung der unterschiedlichsten Vorgänge in verschiedenen Branchen ist also ein sehr anspruchsvolles
Ziel. Die gesamte Funktionalität muß daher in mehrere Module
aufgeteilt werden (Abbildung 53).

Die folgenden Module, die im restlichen Teil dieses Unterkapitels detaillierter erläutert werden, lassen sich generell unterscheiden.

❏ **Vorgangssteuerung**

Vorgangssysteme müssen für die Steuerung von Vorgängen
nicht nur neue Funktionen mitbringen, sondern sich vor allem
möglichst harmonisch in die bestehende informationstechnische Infrastruktur integrieren. Die wichtigste Komponente eines Vorgangssystems ist daher die Vorgangssteuerung.
Wie ein »automatischer Sachbearbeiter« ruft sie die bestehenden Funktionen in der durch den Vorgang vorgegebenen Reihenfolge auf und veranlaßt die Weitergabe der (Zwischen-)Er-
gebnisse zwischen den verschiedenen Personen und Funk-
tionsmodulen.
Die Vorgangssteuerung bietet selbst keine neue Anwendungs-
funktionalität, sondern stellt sich dem Benutzer als eine Benut-
zeroberfläche dar. Im Idealfall erscheint die Vorgangssteuerung mit allen im Einzelfall angezogenen Funktionen der anderen Module als ein einziges Anwendungssystem.

❏ **Vorgangsunterstützung**

Unter der Rubrik Vorgangsunterstützung sind alle Funktionen
zusammengefaßt, die für die Sachbearbeiter zu den typischerweise bereits vorhandenen Funktionen hinzukommen. Dies
sind also die Funktionen, die aufgrund der gewünschten durchgängigen Unterstützung der Vorgangsbearbeitung bei der Bearbeitung zusätzlich benötigt werden, wie z.B. elektronische
Anmerkungen.

❏ **Dokumentenerstellung**

Dokumentenerstellung umfaßt sämtliche Funktionen zur Erstellung neuer Dokumente und zur Bearbeitung der vorhandenen Dokumente. Textverarbeitungs- und Formularprogramme
sowie CAD-Systeme sind typische Beispiele. Das Vorgangssystem muß für die Dokumentenerstellung primär die vorhandenen Module integrieren, nicht aber neue anbieten.

❏ **Kommunikation**

Hierzu gehören sowohl die unternehmensinterne Kommunikation als auch der Austausch mit externen Partnern. Teilweise sind vorhandene Module zu integrieren, häufig bedingen Vorgangssysteme aber auch neue oder zusätzliche Kommunikationsfunktionen.

❏ **Vorgangs- und Statusinformation**

In dieser Rubrik werden alle Funktionen zusammengefaßt, die Informationen über einen Vorgang oder die Gesamtheit der Vorgänge zur Verfügung stellen. Dazu gehören vor allem Statusinformationen je Vorgang und statistische Informationen für mehrere Vorgänge.

❏ **Integration der bestehenden Anwendungen**

Um eine durchgängige Vorgangsbearbeitung zu realisieren, sind die bestehenden operativen Anwendungen zu integrieren.

❏ **Definition und Administration von Vorgängen**

Bevor Vorgänge informationstechnisch unterstützt werden können, muß die entsprechende Software erstellt und getestet werden. Im laufenden Betrieb ergeben sich Änderungen, die ebenfalls softwaretechnisch berücksichtigt werden müssen.

Natürlich gehören zu einem Vorgangssystem auch die Funktionen der Ablage und Recherche von Dokumenten. Diesen Funktionen haben wir uns in den vorangehenden Kapiteln ausführlich gewidmet. Alle genannten Funktionen lassen sich in Vorgangssystemen einsetzen. Die Funktionen, die ausdrücklich als »primär für die Kategorie der Recherchesysteme relevant« bezeichnet wurden, werden erfahrungsgemäß selten im Rahmen von Vorgangssystemen benötigt. Die Funktionen von Archivsystemen hingegen sind auch als Basis für Vorgangssysteme zu sehen.

6.19.1 Vorgangssteuerung

Die Vorgangssteuerung ist das verknüpfende Element innerhalb der Vorgangsbearbeitung. Ihre Aufgabe ist es, die Schritte eines Bearbeitungsablaufs zu steuern und die Einzelergebnisse an den oder die jeweils folgenden Bearbeitungsschritte weiterzuleiten. Sie begleitet den Vorgang von der Initiierung bis zum definierten Abschluß. Dabei agiert die Vorgangssteuerung selbst meist im Hintergrund und hält für den Lebenszyklus jedes einzelnen Vorgangs die relevanten Steuerungsgrößen fest (abgeschlossene Arbeitsschritte, beteiligte Mitarbeiter, Zuordnungskriterien etc.). Der Ablauf eines Vorgangs kann dann wie eine in sich geschlossene Anwendung verstanden werden.

Wie bei der IST-Analyse erläutert, bezeichnen wir mit Vorgang einen organisatorischen Ablauf. Die zugehörigen Dokumente finden sich in der »Vorgangsakte«. Ein Vorgang kann dabei aus verschiedenen Arbeitsschritten bestehen, die sich wiederum aus einer Vielzahl einzelner Aktivitäten zusammensetzen. In diesem Buch werden wir uns an folgenden Festlegungen orientieren:

❏ Als **Vorgang** bezeichnen wir eine definierte, abgrenzbare Aufgabe, die aus mehreren zusammenhängenden Arbeitsschritten besteht.

❏ **Arbeitsschritte** sind Teile eines Vorgangs mit eindeutigem Ausgangspunkt und eindeutigem Ergebnis, das dann dem folgenden Arbeitsschritt übergeben wird. Sie bestehen im allgemeinen aus mehreren Aktivitäten.

❏ **Aktivitäten** sind Teile eines Arbeitsschritts, die nicht mehr spezifisch für den jeweiligen Vorgang sind (z.B. Zahlen eingeben, Text erfassen).

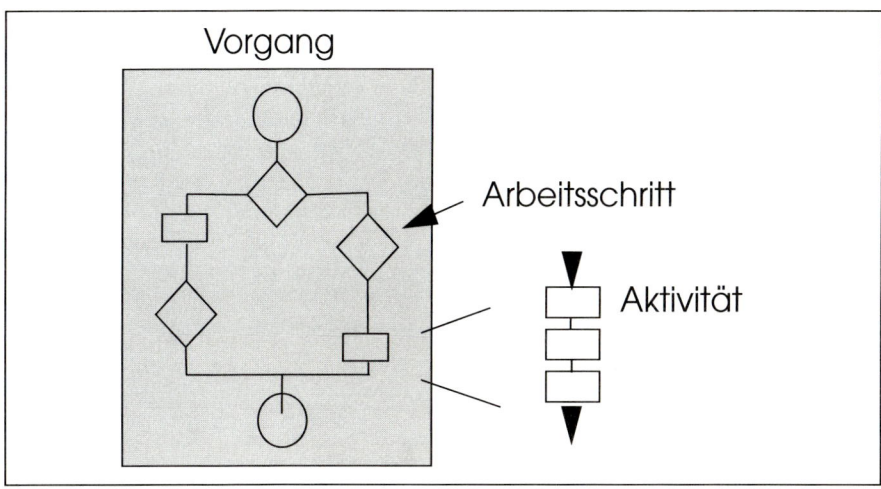

Abb. 54: Definition der Bestandteile eines Vorgangs

Eine Initiierung von Vorgängen kann grundsätzlich an jedem beliebigen Arbeitsplatz innerhalb des Vorgangssystems erfolgen. Für jeden Vorgangstyp wird dafür ein Standardablauf im Vorgangssystem hinterlegt. Die Vorgangssteuerung greift auf vordefinierte Abläufe zurück. Weiterhin können dem einzelnen Arbeitsplatz zugeordnete oder auch systemweit verfügbare Sammlungen von Vorgängen im System bereitgestellt werden. Die Initiierung eines Vorgangs erfolgt dann zeit- oder ereignisgesteuert oder bei Bedarf. Eine ereignisgesteuerte Auslösung kann zum Beispiel durch den täglichen Posteingang gegeben sein. Anhand

Initiierung von
Vorgängen

des eingehenden Dokuments wird dann entschieden, welchem Vorgangstyp das Dokument zuzuordnen ist. Da in vielen Fällen die Poststelle nicht in der Lage sein wird, genau zu identifizieren, welche konkreten Aktivitäten und Arbeitsschritte mit dem Vorgang zu verbinden sind beziehungsweise welchem Vorgangstyp die eingehende Post zuzuordnen ist, besteht dieser erste Teil einer Vorgangssteuerung zum Beispiel nur in der Eingabe der den Fall identifizierenden Merkmale – also den bereits hier erkennbaren Indexwerten – und in der Weiterleitung an die entsprechende Stelle im Haus.

Enger Bezug zur Aufbau- und Ablauforganisation

Mit den einzelnen Arbeitsschritten verbunden sind nicht nur bestimmte Aktivitäten, sondern immer auch Rollenbeschreibungen von Mitarbeitern, die für die Ausführung der Arbeitsschritte vorgesehen sind. Die Vorgangssteuerung steht damit in engem Bezug zu der Aufbau- und Ablauforganisation eines Unternehmens. Jeder Mitarbeiter wird in dem Vorgangssystem mit der Rolle hinterlegt, die er in der Aufbauorganisation einnimmt. Es ist durchaus möglich, einem Mitarbeiter mehreren Rollenbeschreibungen zuzuordnen, jeder Mitarbeiter ist aber mindestens mit einer Rollenbeschreibung verknüpft (Abbildung). Zusätzlich werden Kompetenzregelungen zusammen mit den Rollendefinitionen hinterlegt, so daß über dieses Merkmal eine weitere Unterscheidung innerhalb der Steuerung eines Vorgangs existiert.

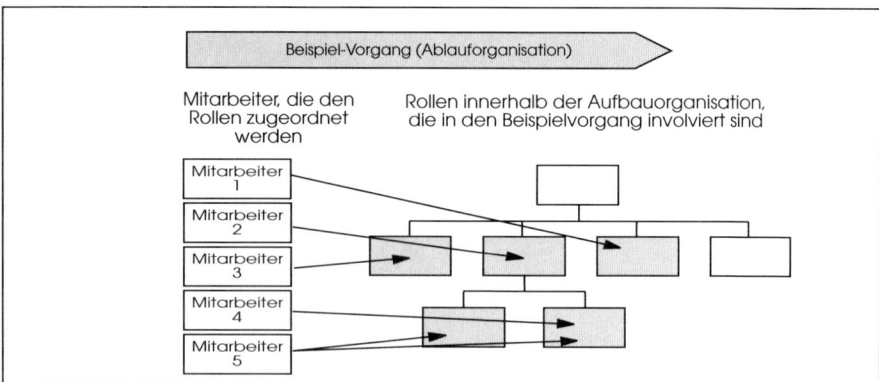

Abb. 55: Verknüpfung zwischen Mitarbeitern und Rollenbeschreibungen

Der Bezug zu den Rollenbeschreibungen innerhalb der Vorgangsbeschreibung hat im Gegensatz zu einem Bezug auf Personenebene den Vorteil, daß bei Versetzungen, Kündigungen oder Neueinstellungen die Vorgangsbeschreibung nicht geändert werden muß und Vertreterregelungen flexibler gehandhabt werden können.

Die Aufbauorganisation des Unternehmens spiegelt sich damit in der Organisationsstruktur des Vorgangssystems wider, die Ablauforganisation wird in den mit den Vorgängen verbundenen Ablaufbeschreibungen hinterlegt. Somit ermöglicht zum Beispiel die Einbeziehung von Kompetenzregelungen die Differenzierung eines Vorgangs über die mit dem Vorgang verbundenen Besonderheiten: Die Bewilligung eines persönlichen Kredits wird im großen und ganzen bei einem Finanzdienstleistungsunternehmen immer die gleichen Arbeitsschritte umfassen. In Abhängigkeit von dem Kreditvolumen sind aber durchaus Kompetenzgrenzen für die Abwicklung des Vorgangs relevant, die mit in die Vorgangssteuerung einfließen müssen und die zusätzliche Arbeitsschritte, etwa für die Prüfung von Sicherheiten, einschließen.

Außer über die angeführten Steuerungsmechanismen kann eine Steuerung über das Volumen der Vorgänge interessant sein. Der Vorgangssteuerung können in Fällen, in denen ein größeres Volumen gleichartiger Vorgänge zum Beispiel von einer Abteilung oder einer Gruppe zu bearbeiten ist, Verteilungsregeln zugeordnet werden. Die Zuordnung erfolgt dann primär über die Abteilung oder Gruppe (Mitarbeiter mit gleicher Rollenbeschreibung). Die sekundäre Zuordnung eines Vorgangs kann über eine Verteilung anhand des Arbeitsvorrats des einzelnen Mitarbeiters oder ähnlicher Kriterien automatisiert vorgenommen werden.

Verteilung gleichartiger Vorgänge

Zu den weiteren Steuerungsmechanismen, die die Verteilung von Vorgängen betreffen, gehören
❑ Stellvertreterregelungen,
❑ Möglichkeit der manuellen Um- und Weiterleitung,
❑ Bearbeitung von Spezialfällen und
❑ Priorisierung von Vorgängen.

Stellvertreterregelungen erlauben eine Berücksichtigung von Urlaubs-, Krankheits- oder anderer Abwesenheitszeiten, ohne daß in das Vorgangssystem manuell eingegriffen werden muß. Im herkömmlichen Verfahren treten durch diese Ereignisse immer wieder Verzögerungen im Ablauf auf.

Stellvertreterregelungen

Die Vorgangssteuerung sollte dabei so flexibel ausgelegt sein, daß neben den durch das System gesteuerten Weiterleitungen auch Veränderungen im aktuellen Ablauf durch den Mitarbeiter selbst vorgenommen werden können. Erkennt der Mitarbeiter zum Beispiel während der Bearbeitung, daß er eine Entscheidung nicht alleine treffen kann, dann sollte für ihn die Möglichkeit bestehen, den Vorgang manuell an andere (zum Beispiel den Vorgesetzten) umzuleiten.

Manuelle Um- und Weiterleitung

Wird die Vorgangssteuerung zu starr und zu eng an den struktu-rierbaren Vorgängen ausgerichtet, dann wird der Mitarbeiter sich immer wieder in der Vorgangsbearbeitung behindert fühlen und Wege suchen, das System zu umgehen. Aus der Sicht des Mitar-beiters, der versucht ist, die Abwicklung seiner persönlichen Arbeitschritte zu optimieren, ein durchaus natürliches Verhalten. Der Erfolg des Vorgangssystems würde damit in Frage gestellt. Innerhalb der Vorgangssteuerung müssen deshalb auch Möglich-keiten geschaffen werden, die eine unproblematische Bearbei-tung von Ausnahmefällen zulassen.

**Bearbeitung
von
Spezialfällen**

In Abhängigkeit von definierten Berechtigungen, die benutzer-spezifisch im Vorgangssystem hinterlegt werden, sollten dem Anwender Steuerungsfunktionen eingeräumt werden, die unter anderem ein

❑ Rücksetzen des gerade durchgeführten Arbeitsschritts,
❑ Überspringen von Arbeitsschritten,
❑ Aufsplitten des Vorgangs (SPLIT) in eigenständige Teilvor-gänge,
❑ Zusammenführen mit anderen Vorgängen (JOIN)
❑ Einfügen zusätzlicher Schritte oder
❑ Zurückgeben an den vorhergehenden Bearbeiter des Vorgangs

⇨ Vorgangs-unterstützung,
Seite 192

erlauben. Die Unterstützung dieser Steuerungsfunktionen wird zum Teil schon über grafische Werkzeuge (Editoren) realisiert. Diese Editoren stellen Vorgangsabläufe in Form eines Flußdia-gramms am Bildschirm dar. Zur Modifikation oder Erstellung von Vorgängen werden Symbole für Aktivitäten und Arbeits-schritte bereitgestellt, die am Bildschirm interaktiv in den Ablauf eingebaut werden können. Dabei übernimmt der grafische Editor die Kontrolle der Logik.

Mag das Überspringen von Arbeitsschritten oder auch das Einfü-gen zusätzlicher Schritte noch relativ unkompliziert erscheinen, so wird spätestens bei der Rückabwicklung bereits durchgeführ-ter Arbeitsschritte klar, daß für die Bereitstellung dieser Funktio-nen erhebliche organisatorische Vorarbeit zu leisten ist, da es eine Reihe von Schritten gibt, die sich nicht rückgängig machen lassen. Auch aus technischer Sicht sind hierbei enge Grenzen gesetzt. Dies gilt insbesondere dann, wenn in einen Ablauf unter-schiedliche Anwendungen auf unterschiedlichen Rechnern in-volviert sind.

**Priorisierung
von Vorgängen**

Mitunter ist es erforderlich, neben der Modifikation des Ablaufs eines Vorgangs auch dessen Priorität innerhalb einer Reihe von Vorgängen zu verändern oder ihn von Anfang an mit einem besonderen Bearbeitungsstatus zu versehen. So können Vorgän-

ge, die durch ein definiertes Ereignis (z.B. Beschwerde, Reklamation) gekennzeichnet sind, oder Schreiben von bedeutenden
Geschäftspartnern (VIP-Status) aus der automatischen Verteilung herausgenommen werden.

Außer der automatisierten Priorisierung sollte auch die manuelle
Priorisierung im organisatorischen Ablauf vorgesehen werden,
die sich in erster Linie auf Veränderungen im Arbeitsvorrat der
Mitarbeiter beziehen wird. Der Mitarbeiter selbst kann dann aus
seinem persönlichen Arbeitsvorrat nach eigenem Ermessen einzelne Vorgänge vorziehen (wie er das heute auch schon macht).
Die Führungskraft kann über die Priorisierung steuernd in die
Reihenfolge und Zuordnung der abzuwickelnden Vorgänge eingreifen, um Umverteilungen von Vorgängen zwischen den Mitarbeitern vorzunehmen oder um einzelne Vorgänge vorzuziehen.
Eine Veränderung der Priorität sollte dem Mitarbeiter immer
durch ein akustisches oder optisches Signal mitgeteilt werden.

Besonderer Handlungsbedarf kann auch dadurch gegeben sein,
daß ein Vorgang auf Wiedervorlage gelegt wurde oder daß Ter-
minüberschreitungen drohen. Auch diese Fälle sollten von der
Vorgangssteuerung erkannt und durch entsprechende Signalisierung angezeigt werden. Eine termingerechte Erinnerung kann so
zum Beispiel den Verlust von Skonti oder drohende Mahngebüh-
ren verhindern.

Signalisierung
von Terminen
und Wieder-
vorlagen

Der Abschluß eines Vorgangs kann durch einen dedizierten Arbeitsschritt durch den Bearbeiter (manueller Abschluß) oder
durch die Erfüllung sachlicher Kriterien im Ablauf (automati-
sierter Abschluß) ausgelöst werden. Nach dem Abschluß wird die
mit dem jeweiligen Vorgang verbundene Steuerungsdatei, in der
alle Informationen zum Ablauf des Vorgangs protokolliert wurden, gelöscht. Sie kann auch separat abgelegt werden, um für
Auswertungen im Zusammenhang mit dem Vorgangsinformationssystem zur Verfügung zu stehen. Personenbezogene Daten
sollten dann aber vor der Speicherung anonymisiert werden.

⇨ Vorgangs-
informations-
system,
Seite 199

Das in den bisherigen Ausführungen beschriebene Repertoire der
Vorgangssteuerung macht deutlich, daß hiermit das Angebot ei-
ner konventionellen Steuerung mittels Umlaufmappen auf jeden
Fall abgedeckt ist. Die elektronische Vorgangssteuerung bietet
darüber hinaus den entscheidenden Vorteil, daß Transport- und
Liegezeiten weitestgehend vermieden werden.

6.19.2 Vorgangsunterstützung

Die Bearbeitung eines Vorgangs erfordert Funktionalitäten, die
in anderen Anwendungen nur vereinzelt enthalten sind, da sie

bisher durch manuelle Arbeitsschritte abgedeckt waren. Ein konventioneller Arbeitsablauf wird dadurch gekennzeichnet sein, daß der Bearbeiter zusätzlich zu den direkt mit dem Vorgang zusammenhängenden Arbeitsschritten Notizzettel verwendet, Dokumente um Bemerkungen ergänzt, auf der Umlaufmappe den nächsten Adressaten einträgt oder, weil noch Informationen fehlen, den Vorgang zur Wiedervorlage ablegt.

Definition der Vorgangsunterstützung

Eine Vorgangsunterstützung als Teil eines Vorgangssystems umfaßt die Bereitstellung eben dieser Funktionen, ergänzt um weitere Funktionalitäten, die erst durch die informationstechnische Unterstützung möglich werden.

Eine möglichst weitgehende Verfügbarkeit dieser Funktionen in einem Vorgangssystem muß gefordert werden, da nur dann die Verwaltung und Steuerung der vollständigen Unterlagen eines Vorgangs innerhalb des Systems zu realisieren ist. Entstehen im Laufe der Vorgangsbearbeitung Papierdokumente (Telefonnotizen oder ähnliches), die für den jeweiligen Vorgang auch nach dessen Abschluß noch relevant sind, so müssen diese Dokumente anschließend in separaten Arbeitsgängen dem System zugeführt werden (Aufwand für Scannen/Indexierung der Dokumente). Außerdem ist ein ausschließlich elektronischer Transport (Einsparung von Transportzeiten, ortsunabhängige Verfügbarkeit) dann nur noch bedingt gewährleistet. Ziel ist daher die vollständige Substitution aller papierorientierten Tätigkeiten.

Die Unterstützung der Vorgangsbearbeitung umfaßt dabei Funktionen, die

❑ als Ergänzung von Steuerungsfunktionen zu verstehen sind (Mitzeichnungs- und Genehmigungsverfahren, elektronische Unterschrift, Versionsverwaltung, Wiedervorlage),
❑ zusätzliche Bemerkungen und Informationen festhalten (Notizblockfunktionen, »gelbe Zettel«, »Red-lining«) und
❑ die Effizienz der Vorgangsabwicklung verbessern (Ergänzungen der Druckausgabe, automatische Zusammenstellung von Akten, Prefetch).

In den folgenden Absätzen werden diese Unterstützungsfunktionen näher erläutert und die Auswirkungen auf das organisatorische Konzept beschrieben.

Genehmigung und Unterzeichnung

Aus vielen Vorgängen speziell im Bereich der öffentlichen Verwaltung und der Finanzdienstleistungen sind komplexe Genehmigungs- und Mitzeichnungsverfahren nicht wegzudenken. Von einer elektronischen Vorgangsbearbeitung wird dabei erwartet, daß der Vorgang jederzeit nachvollziehbar ist und daß sichergestellt werden kann, daß alle für die Genehmigung notwendigen

»Unterschriften« geleistet wurden. Diese Notwendigkeit ist aber im einzelnen zu prüfen. In vielen Fällen wäre die Funktion der Unterschrift (Genehmigung, Freigabe) auch schon durch den definierten Abschluß einer Aktivität erfüllt. Ein Vorgangssystem sollte für die Fälle, in denen es explizit auf den Unterschriftscharakter ankommt, die Möglichkeit der Freigabe eines Dokuments durch eine elektronische Unterschrift enthalten. Das Mitzeichnungs- oder Genehmigungsverfahren ist als eigenständiger Vorgang zu verstehen, der durch den Eintritt eines bestimmten Ereignisses (zum Beispiel Initiierung einer Antragsbearbeitung) ausgelöst wird und im Unterschied zu anderen Vorgängen zusätzlich Versionen des Antrags pro Genehmigungsstufe mit den jeweiligen Freigaben separat in der elektronischen Akte mitführt. Modifikation von Arbeitsschritten oder sogar Änderungen der Ablaufstruktur müssen bei diesen Verfahren ausgeschaltet sein.

Elektronische Unterschrift und Versionsverwaltung können allerdings auch unabhängig von Genehmigungs- und Mitzeichnungsverfahren in die Vorgangsbearbeitung integriert werden. Die Einbindung der Versionsverwaltung in einen Vorgang ist immer dann interessant, wenn genau nachvollziehbar sein soll, in welchen Schritten die endgültige Version eines Dokuments entstanden ist oder welche Veränderungen in den jeweiligen Bearbeitungsstufen vorgenommen wurden. Gerade in technischen Bereichen, wie zum Beispiel dem Anlagenbau, kommt der Versionsverwaltung eine hohe Bedeutung zu.

⇨ Elektronische Unterschrift, Seite 47

Die Forderung nach einem »Vier-Augen-Prinzip« (Vorgang muß immer von zwei Mitarbeitern freigegeben werden) kann je nach Bedeutung des Vorgangs entweder über eine rein organisatorische Maßnahme (Steuerung des Vorgangs über Rollenbeschreibung) oder zusätzlich über die Freigabe durch eine elektronische Unterschrift (Identifikation des Bearbeiters über ein Kennwort) geregelt werden. Wie bei allen Kennworten ist auch in diesem Zusammenhang eine entsprechende Pflege durch die Organisation vorzuschreiben (z.B.: Kennworte müssen in definierten Abständen geändert werden und verlieren sonst ihre Gültigkeit).

Vier-Augen-Prinzip

Ebenfalls zu den Unterstützungsfunktionen, die die Ablaufsteuerung beeinflussen, zählt die Wiedervorlage, die als eine Unterbrechung des Arbeitsablaufs mit definierter späterer Wiederaufnahme zu verstehen ist. Im Unterschied zu den im vorangehenden Abschnitt beschriebenen Funktionen kann sie auch vom Bearbeiter selbst in einen Vorgang integriert werden. Die Nutzung einer Wiedervorlage sollte dabei mit einer zeit- oder ereignisgesteuerten Signalisierung gekoppelt werden können. Die Vorgangsunterstützung besteht nicht nur in der Zwischenspeicherung eines

Wiedervorlage

noch nicht abgeschlossenen Vorgangs, sondern auch in der Unterstützung des Bearbeiters durch eine entsprechende Benachrichtigung. Trifft der eingegebene Termin oder das vermerkte
Ereignis ein, dann wird automatisch eine Erinnerungsfunktion
(akustisches oder optisches Signal) ausgelöst.

Eine Wiedervorlage kann aber auch direkt in jeden beliebigen
Vorgang aufgenommen werden. In Verbindung mit einer zeitge-
steuerten Unterbrechung wird der Bearbeiter aufgefordert, den
vorgesehenen Termin zur Wiederaufnahme der Vorgangsbearbeitung einzutragen. Bei einer ereignisgesteuerten Unterbrechung
löst das Eintreffen des Ereignisses automatisch die Wiederaufnahme (Aktivierung) des noch nicht abgeschlossenen Vorgangs
aus. Jedoch sollten auch hier in der Vorgangsunterstützung maximale Verweilzeiten für Vorgänge oder Vorgangstypen eingestellt
werden, um zu verhindern, daß nicht abgeschlossene Vorgänge
»für immer« im System bleiben, nur weil das betreffende Ereignis nicht eintrifft.

Elektronische
Notizen

In nahezu jeder Bearbeitungsphase eines Vorgangs können Situationen entstehen, in denen es hilfreich oder notwendig ist, den
Vorgang um Bemerkungen oder Notizen zu ergänzen. Ein Teil
dieser Ergänzungen wird sogar für die endgültige Ablage des
Vorgangs relevant sein. Die Anbieter von Vorgangssystemen unterscheiden hier zwischen »Elektronischen Notizen«, »Gelben
Zetteln« und ähnlichen Begriffen. Der Bearbeiter kann dem laufenden Vorgang Notizen anheften, die temporären Charakter haben (also auch wieder entfernt werden), als auch solche, die fest
mit dem Dokument oder ausgewählten Stellen innerhalb eines
Dokuments verbunden werden. Der Unterschied zwischen «Gelben Zetteln« und »Notizen« ist darin zu sehen, daß »Gelbe
Zettel« mit einem konkreten Dokument verbunden sind und nicht
separat indexiert werden können. »Notizen« können mit separaten Indexwerten versehen werden. Damit ist dann gleichzeitig
eine Möglichkeit der direkten Suche nach Notizen innerhalb der
Ablage geschaffen.

Natürlich sollten auch Dokumente (oder Ausschnitte) aus anderen Anwendungen an den Vorgang angeheftet werden können.
Diese Zuordnungsfunktion wirkt wie eine Klammer, mit der
mehrere Dokumente innerhalb einer Akte zusammengefaßt werden.

Red-lining

Die Verwendung von elektronischen Textmarkern ist bisher nur
aus wenigen Anwendungen aus dem technischen Bereich bekannt. So kann der Bearbeiter durch das sogenannte »Red-lining« Teile eines Dokuments wie mit einem roten Stift markieren
oder einkreisen und damit hervorheben. Die Markierungen sind

wie bei angehefteten Bemerkungen entweder fest mit dem Dokument verbunden oder wieder lösbar.

Der Zugriff auf Dokumente, die für die Bearbeitung eines Vorgangs benötigt werden, erfolgt normalerweise auf Anforderung
des Bearbeiters. Damit verbunden sind Wartezeiten, die bei weitem unter denen von papier- oder mikrofilmorientierten Ablagen
liegen (wenige Sekunden bis zu wenigen Minuten anstatt einige
Stunden bis zu einem Tag), bei hoher Arbeitsbelastung oder
hoher Auslastung des Systems aber durchaus als störend empfunden werden. Es existieren aber auch zahlreiche Vorgänge, bei
denen von Anfang an bekannt ist, welche Dokumente oder Akten
im Bearbeitungsablauf herangezogen werden müssen.

In Vorgangssystemen werden Abläufe, die automatisch vorbe-
stimmte Dokumente bereitstellen, als »Prefetch« bezeichnet. Das
System erkennt am Vorgangstyp, daß die Kundenakte oder auch
nur Teile davon für die Vorgangsbearbeitung benötigt werden,
selektiert die Unterlagen anhand der bei der Indexierung des
Posteingangs eingegebenen Indexwerte und stellt sie am Arbeitsplatz des Bearbeiters zur Verfügung. Die Prefetch-Option ist
dabei in die Ablaufbeschreibung des Vorgangs integriert.

Prefetch

Neben dieser automatischen Bereitstellung von Dokumenten
kann auch die automatische Zusammenstellung von Dokumentgruppen oder fallbezogenen Akten interessant sein. Ist bekannt,
welche Dokumente im Falle eines oft wiederkehrenden Ereignisses aus dem Dokumentenbestand zusammenzustellen sind, so
kann die Bereitstellung quasi »auf Knopfdruck« veranlaßt werden. Die Vorgangssteuerung übernimmt hier wie auch bei den
anderen Unterstützungsfunktionen die Erledigung standardisier-
barer Routinetätigkeiten.

*Automatische
Zusammen-
stellung von
Akten*

Grundsätzlich sollte die gesamte Abwicklung von Vorgängen
immer wieder auf Potentiale überprüft werden, wie der Ablauf
durch Nutzung bereits bekannter Informationen noch weiter optimiert werden kann. In Zusammenhang mit der Formularver-
wendung bietet sich hier unter bestimmten Voraussetzungen ein
Rationalisierungspotential an. Werden Formulare während der
Bearbeitung eines Vorgangs ausgegeben und verschickt, die später wieder – vom Empfänger durch diverse Eingaben ergänzt – in
das System aufzunehmen sind, dann sollten auf den Vorgang
bezogene, identifizierende Merkmale bereits auf das Formular
als Text oder als Barcode aufgedruckt werden. Das Vorgangssystem kann bei der Eingabe dann die aufgedruckten Indexwerte
interpretieren und dem Vorgang wieder zuordnen. Das eingehende Formular kann über diese Verknüpfung sogar als ereignisori-

*Rückläufer
vorbereiten*

entiertes Signal für einen auf Wiedervorlage gelegten Vorgang genutzt werden.

Mit den vorangehenden Ausführungen möchten wir auch zur Kreativität anregen. Neben den beschriebenen Unterstützungsfunktionen gibt es im konkreten Einzelfall sicher noch eine ganze Reihe ähnlicher Möglichkeiten, die sich erst durch den Einsatz eines Vorgangssystems eröffnen. Wichtig ist dabei nur, daß man sich bei der Beschreibung und Gestaltung der Vorgänge für das Vorgangssystem von den existierenden Abläufen gedanklich löst und Alternativen mit ihren Auswirkungen durchspielt.

6.19.3 Dokumentenbearbeitung

Die Erstellung neuer Dokumente und die Bearbeitung bereits existierender Dokumente gehören zu den Standardfunktionen in einem Vorgangssystem.

In jedem Vorgang wird, von wenigen Ausnahmen abgesehen, ein Dokument neu erzeugt oder auf die vorhandenen Dokumente zugegriffen. Zur Ausführung dieser Funktionen werden typischerweise Textverarbeitungsprogramme oder andere standardisierte Editoren (CAD-Systeme, Formulargeneratoren) eingesetzt.

Textver-
arbeitung

Von einem Textverarbeitungsprogramm erwarten wir dabei wesentlich mehr als die bloße Erstellung eines Textes und das Einfügen, Löschen oder Ergänzen von Textzeilen. Gerade im Zusammenhang mit Vorgangsbearbeitung übernimmt die Textverarbeitung auch eine integrierende Funktion. Neben den eigentlichen Texten sind Tabellen, Grafiken, gescannte Dokumente und Ausschnitte aus anderen Applikationen mit einem Dokument zu verknüpfen.

Makrosprache

Für die Automatisierung von Vorgängen sind darüber hinaus Funktionen zur Hinterlegung von standardisierten Abläufen, zur Erstellung von Dokumenten und Funktionen der Formularbearbeitung von Bedeutung. Textverarbeitungsprogramme decken diese Anforderungen im allgemeinen über eine integrierte Makrosprache ab. Ein Makro kann alle Funktionen nutzten, die normalerweise auch über die Tastatur ausgelöst werden können.

Formulare

Zum Beispiel können Makros verwendet werden, um den Anwender bei der Bearbeitung eines Formulares oder Vordruckes zu führen. Ein Formular soll dabei als standardisierter Text verstanden werden, der um definierte Eingaben zu ergänzen ist. Der Entwurf des Formulares selbst kann zwar ebenfalls innerhalb der Textverarbeitung erfolgen, er kann aber auch mit separaten For-

mulargeneratoren vorgenommen werden. Die folgende Abbildung soll die Kombination von Formular und Makrosprache an
einem Beispiel verdeutlichen (Abbildung 56)

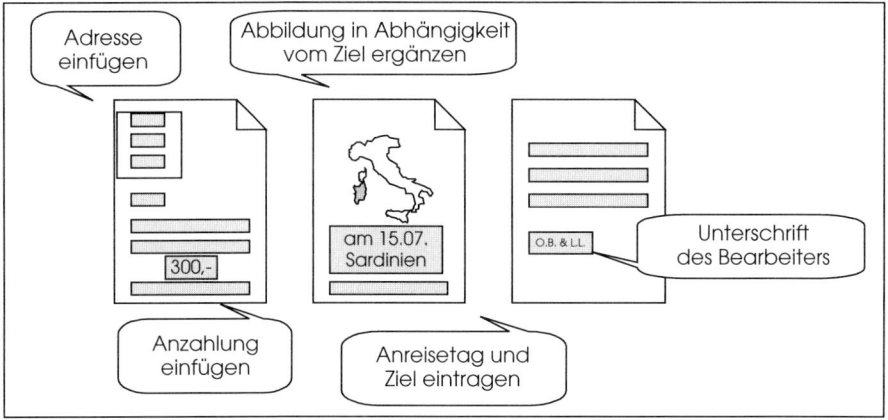

Abb. 56: Formularbearbeitung »Bestätigung Urlaubsreise«

Das Formular mit allen Eingabestellen wird in dem Vorgangssystem hinterlegt, und über den Makro wird der Anwender aufgefordert, die Adresse, die Anzahlung, den Anreisetag und das Ziel
einzugeben. Die Abbildung (hier: Italien/Sardinien) und die Unterschrift des Bearbeiters werden von dem Vorgangssystem automatisch ergänzt.

Die heute am Markt verfügbaren Textverarbeitungsprogramme
decken die aufgeführten Anforderungen in der Regel ab. Unterschiede gibt es unter anderem in der Benutzerführung und in der
Ausprägung einzelner Funktionen. Es sollte deshalb darauf ge-
achtet werden, daß eine bereits im Unternehmen eingesetzte
Textverarbeitung auch von dem ausgewählten DMS unterstützt
wird. Ein zusätzliches, nur für das DMS notwendiges »Textsy-
stem« zur Bearbeitung der im DMS verwalteten Dokumente ist
nicht zu empfehlen.

Vorhandene
Textverarbei-
tung ver-
wenden

Bei intensiver Verwendung einer Vielzahl unterschiedlicher Formulare empfiehlt es sich, einerseits über eine Bereinigung des
Formularbestands nachzudenken und andererseits den Einsatz
eines speziellen Formulargenerators zu prüfen. Eine große Zahl
von Vordrucken und Formularen existiert nur deshalb, weil in
dem heutigen, papierorientierten System ein Formular (mit Aus-
wahlfeldern zum Ankreuzen) schneller bearbeitet ist als ein mehr
auf den individuellen Fall zugeschnittenes Schreiben, das dann
von einem Schreibdienst erstellt werden muß.

Gerade in kundenorientierten Bereichen wird aber immer mehr
Individualität (persönliche Ansprache) und Qualität (ansprechen-
des Layout, Übersichtlichkeit) erwartet. Die Integration komfortabler Textverarbeitungsprogramme in Verbindung mit Formulargeneratoren in ein Vorgangssystem bietet umfangreiche Möglichkeiten, diesen Aspekt aufzugreifen.

6.19.4 Kommunikation

Durchgängige
elektronische
Kommuni-
kation

Kommunikation im Rahmen der Vorgangsbearbeitung umfaßt
sämtliche Formen der schriftlichen Kommunikation, d.h. des
Austauschs von (elektronischen) Dokumenten und Nachrichten.
Dazu gehören sowohl die bekannten Verfahren der internen elektronischen Post (E-Mail) und des Faksimile-Dienstes als auch
noch wenig benutzte, unternehmensübergreifende Möglichkeiten wie EDI oder öffentliche Mailbox-Dienste (z.B. auf Basis
X.400). Den Benutzern werden diese Möglichkeiten für die Vorgangsbearbeitung angeboten, um den Austausch von Dokumenten zur Information oder Abstimmung zu vereinfachen. Ziel ist
es dabei, Papier als Austauschmedium weitestgehend zu vermeiden, um die elektronischen Möglichkeiten durchgängig während
der gesamten Bearbeitung nutzen zu können. Diese Durchgän-
gigkeit ist von enormer Bedeutung, da »Stückwerk« neue, zusätzliche Medienbrüche bringt. Deren Überwindung kann die
Gesamtsituation verschlechtern anstatt zu verbessern.

Vorgangs-
steuerung
braucht
Kommuni-
kationsdienste

Für die Vorgangssteuerung hat die Kommunikation eine essentielle Bedeutung, da die wichtigsten Elemente der Vorgangssteuerung, automatische Verteilung und Weiterleitung von Dokumenten, direkt von den Kommunikationsmöglichkeiten abhängen. In diesem Punkt liegt denn auch ein Integrationsproblem.
Aufgrund ihrer besonderen Anforderungen verlangen Vorgangssteuerungssysteme häufig bestimmte Kommunikationssysteme,
die dann neben den bereits vorhandenen Systeme installiert werden müssen und damit wieder einen Medienbruch erzeugen. Um
die bestehenden Kommunikationssysteme nutzen zu können,
fehlt es bei diesen Systemen nicht nur an Funktionalität, sondern
vor allem an standardisierten, einheitlichen und verbreiteten
Schnittstellen zu den Kommunikationssystemen.

Ziel muß es dennoch sein, eine durchgängige, einheitliche Kom-
munikationsinfrastruktur zu schaffen, die sowohl von den Mitarbeitern direkt als auch von der Vorgangssteuerung genutzt wird.
Wie nahe man diesem Ziel kommt, hängt vor allem von den
technischen Gegebenheiten ab, die aber änderbar sind. Eventuell
ist es günstiger, ein bereits installiertes – aber meist kaum genutz-
tes – E-Mail-System durch ein anderes, zur Vorgangssteuerung

passendes System zu ersetzen als auf Dauer mehrere Systeme koexistent zu haben.

6.19.5 Vorgangsinformation

In einem Vorgangssystem entstehen, wie in jedem Arbeitsprozeß, permanent Informationen, die den Arbeitsfortschritt und die damit verbundenen Mitarbeiter und Ressourcen betreffen.

Die Vorgangssteuerung greift auf diese Informationen zu (Status eines Arbeitsschritts, Rollen der aktiven Mitarbeiter), um zum Beispiel festzustellen, wann der nächste Schritt in der Ablaufsteuerung initiiert werden kann und welcher Mitarbeiter aufgrund seiner Rollenbeschreibung dafür in Frage kommt. Alle Informationen werden in einem Zwischenspeicher des Vorgangssystems protokolliert.

Mit ähnlich temporärem Charakter werden Informationen im Vorrgangssystem genutzt, wenn Mitarbeiter sich über den aktuellen Stand ihres Arbeitsvorrats informieren möchten. Das Vorgangsinformationssystem bietet hierfür eine Statusabfrage, aus der im allgemeinen ersichtlich ist, welche Vorgänge für den betreffenden Mitarbeiter anstehen und in welchem Bearbeitungsstatus sich diese Vorgänge befinden. In der Bildschirmanzeige wird meist unterschieden zwischen neuen Vorgängen und Vorgängen, die noch in Bearbeitung sind, unter Umständen ergänzt durch Zusatzinformationen wie Priorität, Eingangsdatum oder ähnliches. Der Mitarbeiter kann auf diese Weise jederzeit seinen persönlichen Arbeitsvorrat abfragen und einschätzen.

Arbeitsvorrat

Darüber hinaus kann es im Einzelfall interessant sein, den augenblicklichen Status eines laufenden Vorgangs zu erfahren. Die Vorgangsinformation bezieht sich dann einerseits auf Vorgangsschrittebene, um zu erfahren, welchen Status der einzelne Vorgangsschritt hat (abgeschlossen/in Bearbeitung), andererseits auf Vorgangsebene, um den Bearbeitungsstand insgesamt abfragen zu können. Es kann dabei nicht darum gehen, den Arbeitsvorrat anderer Mitarbeiter einzusehen. Die Hinterlegung von Steuerungstabellen, die die Abfragemöglichkeiten des einzelnen regeln, verhindert, daß das Vorgangssystem zum »gläsernen Kasten« wird. Die Problematik dieser Transparenz und der damit verbundenen Kontrollmöglichkeiten ist offensichtlich.

Vorgangsstati

Werden Informationen wie Bearbeitungszeit des Vorgangs und der einzelnen Vorgangsschritte, bearbeitete Vorgänge pro Mitarbeiter, eingesetzte Module und Bausteine oder fachbezogene Daten (Rechnungsbeträge, Skonti) gesammelt und verdichtet, so entsteht ein Reporting-System. Statistische Auswertungen kön-

Statistiken

nen dann als Hilfsmittel zur Optimierung bestehender Abläufe und als Indikator sich abzeichnender Engpässe herangezogen werden. Insbesondere in der Anfangsphase nach der Einführung eines DMS leistet ein Reporting-System wertvolle Hilfe. Erste Erfahrungen können direkt umgesetzt werden, und die Auswirkungen von Modifikationen oder Erweiterungen – im Sinne einer Übernahme weiterer Vorgänge in das DMS – werden sofort sichtbar. Aber auch im normalen Betrieb sollten diese Möglichkeiten genutzt werden.

Mit den vorgangsbezogenen Informationen stehen gleichzeitig Kontrollmöglichkeiten auf Mitarbeiterebene zur Verfügung. Es wird vollkommen transparent, welche Mitarbeiter mehr Zeit für die Bearbeitung eines Vorgangs benötigen und welche Mitarbeiter noch Kapazitäten frei haben. Anonymisiert ist diese Art der Leistungsmessung für die Optimierung der betrieblichen Abläufe sehr hilfreich. Personenbezogen wirkt sie auf den einzelnen eher demotivierend und verunsichernd. In dem Vorgangssystem sollten deshalb von Anfang an Vorkehrungen getroffen und Mechanismen eingebaut werden, die die individuelle Leistungsmessung weitgehend unterbinden.

6.19.6 Administration von elektronischen Vorgängen

Erfahrungsgemäß dauert es in einem Unternehmen bei organisatorischen Veränderungen eine gewisse Zeit, bis die Abläufe wieder reibungslos funktionieren. Direkt nach Umstellungen kommt es immer wieder zu Irrläufern, und auch, daß ein Vorgang irgendwo liegen bleibt – weil sich kein Mitarbeiter zuständig fühlt – ist sicher nicht die Ausnahme. Durch den elektronischen Transport der Unterlagen und die Definition von Vorgängen innerhalb der Vorgangssteuerung ist ein Verlust oder ein Verschwinden von Vorgängen in Vorgangssystemen nahezu ausgeschlossen. Allerdings sind auch Vorgangssysteme nur so gut wie die im System gespeicherten Definitionen. Gibt es hier zuviele Ausnahmen und veraltete Definitionen, wird sich der Mehrwert nicht einstellen. Die damit verbundenen Aufgaben der Definition und Administration von Vorgangssystemen werden oft unterschätzt.

Die Definition von Vorgängen beginnt mit der organisatorischen Untersuchung und detaillierten Beschreibung der Vorgänge bis auf Arbeitsschrittebene. Festzulegen sind unter anderem der eigentliche organisatorische Ablauf, die Rollen der pro Arbeitsschritt involvierten Mitarbeiter, die benötigten Dokumente und Formulare, die zeitliche Abfolge (voraussichtlicher Aufwand pro Arbeitsschritt), Verknüpfungen zu anderen Anwendungen und eventuell bestehende Restriktionen. Es empfiehlt sich, zur Definition von Vorgängen DV-gestützte Analysetools einzusetzen, die eine direkte Umsetzung in das Vorgangssystem erlauben.

Damit sind dann auch organisatorische Veränderungen verhältnismäßig leicht nachzuvollziehen. Der Aufwand für die Pflege der bereits definierten Vorgänge wird reduziert. Heute verfügbare Analysetools erinnern in der Bildschirmdarstellung teilweise an Netzpläne (PERT-Diagramme), in denen die Arbeitsschritte als Knoten und Transport- und Weiterleitung zu den folgenden Aktivitäten als Verbindungslinien dargestellt werden.

Einsatz von
Analysetools

Durch den Einsatz von DV-gestützten Werkzeugen zur Analyse wird gleichzeitig auch die Dokumentation der Vorgänge sichergestellt. Allerdings wird man sehr schnell feststellen, daß die elektronische Umsetzung der Ablauforganisation schon bei einfachen Vorgängen eine detaillierte und umfangreiche Vorarbeit bedingt, da jede mögliche Folge von Arbeitsschritten, versehen mit den vordefinierten Entscheidungsparametern, in dem Ablauf beschrieben werden muß.

Für die Administration von neuen oder bereits existierenden Vorgängen empfiehlt sich deshalb zusätzlich der Einsatz von Modulen, die die Simulation von Vorgängen und einen Soll-Ist-Vergleich erlauben. Die Simulation zeigt bereits im Modell Engpässe oder Brüche in der Logik der Abwicklung der Vorgänge auf. Abläufe können in diesem Teststadium noch unproblematisch modifiziert werden. Die Schwierigkeit besteht wie bei jeder Simulation in der Beschreibung der Schnittstellen und der Quantifizierung der damit verbundenen Mengengerüste.

Simulation

Fragen und Auswirkungen, die sich durch eine Simulation nicht klären oder einschätzen lassen, können nach der Aktivierung über einen Soll-Ist-Vergleich verifiziert werden. Der Vergleich der Annahmen mit den Werten im produktiven Einsatz zeigt, wo sich Engpässe ergeben und wo unter Umständen Verbesserungspotentiale noch nicht genutzt sind. Als Ist-Werte können alle Ergebnisse der verdichteten Vorgangsinformationen herangezogen werden.

Soll-Ist-
Vergleich

Definition und Administration von Vorgängen sollten klar im Verantwortungsbereich der Organisationsabteilung angesiedelt werden. Veränderungen oder neue Anforderungen sind grundsätzlich mit den betroffenen Abteilungen abzustimmen. Mitarbeiter können zusätzlich durch entsprechende Hinweise systemgestützt auf Veränderungen hingewiesen werden.

6.19.7 Schlußfolgerung (Vorgangsbearbeitung)

Auch wenn die Vorgangsbearbeitung, wie in den vorangehenden
Kapiteln beschrieben, eine ganze Reihe von Potentialen und
Chancen bietet, darf nicht übersehen werden, welcher organisatorische und informationstechnische Aufwand mit der Einführung einer elektronischen Vorgangsbearbeitung durch die enge
Verbindung zur Aufbau- und Ablauforganisation des Unternehmens verbunden ist. Zumindest Teile der Organisation müssen
neu konzipiert werden. Für das Unternehmen eine Chance, Be-
reichsegoismen in den Abläufen und rein funktionsorientierte
Denkweisen abzulösen. Bei prozeßorientierten Ansätzen berichten Anwender von Produktivitätssteigerungen von 30% und
mehr.

Die mit Vorgangssystemen mögliche ganzheitliche Bearbeitung
von Geschäftsvorfällen unter Vermeidung von Medienbrüchen
und damit zusammenhängenden Arbeitsunterbrechungen führt
im allgemeinen zu guter Akzeptanz seitens der Anwender.

Vorgangssysteme nutzen die Funktionalität objektorientierter
Oberflächen aus. Sie erlauben dem Bearbeiter, gewohnte Arbeitsschritte (vermerken von Gedankenstützen, Hinweisen, Telefonnotizen) in veränderter Form beizubehalten und gleichzeitig den
Mehrwert des Vorgangssystems zu nutzen (z.B. schnelle Erledigung von Vorgängen, Zugriff auf Akten direkt vom Arbeitsplatz,
komfortable Weiterleitung von Akten, Einschaltung von Erinne-
rungsfunktionen bei Wiedervorlage oder anderen Terminen).

⇨ Generelle
informations-
technische
Maßnahmen,
Seite 104

Ein Mehrwert von Vorgangssystemen wird nicht nur wie beschrieben durch die Unterstützung der Arbeitsschritte erzeugt,
sondern auch durch die Steigerung der Effizienz der Vorgangsabwicklung, durch die Unterstützung des Gesamtprozesses und die
Möglichkeiten der Automatisierung und Ereignissteuerung.
Dabei muß allerdings noch einmal auf die Gefahr der Entwicklung von funktionalen Überschneidungen zu den operativen
Anwendungen hingewiesen werden, wie sie bereits bei den »Generellen informationstechnischen Maßnahmen« beschrieben
wurde.

Beteiligte
involvieren

Die mit der Vorgangssteuerung zur Verfügung stehenden Kon-
trollmechanismen sind einerseits sicher hilfreich, können auf der
anderen Seite aber auch als Überwachung der Arbeitsleistung
interpretiert werden. Dieser Aspekt kann die Akzeptanz der Vorgangssteuerung durch die Mitarbeiter und durch den Betriebs-
oder Personalrat erheblich beeinträchtigen. Schon bei der Entwicklung des organisatorischen Konzepts sollte deshalb viel
Wert darauf gelegt werden, die Beteiligten frühzeitig in das

Konzept zu involvieren, ihnen deutlich zu machen, welche Ziele tatsächlich mit dem System verfolgt werden.

Weiterhin sollten Funktionen, bei denen Kontrolle und Überwachung deutlich im Vordergrund stehen, von Anfang an unterbunden werden. Eine aktive Einbeziehung des Betriebs- oder Personalrats in das Projektteam erlaubt darüber hinaus die frühzeitige und umfassende Information dieser Institutionen und vermeidet unliebsame Überraschungen, die den Projektablauf gefährden.

Einbeziehung von Betriebs- und Personalrat

> Vor allem im Zusammenhang mit einer Orientierung an den Geschäftsprozessen eröffnen die vielfältigen Möglichkeiten der DMS mit Vorgangsbearbeitung enorme Nutzenpotentiale. Die Bereitschaft zu erheblichen Vorleistungen und grundlegenden Veränderungen der Ablauf- und teilweise der Aufbauorganisation ist aber unabdingbar.

6.20 Besonderheiten im technisch-wissenschaftlichen Bereich

Die bisher gemachten Aussagen gelten im wesentlichen auch in technisch-wissenschaftlichen Anwendungsbereichen. Bei DMS-Lösungen gibt es aber einige zusätzliche Anforderungen zu berücksichtigen, die im kaufmännischen Bereich nicht – oder nicht in dieser Form – relevant sind. Im Markt existieren daher auch sogenannte »Engineering Document Management Systems, EDMS«, die sich auf diese Anforderungen spezialisiert haben.

Die Abläufe im technisch-wissenschaftlichen Bereich sind stark durch die dort bereits seit längerem verbreitete Teamarbeit geprägt. Neben diesen heute meist als Groupware bezeichneten Funktionen, besteht aber – entgegen vielfach geäußerter Ansicht – auch in Forschung und Entwicklung Bedarf für Unterstützung der Vorgangsbearbeitung. Häufig wiederkehrende und strukturierbare, nach einem vordefinierten Schema ablaufende Vorgänge gibt es nämlich längst nicht mehr nur im kaufmännischen Bereich oder in der Produktion. Der Bedarf für Vorgangsbearbeitung in der Entwicklung läßt sich in zwei Gruppen einteilen:

Groupware- und Vorgangsbearbeitungsfunktionen

❑ **Vorgänge, in die sowohl der kaufmännische als auch der technische Bereiche involviert sind**
Angebote und Aufträge für kundenspezifische Produkte verlangen die intensive Zusammenarbeit und strukturierte Vorgehensweise sämtlicher Bereiche. Sie umfassen Dokumente sowohl aus dem kaufmännischen als auch aus dem technischen Bereich.

Aber auch bei Serienprodukten erfolgt heutzutage eine intensive Zusammenarbeit zwischen Technik und Marketing, Vertrieb, Einkauf und Controlling. In wettbewerbsorientierten
Märkten kann nur durch diese Zusammenarbeit und eine abgestimmte Vorgehensweise ein schnelles Ergebnis erzielt werden.

❑ **Strukturierte Vorgänge innerhalb des technisch-wissenschaftlichen Bereiches**
Speziell im Anlagenbau sind komplizierte Freigabeverfahren
mit mehreren Meilensteinen, automatischer Verteilung und
unterschiedlichen Genehmigungsprozessen keine Seltenheit.
Bereits die Veränderung einer Zeichnung mit entsprechendem
An- und Abmelden des Dokuments und der Benachrichtigung
an andere Interessenten bezüglich der laufenden Aktualisierung kann als Vorgang gesehen werden.

Eine Vielzahl weiterer Funktionen der Vorgangsbearbeitung sind
auch im technischen Bereich zumindest wünschenswert. So lassen sich Ablagen vorgangsorientiert (und hierarchisch) organisieren, Dokumente für Kunden, Behörden und das eigene Archiv
automatisch zusammenstellen und der Status sowie die Lokalisation einer Zeichnung jederzeit feststellen. Die Versionsverwaltung von Zeichnungen mit der Möglichkeit zur Rekonstruktion
älterer Versionen ist konfortabel, während die Protokollierung
sämtlicher Abläufe und Veränderungen die Zertifizierung nach
ISO 9000 auf jeden Fall erleichtert.

Weiterhin kann das DMS zur Vereinheitlichung der Ablagestruk-
turen im Unternehmen beitragen, so daß beispielsweise Kunden-
und Auftragsnummern nicht nur im kaufmännischen, sondern
auch im technischen Bereich als primäre Indexwerte für entsprechende Produktentwicklungen benutzt werden. Die Leistungsab-
rechnung, die Bestellung von Material, die Veranlassung von
statischen Berechnungen und die Kommunikation mit Vertrieb
und Montage sind nur einige weitere Bereiche, bei denen sich
Möglichkeiten der Vorgangsunterstützung ergeben können.

Natürlich ergeben sich aus einem umfassenden Ansatz vielfältige
Schwierigkeiten der Integration der heterogenen Systemwelten
in technischen und kaufmännischen Bereichen. Auf Basis der
heutigen Systeme sind diese Probleme aber wesentlich einfacher
zu lösen, als dies in der Vergangenheit möglich war.

6.20.1 CAD-Dokumente

Zeichnungen werden heute fast ausschließlich auf CAD-Systeme
erstellt. Die Übernahme dieser Dokumente ist eine essentielle

Forderung an jedes DMS, das zur Zeichnungsverwaltung eingesetzt werden soll. Sie unterliegt dabei einer ähnlichen Problematik wie die Übernahme von Dokumenten aus der Bürokommunikation (BK). Ein Vorteil gegenüber der BK ist, daß bei der Erstellung von Zeichnungen die Indexwerte meist relativ einfach zu ermitteln sind. Zeichnungen verfügen im allgemeinen über einen »Zeichnungskopf«, der bereits die wichtigsten Daten enthält. Eventuell müssen lediglich diese Daten für die Indexierung extrahiert werden.

Die Problematik der je CAD-System unterschiedlichen Formate ist direkt mit der Formatproblematik bei BK-Systemen vergleichbar. Auch im CAD-Bereich gibt es Versuche einer internationalen Standardisierung (IGES, STEP, CGM), diese Standards werden aber nicht generell unterstützt, sind nicht zukunftssicher oder haben funktionale Mängel, die die Austauschbarkeit beeinträchtigen. Auch hier bleibt nur die Orientierung an verbreiteten Vektorformaten (z.B. DXF) oder die Abspeicherung als NCI (z.B. CCITT Gruppe III, TIFF). Beide Alternativen haben das Risiko, daß umfangreiche Konvertierungen anstehen, wenn absehbar ist, daß diese Formate zukünftig nicht mehr unterstützt werden.

Schwieriger als bei BK gestaltet sich die Organisation des Zugriffs auf CAD-Dokumente. Häufig finden spezielle Workstation-Systeme für CAD Verwendung. Diese Workstations stellen aber nicht die generelle Arbeitsplatz-Infrastruktur der Nutzer dar. Der automatische Aufruf der CAD-Software bei Anforderung eines entsprechenden Dokumentes ist daher nicht möglich. Er ist auch meist nicht praktikabel, da das Laden einer professionellen CAD-Software relativ zeitintensiv sein kann. Hier ist Anzeigesoftware (sogenannte »View-Module«) notwendig, die auf den gegebenen Arbeitsplätzen ablauffähig sein muß. Soll eine CAD-Zeichnung verändert werden, muß durch das DMS zunächst die Übertragung auf eine entsprechende CAD-Station im Umfeld des anfordernden Nutzers veranlaßt werden.

6.20.2 Vektorisierung

Bei Zeichnungen ergibt sich eine zu OCR analoge Problematik bei der Erkennung von NCI. Systeme zur Vektorisierung erkennen im wesentlichen die geometrischen Grundformen wie Kreise, Rechtecke, einfache Linienzüge und können diese in Vektorformat (CI) umsetzen. Verdeckte Linienzüge, Kreuzungen und Verbindungen von Linien, unterschiedliche Linienstärken und Bemaßungen sind für das System schwierig umzusetzen.

Vektorisierte Zeichnungen müssen in der Praxis immer nachge-
arbeitet werden, wobei vor allem auch viele falsch erkannte
Elemente zu korrigieren sind. Der Einsatz der Vektorisierung ist
daher sehr kritisch zu prüfen. Eventuell ist es effizienter, Zeichnungen neu zu erstellen als sie zu vektorisieren. Speziell bei
CAD-Systemen, die NCI-Informationen einlesen können und das
»Darüberzeichnen« ermöglichen, bietet sich für die »alten«
Zeichnungen die Nutzung dieser Möglichkeit an. Ansonsten
bleibt die Nutzung von Digitalisiertabletts, die ebenfalls das
manuelle Erfassen vorhandener Zeichnungen erleichtern. Es sollten ohnehin nur die Zeichnungen übernommen werden, die auch
zukünftig unbedingt benötigt werden, denn die Vektorisierung ist
sehr ressourcenintensiv und benötigt daher viel Zeit.

6.20.3 Funktionen mit besonderer Bedeutung

Obwohl die bereits beschriebenen Funktionen von DMS prinzipiell auch im technisch-wissenschaftlichen Bereichen Anwendung finden, sind doch einige Besonderheiten zu berücksichtigen. Bei Zeichnungen hat man es häufig mit sehr großen (DIN
A0 und größer) und teilweise auch sehr ungewöhnlichen Formaten (kein DIN-Format) zu tun. Obwohl die DMS-interne Verwaltung davon – bis auf höhere Datenvolumina – unberührt bleibt,
ist dieser Umstand bei sämtlichen Peripheriegeräten (Scanner,
Drucker, Bildschirme) zu berücksichtigen. Weiterhin können die
beschriebenen Verfahren der Stapelverarbeitung und Eingabeau-
tomatisierung gar nicht oder nur teilweise angewendet werden.
Außerdem benötigt die Ein- und Ausgabe großformatiger Dokumente erhebliche Zeiten.

Ausschnitte Zusätzlich werden Funktionen für die Behandlung von Ausschnitten erforderlich. Es muß möglich sein, nicht nur ein kom-
plettes Dokument, sondern auch einen beliebigen Ausschnitt
anzuzeigen, zu drucken, elektronisch zu verschicken und zu
faxen. Weiterhin müssen beliebige Ausschnitte vergrößert werden können, um Details näher zu betrachten. Sehr große Dokumente müssen beliebig verkleinerbar sein, damit man sich auf
den Bildschirmen mit maximal 21-Zoll-Diagonale relativ schnell
einen Überblick verschaffen kann.

Obwohl für neue Entwicklungen nahezu ausschließlich informationstechnische Systeme eingesetzt werden (CAD, BK etc.), be-
⇨Übernahme
der Altbestän-
de, Seite 154 stehen meist enorme Bestände von Zeichnungen und zugehöriger
Dokumentation in den Archiven. Da DMS in technischen Bereichen häufig als Recherchesystem konzipiert werden, ist eine
Übernahme der Altbestände teilweise unvermeidbar. Gerade bei
der relativ aufwendigen Übernahme der großformatigen Zeich-

nungen muß allerdings dringend die Reduktion auf das absolut notwendige Minimum empfohlen werden.

Für alle Dokumente, die zwar recherchierbar, aber nicht selbst in elektronischer Form vorliegen müssen, empfiehlt sich die Nutzung der Möglichkeiten der Fundstellenverwaltung. Sinnvoll ist die Übernahme, wenn von bestimmten Zeichnungen des öfteren Lichtpausen gemacht und intern verschickt werden. Hier ist der elektronische Versand oder die Ausgabe auf ohnehin vorhandenen Plottern oder Druckern häufig schneller und kostengünstiger.

⇨ Fundstellen-verwaltung, Seite 158

Auch wenn die Zeichnung zunächst nicht geändert werden soll, so besteht häufig dennoch Bedarf, Anmerkungen einzufügen. Relativ große Flexibilität bieten Systeme, die transparent über das eigentliche Dokument mehrere Schichten legen, auf denen – gegebenenfalls mit unterschiedlichen Farben – textliche und grafische Anmerkungen gemacht werden können. Beispielsweise kann ein bestimmter Bereich einer Zeichnung rot eingekreist und mit einem Hinweistext versehen werden. Andererseits können auf diese Art natürlich auch Linien der Zeichnung ausgestrichen und neue Elemente eingezeichnet werden. Der Übergang zu einem CAD-System ist fließend. Wichtig ist dabei, daß das zugrundeliegende Dokument nicht verändert wird und alle Anmerkungen lediglich auf den transparenten Schichten oberhalb des Dokumentes gespeichert werden.

⇨ »Red-lining«, Seite 194

Der Zugriffschutz für Zeichnungen ist von erheblicher Bedeutung, da die Veränderung einer Zeichnung erhebliche Konsequenzen haben kann. Das System muß unbefugte Veränderungen soweit wie möglich ausschließen und sämtliche Aktionen in sensitiven Bereichen protokollieren. Die im Rahmen der Vorgangsunterstützung erwähnten Funktionen lassen sich übertragen. Wenn auch viele Personen die Möglichkeit haben, Zeichnungen anzusehen und gegebenenfalls Anmerkungen im Sinne des »Red-lining« zu machen, so gibt es im allgemeinen nur eine oder wenige Personen, denen die Veränderung gestattet werden darf. Zur Veränderung ist eventuell ein formalisierter Ablauf notwendig wie er weiter oben beschrieben wurde (mit Ab- und Anmelden der Zeichnung).

Zugriffschutz

Obwohl es im technischen Bereich einige Besonderheiten gibt, lassen sich die grundlegenden Anforderungen mit den DMS-Funktionen erfüllen. Eine eigene Produktkategorie »EDMS« erscheint uns nicht notwendig. Bei der Einbeziehung von Forschung und Entwicklung muß das DMS allerdings einige zusätzliche Funktionen erfüllen.

6.21 Vorgangsbearbeitung bei der EXAMPLE GmbH

Der SOLL-Ablauf der Rechnungsprüfung orientiert sich prinzipiell an dem bestehenden Verfahren der Vorgangsbearbeitung, nutzt aber die Möglichkeiten des DMS weitgehend aus (Abbildung 57). Telekom-Rechnungen gehen zukünfitg als EDI-Dokument ein und unterliegen einer gesonderten, hier nicht dargestellten Organisation.

Die eingehenden Rechnungen werden an die Scanstelle weitergeleitet und dort zunächst eingescannt. Vor der Vernichtung wird die Rechnung auf formelle Richtigkeit geprüft und gegebenenfalls eine Rücksendung veranlaßt. Die formelle Prüfung erfordert nur geringe Qualifikation, die durch das Scanpersonal erbracht werden kann. Die Rechnung wird auf jeden Fall gescant, da das Abbild auch beim Rücksenden der Rechnung als elektronische Kopie auf Wiedervorlage liegt.

Die gescannten Dokumente werden auf die einzelnen Prüfer nach Dokumentklasse automatisch verteilt. Anschließend erfolgt die Buchung von dem gescannten Abbild an einem Arbeitsplatz mit fensterorientierter Bedienoberfläche. Mit dem Abschluß der Buchung erfolgt eine automatische Übertragung vordefinierter Daten an das DMS. Diese »online« übernommenen Daten werden der Rechnung als Indexwerte zugeordnet und erzeugen eine elektronische Allonge. Der entsprechende **manuelle Aufwand entfällt**.

Es müssen keine Rechnungskopien an Einkauf und Besteller versendet werden. Es folgen die diversen Prüfungen anhand der Bestellung, der Lieferantenkonditionen und der Leistungsnachweise (z.B. Dienstleistungen mit Zeitnachweisen). Diese **Unterlagen** sind bereits in der elektronischen Ablage verfügbar und **müssen nicht mehr besorgt werden**. **Unstimmigkeiten lassen sich generell telefonisch klären**, da in allen beteiligten Bereichen mindestens ein PC lesenden Zugriff auf die elektronische Ablage hat. Muß die Rechnung korrigiert werden, geht ein Ausdruck mit einem Standardschreiben an den Dienstleister/Lieferanten zurück.

Die elektronische Allonge wird als erstes Dokument in die Vorgangsakte eingefügt. Sie enthält Felder für die Dokumentation des Prüfungsstatus, die vom System automatisch aktualisiert werden, und ein geschütztes Feld für den Kostenstellenverantwortlichen. Bei Rechnungen über 300 Mark erhält der Kostenstellenverantwortliche die Allonge per E-Mail und muß zur Genehmigung die Allonge mit einem Geheimwort ergänzen. Der

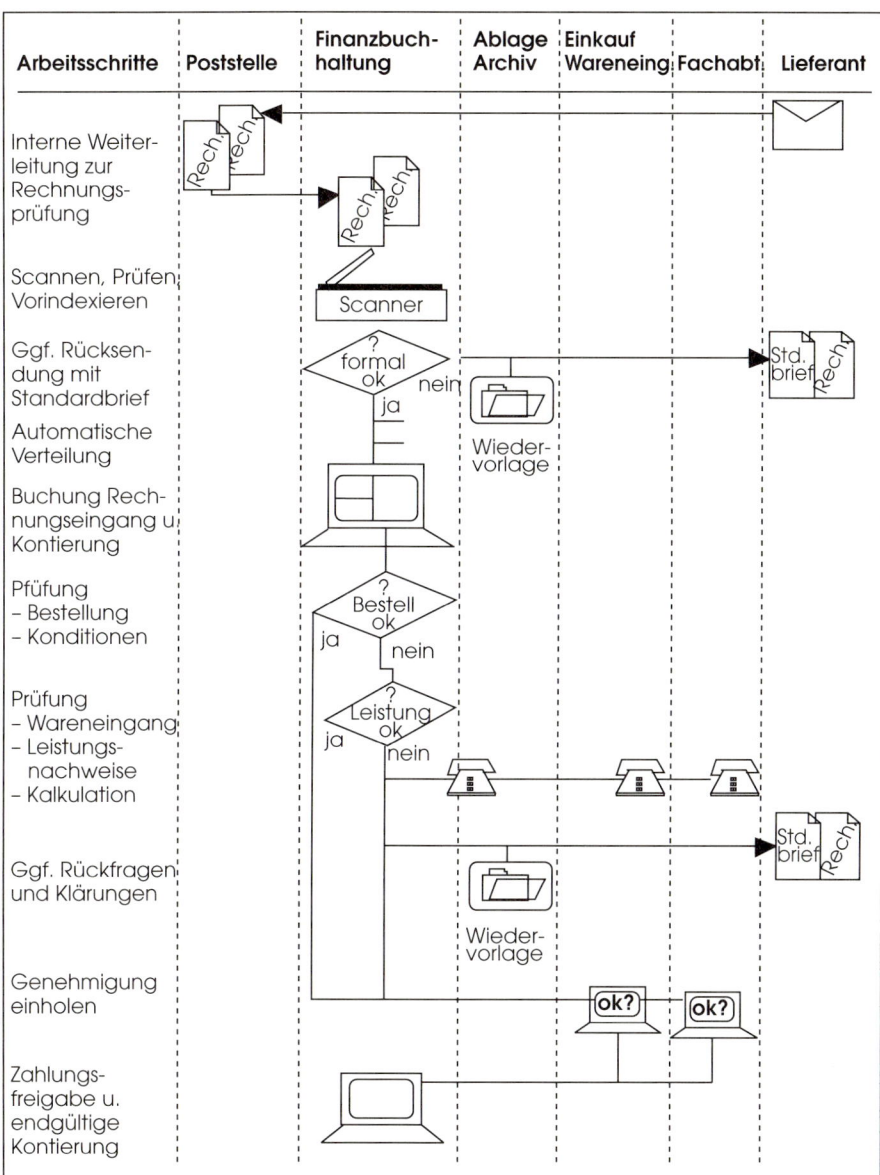

Arbeitsschritte	Poststelle	Finanzbuch-haltung	Ablage Archiv	Einkauf Wareneing	Fachabt	Lieferant

Interne Weiter-
leitung zur
Rechnungs-
prüfung

Scannen, Prüfen
Vorindexieren

Ggf. Rücksen-
dung mit
Standardbrief

Automatische
Verteilung

Buchung Rech-
nungseingang u
Kontierung

Pfüfung
– Bestellung
– Konditionen

Prüfung
– Wareneingang
– Leistungs-
  nachweise
– Kalkulation

Ggf. Rückfragen
und Klärungen

Genehmigung
einholen

Zahlungs-
freigabe u.
endgültige
Kontierung

Abb. 57: Beispiel: SOLL-Ablauf der Rechnungsprüfung

Vorgang ist für den lesenden Zugriff in der Ablage verfügbar. Das
DMS prüft das Geheimwort und veranlaßt die Rücksendung an
die Rechnungsprüfung automatisch. Unproblematische Rechnungen unter 300 Mark müssen nicht genehmigt werden. **Der**

Versand von Rechnungskopien und -anlagen ist nicht mehr notwendig.

Nach der Zahlungsfreigabe erfolgt eine Statusmeldung an das DMS, das daraufhin automatisch die endgültige Archivierung aller relevanten Dokumente und die Aktualisierung der Statistik einleitet. **Die manuelle Archivierung und Statistikerstellung entfällt**.

Vorgangssteuerung

Die Vorgangssteuerung sorgt für die dargestellten Automatismen. Dazu ist der Ablauf der Rechnungsprüfung mit seinen Regeln (z.B. Differenzierung zwischen Rechnungen unter und über 300 Mark DM) und die Kompetenzregelung (Kostenstellenverantwortlichkeit) hinterlegt. Die Rechnungsprüfer können den Ablauf im Einzelfall verändern. Außerdem wird die Vorgangssteuerung bei dem Eintreten vordefinierter Ereignisse aktiv. Dazu gehören Statusänderungen, z.B. Archivierung nach Zahlungsfreigabe oder Wiedervorlage (siehe Vorgangsunterstützung). Die Vorgangssteuerung nutzt unter anderem das – im Rahmen der generellen IT-Maßnahmen eingeführte – E-Mail-System.

Vorgangsunterstützung

Zur Unterstützung existieren Funktionen für die Eröffnung einer neuen Vorgangsakte (typischerweise bei der Übernahme neuer Bestellungen) und für die Archivierung der elektronischen Akte. Bei der Rechnungserfassung wird die Bestellnummer übernommen, anhand derer das DMS die Rechnung automatisch der Vorgangsakte zuordnet. Weiterhin erhalten die Rechnungsprüfer Hilfsmittel wie Notizfunktionen und Wiedervorlage an die Hand. Die Wiedervorlage erfolgt sowohl zeit- als auch ereignisgesteuert. Wird für eine offene Rechnung noch ein bestimmter Nachweis erwartet, so führt die Vorindexierung zur automatischen Vorlage bei dem zuständigen Sachbearbeiter.

Dokumentenerstellung

Standardschreiben und interne Formulare (z.B. Allonge) werden über die im Rahmen der generellen IT-Maßnahmen ausgewählte, einheitliche PC-Textverarbeitung erstellt und gepflegt. Notizen erfolgen über einen einfachen Editor.

Vorgangsinfo

Für den Prüfungsvorgang sind die folgenden Stati definiert: »Rechnung fehlt«, »Nachweis fehlt«, »Formeller Fehler«, »Rechnerischer Fehler«, »Bestellabweichung«, »Konditionsabweichung«, »Leistungsabweichung«, »Bearbeitet«, »Genehmigt«, »Zahlung erfolgt«. Diese Stati werden automatisch durch das DMS oder durch den Prüfer gesetzt und sind für alle Beteiligte einsehbar.

Wochen-, Monats- und Jahresstatistiken werden automatisch erstellt. Sämtliche Abläufe und Bearbeitungen werden automatisch mitprotokolliert. **Das manuelle Anbringen entsprechender »Prüfspuren« kann entfallen**.

7. Technisches Konzept

Nachdem im organisatorischen Konzept Aufbau- und Ablauforganisation der DMS-Lösung festgelegt und die funktionalen Anforderungen aus Sicht der Anwender definiert wurden, kommen wir nun zum technischen Konzept des DMS. Es definiert, wie die für das organisatorische Konzept benötigte Funktionalität realisiert werden soll.

Wir werden in diesem Kapitel daher auch einige technische Details erläutern, die wir bisher nur in ihrer Konsequenz berücksichtigt, nicht aber detailliert erklärt haben. Gemäß der Zielsetzung des Buches beschränken wir uns bei den technischen Beschreibungen aber auf die wichtigsten Aspekte. Für detaillierte Erläuterungen der technischen Funktionsweisen von Scannern, optischen Speichern oder Jukeboxen muß daher die entsprechende Informatikliteratur herangezogen werden.

7.1 Aufgaben des technischen Konzepts

Aus der vorhandenen Infrastruktur und aus der bereichsübergreifenden Sicht der für die Informationstechnik zuständigen Abteilung kommen zu den funktionalen Anforderungen des organisatorischen Konzepts zusätzliche technische Anforderungen hinzu. Damit wird das Ziel verfolgt, einerseits eine optimale technische Integration des DMS in die bestehende informationstechnische Landschaft und andererseits eine gute Administrierbarkeit des Systems zu gewährleisten.

Es kommen daher Anforderungen sowohl für die Unterstützung von bestimmten Sicherheitsfunktionen, Standards und Schnittstellen als auch für Funktionen hinzu, die die Systemverwaltung erleichtern. Außerdem dient das technische Konzept zur detaillierten Definition der Leistungsmerkmale der verschiedenen Komponenten. Zum Teil lassen sich diese Merkmale direkt aus dem organisatorischen Konzept ableiten. Beispielsweise kann man aus den erwarteten Zugriffsraten direkt Rückschlüsse auf die für die Recherche benötigte Durchsatzleistung ziehen. Teilweise geht es aber auch um technische Details, die aus Gründen der Systemstabilität und Zukunftssicherheit festgelegt werden.

Das technische Konzept ist auch eine der Grundlagen für die Bestimmung der Wirtschaftlichkeit, denn erst, wenn die benötig-

ten Komponenten mit Anzahl, Art und Leistungsmerkmalen festgelegt sind, können die Kosten bestimmt werden.

7.2 Vorgehensweise

Grundlage für das technische Konzept sind vor allem das organisatorische Konzept, die Informatikstrategie und die Rahmenbedingungen, die während der IST-Analyse erhoben wurden.
Außerdem muß man sich natürlich an den Marktgegebenheiten
und den verfügbaren Produkten orientieren, weil die individuelle
Entwicklung eines DMS kein sinnvolles Verfahren ist. Natürlich
müssen Anpassungen an die organisatorischen und eventuell die
technischen Gegebenheiten erfolgen. Ziel der Gestaltung des
technischen Konzepts ist es aber, einen möglichst großen Anteil
der Anforderungen mit Standardkomponenten abzudecken.

Das Vorgehen sollte sich an einem Top-Down-Ansatz orientieren.
Zunächst ist der Rahmen zu definieren, der durch die Informatikstrategie gesetzt wird. Das DMS muß sich als informations-
technisches System in diesen Rahmen einordnen, um die erwähnte Zielsetzung zu erreichen.

Anschließend erfolgt die Auswahl des grundsätzlichen System-
konzeptes. Diese generelle Architektur bestimmt die einzubin-
denden Komponenten und deren Zusammenspiel. Das Systemkonzept bestimmt damit nicht nur die technischen Möglichkeiten
des Systems, sondern auch die Kosten maßgeblich.

Schließlich werden die Leistungsmerkmale der einzelnen Komponenten festgelegt, von Anwendungssoftware über Systemsoftware und Netzwerken bis zu den Peripherie-Komponenten wie
Bildschirmen und Speichermedien. Außerdem gilt es, die technischen Details der Integration und des Sicherheitskonzepts festzulegen (Abbildung 58).

Diese Gliederung findet sich auch in diesem Kapitel wieder. Auf
die Leistungsmerkmale der Anwendungssoftware, also der eigentlichen DMS-Funktionalität aus Benutzersicht, gehen wir
nicht detailliert ein, denn diese Leistungsmerkmale bestimmen
sich direkt aus dem organisatorischen Konzept und wurden dort
ausführlich erläutert. Sie müssen im Rahmen des technischen
Konzepts nur bei Bedarf weiter technisch detailliert werden.
Häufig ist aber eine sehr detaillierte Festlegung der Einzelheiten
der Anwendung, z.B. der exakten Bedienerführung, nicht sinnvoll, da dieses Vorgehen die potentiell einsetzbaren Stand-
ardprodukte unnötig eingrenzt. Aufgrund unwesentlicher Details
fallen eventuell Produkte aus der Betrachtung, die objektiv die

beste Abdeckung der Anforderungen (ohne Zusatzentwicklungen) geleistet hätten.

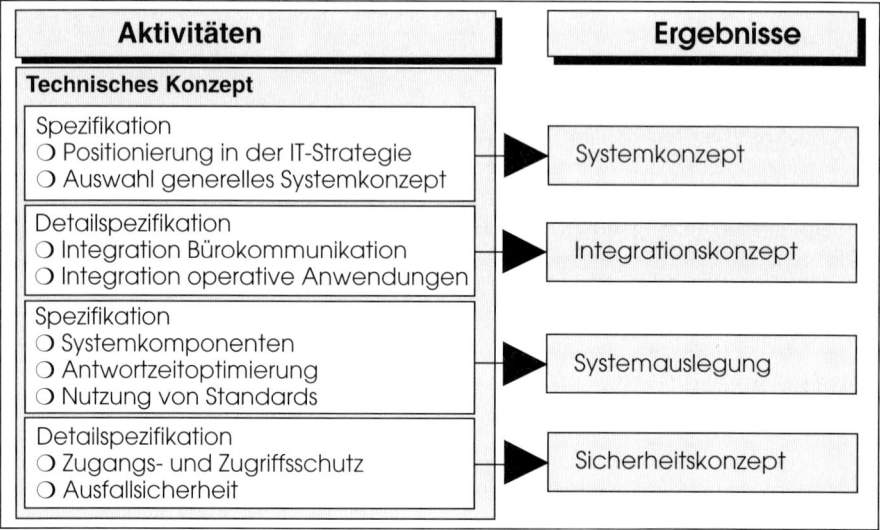

Abb. 58: Projektablaufplan Technisches Konzept

7.3 Positionierung in der Informatikstrategie

Bei größeren Organisationen sind die grundlegenden Anforderungen an die Informationstechnik meist in Form einer »Informatikstrategie« formuliert. Existiert keine Informatikstrategie, empfiehlt es sich dringend, diese Anforderungen zu analysieren. Ansonsten können durch das neue System leicht neue Medienbrüche entstehen, die die Effizienz insgesamt verringern. Im schlimmsten Fall entsteht für die betroffenen Anwender insgesamt Mehraufwand, der erhebliche Akzeptanzprobleme zur Folge haben kann.

Die Informatikstrategie setzt die Leitlinien für den Einsatz von informationstechnischen Systemen fest, also auch für DMS. Dazu gehören Leitlinien für die generelle Bedeutung der Informationstechnik (IT) im Unternehmen/der Behörde, Leitlinien für die generelle Organisation des IT-Einsatzes (unabhängig vom DMS) und Leitlinien für die einzusetzende Technik. Aus dem Zusammenwirken dieser Randbedingungen bestimmt sich die Einsatz- und Realisierungsstrategie.

Leitlinien für die generelle Bedeutung der IT umfassen Aussagen zur Position der Informatik innerhalb der Gesamtstrategie. Beispiele für entsprechende strategische Aussagen könnten sein:

Informatik dient der Schaffung von Alleinstellungsmerkmalen im Markt.

Einsatz moderner, zukunftsweisender Lösungen, die sich aber bereits in der Praxis bewährt haben.

Schaffung dezentraler und anwendernaher Lösungen.

Die **organisatorischen Leitlinien** legen die Zuständigkeiten und Kompetenzen fest für

IT-Planung,
Auswahl und Beschaffung von IT,
Entwicklung, Umsetzung und Kontrolle von Standards und Sicherheitsanforderungen,
Entwicklung von Anwendungslösungen,
Installation und Konfiguration von Hard- und Software,
Schulung der betroffenen Mitarbeiter,
Unterstützung der Benutzer.

Weiterhin definieren die organisatorischen Leitlinien die inhaltlichen Anforderungen an die aufgeführten Punkte. Dazu gehören z.B. die Anforderungen, die an die IT-Beschaffung, die Zugangs- und Zugriffssicherheit und den Umfang der Standardisierung zu stellen sind.

Bei den **technischen Leitlinien** wird die technische Basis festgelegt, auf der möglichst alle IT-Lösungen aufbauen sollen. Soweit es unternehmensinterne Standards für Betriebssysteme, Datenbanken, Netzwerke etc. gibt, stellen diese die technischen Leitlinien für das DMS dar. Die Heterogenität und damit die Komplexität und der Schnittstellenbedarf der Informationstechnik sollen auf ein Mindestmaß reduziert werden. Im Einzelfall sind dazu vermutlich weitere und eventuell andere als die beispielhaft genannten Leitlinien notwendig.

7.4 Systemkonzepte

DMS gibt es mittlerweile in allen Größenordnungen. Von Spezialsystemen mit integriertem Bildschirm und Scanner bis zu umfangreichen Systemerweiterungen für Großrechner besteht für alle Bedürfnisse ein Angebot. Entsprechend große Unterschiede gibt es auch in der angebotenen Funktionalität, im Preis und in der Durchsatzleistung der verschiedenen Systeme. Diese Faktoren werden maßgeblich von dem zugrundeliegenden Systemkonzept sowie der Hard- und Softwarearchitektur beeinflußt.

DMS in allen Größen

Bisher haben wir, unabhängig von konkreten Produkten, die möglichen Funktionen und Leistungen von DMS beschrieben. Natürlich bedeutet das nicht, daß jedes DMS sämtliche genann-

Nicht jedes DMS kann alles

215

ten Funktionen unterstützt. Wir konzentrieren uns daher auf ein typisches System.

Bei einem typischen DMS gliedert sich die Softwarearchitektur generell in die zentralseitigen Software-Services und die Client-Module auf den Arbeitsplätzen (Abbildung 59).

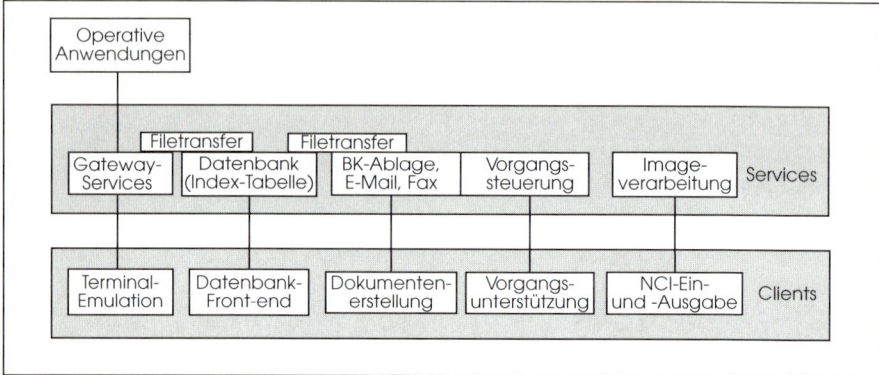

Abb. 59: Generelle Software-Architektur

Zu den zentralen Services gehören typischerweise

❑ die Datenbank für die Indexwerte,
❑ die Basissoftware für die Verarbeitung von NCI,
❑ Software für automatische Indexierung von CI-Dokumenten
❑ (gegebenenfalls mit Barcode oder OCR),
❑ die Basissoftware für Terminal-Emulation und Filetransfer zu Fremdsystemen,
❑ die Basissoftware für die Ansteuerung von optischen Speichern und Jukebox,
❑ gegebenenfalls die Vorgangssteuerung und -unterstützung mit entsprechenden Anwendungsmodulen,
❑ die Integration mit lokalen Anwendungen wie z.B. interne und externe Kommunikation.

Auf der Client-Seite werden damit im allgemeinen Module benötigt für

❑ Eingabe und Zugriff auf die Indexwerte,
❑ Anzeige, Ausdruck und Plotten von NCI- und CI-Dokumenten,
❑ die Basissoftware für Terminal-Emulation und Filetransfer zu Fremdsystemen,
❑ gegebenenfalls die Client-Module für den Zugriff auf Vorgangssteuerung, Vorgangsunterstützung und die entsprechenden Anwendungsmodule,
❑ die Client-Module für den Zugriff auf die Kommunikationsdienste (E-Mail, Fax).

Den Benutzern sollten die einzelnen Module natürlich nicht separat, sondern als **ein** System erscheinen. Bei den verfügbaren Produkten ist dies leider nicht immer der Fall, da z.T. Einzelprodukte unterschiedlicher Hersteller innerhalb einer Lösung zu finden sind.

Das Client-Server-Konzept spiegelt sich auch in der typischen Hardwarearchitektur wider. Als zentrales Rückgrat dient ein LAN-Netzwerk. An diesem Netzwerk sind sowohl die zentralen Komponenten als auch die Eingabeplätze und die Rechercheplätze angeschlossen (Abbildung 60). Über Weitverkehrsnetze (WAN) sind grundstücksübergreifende Zugriffe möglich.

Generelle
Hardware-
Architektur

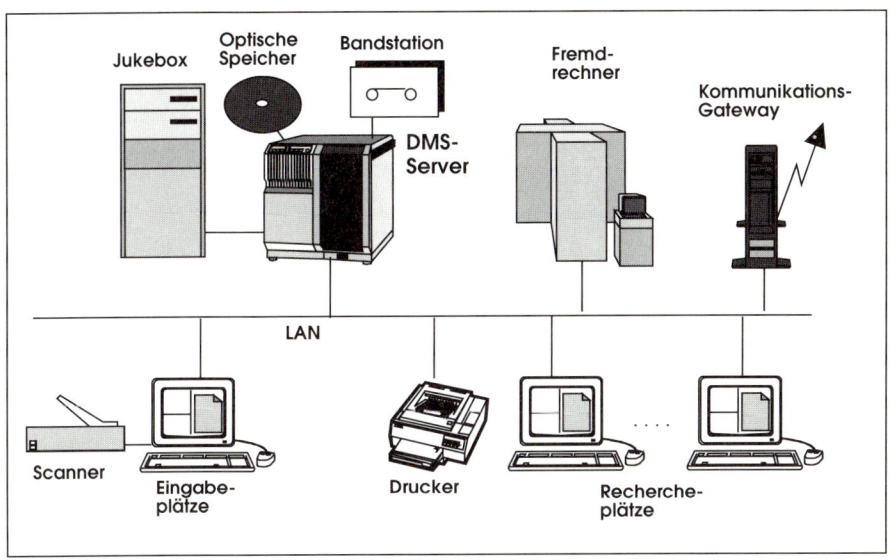

Abb. 60: Hardwaremäßiges Systemkonzept

Zentralseitig finden sich typischerweise

❏ ein oder mehrere Rechnersysteme für
  ● die verschiedenen Software-Services,
  ● die elektro-optischen Speichermedien,
  ● ein Magnetbandlaufwerk,
  ● die Ansteuerung einer oder mehrerer Jukeboxen,
❏ elektro-optische Speicher und Jukeboxen für die Speicherung von CI- und NCI-Dokumenten,
❏ ein Magnetbandlaufwerk für die Datensicherung,
❏ eine Kommunikationsverbindung zu einem oder mehreren Fremdsystemen,
❏ ein Gateway für externe Kommunikation (meist Fax).

An den Eingabestellen sind Stationen (PC oder Workstations) installiert mit:

❏ hochauflösenden Bildschirmen[1]
❏ einem oder mehreren gegebenenfalls unterschiedlichen Scannern,
❏ gegebenenfalls einem Drucker.

An den Arbeitsplätzen für die Recherche von NCI-Dokumenten sind PC, Workstation oder grafikfähige Terminals installiert mit einem hochauflösenden Bildschirm und gegebenenfalls einem Drucker.

Da insgesamt die Verringerung des Papieraufkommens angestrebt wird, sollte man mit der Installation von Druckern am Arbeitsplatz eher zurückhaltend sein. Meistens sind einige Drucker im Netzwerk in der Nähe der Nutzer durchaus ausreichend. Es ist erstaunlich zu sehen, wie die Anzahl von Ausdrucken mit zunehmender Entfernung zwischen Arbeitsplatz und Drucker abnimmt. Natürlich ist ein restriktives Verhalten bei den Druckmöglichkeiten nur dann angebracht, wenn jeder Nutzer den direkten Zugriff auf das DMS hat und in der Lage ist, NCI-Dokumente an seinem Arbeitsplatz anzuzeigen.

Das beschriebene und in Abbildung 60 dargestellte Systemkonzept wird auch als »dedizierte Lösung« bezeichnet, da es ausschließlich DMS-Funktionen anbietet. Obwohl dieses Systemkonzept dominiert, gibt es aber auch noch andere Konzepte. Grundsätzlich lassen sich drei verschiedene Systemkonzepte unterscheiden, die alle ihre spezifischen Einsatzfelder haben:

❏ Dedizierte Systeme
❏ DMS-Erweiterungen von Mehrplatzsystemen
❏ Einplatzsysteme

Dedizierte
Mehrplatz-
systeme

Bei dedizierten Systemen handelt es sich um DMS-Anwendungen nach dem Client-Server-Konzept, die ausschließlich (dediziert) für Dokumenten-Management eingesetzt werden. Dies entspricht dem oben als »typisch« beschriebenen System.

Der große Vorteil dieses Konzepts ist die Flexibilität bezüglich des Hardware-Einsatzes. So können zentralseitig und an den Arbeitsplätzen unterschiedliche, eigenständige Hardwaresysteme eingesetzt werden. Sehr häufig werden zentral Standard-Unix-Systeme und an den Arbeitsplätzen Standard-PC mit Standard-Betriebssystemen (meist Microsoft Windows®) eingesetzt.

---

1 Der Begriff »hochauflösend« wird im Unterkapitel »Bildschirme und Drucker« näher erläutert. Seite

Prinzipiell können an den Arbeitsplätzen auch grafikfähige Terminals eingesetzt werden, aufgrund des Ressourcenbedarfs von NCI empfiehlt sich jedoch die Installation entsprechender Rechenleistung an den Arbeitsplätzen.

Durch die Splittung der zentralen Software in mehrere Service-Module ist bei höherem Leistungsbedarf die zentralseitige Erweiterung relativ einfach möglich. Maximal erhält jeder Software-Service eine eigene Hardware, die in das gemeinsame LAN integriert wird. Für die Arbeitsplätze ändert sich nichts, da die Client-Module nicht von der Hardware-Basis ihres jeweiligen Services abhängig sind. Typischerweise wird zunächst ein zentraler Rechner installiert, der alle Services für Datenbankzugriff, Vorgangssteuerung, Kommunikation, Jukebox-Steuerung, Benutzer-, Platten- und Druckerverwaltung beherbergt. Bei zunehmender Last werden für die ressourcenintensiven Software-Services, z.B. Datenbank-Services, eigene Rechner installiert. Man spricht teilweise auch von »skalierbaren Systemen«, weil sie leistungsmäßig anpaßbar sind.

Skalierbare Leistung

Da es sich bei den angebotenen DMS meist um Standardsysteme handelt, ist die Dedizierung nicht technisch zwingend. Die Systeme können prinzipiell neben den DMS-Services auch noch andere Anwendungen bedienen. Der Ressourcenbedarf bei der Verarbeitung von NCI erfordert aber häufig eigene Rechner.

Teilweise existieren DMS-Lösungen, bei denen bestehende Mehrplatzsysteme (meist Großrechner) um entsprechende Hard- und Softwarekomponenten erweitert werden. Dieses System erhält zu den vorhandenen Anwendungsprogrammen die Dokumenten-Managementsoftware als zusätzliche Applikation. Die anderen Anwendungen werden natürlich weiter geführt, so daß es sich um einen »nicht dedizierten« Betrieb handelt.

Erweiterungen von Mehr-platzsystemen

Der wesentliche Vorteil der Erweiterung bestehender Rechner ist, daß die Integration zu den vorhandenen Anwendungen optimal erfolgen kann. Es liegt dieselbe Basis und damit die gleichen Systemaufrufe, Datenbanken und Netzwerke für DMS und operative Anwendung zugrunde. Da die Integration zu diesen Anwendung häufig ein entscheidender Faktor ist, darf dieser Vorteil nicht unterschätzt werden.

Dennoch muß die Erweiterung von Mehrplatzsystemen kritisch betrachtet werden, denn die Verarbeitung von NCI erfordert meist erhebliche Hard- und Softwareerweiterungen. Die Anpassung an die operativen Anwendungen ist zwar relativ gut machbar, aufgrund der häufig nicht vorhandenen Schnittstellen auf der Anwendungsebene aber sehr komplex. Die Erweiterung beste-

Zeitaufwendig und kosten-intensiv

hender Mehrplatzsysteme zu DMS-Servern ist daher meist sehr zeitaufwendig und extrem kostenintensiv.[2]

Anwendungs-
integration
oder Flexibili-
tät und
Leistung

Im allgemeinen ist daher zu entscheiden zwischen

❏ optimaler Anwendungsintegration mit entsprechenden Folge-kosten bei Erweiterung des bestehenden Systems und
❏ optimaler Anpassungsfähigkeit an Leistungs- und Ausbaube-dürfnisse mit Einschränkungen bei der Anwendungsintegrati-on bei einem dedizierten DMS.

Einplatzsysteme

In vielen Fällen erfolgt die Entscheidung für die zweite Alterna-tive. Einplatzsysteme werden meist auf Basis von Standard-PCs realisiert. Der PC wird dazu mit einer Archivierungs- und Re-cherchesoftware, Hardware und Software für Komprimierung sowie den notwendigen Hardwareerweiterungen wie Scanner, geeignetem Bildschirm und Drucker ausgestattet. Häufig handelt es sich um schlüsselfertige Systeme, die zwar wenig Anpassungs-möglichkeiten an die jeweiligen organisatorischen Gegebenhei-ten zulassen, dafür aber ohne große Vorbereitung direkt einge-setzt werden können.

Es werden weitgehend Standardkomponenten eingesetzt, so daß auch systemtechnisch keine besonderen Anforderungen aus dem Einsatz resultieren. Aufgrund der weitestgehenden Nutzung der PC-Technologie sind die Systeme relativ günstig in der Anschaf-fung. Bei entsprechenden Rechercheanforderungen kann das Einplatzsystem bei spezialisierten Fachkräften, Freiberuflern oder Kleinstunternehmen eingesetzt werden. Allerdings sind Ein-platzsystemen bereits vom Systemkonzept Grenzen für die Rea-lisierung von Vorgangssystemen vorgegeben, da nur ein Arbeits-platz unterstützt wird, Vorgänge sich aber meist über mehrere Arbeitsplätze erstrecken.

Mit allen angeführten Konzepten lassen sich die grundsätz-lichen Anforderungen prinzipiell realisieren. Große Unter-schiede liegen in den Möglichkeiten der Vorgangsbearbeitung und in der erreichbaren Durchsatzleistung. Die möglichst gute Integration eines dedizierten Mehrplatzsystems ist meist die beste Lösung.

---

2 Die Erweiterung von Mehrplatzsystemen um elektro-optische Speicher-Subsysteme zur ausschließlichen Entsorgung von Massendaten (nur CI) kann sehr sinnvoll sein, gehört aber nicht zu unserer Definition eines DMS.

7.5 Integration

Integration von DMS erfolgt heute üblicherweise zumindest mit zwei Anwendungsbereichen. Ein Bereich ist die bereits vorhandene traditionelle Bürokommunikation[3], die durch DMS ergänzt werden soll. Der andere Bereich sind die operativen Anwendungen, die vor allem für Vorgangssysteme unbedingt integriert werden müssen. DMS haben insofern häufig eine Brückenfunktion zwischen den bisher getrennten Welten der Bürokommunikation und den operativen Anwendungen.

Schnittstellen, Protokolle, Formate und Standards
Bevor wir uns detaillierter mit der Integration in bestehende Systeme befassen, müssen wir einige grundsätzliche Aussagen zu Protokollen, Schnittstellen und Standards machen, da diesbezüglich teilweise erhebliche Verwirrung herrscht.

Um Daten zwischen zwei Anwendungssystemen auszutauschen zu können, müssen eine Reihe von Bedingungen erfüllt sein. Softwareapplikationen können nur dann um Austauschfunktionen ergänzt werden können, wenn entsprechende **Schnittstellen** verfügbar und dokumentiert sind. Über eine solche Schnittstelle kann ein zu erstellendes »Datenaustauschprogramm« mit der Applikation in Verbindung treten und je nach Umfang der unterstützten Funktionen Daten anfordern, Daten übergeben oder bestimmte Bearbeitungsfunktionen veranlassen. Schnittstellen sind daher abhängig von der Implementierung und dem zugrundeliegenden Betriebssystem.

Wurden Daten in das Datenaustauschprogramm übernommen, so lassen sich diese Daten an einen anderen Rechner übertragen. Voraussetzung ist, daß die kommunizierenden Programme auf beiden Systemen die »gleiche Sprache sprechen«, d.h. die gleichen **Kommunikationsprotokolle** verwenden. Kommunikationsprotokolle sind somit nicht systemabhängig.

Dabei müssen Vereinbarungen über Adressierung, Verhalten im Fehlerfall, Aufteilung in Datenpakete u.a. getroffen werden. Es hat sich die Aufteilung der Aufgaben in verschiedene Ebenen bewährt (Abbildung 61). Diese Ebenen werden dann in aufeinander aufbauenden Softwaremodulen realisiert.

Zumindest drei Ebenen gilt es zu unterscheiden[4]:

---

3 DMS können als Bestandteil der Bürokommunikation gesehen werden
4 Die Internationale Standardisierungs-Organisation (ISO) hat für den gleichen Zweck das sogenannte Open-Systems-Interconnect-Modell (OSI) entwickelt. Dieses Modell mit sieben Ebenen, die teilweise wieder unterteilt wurden, ist primär für Systemtechniker interessant. Zur Erläuterung der Zusammenhänge reicht unsere Reduktion auf drei Ebenen aus.

❑ **Kommunikation auf Anwendungsebene**

Sie findet entweder zwischen zwei Austauschprogrammen, die Daten von Anwendungsprogrammen übernommen haben, oder zwischen den Anwendungsprogrammen selbst statt.

❑ **Kommunikation auf Transportebene**

Sie beschreibt die Netzsoftware der Betriebssysteme. Bekannte Protokolle auf dieser Ebene sind TCP/IP, XNS®, IPX/SPX®.

❑ **Kommunikation auf physikalischer Ebene**

Sie umfaßt die unteren Ebenen bis zur Definition der elektrischen Signale. Diese Aufgaben werden durch die Kommunikationsadapter, z.B. Ethernet oder Token Ring, erledigt.

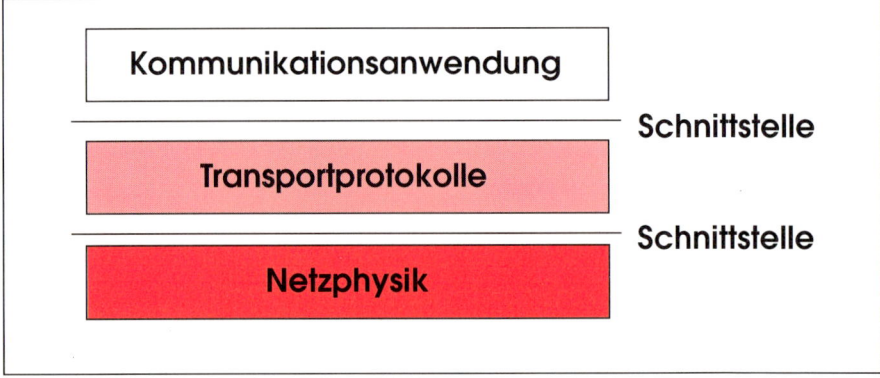

Abb. 61: 3-Ebenen-Kommunikationsmodell

Zwischen diesen Ebenen befinden sich wiederum Schnittstellen. Eine bekannte Schnittstelle zwischen Anwendungs- und Transportebene ist die »NetBIOS®-Schnittstelle«. »NDIS®« und »ODI®« sind herstellerspezifische Schnittstellen zur Netzphysik.

Damit die Zielapplikation die Daten interpretieren, z.B. ein empfangenes CI-Dokument richtig anzeigen kann, muß sie das **Format** unterstützen, in dem die Daten in der empfangenen Datei aufgezeichnet sind.

Für den Datenaustausch zwischen unterschiedlichen Systemen läßt sich ableiten, daß zwar gleiche Protokolle, nicht aber gleiche Schnittstellen vorhanden sein müssen. Nur zwei auf einem Hardwaresystem direkt miteinander gekoppelte Softwaremodule benötigen gemeinsame Schnittstellen. Auf jeden Fall muß die Zielapplikation aber das Format der übertragenen Daten unterstützen.

Staatliche und internationale Standardisierungsgremien sehen
ihre Aufgabe in der Sicherstellung der Austauschbarkeit von
Daten und Dateien zwischen unterschiedlichen Systemen, nicht
aber in der Festlegung von Implementierungsgesichtspunkten.
Sie definieren daher Protokolle und Formate, nicht aber Schnittstellen. Schnittstellen werden daher auch zukünftig durch einzelne Hersteller oder günstigstenfalls durch Herstellervereinigun-
gen (z.B. X/Open) festgelegt werden.

Im technischen Konzept geht es daher bei der Integration verschiedener Rechnersysteme primär um gemeinsame Protokolle.
Bei der Integration verschiedener Softwaremodule auf einem
Rechner sind hingegen primär gemeinsame Schnittstellen von
Bedeutung. Formate sind immer von Bedeutung, wenn die Ergebnisse einer Anwendung innerhalb einer anderen Anwendung
weiterbearbeitet werden sollen.

Integration Bürokommunikation

Bei der Integration mit Bürokommunikationssystemen (BK-System) kommt es vor allem darauf an, auf welchen technischen
Plattformen (Hardware, Betriebssystem) DMS und BK-System
realisiert sind und welche Art der Integration angestrebt wird.
Handelt es sich um völlig verschiedene Systeme, ist im allgemeinen nur der Austausch von Dokumenten per Filetransfer möglich.
Dabei ist die Problematik der unterschiedlichen Dokumentformate zu beachten.

⇨ Dokument-
formate,
Seite 250

Wird ein höherer Integrationsgrad angestrebt, wie z.B. der direkte Austausch von Dokumenten und E-Mail-Nachrichten zwischen DMS und BK-System oder gar die Nutzung des E-Mail-
Systems für die DMS-Vorgangssteuerung, müssen Schnittstellen
und Protokolle für die Anwendungskommunikation verfügbar
sein und von beiden Seiten bedient werden. Werden DMS und
BK auf den gleichen Plattformen realisiert – vor allem wenn es
sich um Unix oder PC-Systeme handelt – dann sind gleiche
Schnittstellen und Protokolle verfügbar. Unterschiedliche Formate können dennoch zu Schwierigkeiten führen.

Bei PC haben sich durch die Dominanz von Microsoft DDE[®5]
und OLE[®6], die jeweils Protokoll und Schnittstelle festlegen, De-Facto-Standards etabliert. PC-Applikationen können
damit Daten untereinander austauschen. Mit Einschränkungen

---

5 DDE = Dynamic Data Exchange: Verfahren für Datenaustausch zwischen Applikationen auf Basis MS-Windows.
6 OLE = Object Link and Embedding: Verfahren für die Verbindung und Einbettung
eines Objektes (Grafik, Tabelle o.ä.) einer MS-Windows-Applikation in eine andere
MS-Windows-Applikation.

funktioniert dies auch in PC-Netzen, solange beide Systeme die Software von Microsoft unterstützen. DDE® ist ein sehr einfacher Austauschmechanismus, so daß auch Microsoft selbst die Notwendigkeit sieht, weitere Mechanismen wie z.B. MAPI®7 als Schnittstelle zu dem eigenen Mail-System zu propagieren.

⇨ CI-Dokumen-
te, Seite 142

Die Unterstützung von PC-Applikationen in DMS beschränkt sich im wesentlichen auf die Möglichkeit, Dateien zu übernehmen und bei dem Zugriff auf ein Dokument eine definierbare Applikation, z.B. die Ursprungsapplikation, aufzurufen. Die Probleme dieses Verfahrens haben wir im organisatorischen Konzept aufgezeigt.

Weiterhin wird bei einigen DMS für Applikationen auf Basis MS-Windows® die Möglichkeit einer Wandlung von dem jeweiligen Applikationsformat in das NCI-Format, in Form eines simulierten Ausdrucks in eine Datei unterstützt. Das Dokument kann dann als NCI im DMS gespeichert werden.

Weitere Schnittstellen für die verschiedenen Applikationen sind in der Diskussion und werden – verbal – auch jeweils durch mehrere Hersteller unterstützt. Eine endgültige, einheitliche und von allen Herstellern unterstützte Schnittstellenspezifikation ist leider nicht absehbar.

Bei Unix-Systemen stellt sich die Situation ähnlich wie bei PC-Systemen dar. Für die Kommunikation zwischen Unix-Applikationen existieren zwar verschiedene, weitgehend einheitliche Kommunikationsmechanismen, die auch von fast allen Unix-Implementationen eingehalten werden. Dazu gehören die Unterstützung von NFS®8 in verschiedenen Ausprägungen und des RPC®-Verfahrens[9]. Für den Datenaustausch mit den Applikationen gibt es jedoch keine allgemein vereinbarten Schnittstellen.

---

7 MAPI = Mail Application Interface: Schnittstelle zu den Funktionen des Produktes MS-Mail.
8 NFS = Network File System: Ermöglicht Zugriff auf Dateien auf anderen Systemen im Netz.
9 RPC = Remote Procedure Call: Protokoll zur Kommunikation zwischen Anwendungen.

Integration von DMS und BK-Systemen erfordert daher auf absehbare Zeit die spezifische Anpassung und die Erstellung spezieller Software für die Verbindung. Die Übernahme von CI-Dokumenten ist relativ einfach zu realisieren. Die Einbindung von BK-Modulen in die Vorgangsteuerung kann jedoch sehr aufwendig sein.

Integration mit operativen Anwendungen
Während Recherche- und Archivsysteme teilweise isoliert von anderen Applikationen eingesetzt werden, ergibt sich bei Vorgangssystemen (fast) immer Bedarf für die Integration mit den bestehenden operativen Anwendungen.

Im organisatorischen Konzept haben wir bei der Datenerfassung eingehender Dokumente, bei der Übernahme von CI-Dokumenten und bei der Indexierung Integrationsbedarf zu operativen Anwendungen aufgezeigt. Im allgemeinen laufen die operativen Anwendungen auf anderen Systemplattformen als das DMS. Häufig handelt es sich dabei um Großrechner. Bei der Betrachtung der resultierenden technischen Anforderungen muß entsprechend differenziert werden.

⇨ Integration mit operativen Anwendungen, Seiten 117, 132

Bei der **Übernahme von CI-Dokumenten** handelt es sich im wesentlichen um die Übertragung einer oder mehrerer Dateien. Die Übernahme erfolgt mit den Verfahren des »Filetransfer«, die zwar je nach Systemplattform differieren, meistens aber für die beteiligten Systeme verfügbar sind. Zumindest RJE gemäß dem 3770-Protokoll[10] wird von fast allen Systemen unterstützt. Je nach Partnersystem werden weitere Verfahren angeboten, die immer auch als PC-Version erhältlich sind. Der reine Filetransfer zwischen DMS und beliebigen Fremdsystemen ist also problemlos. Zur Not wird ein PC in einer Brückenfunktion als gemeinsames Bindeglied und Übersetzer zwischen zwei Systemen genutzt. Anschließend an den Transfer der CI-Dokumente müssen aus diesen Dateien die Indexwerte selektiert werden. Diese Selektion erfolgt durch ein Programm, das auf jeden Fall spezifisch zu erstellen oder zumindest anzupassen ist.

Weiterer Integrationsbedarf ergibt sich jedoch bei der **Online-Übernahme von Anwendungsdaten**. Werden eingehende Dokumente in der operativen Anwendung erfaßt, bietet sich die Übernahme der erfaßten oder bestimmter gespeicherter Daten als Indexwerte an. Dies kann zum Zeitpunkt der Erfassung (online)

---

10 RJE = Remote Job Entry: Verfahren der Stapelverarbeitung von Daten; 3770 = Von der IBM definiertes Protokoll.

zwischen den Systemen geschehen. Als technische Alternativen existieren prinzipiell zwei Verfahren:

❏ **Programm-zu-Programm-Kommunikation**
Die operative Anwendung sendet zu einem definierten Zeitpunkt, z.B. beim Absenden der Erfassungsmaske, die Daten an das DMS.

❏ **Übertragung per Terminal-Emulation**
Der Zugriff auf die operative Anwendung erfolgt ohnehin häufig über eine Terminal-Emulation auf dem Arbeitsplatzsystem. Bei diesem Verfahren reagiert die Terminal-Emulation auf eine vordefinierte Taste, indem sie aus der Maske der operativen Anwendung Daten an vordefinierten Stellen ausliest und diese an das DMS (evtl. direkt in die Indexierungsmaske) überträgt.

Bei der Übertragung per Terminal-Emulation bleibt die operative Anwendung unberührt. Auf PC-Arbeitsplätzen wird dazu im allgemeinen die DDE®-Schnittstelle benutzt. Bei Maskenänderungen sind Anpassungen der Übertragungsprozedur erforderlich. Außerdem lassen sich nur die Daten übertragen, die in der Maske angezeigt werden.

Die Übertragung per Programm-Programm-Kommunikation ist demgegenüber flexibler und sicherer. Allerdings ist der Erstellungsaufwand wesentlich größer. Es gilt die einleitend erwähnte Protokoll- und Schnittstellenproblematik auf beiden Seiten zu bewältigen. Einige DMS-Anbieter bieten für IBM- oder ihre eigenen Rechnersysteme Softwaremodule an, die auf diesem »Fremdsystem« eine Schnittstelle zur direkten Kommunikation mit dem DMS realisieren. Damit können bestehende Applikationen eventuell über neu zu erstellende Austauschprogramme direkt Daten an das DMS übergeben. Diese Schnittstellen zu den DMS-Systemen basieren selbst wiederum auf üblichen Schnittstellen und Protokollen für die Kommunikation, wie z.B. das IBM-Verfahren APPC®, CPI-C® bzw. LU6.2®[11].

Sowohl die Übertragung per Terminal-Emulation als auch die per Programm-zu-Programm kann natürlich nicht nur von der operativen Anwendung zum DMS, sondern auch umgekehrt erfolgen. Dies ist vor allem dann interessant, wenn auf dem DMS Applikationen zur Vorgangsunterstützung realisiert werden. In diesen Fällen wird es häufig erforderlich, daß (Zwischen-)Ergebnisse

---

11 APPC (Advanced Program to Program Communication), CPI-C (Common Programming Interface, Communication) und LU6.2 (Logical Unit 6.2) sind weitgehend synonyme Begriffe für ein Kommunikations-Protokoll zu IBM-Großrechnersystemen. Mit DMS hat dieses Verfahren nichts zu tun, es kann lediglich als Transportprotokoll fungieren.

der Vorgangsbearbeitung an das operative System übertragen werden, ohne daß eine zusätzliche Erfassung erfolgt.

Ein Beispiel ist die Bearbeitung von Bestellanforderungen innerhalb eines Vorgangssystems. Nach der Projekt- und Kostenstellenzuordnung sowie den notwendigen Genehmigungsschritten erfolgt die eigentliche Bestellung durch die Einkaufsabteilung über das operative System. Damit die Daten nicht manuell aus dem Vorgangssystem in die operative Anwendung übertragen werden müssen, wird eines der erwähnten Verfahren eingesetzt.

Die **Ergänzung der operativen Anwendung mit dem Abbild des Originaldokuments** ist ein weiterer Bereich für die Integration von DMS. Das Ziel dabei ist, daß der Sachbearbeiter auf Anforderung zu einem Datensatz der operativen Anwendung, z.B. eines Auftrages, ein Abbild des Originalbeleges anfordern kann. Dieses Abbild wird dann von dem operativen System automatisch bei dem DMS angefordert und dem Sachbearbeiter zur Verfügung gestellt.

⇨ Recherche über Fremdsysteme, Seite 172

Die eigentliche Verwaltung der Dokumente wird in diesen Fällen von der operativen Anwendung übernommen, meist über eine eindeutige Identifizierung, z.B. über die Belegnummer. Das DMS dient primär als »Black-Box«, die auf eine eindeutige Identifizierung hin lediglich in der internen Verwaltung den benötigten Speicher lokalisieren muß, das Dokument ausliest und an das Fremdsystem übergibt oder das Dokument auf dem dem Nutzer zugeordneten Endgerät zur Verfügung stellt.

Diese Anforderung läßt sich technisch sowohl über das Terminal-Emulations- als auch über das Programm-Programm-Kommunikations-Verfahren realisieren.

Eines der im deutschen Markt weitverbreiteten Standard-Systeme für operative Anwendungen ist die Software der SAP AG. SAP hat zur Unterstützung des Dokumenten-Managements eine Schnittstelle (»SAP-ArchiveLink®«) zu seinen R/3®-Anwendungen geschaffen und veröffentlicht[12]. Diese Schnittstelle wird mittlerweile von mehreren namhaften DMS-Anbietern unterstützt. Auf Basis von ArchivLink läßt sich im wesentlichen die beschriebene Ergänzung der R/3®-Anwendungen um Originalbelege realisieren. Zusammen mit weiteren SAP-Produkten werden die verschiedenen im organisatorischen Konzept beschriebenen Verfahren der NCI-Eingabe unterstützt. Außerdem leistet die Software die Übernahme von CI-Dokumenten von R/3® in das DMS im Sinne der Verwaltung von Altbeständen.

SAP R/2, R/3®

---

12 »ArchivLink« basiert auf Entwicklungen der Firma iXOS Software GmbH.

7.6 Datenbanken und Systemsoftware

DMS basieren heute auf »handelsüblichen« Systemplattformen. Bezüglich der Basisfunktionen sind daher die gleichen Anforderungen an DMS zu stellen, wie sie für die Beschaffung anderer Client-Server-Systeme gelten.

Datenbanken

Die Verwaltung der Indexwerte erfolgt im allgemeinen in relationalen Datenbanken. Für die interne Verwaltung von Dokumenten und Speichermedien werden zum Teil eigene Verfahren eingesetzt. Bei professionellen Systemen lassen sich zumindest die Indexdatenbanken ausgliedern (z.B. für Recherche über Fremdsysteme) oder (auf Kundenwunsch) durch andere Fabrikate ersetzen. Eine Festlegung auf ein bestimmtes, eventuell nicht relationales Produkt ist für die Verwaltung der Indexwerte wegen der mangelnden Zukunftssicherheit nicht zu empfehlen.

Betriebs-
systeme

Die meisten professionellen Systeme nutzen serverseitig Unix oder PC-Betriebssysteme. Für sonstige proprietäre Betriebssysteme ist heute kaum DMS-Software zu bekommen. Eine Ausnahme bilden lediglich die Betriebssysteme MVS® und OS/400® der Firma IBM sowie VMS® von Digital Equipment.

Es wird Server-Software auf Basis von OS/2®, WindowsNT® oder MS-DOS® angeboten. Die MS-DOS®-Versionen sind nur bei minimalsten Anforderungen zu empfehlen. Gelegentlich wird auch die Systemsoftware der Firma Novell genannt. Hier handelt es sich in den meisten Fällen um Software, die auf MS-DOS® basiert und lediglich bei dem Start von einem Novell-Server geladen wird oder Daten auf dem Novell-Server ablegt. Es gibt nur sehr wenige DMS, die direkt das Betriebssystem von Novell ansprechen und auf dem Server ablaufen.

Auf der Client-Seite wird primär MS-Windows® unterstützt. Gelegentlich finden sich reine Unix-Systeme, die auch am Arbeitsplatz ausschließlich Unix-Workstations oder X-Terminals unterstützen.

7.7 Netzwerke

Das Nutzenpotential von DMS ergibt sich zu einem erheblichen Teil aus der möglichen räumlichen Trennung zwischen Dokumentennutzern und Dokumentenspeicherung. Für die Verbindung zwischen Eingabe- und Rechercheplätzen und den zentralen Services werden daher Netzwerke benötigt. Bei dem Einsatz mehrerer zentraler Hardwarekomponenten, wie es bei Client-Server-Architekturen üblich ist, sind diese Komponenten ebenfalls über ein Netzwerk miteinander verbunden.

DMS beinhalten per Definition auch NCI (z.B. gescannte Dokumente, Faxe), die hohe Anforderungen an die Übertragungskapazität der Netze stellen. Befinden sich DMS und DMS-Nutzer auf dem gleichen Grundstück und existiert eine LAN-Infrastruktur, ist die Situation relativ unproblematisch. Die Leistungsfähigkeit der standardisierten LAN-Technologien ist bei richtiger Netzkonfiguration ausreichend. Ob »Ethernet« oder »Token-Ring« eingesetzt wird, ist für das DMS weitgehend unerheblich, da Standard-Hardwarekomponenten Verwendung finden.

Die systemtechnische Integration des DMS in entsprechende LAN- und Verkabelungs-Infrastrukturen ist damit problemlos. Es ist lediglich darauf zu achten, daß möglichst einheitliche Übertragungsprotokolle gewählt werden, damit die multifunktionalen Endgeräte nicht mehrere Protokolle parallel laden müssen.

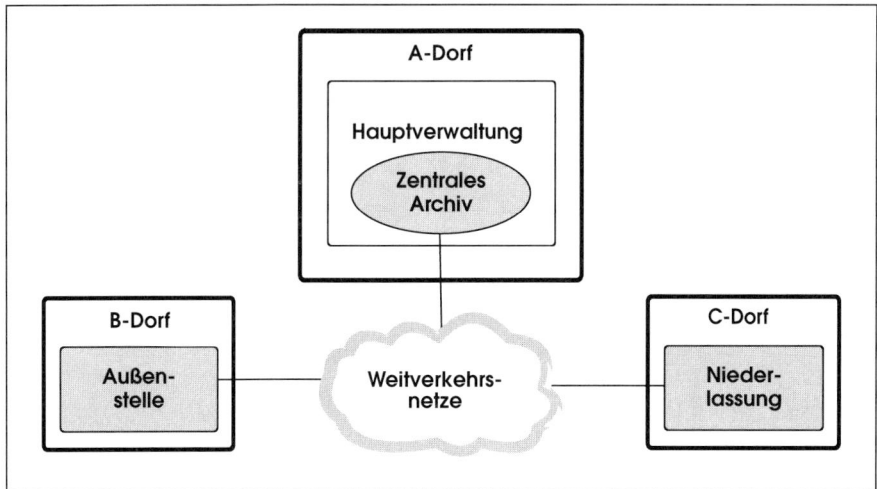

Abb. 62: Standortübergreifender Zugriff auf zentrales Archiv

WAN-
Problematik

Völlig anders sieht es hingegen aus, wenn man die Grund-
stücksgrenzen verläßt und auf öffentliche Netze angewiesen ist
(Abbildung 62).[13]

Es stehen zwar mittlerweile auch in Weitverkehrsnetzen (»Wide
Area Networks«, WAN) entsprechende Übertragungskapazitäten
zur Verfügung, die Kosten sind aber häufig prohibitiv. Es bleibt
häufig nur die Wahl zwischen zwei Übeln:

1. **Akzeptanz relativ langer Antwortzeiten**

   Typische Datenleitungen arbeiten häufig immer noch mit einer
   Übertragungsleistung von 9600 bit/s. Dies ist exakt die Geschwindigkeit, mit der die meisten Faxgeräte operieren. Da eine
   gescannte Seite dem (komprimierten) Datenvolumen einer
   Faxseite entspricht, lassen sich die typischen Übertragungszeiten (30–40 Sekunden pro DIN-A4-Seite) direkt vergleichen.
   Während diese Zeiten für den sporadischen, gezielten Zugriff
   auf einzelne Seiten durchaus akzeptabel sind, ist der kontinuierliche Zugriff durch Sachbearbeiter auf entfernte (elektronische) Akten von 20 oder mehr Seiten mitsamt Vor- und Rück-
   blättern nicht vertretbar (Abbildung 63).

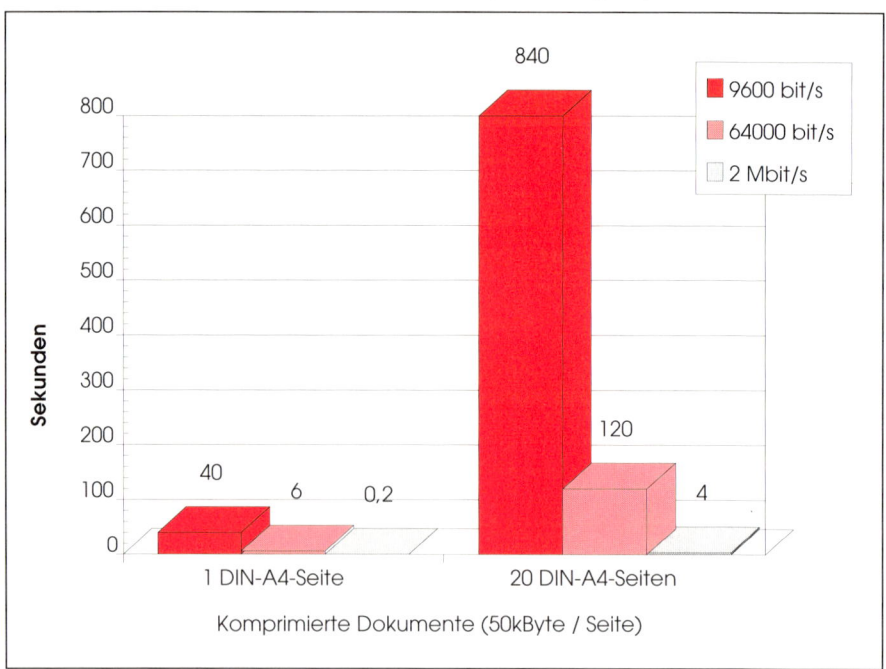

Abb. 63: Übertragungszeiten für NCI

---

13 Im LAN-Bereich haben sich mehrere Protokolle etabliert. Bekannte Namen sind
TCP/IP, IPX/SPX, NetBEU, XNS. Bei dem gleichzeitigen Einsatz mehrerer Protokolle
besteht die Gefahr, zwar ein physikalisches Netz, aber mehrere logische Netze zu haben,
da immer nur Partner, die das gleiche Protokoll nutzen, kommunizieren können.

ISDN mit einer Bruttorate von 64.000 bit/s stellt zwar schon
eine wesentliche Verbesserung dar, aber auch sechs bis acht
Sekunden pro Seite (120-160 Sek. für 20 Seiten) reine
Übertragungszeit sind für viele Anwendungsfälle unzureichend. Hinzu kommt, daß zur Erreichung dieser Zeit die Leitung exklusiv verfügbar sein muß, was die Einsatzmöglichkeiten weiter reduziert. Die Antwortzeiten verschlechtern sich
natürlich, wenn mehrere Anwender gleichzeitig auf dieser
Leitung arbeiten.

2. **Investition in entsprechende Übertragungskapazitäten**
Übertragungskapazitäten im Bereich von ein bis zwei Megabit
pro Sekunde sind für den kontinuierlichen Zugriff auf entfernte NCI-Dokumente notwendig. Die Kosten für solche Leitun-
gen – die derzeit noch (direkt oder indirekt) von der Telekom
bestimmt werden – machen den standortübergreifenden Zugriff häufig uninteressant.

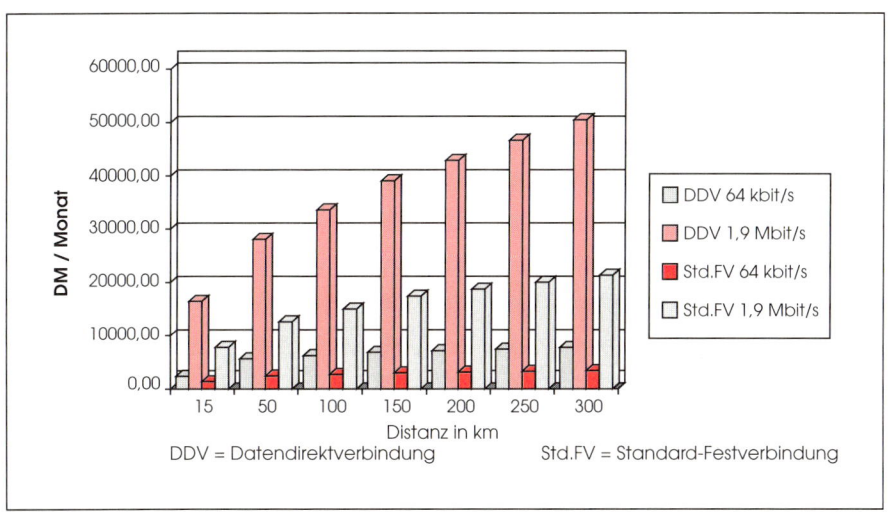

Abb. 64: Gebühren für ausgewählte Telekom-Leitungen

Für eine Datendirektverbindung (DDV) mit 1,92 Mbit/s über
50 km muß man bei der Telekom mit ca. 28.000 DM pro
Monat[14] zuzüglich Mehrwertsteuer rechnen (Abbildung 64).
Schon heute existieren neben der Datendirektverbindung wei-
tere Alternativen sowohl bei der Telekom als auch bei anderen
Netzbetreibern. So kann man bei der Telekom eine »Standard-
Festverbindung«[15] mieten. Gegenüber der DDV fehlen hier

---

14 Stand: Juli 1994.
15 Standard-Festverbindungen wurden bis 1.1. 1994 bei der Telekom als »Mono-
    polübertragungsweg« bezeichnet.

Modems und Back-up, die Gebühr ist jedoch wesentlich geringer (ca. 13.000 DM pro Monat). Dennoch ist heute die Nutzung von öffentlichen Mbit-Leitungen innerhalb von DMS
meist nicht wirtschaftlich.

Wesentliche Veränderungen sind im Bereich öffentlicher Netzwerke in den nächsten Jahren zu erwarten. Eine Kalkulation und
Bewertung des Einzelfalles bleibt wegen der Dynamik im
Netzbereich und der wachsenden Vielfalt mit jeweils unterschiedlichen Gebührenstrukturen notwendig. Für sehr große Unternehmen mit eigenen Netzinfrastrukturen kann sich der entfernte Zugriff auch heute schon rechnen.

7.8 Scannen und Komprimierung

Die benötigten Leistungsmerkmale für die Scanner lassen sich
weitgehend aus dem organisatorischen Konzept ableiten. Zunächst sind natürlich die verschiedenen Informationsträger zu
unterscheiden. Wir sind zwar bisher meist davon ausgegangen,
daß es sich um Papierdokumente handelt, weil dies der häufig-
ste Fall ist. Spezielle Scanner sind aber erforderlich für großformatige Zeichnungen, verschiedene Mikrofilmformate, 35mm-
Dia und Röntgenbilder. Zukünftig wird die Übernahme weiterer Informationarten wie z.B. Videobilder und Ton ebenfalls
einen Einfluß haben. Die entsprechenden Digitalisiergeräte
können im weitesten Sinn ebenfalls als »Scanner« bezeichnet
werden.

Aufgrund der Vielfalt des Angebotes wollen wir die wichtigsten
Leistungsmerkmale verfügbarer Papierscanner zunächst tabella-
risch mit der üblichen Bandbreite angeben (Abbildung 65) und
anschließend die wichtigsten Merkmale kurz besprechen.

Papierscanner	von	bis	typisch für DMS
Papierformate	50 x 50 mm	DIN A0	DIN A4, A3
Papierstärke	0,03 mm	360 g/qm	70 -110 g/qm
Auflösung (physikalisch)	50 dpi	4.000 dpi	200 – 400 dpi
Stapeleinzug	ohne	500 Blatt	ca. 50 Blatt
Doppelseitig	nein	ja	nein
Farben	schwarzweiß	RGB (3x 12 bit)	schwarzweiß
Scanzeit (pro A4-Seite schwarzweiß)	30 Sek.	0,5 Sek doppelseitig	5 – 10 Sek.
Schnittstellen	Centronics	SCSI, Video	SCSI, Video
Preis	500 DM	ca. 200.000 DM	7.000 – 10.000 DM

Abb. 65: Leistungsmerkmale Papierscanner

Scanner gibt es in verschiedenen Bauformen und Funktionsprinzipien. Für den Anwender sind dabei lediglich die grundsätzlichen Unterschiede zwischen den Bauformen von Interesse. Demnach sind im wesentlichen Hand-, Flachbett- und Rollenscanner zu unterscheiden.

Handscanner sind sehr günstig im PC-Handel zu bekommen, im professionellen DMS-Einsatz aber aufgrund der geringen Abtastbreite und der manuellen Führung nicht geeignet.

Flachbettscanner sind eine weit verbreitete Form und ähneln am meisten den Fotokopiergeräten. Das Papier wird auf eine Glasvorlage gelegt, unter der sich die Abtasteinheit befindet. Sie bieten den wesentlichen Vorteil, daß man im Einzelfall auch gebundene Vorlagen scannen kann. Die meisten Geräte lassen sich dennoch mit einem Stapeleinzug ausrüsten, um eine schnellere Eingabe zu ermöglichen.

Rollen- bzw. **Trommelscanner** bieten die höchste Qualität. Dabei wird das Papier an der Abtasteinheit vorbeigeführt, d.h. es muß eingezogen werden. Diese Geräte eignen sich daher nicht für gebundene Vorlagen. Viele professionelle Scanner für DMS gehören in diese Kategorie.

Die Abtastung über **digitale Kameras** ist ebenfalls möglich. Die Kameras sind mobil und einfach zu handhaben. Dreidimensionale Objekte lassen sich damit in der dritten Dimension erfassen. Durch die Tiefenschärfe ist dies aber meist auf wenige Zentimeter begrenzt. Da bei DMS Mobilität und 3D-Funktionalität meist nicht benötigt werden und sich kein Stapelverfahren realisieren läßt, haben digitale Kameras bei DMS bisher keine Bedeutung erlangt.

Papierformate
Papierstärke

Ein Problem bei der Scannerauswahl ist häufig die Heterogenität der anfallenden Papierdokumente. Typischerweise dominiert zwar DIN-A4-Format mit einer Stärke von ca. 80 g/qm, teilweise müssen aber auch kleinere oder größere Papiere von leichtem Karton bis zu dünnen Durchschlägen übernommen werden. Bei Flachbettscannern ist die Übernahme bis zum maximalen Format des Scanners ohne weiteres möglich, der automatische Einzug ist aber mit diesem heterogenen Schriftgut überfordert. Fallen genügend Papiere an, empfiehlt sich daher die Beschaffung von unterschiedlichen Scannern: Ein auf Durchsatz optimiertes Gerät für die Standarddokumente (A4, einseitig, schwarzweiß) und ein anderes Gerät für die »sonstigen« Dokumente.

⇨ Übernahme
von Altbestän-
den, Seite 154

Für die komplette Übernahme von großformatigen Dokumenten, z.B. Zeichnungen, sind entsprechend großformatige Scanner notwendig, die sehr kostenintensiv sind. Auf die im organisatorischen Konzept angestellten Überlegungen zur Notwendigkeit der Übernahme von Altbeständen und zur möglichen Einbeziehung von Dienstleistern sei in diesem Zusammenhang noch einmal hingewiesen.

Auflösung

Die Auflösung gibt an, wie oft innerhalb einer Wegstrecke die Vorlage abgetastet wird. Es hat sich das angelsächsische Maß »dot per inch« (dpi), also »Punkte pro Zoll[16]« durchgesetzt. Teilweise wird nach der physikalischen Abtastung noch eine softwaremäßige Interpolation durchgeführt. Die Abtastrate erhöht sich damit »künstlich« meist auf den doppelten Wert. Die Lesbarkeit des Ergebnisses ist besser, aber auch die Qualität der Interpolation hängt natürlich von der physikalischen Abtastrate ab. Wir beziehen uns mit unseren Aussagen daher auf die physikalischen und nicht auf die interpolierten dpi-Werte.

Je höher die Abtastrate, desto besser entspricht das Ergebnis der Qualität des Originals, aber desto höher ist auch der Speicherbedarf der resultierenden Daten (NCI). Aufgrund des zweidimensionalen Einflusses resultiert aus einer Verdoppelung der Auflösung zunächst eine Vervierfachung des Datenvolumens. Es gilt daher die niedrigste Auflösung zu finden, die qualitativ noch akzeptabel ist.

200 dpi sind
ausreichend

Für normale Korrespondenz reicht eine Auflösung von 200 dpi vollkommen aus. Lediglich bei sehr kleinen Schriften (kleiner 8 Punkte), werden höhere Auflösungen notwendig. Auflösungen von 300 bis 400 dpi sind für die OCR-Erkennung oder bei

---

16 1 Zoll = 25,4 mm.

Zeichnungen erforderlich. Auflösungen von 600 dpi und mehr werden lediglich im DTP-Bereich[17] oder in der Reproindustrie benötigt.

Viele Scanner sind in der Lage, wahlweise (softwaregesteuert) mit unterschiedlicher Auflösung zu arbeiten. Diese Möglichkeit gilt es gezielt zu nutzen. Es empfiehlt sich bei der Beschäftigung mit DMS, bereits frühzeitig einen Stapel »schwieriger Dokumente« des anvisierten Einsatzbereiches mit verschiedenen Auflösungen und Einstellungen zu scannen und die Ergebnisse kritisch zu prüfen.

Einige Scanner sind in der Lage, gleichzeitig Vorder- und Rückseite eines Dokuments zu scannen. Diese Eigenschaft erhöht den Anschaffungspreis allerdings erheblich, so daß sich die Investition nur bei regelmäßigem Bedarf lohnt. Muß die Rückseite nur in seltenen Ausnahmefällen gescannt werden, ist das manuelle Umdrehen und zweifache Scannen günstiger.

Doppelseitig

Bei DMS arbeitet man im allgemeinen mit einer Schwarz-Weiß-Darstellung. Die Übernahme von Farben oder Grautönen ist technisch zwar möglich, erhöht aber die ohnehin hohen Datenvolumina noch einmal um ein Vielfaches. Zwar benötigen auch Fotos und Röntgenbilder keine höhere Auflösung als 200 bis 300 dpi. Allerdings müssen bei diesen Vorlagen Farben oder Grauwerte mit abgespeichert werden. Aus einem Bit pro Punkt bei schwarzweiß werden so 8, 12, 24 oder 36 Bit. Damit erhöhen sich insgesamt die Durchsatzanforderungen und die notwendigen Investitionen für das DMS. Farbe sollte daher nur in unvermeidbaren Fällen übernommen werden.

Farben

Wird ein Dokument mit schwacher Schrift (z.B. Durchschlag) in schwarzweiß gescannt, kann das Ergebnis eine bessere Qualität haben als das Original. Der Scanalgorithmus entscheidet bei jedem Abtastpunkt, ob es sich im Original um einen weißen oder einen schwarzen Punkt handelt. Reicht der Grauwert eines Punktes zu einer Entscheidung für schwarz, ist der Punkt in der Ausgangsdatei genauso schwarz wie jeder andere als schwarz erkannte Punkt. Die Kontraste werden so verstärkt. Der Schwellwert ist über die Scansoftware einstellbar.

Manche Farben führen bei Schwarzweiß-Scannern wie bei Fotokopierern zu Erkennungsschwierigkeiten. Informationen (Texte oder grafische Elemente) in diesen sogenannten »Fehlfarben« führen in der Ausgangsdatei zu weißen und nicht zu schwarzen Punkten. Typische Fehlfarben sind Gelb, Grün und generell helle

Fehlfarben

---

17 DTP = Desktop Publishing = Software zur Erstellung von hochqualitativen Veröffentlichungen an Standard-PC.

Töne. Müssen Informationen in diesen Farben übernommen werden, ist dies ein wichtiges Prüfkriterium bei der Scannerauswahl.

Das »Ausblenden« der Fehlfarben muß aber nicht negativ sein, sondern kann gezielt eingesetzt werden. Bei den eigenen Formularen können diese Farben verwendet werden, um immer wiederkehrende, redundante Informationen (z.B. das eigene Logo) nicht jedesmal mit in das DMS übernehmen zu müssen. Solche Maßnahmen können in Einzelfällen die resultierenden Datenvolumen erheblich (50% und mehr) verringern.

Scanzeit

Die Zeit, die ein Gerät zum Scannen einer Seite benötigt, variiert sehr stark. Scanner können für eine Farbseite oder Formate größer DIN A3 mehrere Minuten benötigen. Die in DMS typischerweise eingesetzten Schwarzweiß-Scanner benötigen im Durchschnitt 5 bis 10 Sekunden für den Einzug und das Abtasten der Dokumente. Mittlerweile gibt es aber auch Scanner, die selbst im Dauerbetrieb 60 A4-Seiten pro Minute doppelseitig scannen. Diese Leistung hat natürlich ihren Preis.

⇨ Eingabe
und Indexie-
rung, Seite 113

In der Praxis ist der Engpaß häufig nicht in der Geschwindigkeit des Scanners zu sehen, sondern wird durch andere Schritte des Eingabeprozesses bestimmt. Es ist daher kritisch zu überlegen, ob diese Leistungsfähigkeit ausgenutzt werden kann. Nur wenn die Eingabe komplett automatisiert erfolgt, kann sich die Investition in einen Hochleistungsscanner rechnen.

Auch unabhängig von manuellen Arbeitsschritten sind Angaben zu Scanzeiten immer Durchschnittswerte. Maßgeblichen Einfluß auf die Scangeschwindigkeit haben die Auflösung und der Anteil »schwarzer« Punkte (weiße Flächen werden übersprungen). Nach welcher Zeit das Dokument auf dem Bildschirm erscheint, hängt aber auch von dem Anschluß des Scanners ab.

Die Scanner werden über SCSI[18]- oder Videoschnittstelle an die Eingabestationen angeschlossen. Der Videoanschluß erfordert meist einen PC als Eingabestation, der um eine Videokarte erweitert wird. In diesem Fall wird auch die Komprimierung der gescannten Images auf der Karte durchgeführt. Die maximale Geschwindigkeit von Hochleistungsscannern kann häufig erst durch einen solchen Anschluß erreicht werden.

Software-
Funktionalität

Weiterhin wird mit den Videokarten Basissoftware für das Scannen, Rotieren, Skalieren, Dekomprimieren und Drucken geliefert. Diese Basissoftware steht Programmierern über eine C-Schnittstelle zur Verfügung. Für bestimmte Scanner ist darüber hinaus Software für automatische Kontrastoptimierung, OCR,

---

18 SCSI = Small Computer Systems Interface, standardisierte Hardware-Schnittstelle.

Barcode und die Vergabe von elektronischen Eingangsstempeln erhältlich. Viele der rein PC-basierten DMS-Lösungen bauen auf diesen Softwaremodulen auf.

Für Papierscanner mit sehr hohem Durchsatz oder großformatige Scanner (DIN A0) können mitsamt der benötigten Softwareinvestitionen bis 200.000 DM erforderlich werden. Die typischerweise in DMS verwendeten Scanner liegen unter 10.000 DM.

Kosten für Scanner

Müssen Dokumente, die sich auf Mikrofilm befinden, in ein DMS übernommen werden, so ist das Erstellen einer Papierreproduktion mit anschließendem Einscannen im Papierscanner zwar möglich, aber nur für sporadische Einzelfälle akzeptabel. Dokumente auf Microfiche, Mikrofilm-Jackets, Rollfilm und auch Filmlochkarten können über spezielle Scanner in DMS eingebracht werden.

Mikrofilmscanner

Bezogen auf das Originaldokument werden damit ebenfalls Auflösungen von 200 bis 400 dpi realisiert. Da zusätzlich der Verkleinerungsfaktor auszugleichen ist, arbeiten die Geräte faktisch mit wesentlich höheren Auflösungen. Je Dokumentseite werden je nach Auflösung und Dokumentgröße 2 bis 20 Sekunden benötigt. Handelt es sich um Filmlochkarten mit ursprünglich großformatigen Dokumenten, kann die Scanzeit auch im Minutenbereich liegen. Das Scannen eines kompletten Films kann entsprechend zeitintensiv werden.

Speziell bei Mikrofilm-Jackets kommt hinzu, daß die einzelnen Bilder nicht in exakten Abständen und teilweise schief in dem Jacket eingeordnet sind. Das Scannen erfordert entsprechende manuelle Korrekturen. Außerdem ist die Qualität der Ergebnisse bei Mikrofilm-Jackets schlechter, weil die Jackets eine zusätzliche Oberfläche darstellen, die den Kontrast verschlechtert.

Dokumente des Mikrofilm müssen bei dem Einbringen in das DMS genau wie Papierdokumente indexiert werden. Der Einsatz von Mikrofilmscannern ist daher unter Machbarkeits- und Wirtschaftlichkeitsgesichtspunkten zu betrachten. Die Aussagen zur Übernahme von Altbeständen lassen sich auch auf Mikrofilmdokumente anwenden.

⇨ Altbestands-
Übernahme,
Seite 154

Wie aus der Abbildung 66 zu ersehen ist, verursachen auch einseitige Formulare oder Korrespondenzdokumente bei dem Scannen Datenvolumina von mehr als einem Megabyte. Die Komprimierung dieser Daten ist daher bei DMS unabdingbar. Für die Komprimierung werden die im Rahmen des Telefaxdienstes normierten Algorithmen verwendet. Die Verfahren werden (entsprechend den Faxstandards) als CCITT-Gruppe-III- oder CCITT-Gruppe-IV-Verfahren bezeichnet. Die Komprimierung

Komprimierung

nach dem Gruppe-IV-Verfahren ist aufwendiger, erreicht aber im allgemeinen bessere Resultate. Für Fotos, Bewegtbilder und Töne sind die Faxalgorithmen nicht gut geeignet. Hier gibt es mit JPEG[19] für digitale Standbilder, MPEG für Bewegtbilder und ADPCM für Audiodaten bessere Alternativen.

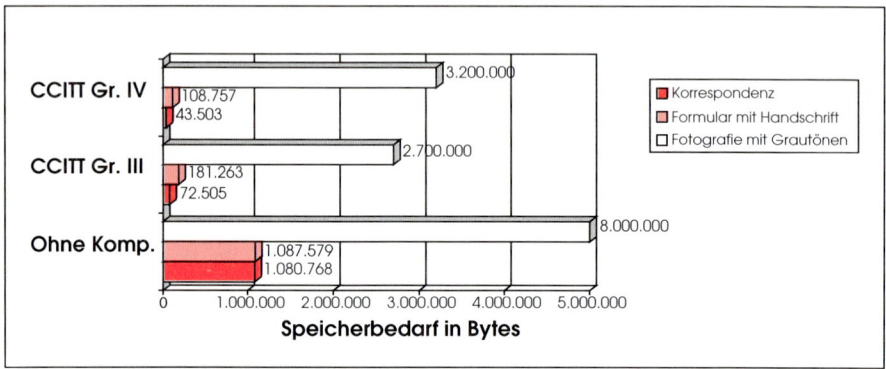

Abb. 66: Speicherbedarf bei verschiedenen Komprimierungsverfahren

Genaue Angaben über die jeweils erreichbaren Komprimierungsraten sind nicht möglich, denn die Ergebnisse der Komprimierung sind abhängig von

❏ dem Komprimierungsverfahren,
❏ der verwendeten Auflösung,
❏ dem Inhalt des Dokuments.

⇨ Beispiele im Anhang

Beinhaltet das Dokument viele schwarze Punkte neben- oder übereinander (z.B. Linien), lassen sich mit den CCITT-Verfahren gute Komprimierungsraten erzielen. Als Durchschnittswert rechnet man für einen mit 200 dpi gescannten Standardbrief mit einem Bedarf von 50 kByte nach der Komprimierung. Bei Formularen mit grafischen Elementen (Linien, farbige Flächen, Logos) kann aber auch schnell das doppelte oder dreifache erforderlich werden.

Die Effekte höherer Auflösung lassen sich durch die Komprimierung teilweise kompensieren. Ein mit 400 dpi gescanntes Dokument benötigt jedoch auch nach der Komprimierung immer noch deutlich mehr Speicherkapazität, als wenn es mit 200 dpi gescannt worden wäre.

---

19 JPEG = Joint Photographic Experts Group.
    MPEG = Motion Picture Experts Group (JPEG-Erweiterung).
    ADPCM = Adaptive Delta Pulse Code Modulation.

Die Komprimierung ist ein einmaliger Vorgang bei der Dokumenteingabe. Allerdings muß das Dokument bei jeder Reproduktion auf Bildschirm oder Drucker wieder dekomprimiert werden. Die benötigten Zeiten liegen für Standarddokumente (A4, schwarzweiß, 200 dpi) im Bereich weniger Sekunden.

Komprimierungsalgorithmen sind sowohl als Software als auch in Form von Hardwarebausteinen verfügbar. Hardwareimplementierungen sind schneller, aber wegen der jeweils benötigten Hardwareerweiterungen auch teurer. Für Standarddokumente lohnt sich die Investition meist nicht. Erst bei größeren Formaten, höheren Auflösungen, Graustufen- oder Farbbildern ist eine entsprechende Erweiterung der Recherchestationen zu empfehlen.

Hardware
oder Software

> Speziell für die Auswahl von Scanner und Komprimierung gilt, daß zunächst (aus dem organisatorischen Konzept) die benötigten Leistungsmerkmale detailliert zu ermitteln sind und nur die Leistungsfähigkeit beschafft wird, die auch wirklich genutzt werden kann. Dabei sollten die Ergebnisse mit »schwierigen« Dokumenten aus dem anvisierten Bereich getestet werden.

7.9 Bildschirme und Drucker

Soll auf Dokumente eines DMS zugegriffen werden, sind Reproduktionen des Ursprungsdokuments auf Bildschirmen oder Druckern erforderlich. Die typischerweise angebotene Funktionalität haben wir bei den Recherche- und Ausgabefunktionen besprochen. Hier wollen wir lediglich die technischen Merkmale der verfügbaren Peripheriegeräte diskutieren. Wir gehen von den Anforderungen der NCI-Dokumente aus, weil CI-Dokumente keine besonderen Anforderungen stellen. Die wichtigste Anforderung ist daher die Grafikfähigkeit der Geräte, die Voraussetzung für die Ausgabe von NCI ist.

⇨ Recherche-
und Ausgabe-
funktionen,
Seite n162, 176

Grafikfähige Bildschirme finden sich einerseits bei PC oder auch bei grafikfähigen Terminals (z.B. X-Terminals). Da DMS generell den Anteil der Bildschirmarbeit erhöhen, sind zunächst die grundsätzlichen ergonomischen Anforderungen bezüglich Strahlungsarmut, Blendfreiheit, Bildwechselfrequenz zu erfüllen.[20] Dies gilt insbesondere für Vorgangssysteme, da die Mitarbeiter bei diesem System nahezu ausschließlich am Bildschirm arbeiten.

Bildschirme

---

20 Zu den ergonomischen Anforderungen gibt es vielfältige Literatur und Vorschriften. Richtlinien sind bei der Europäischen Union, den Gewerkschaften und auch den Berufsgenossenschaften verfügbar.

Wichtige Merkmale für DMS sind die Größe und die Auflösung der Bildschirme. Sollen Dokumente grundsätzlich am Bildschirm angeschaut werden, so muß der Bildschirm in der Lage sein, mindestens eine DIN-A4-Seite komplett darstellen zu können. Zwar ist über die Scroll- und Zoom-Funktionen die Darstellung auch auf kleineren Bildschirmen möglich. Müssen die Mitarbeiter jedoch bei jedem Dokument erst zu diesen Funktionen greifen, ist die Handhabung erheblich erschwert, was zu Akzeptanzproblemen führt. Bei kontinuierlicher Nutzung des DMS sind daher Bildschirmdiagonale von 19 Zoll als Minimum zu sehen. Die bei den meisten installierten PC zu findenden 14- oder 15-Zoll-Bildschirme sind für diesen Fall nicht ausreichend.

Auflösung

Die Auflösung wird sowohl durch die Möglichkeiten des Bildschirmes als auch durch den Grafikcontroller bestimmt. Die üblichen PC-Bildschirme verfügen über Auflösungen von 65 bis 85 dpi. Selbst bei einem 14-Zoll-Bildschirm mit einer Ansteuerung von 1024×768 Punkten werden nur ca. 75 dpi erreicht. Um 100 dpi auf einem 19-Zoll-Bildschirm zu bekommen, sind jedoch ca. 1600×1300 Punkte notwendig. Aber auch mit 100 dpi kann von einem mit 200 dpi gescannten Dokument nur jeder zweite Bildpunkt angezeigt werden.

Aus diesen vielen Zahlen wird deutlich, daß eine hochqualitative Anzeige von NCI-Dokumenten, wie sie für die kontinuierliche Arbeit an einem DMS erforderlich ist, von der verfügbaren Technologie nicht ohne weiteres geliefert wird.

Kosten

Bildschirme mit 19 Zoll oder größeren Diagonalen, mit Auflösungen von mindestens 100 dpi und der Einhaltung der sonstigen ergonomischen Vorschriften sind denn auch äußerst selten und entsprechend kostenintensiv. Der Preis für einen Arbeitsplatz-PC kann sich daher durch den erforderlichen Bildschirm leicht verdoppeln.

Drucker

Drucker sind dagegen eine problemlose Komponente bei der technischen Gestaltung von DMS. Zum Einsatz kommen alle grafikfähigen Drucker, die durch die ausgewählten Systeme unterstützt werden. Üblicherweise werden Laserdrucker eingesetzt. Es ist sinnvoll, sich an den Auflösungen der eingesetzten Scanner zu orientieren, da in diesem Fall keine Umrechnungen mit möglichen Qualitätsverlusten notwendig sind. Die benötigte Durchsatzleistung und die Installationsorte lassen sich direkt aus dem organisatorischen Konzept ableiten und bereiten im allgemeinen keine Schwierigkeiten.

7.10 Speichermedien und Jukeboxen

Heutige DMS verarbeiten CI und NCI gleichberechtigt. Beide Informationsarten können damit auch auf den vorhandenen Speichermedien abgespeichert werden. Das wichtigste Speichermedium in diesem Zusammenhang ist und bleibt die Magnetplatte. Aufgrund der großen Dokumentmengen in DMS und der Kapazitätsanforderungen von NCI ist eine ausschließliche Verwendung von Magnetplatten nicht wirtschaftlich.

Elektro-optische Speicher
In diesem Zusammenhang bekommen die olektro-optischen Speicher – oder kurz: optische Speicher – besondere Bedeutung.[21] Gemeinsame Mermale dieser elektro-optischen Speicher sind:

❑ Hohe Dichte der Datenaufzeichnung (Byte/mm^2)
❑ Verschleißfreies Schreiben und Lesen durch Laser
❑ Wechselbarkeit der Medien
❑ Lange Lebensdauer der gespeicherten Daten

Die Kombination dieser Merkmale, nicht ein Merkmal als solches machen die elektro-optischen Speicher interessant. Da alle elektro-optischen Speicher im Vergleich zu Magnetplatten eine langsame Zugriffszeit besitzen, ergänzen sie auch in DMS lediglich die Magnetplatten, ersetzen diese aber nicht.

Prinzipiell existieren drei grundsätzlich zu unterscheidende Formen von elektro-optischen Speichermedien:

❑ Nur lesbare Medien (Read only Memory, ROM)
❑ Einmal beschreibbare Medien (Write once, read many, WORM)
❑ Reversible, d.h. überschreibbare Medien
   (z.B. magneto-optische Speicher)

Bekanntester Vertreter der ROM-Kategorie ist die CD-ROM mit einer Kapazität von 650 MB^{22}. Dieses Medium ist nicht nur in den äußeren Abmessungen der Audio-CD sehr ähnlich. Wie bei der Audio-CD müssen auch bei den anderen ROM-Medien sämtliche Informationen, die auf ein Medium zu speichern sind, gesammelt, vorformatiert und an eine spezielle Produktionsstätte gegeben werden. Ähnlich wie bei der Buchproduktion lassen sich große Stückzahlen mit identischen Informationen zu sehr günstigen Kosten pro Medium herstellen. CD-ROM eignen sich damit gut für die Informationsverteilung, z.B. an Filialen.

ROM

---

21 Der Begriff »elektro-optisch« wird zur eindeutigen Abgrenzung des Mikrofilms verwendet, der ebenfalls als »optischer« Speicher benannt wird.
22 1 MB = 1 Megabyte = 1.000.000 Byte; 1GB = 1 Gigabyte = 1.000 MB.

Für DMS sind ROM aber nicht geeignet, da Duplikate in großen Stückzahlen nicht benötigt werden und die Daten für ein Medium häufig erst im Laufe längerer Zeiträume zusammengetragen werden (z.B. elektronische Akten). Außerdem erzeugt die Zusammenarbeit mit einer Produktionsstätte Verfügbarkeitslücken für die betreffenden Informationen.

WORM
⇨ Rechtliche
Fragen,
Seite 39

WORM sind für DMS die wichtigste Form der elektro-optischen Speicher, da sie die Anforderungen des Gesetzgebers am besten erfüllen. Sie können je nach Bedarf sukzessive beschrieben werden. Da die Information physikalisch in die Speicherschicht »eingebrannt« wird, ist eine nachträgliche Veränderung der Information nicht mehr möglich. Wie wir im Zusammenhang mit den rechtlichen Fragen erläutert haben, ist das »Löschen« durchaus möglich.

WORM sind in verschiedenen Formaten mit unterschiedlichen Kapazitäten verfügbar. Üblich sind das 5,25-Zoll-Format mit 1,3 GB[23] oder das 12-Zoll-Format mit bis zu 10 GB. Einzelne Hersteller bieten WORM-Speicher im 8- oder 14-Zoll-Format. Auf eine 10 GB-Platte sind damit ca. 200.000 NCI-Dokumente oder ca. 3.000.000 CI-Dokumente unterzubringen.

CD-R
⇨ Standards,
Seite 249

Eine weitere Form einer WORM ist die CD-R(ecordable). Dabei handelt es sich um ein Medium gemäß dem CD-ROM-Standard, das aber in einem speziellen Laufwerk beschreibbar ist, also keine Fabrikproduktion benötigt. CD-R-Medien können in den (sehr kostengünstigen) CD-ROM-Laufwerken gelesen werden. Außerdem verfügen sie über die beste Standardisierung im Vergleich zu den anderen Medien. Allerdings sind die Übertragungsraten bisher relativ gering, somit sind sie für schreibintensive Anwendungen nicht geeignet.

Problematisch für DMS war bei CD-R bisher, daß die Daten wie bei der CD-ROM nicht chronologisch über einen längeren Zeitraum, sondern in einem Schritt komplett aufgeschrieben werden mußten. Dies resultierte aus der Herkunft der CD und dem bestehenden Standard. Mit ISO 13346 liegt ein Standard vor, der die Handhabung ähnlich anderen WORM-Speichern ermöglicht.

Reversible opti-
sche Speicher,
MO-Speicher

Reversible optische Speicher sind überschreibbar und gleichen damit aus Anwendersicht einer Magnetplatte. Aufgrund des enormen Fortschritts bei Magnetplatten konnten die reversiblen Speicher deren Zugriffszeiten nicht erreichen. Teilweise hat sich für diese Medien auch der Begriff »MO-Speicher« für magneto-optische Speicher eingebürgert. Dies ist aber nur eine technologische Variante eines reversiblen optischen Speichers. Mit der

---

23 1 GB = 1 Gigabyte = 1000 Megabyte.

Phase-Change-Technologie ist eine andere Technologie ebenfalls am Markt, und weitere Verfahren sind in der Entwicklung[24].

Reversible Speicher sind derzeit in den Formaten 3,5-Zoll mit 128 MB und 5,25-Zoll mit bis zu 1,3 GB am Markt. Zumindest die 5,25-Zoll-Variante gleicht damit stark dem entsprechenden WORM-Speicher. Es gibt Laufwerke, die beide Medienarten gleichzeitig unterstützen. Sie erkennen die Art automatisch und verhalten sich entsprechend. Über entsprechende Systemsoftware ist es in dieser Kombination auch möglich, daß ein reversibles Medium wie eine WORM behandelt wird. Daten können in diesem Fall nicht überschrieben werden und erfüllen damit die (rechtlichen) Anforderungen an die Unveränderbarkeit. Dies ermöglicht die Partizipation an den Kostenvorteilen der reversiblen Medien, die durch höhere Stückzahlen als bei WORM entstehen.

Die Lebensdauer sämtlicher optischer Speicher ist begrenzt. Dies gilt auch bei WORM- und ROM-Speichern, bei denen die Information physikalisch eingebrannt wird. Die Begrenzung ergibt sich durch Oxidationsprozesse innerhalb der verschiedenen Schichten des Mediums, die dazu führen, daß die Informationen für den Laser nicht mehr lesbar sind. Dies ist vergleichbar mit dem »Erblinden« von Spiegeln. — Lebensdauer

Hersteller garantieren eine Lesbarkeit von mindestens zehn, teilweise bis zu dreißig Jahren.[25] Dies ist wesentlich mehr als bei der Magnetspeicherung, reicht aber für einige Einsatzfälle nicht aus. Da aber der Fortschritt innerhalb der Informationstechnik vermutlich bereits nach zehn Jahren den Austausch auch unter Kostenaspekten attraktiv macht, ist dies in der Praxis kein wirkliches Hindernis.[26] Wer möchte heute noch mit den Computern der sechziger Jahre arbeiten?

Obwohl Speichermedien mit Kapazitäten bis zu 10 GB verfügbar sind, reicht auch dies nicht aus, wenn mehrere Millionen NCI-Dokumente gespeichert werden müssen. Natürlich können an ein DMS mehrere optische Laufwerke angeschlossen und so mehrere optische Platten in direktem Zugriff gehalten werden. Auch dieses Verfahren ist bei sehr großen Beständen schnell ausgereizt und selten wirtschaftlich. — Jukeboxen

---

24 Aufgrund der Zielsetzung dieses Buches wollen wir auf die einzelnen Technologien nicht weiter eingehen. Aus Anwendersicht verhalten sich alle reversiblen Medien gleich.

25 Daß eine Mediengarantie im Ernstfall nutzlos ist, weil die Daten, nicht das Medium den eigentlichen Wert darstellen, wurde bereits im Organisatorischen Konzept dargestellt.

26 Problematisch ist dabei die mangelhafte Standardisierung.

Man macht sich daher die Wechselbarkeit der optischen Speicher zunutze. Um nicht neue Personalaufwendungen zu kreieren, wurden dazu entsprechende Robotersysteme entwickelt, die als »Jukebox« bezeichnet werden. Jukebox heißt übersetzt »Musikbox«, und prinzipiell funktionieren sie auch genau so. Stellt das DMS fest, daß eine angeforderte Information nicht auf den aktuell verfügbaren Speichermedien vorhanden ist, gibt es einen Befehl an die Jukebox, das entsprechende Speichermedium zu laden. Die Jukebox verfügt dazu über ein oder mehrere Laufwerke für die optischen Platten und ein Regal mit Schubfächern für die einzelnen Speicherplatten.

Beliebige Kapazitäten realisierbar

Jukeboxen gibt es für alle gebräuchlichen Formate und mit großer Bandbreite an Kapazitäten und Durchsatzleistung. Von sehr kleinen Jukeboxen, die nur wenige Platten in Zugriff haben, bis zu großen Systemen mit bis zu 1.000 Fächern für 5,25-Zoll-Medien oder 300 Fächer für 12-Zoll-Medien reicht die Palette. Kapazitäten von zwei Terabyte = 2.000 GB sind damit erreichbar. Dies ermöglicht, auch größte Archive mit 20 bis 30 Mio. Seiten NCI in einer Jukebox unterzubringen. Natürlich kann ein DMS auch mit mehreren Jukeboxen arbeiten, so daß die Speicherkapazität als beliebig ausbaubar bezeichnet werden kann.

Erreichbare Wechselzeiten

Nicht beliebig sind hingegen die erreichbaren Wechselzeiten. Da die Speichermedien von dem Roboter transportiert werden müssen, sind durchschnittliche Wechselzeiten im Bereich von fünf bis zehn Sekunden unvermeidbar. Diese Angaben der Hersteller sind zudem noch optimistisch, denn in der Praxis muß nicht nur eine neue Platte geholt werden, sondern es ist auch eine andere Platte dafür auszulagern. Hinzu kommen Zeiten, um die Speicherplatte auf die richtige Umdrehungsgeschwindigkeit zu bringen bzw. sie abzubremsen. Außerdem entstehen bei intensiver Nutzung des Systems Warteschlangen, weil innerhalb eines Zeitraumes mehr Anforderungen auflaufen als bearbeitet werden können. In ungünstigen Fällen können für den Anwender am Bildschirm zusammen mit den zusätzlich benötigten Zeiten für die Übertragung und Dekomprimierung eines NCI-Dokuments Antwortzeiten von 20 bis 30 Sekunden entstehen.

⇨ Optimierung der Antwortzeiten, Seite 253

Dies ist natürlich wesentlich mehr als die Antwortzeiten im Bereich von ein bis drei Sekunden, die wir bei den traditionellen Anwendungssystemen mit Magnetplatten finden. Mit Magnetplatten ließen sich die genannten Kapazitäten aber nicht (wirtschaftlich) realisieren, und die Verarbeitung von NCI ist auch dort zeitintensiver. Die Jukeboxzeiten müssen ohnehin eher mit den traditionellen Wegezeiten zu Ablageschränken und Zentralarchiven verglichen werden. In diesem Vergleich sind sie durchaus konkurrenzfähig. Reichen die Zeiten für bestimmte Fälle bzw. Dokumente nicht aus, so gilt es, Optimierungsmöglichkeiten zu nutzen.

Jukeboxen verfügen im allgemeinen über zwei bis vier Laufwerke, die parallel bedient werden. Teilweise werden aber auch acht oder zehn Laufwerke gleichzeitig unterstützt. Die Konfiguration einer höheren Anzahl von Laufwerken geht meist auf Kosten der möglichen Stellplätze, also auf Kosten der Gesamtkapazität der Jukebox. Die meisten Geräte bieten mehrere mögliche Kombinationen an. Obwohl optische Jukeboxen immer noch relativ hohe Investitionen erfordern, lassen sich langlebige Kapazitäten im Bereich bis zu 2.000 Gigabyte mit relativ schnellen Zugriffszeiten (mit den erwähnten Einschränkungen) mit keinem anderen Verfahren wirtschaftlich erreichen (Abbildung 67).

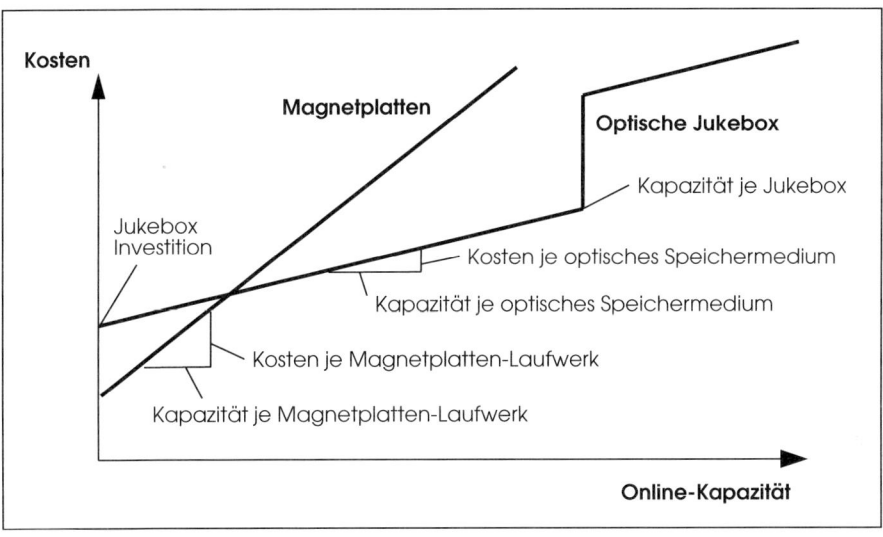

Abb. 67: Kostenvergleich für große Speicherkapazitäten

Aufgrund der Investitionskosten sollte sich die Auslegung nicht am Gesamtbestand der vorhandenen Dokumente, sondern an den Zugriffsanforderungen orientieren. Lassen sich beispielsweise 99% aller Anforderungen durch Dokumente der letzten beiden Jahre befriedigen, ist es ausreichend, die Jukebox auf den Dokumentenzuwachs von zwei Jahren hin auszulegen. Anschließend werden die Platten mit älteren Dokumenten entnommen und »offline«, also in einem herkömmlichen Regal, bis zum Ablauf der Archivierungszeit aufbewahrt. Dies erfordert zwar ein manuelles Operating für 1% der Anforderungen, dies ist bei sehr großen und langlebigen Beständen aber meist günstiger als eine

Offline-Speicherung

auf den gesamten Bestand ausgelegte Jukebox. Ein bißchen »Reserve« schadet sicher nicht, eine zu großzügige Dimensionierung bringt aber die Wirtschaftlichkeit der Gesamtlösung in Gefahr.

Zuordnung von Dokumenten zu Speichermedien

Das oben erwähnte Beispiel zur Auslagerung in den Offline-Bereich setzt natürlich voraus, daß die Dokumente, die älter als zwei Jahre sind, nicht zusammen mit aktuell benötigten Dokumenten auf denselben Speichermedien residieren. Dies ist relativ einfach bei reinen Belegarchiven, aber relativ schwierig bei »lebenden« Akten.

Grundsätzlich existieren zwei Alternativen für die Zuordnung von Dokumenten zu Speichermedien:

❏ Chronologische Speicherung
❏ Speicherung in definierten Clustern

Chrono-
logische
Speicherung
Bei der chronologischen Speicherung gibt es jeweils ein aktuelles Speichermedium, welches mit den eingehenden Dokumenten chronologisch beschrieben wird. Erst wenn die Kapazität erschöpft ist, wird der nächste Speicher beschrieben, bis wiederum dessen Kapazität erschöpft ist. (Abbildung 68). Man spricht bei diesem Verfahren auch von einer chaotischen Speicherung, weil alle eingehenden Dokumente, unabhängig von ihrer Art und Zugehörigkeit, auf dem gleichen Medium abgespeichert werden.

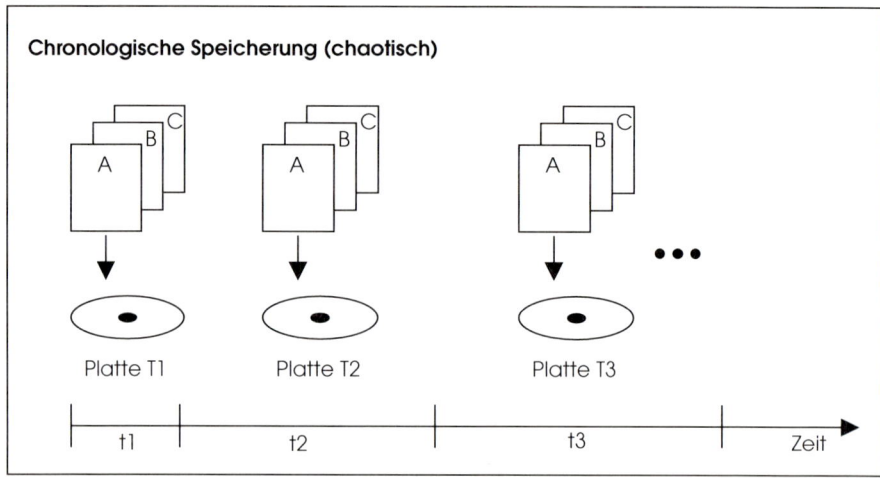

Abb. 68: Chronologische Speicherung

Der wesentliche Vorteil bei der chronologischen Speicherung ist, daß bei der Dokumenteingabe Plattenwechsel minimiert werden. Lediglich wenn das Medium »voll« ist, muß es ausgetauscht werden. Bei geringem Zuwachs und Medien mit hohen Kapazitäten reicht ein Medium für mehrere Wochen oder gar Monate.

Problematisch ist die Recherche bei »lebenden« Akten. Gehören die Dokumente A, B, C in Abbildung 68 zu den Akten A, B, C, so verteilt sich die Akte über mehrere Speichermedien. Der Anwender muß sich um diese Systeminterna zwar nicht kümmern, er merkt es aber durch entsprechend lange Antwortzeiten beim »Blättern«. Im Extremfall muß für jedes »Umblättern« ein Plattenwechsel stattfinden.

Läßt sich das Blättern in Akten nicht vermeiden, indem die gewünschten Dokumente direkt angesprochen werden, so ist es möglich, von vornherein Bereiche auf den Speichermedien für zukünftig eingehende Dokumente zu reservieren (Cluster). Die Clusterung kann nach unterschiedlichsten Gesichtspunkten erfolgen. Cluster können für eine maximale Aktengröße oder für bestimmte Dokumentarten, z.B. nur Rechnungen, reserviert werden (Abbildung 69).

*Speicherung
in Clustern*

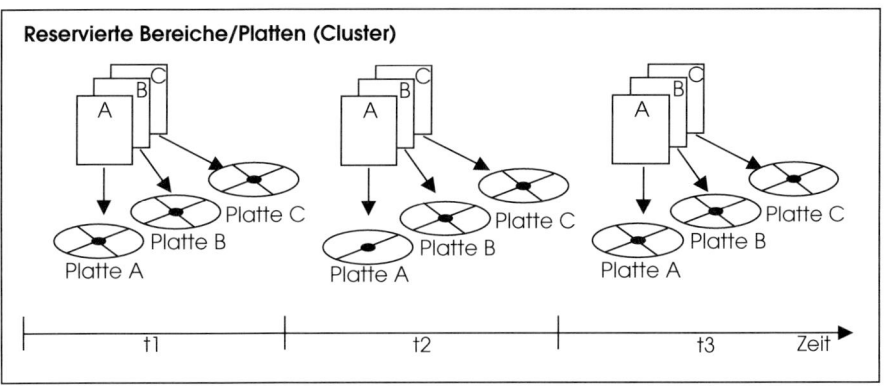

Abb. 69: Speicherung in definierten Clustern

»Blättern« ist bei dieser Art der Abspeicherung kein Problem, da immer alle Dokumente eines Clusters im Zugriff sind. Problematisch ist hier die Eingabe der eingehenden Dokumente, die sich auf alle (lebenden) Akten verteilen. Im Beispiel der Abbildung kommen in den Zeiträumen t1, t2 und t3 Dokumente zu den Akten A, B und C, die jeweils auf eigenen Speicherplatten untergebracht sind. Im Extremfall muß für die Eingabe jedes Dokuments ein Plattenwechsel stattfinden.

Ein weiterer Nachteil der Speicherung in Clustern ist die relativ ineffiziente Nutzung der Speicherressourcen. Es sind von vornherein große Kapazitäten anzuschaffen und zu reservieren, obwohl sie vielleicht nicht benötigt werden oder später günstiger zu beschaffen wären.

Es wird deutlich, daß keines der beiden Verfahren in Reinform befriedigt. In der Praxis versucht man verschiedene Zwischenformen. Bei der Speicherung in Clustern werden häufig nur durchschnittliche Kapazitäten reserviert. Für überdurchschnittliches Wachstum existiert ein Überlaufverfahren, mit dem auf der gleichen oder einer anderen Speicherplatte wiederum Raum für die Akte reserviert wird. Bei der chronologischen Speicherung erfolgen gelegentlich Reorganisationsläufe, bei denen die »verstreuten« Dokumente wieder zusammengeführt werden. Natürlich sind auch diese Kompromisse nicht optimal. Es gilt, das im Einzelfall »kleinste Übel« zu wählen.

> Die Zuordnung von Dokumenten zu Speichermedien ist unter Berücksichtigung der Anforderungen der Auslagerung, des Zugriffs und der Abbildung von »lebenden« Akten zu organisieren. Meistens empfiehlt sich eine Kombination des chronologischen Verfahrens und Speicherung in Clustern. Welches der beiden Verfahren überwiegt, hängt davon ab, ob Plattenwechsel eher bei der Eingabe oder eher bei der Ausgabe akzeptiert werden können.

Wahl des Formates der Speichermedien
Bei dem Einsatz von WORM-Speichermedien besteht die Qual der Wahl zwischen mindestens drei möglichen Formfaktoren, 4,72-Zoll (CD-R), 5,25-Zoll und 12-Zoll. Die Einbeziehung von reversiblen Speichern bringt 3,5-Zoll hinzu. Die zukünftige Entwicklung wird vermutlich weitere Formate bringen. Ob besser die großen Medien mit ihren hohen Kapazitäten oder die kleineren, handlicheren Medien eingesetzt werden sollen, hängt vom Einzelfall ab.

Für die kleineren Medien spricht

❏ der generelle Trend zu kleineren Medien (und damit verbundenen hohen Auflagen),
❏ die bessere Standardisierung,
❏ die kürzeren Zugriffs- und schnelleren Wechselzeiten in Jukeboxen.

Die großen Formate verfügen hingegen über größere Kapazitäten pro Medium und eine günstigere Kostenstruktur pro GB. Bei sehr großen Datenbeständen kommen daher die Vorteile größerer Medien zum Tragen. In diesen Fällen haben die Medienkosten noch einen nennenswerten Anteil an den Gesamtkosten.

Große Formate günstiger pro GB

Den Nachteil geringerer Kapazität können die kleineren Medien durch die schnelleren Wechselzeiten teilweise kompensieren. Bei bekannten Zugriffsanforderungen läßt sich die Wahrscheinlichkeit ausrechnen, daß zwei aufeinanderfolgende Zugriffsanforderungen von dem gleichen Speichermedium befriedigt werden können. Eine solche Berechnung ergibt bei sehr großen Datenbeständen (mehrere 100 GB p.a.) häufig eine starke Relativierung des Kapazitätsvorteils größerer Medien. Wenn sich beispielsweise bei dem Vergleich zwischen einem 1-GB-Medium und einem 6-GB-Medium die erwähnte Wahrscheinlichkeit von 1% auf 6% erhöht, bedeutet das, daß auch bei dem größeren Medium in 94% der Fälle ein Medienwechsel stattfinden muß. Bei solchen Verhältnissen sind die schnelleren Wechselzeiten wesentlich wichtiger als die höhere Kapazität.

Im allgemeinen wird man zunächst ermitteln, ob ein 5,25-Zoll-Medium einsetzbar ist. Nur bei extrem großem Daten- und Dokumentaufkommen muß geprüft werden, ob der Einsatz von größeren Medien wesentliche (Kosten-)Vorteile bringt.

7.11 Standards

Ziel jeder Standardisierung[27] ist die Vereinheitlichung von Produkten verschiedener Lieferanten. Der Anwender möchte damit unabhängig von einzelnen Lieferanten werden und die Produkte mehrerer Lieferanten beliebig austauschen oder kombinieren können. Auch der Hersteller hat ein Interesse an der Standardisierung, weil dies generell zu einem größeren Markt führt: Er muß nicht alle Komponenten selbst herstellen und kann somit kostengünstiger produzieren.

Standards gibt es daher nicht nur als »De-Jure-Standard« von offiziellen Normierungsgremien, sondern – gerade in der Informationstechnik – häufig als »De-Facto-Standard« durch die Marktmacht eines Herstellers oder die Vereinigung einiger Hersteller.

---

27 Man kann auch von »Normierung« sprechen. In der Informationstechnik hat sich aber die deutsche Form des angelsächsischen Begriffs »standards« etabliert.

Bohrer, Dübel und Schrauben sind gute Beispiele für standardisierte Produkte. Kein Produzent käme auf die Idee, seine eigenen Abmessungen zu kreieren. Der Käufer erwartet ebenfalls, daß ein Bohrer des Herstellers X ein Loch bohrt, in das der Dübel des Herstellers Y paßt, in welchen er eine Schraube des Herstellers Z drehen kann. Für DMS läßt sich diese Zielsetzung so übertragen, daß Dokumente, die heute in ein System X eingegeben und gespeichert werden, sollen morgen auf einem System Y reproduziert und übermorgen auf ein System Z übernommen werden.

Die Abdeckung dieser Anforderungen bei DMS, vor allem im Zusammenhang mit den langen Archivierungszeiträumen, läßt sich heute nicht garantieren. Aufgrund der hohen Innovationsgeschwindigkeit, der generellen Marktdynamik, der vielen Beteiligten und der Komplexität ist eine Standardisierung wie bei dem Bohrer-Dübel-Schraube-Beispiel nicht absehbar. Bei einer noch relativ jungen Technologie wie den DMS ist sie auch nicht unbedingt wünschenswert, weil eine frühe Standardisierung die Weiterentwicklung hemmt. So wären auf einer CD-ROM mittlerweile wesentlich mehr als 650 MB unterzubringen, allerdings müßte man den ISO-Standard verlassen. Damit wäre das Produkt aber nicht absetzbar.

Andererseits gibt es mittlerweile auch eine Vielzahl von De-Jure-Standards, die sich im Markt nicht durchsetzen konnten, weil De-Facto Standards dagegen standen, funktionale Mängel vorlagen oder die Zielsetzung überdimensioniert ist. Beispielsweise liegt mit ISO 10166, (Document Filing and Retrieval, DFR) bereits seit 1991 ein Standard für Archivierung- und Recherche-Services und ein entsprechendes Client-Service-Protokoll vor. Das Produktangebot blieb davon bisher unberührt.

So besteht auch bezüglich der Standards eine enorme Dynamik in der Informationstechnik. Nur durch die kontinuierliche Anpassung der Standards an die technologische Weiterentwicklung können sie ihrer Aufgabe gerecht werden.

Wir konzentrieren uns im folgenden auf die Standards, die für DMS von besonderer Bedeutung sind. Dabei werden wir die Standards für Rechner, Betriebssysteme und Netzwerke aussparen, denn hier gelten für DMS die gleichen Normen wie bei anderen Computersystemen.

Formate der Dokumentspeicherung
Damit die Dokumente bei der Recherche angezeigt werden können, muß das DMS die Formate, in denen die Information abgelegt wurde, interpretieren können oder, anders formuliert, müs-

sen die Dokumente in vom DMS unterstützten Formaten zur
Verfügung gestellt werden. Dabei ist der Archivierungszeitraum
zu berücksichtigen. Muß ein Dokument über sehr lange Zeiträume aufbewahrt werden, ist die Abspeicherung in entsprechend
langlebigen Formaten notwendig.

Als CI-Format läßt sich aus heutiger Sicht nur Standard-ASCII[28]
empfehlen, obwohl dabei sehr viel von dem Erscheinungsbild
verloren geht. Eine originalgetreue Abbildung ist lediglich durch
(zusätzliche) Umwandlung in das NCI-Format möglich. Obwohl
die Indexierung (vor der »CI-nach-NCI-Wandlung«) automatisch erfolgen kann, ergibt sich wieder der Ressourcenbedarf, wie
er NCI-Dokumenten eigen ist. Von den verschiedenen NCI-For-
maten ist derzeit TIFF zusammen mit CCITT Gruppe III/IV am
ehesten als langlebig einzustufen.

Sowohl für CI als auch für NCI existiert eine Vielzahl weiterer
Formate. Mit ODA und SGML/DDL liegen auch entsprechende
De-Jure-Standards vor. Weder ODA noch die diversen De-Facto-
oder herstellerspezifischen Standards konnten bisher eine Markt-
bedeutung erlangen, die ihren langfristigen Bestand sichert.

Alternativ ist lediglich die Abspeicherung im Ursprungsformat
der Quellapplikation oder die Nutzung des Postscript®- bzw.
Acrobat®-Formates möglich. Die diesbezüglichen Konsequenzen haben wir bei der Integration von Bürokommunikationssystemen beschrieben.

⇨ Integration
Bürokommu-
nikation,
Seite 146

Speichermedien
Um die volle Austauschbarkeit von Speichermedien und Laufwerken zu erzielen, muß eine umfassende Standardisierung erfolgen. Dazu gehören zunächst die Physik des Mediums und des
Laufwerks, die die Abmessungen, die physikalische Form der
Speicherung und die Laserintensitäten festlegt. Weiterhin muß
die Aufzeichnung exakt definiert werden. Dazu gehören Spezifi-
kationen über die Aufzeichnung in einer Spirale oder konzentri-
schen Kreisen, die Sektoren und deren Aufbau und die Umdrehungsgeschwindigkeit. Schließlich muß auch festgelegt werden,
in welchen Codierungen die Speicherung erfolgt, da die »Nullen
und Einsen« aus technischen Gründen nicht einfach 1:1 abgespeichert werden können.

Eine umfassende Standardisierung ist vor allem für die elektro-
optischen Speicher gefordert, da sie die Informationen langfristig
speichern sollen. Neben der ISO ist hier vor allem die ECMA[29]

28 Erläuterungen der Formate und Abkürzungen finden sich im Glossar.
29 ECMA = European Computer Manufacturer Association.

251

in der Standardisierung aktiv. Standards sollten von unterschiedlichen Rechnern, Betriebssystemen und Herstellern einheitlich und über sehr lange Zeiträume unterstützt werden. Betrachten wir uns die Situation für die optischen Speichermedien, muß festgestellt werden, daß hier noch Defizite existieren.[30]

ISO 9660 für
CD-ROM, CD-R

Lediglich für die CD-ROM existiert ein relativ umfassender Standard, der auch von der CD-R als dem entsprechenden WORM-Medium benutzt wird. Dieser ursprünglich aus einer Herstellervereinbarung hervorgegangene Standard ist als ISO 9660 von der ISO[31] verabschiedet worden und wird von allen Herstellern unterstützt. Lediglich das genaue Dateiformat ist nicht spezifiziert, so daß auch bei gekauften CD-ROM immer die Recherchesoftware mitgekauft wird. Dies schränkt natürlich auch bei DMS die Herstellerunabhängigkeit ein. Über den Standard ISO 13346 existiert mittlerweile auch eine Norm für ein Format, das auch die Aufzeichnung einzelner Datenblöcke (im Gegensatz zur gesamten Platte) definiert.

ISO 9171 für
5,25-Zoll WORM

Optische Speicher sind in Kunststoffkassetten im Handel. Sie werden (wie Disketten) mitsamt dieser Kassette in das Laufwerk gegeben (Ausnahme: CD-ROM). Diese Kassette und die grundsätzlichen Aufzeichnungsformate sind mit ISO 9171 auch für die WORM-Speicher im 5,25-Zoll-Format standardisiert. Die Kapazität ist damit auf 650 MB festgelegt. Aufgrund von Einigungsschwierigkeiten bei dem Standardisierungsprozeß enthält der Standard allerdings zwei unterschiedliche Aufzeichnungsformate. Dies kann zu der paradoxen Situation führen, daß zwei Laufwerkshersteller, die sich voll an den Standard halten, dennoch vollkommen inkompatible Datenträger produzieren.

ISO 10089, ISO
10090 für
Reversible

Für reversible optische Speicher wurden auf Basis des ISO 9171 analoge Standards für die 3,5-Zoll-Medien (ISO 10090) und die 5,25-Zoll-Medien (ISO 10089) geschaffen. Im Bereich der 3,5-Zoll- und 5,25-Zoll-Medien ist durch Herstellervereinbarungen und Multifunktionslaufwerke Austauschbarkeit gegeben, wenn die gleiche Systemsoftware benutzt wird. Dies gilt sowohl für WORM als auch für reversible Speicher.

Speziell für magneto-optische Speicher im 5,25-Zoll-Format existiert mit ISO 13549 ein neuer Standard, der diesen Medien eine Austauschbarkeit ähnlich den CD-Medien ermöglicht. In ISO 13549 ist außerdem die Aufzeichnung für die 1,3 GB Kapazität definiert.

---

30 Bei Magnetplatten gibt es zwar auch keine umfassende Standardisierung, sie dienen aber auch nicht Archivzwecken.

31 ISO = International Standards Organisation: Internationales Normungsgremium.

Im Bereich 8-, 12- und 14-Zoll-Formate gibt es lediglich eine
Standardisierung der Kassetten, damit die Jukebox-Roboter mit
Medien und Laufwerken verschiedener Hersteller arbeiten können. Ansonsten ist keinerlei Standardisierung in diesem Bereich
absehbar.

> Die volle Austauschbarkeit der Speichermedien über unter-
> schiedliche Systeme diverser Hersteller und lange Zeiträume
> wird durch die heutige Standardisierung nicht erreicht. Bei Spei-
> chermedien im CD- und nun auch im 5,25-Zoll-Format kann der
> Standardisierungsgrad als befriedigend bezeichnet werden. Bei
> größeren Formaten sind lediglich die äußeren Abmessungen
> festgelegt.

7.12 Optimierung der Antwortzeiten

Die Akzeptanz eines DMS hängt maßgeblich von den Antwortzeiten ab. Durch die bereits installierten informationstechnischen
Systeme bestehen Erwartungen, die DMS (aufgrund der Bearbeitungszeiten für NCI) nur unter Schwierigkeiten oder mit sehr
großem (auch finanziellen) Aufwand erfüllen können.

Das technische Konzept muß entsprechende Maßnahmen zur
Optimierung der Antwortzeit bereithalten. Beispielsweise müssen Dokumente, die bisher in unmittelbarer Nähe des Arbeitsplatzes vorgehalten wurden und die deshalb im schnellen Zugriff
waren, auch über das DMS sehr schnell verfügbar sein. Die
Situation, daß auf die Bestände des zentralen Archivs im DMS
schneller als bisher zugegriffen werden kann, der Zugriff auf die
(häufig benötigten) lokalen Bestände aber mehr Zeit in Anspruch
nimmt, ist für die Benutzer nicht nachvollziehbar.

Die Antwortzeiten bestehen aus einer Vielzahl von einzelnen
Zeitanteilen für die Recherche in der Datenbank, die Anzeige und
Auswahl aus der Trefferliste, den Zugriff auf das Speichermedium (gegebenenfalls mit einem Wechsel der optischen Speicherplatte), die Übertragung zum Endgerät und die Anzeige (bei NCI
mit Dekomprimierung) der Dokumente. Bei allen Zeitanteilen
sind Optimierungsmaßnahmen möglich. Die meisten Maßnahmen beziehen sich jedoch auf die Beschleunigung des Zugriffs
auf die Speichermedien, da dieser Teil des Ablaufs häufig den
Engpaß bildet. Natürlich kann auch bei der Systemauswahl und
-konfiguration der Schwerpunkt auf maximalen Durchsatz des
Gesamtsystems gelegt und das System entsprechend dimensio-
niert werden. Dies treibt allerdings die Investitionen merklich in

die Höhe, so daß ein differenziertes Vorgehen auf jeden Fall empfehlenswert ist.

Konfiguration

Bei der Konfiguration des Systems gilt es, die Komponenten zu identifizieren, die die Antwortzeit im gegebenen Fall nennenswert beeinflussen, und nur diese Komponenten entsprechend zu dimensionieren. Maßnahmen sind die Vergrößerung der Hauptspeicherkapazitäten bei zentralen Rechnern und Endgeräten, die Nutzung von Hardware- statt Softwarekomprimierung oder die Dedizierung von Rechnern für kritische Software-Services.

Mehr Laufwerke

Ein weiterer wichtiger Faktor dabei ist die Speicherkapazität, die in direktem (schnellem) Zugriff ist. Je mehr Laufwerke (in einer Jukebox) installiert sind, desto größere Kapazitäten sind in direkten Zugriff und desto geringer sind die Wechsel der Speichermedien. Dabei ist zu beachten, daß die Laufwerke teilweise nur eine Seite der doppelseitig beschriebenen Speichermedien lesen können. Befindet sich die gesuchte Information auf der »falschen« Seite, ist ein Wechsel, oder genauer ein Umdrehen der Speicherplatte notwendig. Natürlich erhöhen sich durch zusätzliche Laufwerke die notwendigen Investitionen, so daß jeweils eine Kosten-Nutzen-Abwägung erfolgen muß.

Verzicht auf Komprimierung

Neben dem Einsatz von Hardware zur Beschleunigung der Komprimierung und Dekomprimierung kann natürlich auch auf die Komprimierung ganz verzichtet werden. Da bei jedem Zugriff dekomprimiert werden muß, ergibt sich insgesamt eine nennenswerte Zeitersparnis, vor allem bei sehr großvolumigen Dokumenten wie z.B. Zeichnungen. Die Nachteile wie weitere enorme Steigerung des Kapazitätsbedarfs bei Speichern, Netzen und Rechnersystemen wiegen in den meisten Fällen jedoch diese Ersparnis nicht auf. Der Verzicht auf Komprimierung kommt daher nur für ganz wenige, ganz spezielle Fälle in Betracht.

Auslagerung und Löschen

Eine der offensichtlichsten Maßnahmen ist die Konzentration auf das wirklich benötigte Dokumentvolumen. Dies ermöglicht die Vorhaltung kleinerer Kapazitäten, die das Zeitverhalten immer positiv beeinflussen, weil geringere Bestände zu durchsuchen, weniger Speicher vorzuhalten und zu wechseln sind. Dabei ist zwischen der Auslagerung noch zu archivierender Dokumente und dem Löschen von nicht mehr benötigten Dokumenten zu unterscheiden.

Die Auslagerung umfaßt lediglich die Herausnahme aus dem Online-Zugriff, die Indexwerte werden weiter in der Index-Datenbank vorgehalten. Löschen hingegen umfaßt auch die Eliminierung der Indexwerte. Das Dokument ist für das DMS damit

nicht mehr auffindbar, selbst wenn es noch auf einem bestehenden Speicher existiert. Gelöscht werden können daher nur Dokumente, deren Archivierungsfrist abgelaufen ist und die nie wieder
benötigt werden. Da bei sehr großen Beständen auch einfache
Datenbankrecherchen durchaus Zeiten von mehreren Sekunden
beanspruchen, sollte auch von den Löschmöglichkeiten soweit
wie möglich Gebrauch gemacht werden.

Nicht nur die Auslagerung, sondern auch die frühzeitige Einlage-
rung kann zur Optimierung der Antwortzeit dienen. Diese auf den
ersten Blick paradoxe Aussage ergibt sich aus der Tatsache, daß
ein DMS im allgemeinen neben dem eigentlichen Dokumentspeicher über einen zweiten Ablagebereich verfügt, der für temporäre
Kopien der in Bearbeitung befindlichen Dokumente benutzt
wird. Während der Dokumentspeicher meist auf Basis optischer
Platten und Jukeboxen mit ihren langsamen Zugriffszeiten realisiert ist, ist der temporäre Speicher auf schnellen Magnetplatten
lokalisiert. Läßt sich absehen oder vermuten, daß ein Sachbearbeiter bestimmte Dokumente zu einem definierten Zeitpunkt
benötigt, kann das DMS diese Dokumenten automatisch in den
schnellen, temporären Bereich transferieren. Im Bedarfsfall erfolgt der Zugriff nicht auf den optischen Speicher, sondern auf
die Magnetplatte und ist damit wesentlich schneller. Diese meist
als »Prefetch« bezeichnete Funktion läßt sich vor allem bei
Vorgangssystemen gewinnbringend einsetzen.

Prefetch

Eine weitere Maßnahme, die die Antwortzeit für den Benutzer
wesentlich beeinflussen kann, ist die Zuordnung der Dokumente
zu Speichermedien. Die möglichen Speicherverfahren mit ihren
Vor- und Nachteilen wurden bereits beschrieben. Sie sind vor
allem bei einer aktenorientierten Ablage und der Notwendigkeit
zum »Blättern« von Bedeutung.

⇨ Speicher-
verfahren,
Seite 246

Die Jukeboxen verursachen – aufgrund der Wechselzeiten – einen großen Anteil der gesamten Antwortzeit. Natürlich kommt es
bei der Optimierung der Jukebox-Zeiten ganz wesentlich auf eine
möglichst schnelle Mechanik an. Weiterhin ist es sehr hilfreich,
wenn der Roboter mit einem zweiten Greifer ausgerüstet ist. In
diesem Fall muß nicht zuerst das in dem Laufwerk befindliche
Speichermedium zu seinem Ablageplatz in der Jukebox gebracht
werden. Zuerst kann das angeforderte Medium aus dem »Regal«
geholt werden und der Wechsel am Laufwerk stattfinden, erst
danach erfolgt das Ablegen des bisher aktuellen Speichermediums.

*Jukebox-Be-
schleunigung*

Hinzu kommen softwaretechnische Optimierungen der Jukebox-
Steuerung. Dazu gehören einerseits eine klare Priorisierung der
Leseanforderungen vor den Schreibanforderungen. Andererseits

Prioritäten

sollte die Jukebox-Steuerung sämtliche Anforderungen, die sich von einer in einem Laufwerk vorhandenen Speicherplatte abdecken lassen, direkt bearbeiten. Die Bearbeitung von Anforderungen in der Reihenfolge der Warteschlange kann sonst zu dem Aus- und Einlagern derselben Platte kurz hintereinander führen.

Caching　Ähnlich dem beschriebenen »Prefetch« läßt sich bei der Jukebox-Steuerung ein »Cache-Algorithmus«[32] implementieren. Dabei werden bei der Anforderung einer Seite eines Dokumentes oder einer Akte weitere Seiten automatisch von der Speicherplatte (Archivplatte) in den temporären Speicher kopiert, da die Benutzer erfahrungsgemäß anschließend diese Seiten als nächstes anfordern. Da der Bereich für den Cache limitiert ist, müssen andere Dokumente automatisch aus dem temporären Speicher gelöscht werden. Bei Bedarf sind diese Dokumente wieder von der Archivplatte zu holen. Der Unterschied zum Prefetch ist, daß »Caching« eine Eigenschaft der Systemsoftware und damit unabhängig von der DMS-Anwendung ist, während »Prefetch« durch die DMS-Anwendung gesteuert wird. Außerdem findet bei dem Prefetch kein Löschen anderer Dokumente des temporären Speichers statt.

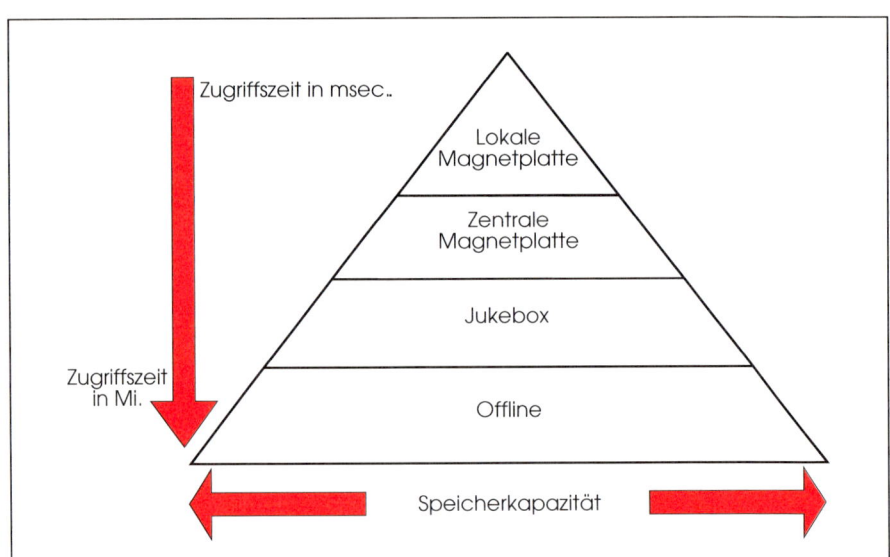

Abb. 70: Speicherhierachie

Speicher-　Werden weitere Speichermedien einbezogen, kann von einer
hierarchie　Speicherhierarchie[33] gesprochen werden. In dieser Hierarchie

---

32 cache: englisches Wort für geheimes Lager oder Versteck.

findet sich auf der obersten Ebene das Speichermedium mit der schnellsten Zugriffszeit und der geringsten Kapazität und auf der niedrigsten Ebene das Speichermedium mit der größten Kapazität, aber langsamsten Zugriffszeit (Abbildung 70). Unter Einbeziehung der lokalen Speicher in den Endgeräten und weiterer Ebenen bei der zentralen Speicherung (z.B. direkt angeschlossener optischer Laufwerke) kann diese Hierarchie sehr komplex werden.

Idealerweise sollte der Cache-Algorithmus daher nicht nur zwei, sondern beliebig viele Ebenen unterstützen. Die Dokumente migrieren (»wandern«) je nach Anforderung durch die Benutzer automatisch zu schnelleren oder langsameren Ebenen. Je öfter ein Dokument angefordert wird, desto schneller wird also der Zugriff auf das Dokument. Die meisten bestehenden DMS-Produkte unterstützen diesen über das einfache Caching hinausgehenden Ansatz jedoch nicht.

> Auch ohne das ein DMS überdimensioniert wird, lassen sich eine Reihe von Optimierungsmaßnahmen zur Reduktion der Antwortzeiten anwenden. Teilweise handelt es sich dabei um technische Eigenschaften der Systeme (z.B. Caching, Doppelgreifer), die im Rahmen der Systemauswahl abgefragt werden können. Ein Teil ist aber stark abhängig von dem organisatorischen Konzept. Die Sinnhaftigkeit dieser Maßnahmen kann dann nur in diesem Zusammenhang ermittelt werden.

7.13 Sicherheitskonzept

Sicherheit in der absoluten Bedeutung des Wortes existiert nicht. Diese Aussage trifft auch bei traditionellen Archiven und Ablagen auf Basis von Papier oder Mikrofilm zu. Bei DMS handelt es sich jedoch um informationstechnische Systeme, die sowohl, was den generellen Zugang zu den Beständen betrifft, als auch bezüglich der differenzierten Behandlung Möglichkeiten bieten, die sich mit traditionellen Verfahren nicht realisieren lassen. So kann im Gegensatz zu einem traditionellen Verfahren nicht nur der Zugriff auf Akten, sondern auch der Zugriff auf Dokumente innerhalb einer Akte differenziert werden. Dokumente werden nach rein organisatorischen Gesichtspunkten zu (elektronischen)

---

33 Die Speicherhierarchie hat nichts mit der Ablagehierarchie des Organisatorischen Konzeptes zu tun. Die Speicherhierarchie ist eine rein systemtechnische Angelegenheit, die sich dem Benutzer gegenüber höchsten durch unterschiedliche Antwortzeiten kenntlich macht.

Akten zusammengestellt, und trotzdem ist ein erhöhter Schutz für bestimmte Dokumente gewährleistet.

Die in der Informationstechnik bekannten Möglichkeiten für den Zugangsschutz durch Benutzerkennung, Paßwort, Verschlüsselung, Magnet- oder Chipkarten sind alle anwendbar. Hinzu kommen Maßnahmen gegen Risiken, die mit der Informationstechnik selbst zu tun haben. Dabei ist einerseits an Schutz vor Computerviren, »Würmern« etc. und vor dem unautorisierten Zugriff von entfernten Netzwerken oder Rechnern zu denken.

Ausfallrisiko

Bei jeder Technik besteht ein Ausfallrisiko, für das entsprechend Vorsorge zu treffen ist. Dieses Risiko hat bei den langen Lebenszeiten für die in DMS verwalteten Dokumente eine besondere Bedeutung. Einerseits entsteht mit dem DMS eine weitere Abhängigkeit des Unternehmens von der Informationstechnik, die die weitgehende Einstellung des Geschäftsbetriebs während eines Totalausfalls bedingt. Andererseits führt die Zerstörung der Daten- bzw. Dokumentbestände auf den Speichermedien zum Verlust der Informationen, ähnlich dem Abbrennen eines Papierarchivs.

Auch bei diesen Risiken gilt, daß keine DMS-spezifischen, sondern die in der Informationsverarbeitung etablierten Verfahren eingesetzt werden. Dazu gehören

❏ redundante Auslegung zentraler Komponenten,
❏ regelmäßige Erstellung von Sicherungskopien,
❏ unterbrechungsfreie Stromversorgung.

⇨ Chronologische Speicherung, Seite 246

Mit diesen Verfahren läßt sich eine höhere Sicherheit als mit papierorientierten Verfahren erreichen, denn niemand kann Sicherheitskopien aller Dokumente eines umfangreichen Papierarchivs anlegen. Bei professionellen DMS mit elektro-optischen Speichermedien hingegen ist es üblich, alle Dokumente auf einer zweiten Speicherplatte abzuspeichern. Unabhängig von dem für die produktiven Speicherplatten gewählten Verfahren erfolgt die Aufzeichnung im allgemeinen chronologisch. Sind die Dokumente auf den Produktionsplatten auch chronologisch gespeichert, handelt es sich um eine Plattenspiegelung.

Rekonstruktion

Automatisch werden auf den optischen Speichermedien auch die Indexwerte aus der Datenbank für das jeweilige Dokument festgehalten. Im Katastrophenfall läßt sich damit auch die Indextabelle rekonstruieren.

Werden Indexwerte in der Datenbank ergänzt oder verändert, nachdem sie bereits mit dem Dokument auf einem WORM-Medium gespeichert wurden, sind diese Änderungen natürlich nicht gesichert. Schon deshalb werden die Indexwerte der Datenbank nach konventionellen Verfahren gesichert. Die Rekonstruktion durch Auslesen der Indexwerte von dem optischen Speichermedium wird daher nur im Ausnahmefall notwendig.

Die Erstellung eines Sicherheitskonzepts für ein DMS gleicht damit der Erstellung eines solchen Konzepts für andere informationstechnische Systeme. Vor allem gilt es zu klären, welche Risiken bestehen, wie sensitiv die Informationen sind und welche Verantwortlichkeiten bestehen. Es wird deutlich, daß dies in erster Linie organisatorische Fragestellungen sind, für die im Idealfall die Antworten bereits feststehen. In diesem Fall müssen die Anforderungen »nur noch« technisch umgesetzt werden. Leider kommt der Idealfall selten vor.

Vor allem die Definiton der Verantwortung für ein Dokument ist häufig eine ungeklärte Frage. Da DMS aber auch zur Verringerung der Redundanz dienen sollen, also Dokumente nur einmal gespeichert werden und außerdem die Notwendigkeit für frühzeitige Auslagerung und Löschung besteht, muß eindeutig festliegen, wer der »Eigentümer« eines Dokuments ist. Dieser Eigentümer entscheidet dann über die Anwendung der Zugriffs-, Veränderungs-, Auslagerungs- und Löschfunktionen, ist also »verantwortlich« für eine bestimmte Dokumentklasse.

> Durch Nutzung der innerhalb von IT-Systemen allgemein verfügbaren Funktionen und bei Beachtung der besonderen Bedeutung des Ausfallrisikos lassen sich bei DMS Konzepte umsetzen, die mehr Sicherheit erreichen, als es mit traditionellen Archiven möglich ist.

7.14 Systembetreuung

DMS benötigen im allgemeinen keine umfangreiche Betreuung. Neben den bisher beschriebenen anwendungsorientierten Funktionen sind aber dennoch einige zusätzlichen Funktionen notwendig, die die Anpassung des DMS an die sich ändernden organisatorischen und technischen Gegebenheiten erlauben. Vorgangssysteme verursachen dabei naturgemäß höhere Administrationsaufwendungen als Archivsysteme. Für die Systemauswahl ist die frühzeitige Berücksichtigung dieser Anforderungen von hoher Bedeutung. Ein System, das die Benutzeranforderungen zwar 100%ig erfüllt, aber geschlossen und starr ist und somit keine Veränderungen zuläßt, kann über die angestrebte lange Lebenszeit keine sinnvolle Lösung sein.

⇨ Definition
und Admini-
stration von
Vorgängen,
Seite 200

Zur Systemadministration gehören zunächst die bei Computern allgemein üblichen Funktionen, wie die Verwaltung der Benutzer, die Vergabe von Zugangs- und Zugriffsrechten oder das Einrichten und Anpassen von System- und DMS-Software. Zu den generellen Funktionen für die IT-Administration kommen aber einige DMS-spezifische Funktionen, die je nach Systemkategorie unterschiedlich umfangreich ausfallen. Vor allem bei Vorgangssystemen entsteht der Bedarf für eine kontinuierliche Anpassung des Systems, wie bereits in der Beschreibung des organisatorischen Konzepts erläutert.

Vorgangs-
definition

Vorgänge sind mit ihren Abläufen, den Aufgaben und beteiligten Rollen zu definieren, damit sie von dem Vorgangssystem unterstützt werden können. Den Rollen müssen wiederum Mitarbeiter zugeordnet werden. Bei einer unternehmensweiten Einführung ist also prinzipiell die gesamte Unternehmensorganisation abzubilden. Man wird zwar im ersten Schritt nur einzelne Vorgänge unterstützen, durch die vielfältigen Abhängigkeiten ist aber gerade für die ersten Vorgänge der größte Definitionsaufwand zu leisten.

Aufgrund der Komplexität ist ein schrittweises Vorgehen je Vorgang mit Analyse, Simulation eines Soll-Vorganges und Modellierung (d.h. Implementierung) der Vorgangsunterstützung notwendig. Zur Bewältigung dieser Phasen existieren bei den Vorgangssystemen eine Reihe von Werkzeugen. Möglichkeiten und Grenzen dieser Werkzeuge wurden bei der Vorgangsbearbeitung bereits kurz beschrieben.

Der Administrationsaufwand für Vorgangssysteme wirkt häufig abschreckend, weil er als Zusatzaufwand gesehen wird. Nachdem aber der Status quo definiert ist, bietet vor allem die Simulation verschiedener organisatorischer Alternativen bisher ungeahnte Möglichkeiten.

Die notwendigen Arbeiten sollten daher gesehen werden als

❑ Aufwand zur Gestaltung und Fortentwicklung der Organisation,
❑ Möglichkeit, organisatorische Fehlentwicklungen im Vorfeld zu vermeiden,
❑ Dokumentation der Unternehmensorganisation.

Bei dieser Sichtweise werden die ohnehin anfallenden organisatorischen Veränderungen mit Hilfe von informationstechnischen Werkzeugen generiert und nicht innerhalb der Informationstechnik »nachgeführt«. Die Unterstützung durch das Vorgangssystem kann fast als »Abfallprodukt« dieser Definitionen gesehen werden.

Nicht nur bei Vorgangssystemen, sondern auch bei Archiv- und Recherchesystemen sind im Laufe der Zeit Veränderungen notwendig. So können Veränderungen der Indexstruktur notwendig werden. Mit dem produktiven Betrieb ergibt sich beispielsweise die Erfahrung, daß bestimmte Indexfelder nicht benötigt werden, andere Index-Felder dafür sehr hilfreich wären. Da die Verwaltung des Index meist über verbreitete relationale (Standard-)Datenbanken erfolgt, können die dort vorhandenen Möglichkeiten genutzt werden. Dabei ist die nachträgliche Ergänzung oder Löschung einzelner Felder (bzw. Spalten) der Indextabelle technisch problemlos. Zu beachten ist allerdings, daß das neue Feld für bestehende Dokumente leer ist und sie damit der Recherche über dieses neue Feld nicht zugänglich sind.

Die anschließend erforderlichen Veränderungen der Eingabe- und Recherchemasken erfolgen bei Standardprodukten durch entsprechende Werkzeuge auf sehr komfortable Art. Explizit und detailliert müssen diese Anforderungen nur dann definiert werden, wenn die Verwaltung der Indexwerte über herstellerspezifische Software erfolgt.

Aufgrund der langen Lebenszeit mancher Dokumente und der schnellen technologischen Entwicklung benötigen professionelle DMS Hilfsprogramme zur Reorganisation der Datenbestände. Diese Reorganisationsprogramme ermöglichen dann beispielsweise die Übernahme der Dokumente von einem »alten« 650 MB-Speicher auf einen »neuen« 1,3 GB-Speicher. Dies ist mehr als nur ein Kopiervorgang, da die internen Verwaltungsinformationen (welches Dokument ist auf welchem Medium an welcher Stelle) ebenfalls aktualisiert werden müssen. Außerdem sind Reorganisationprogramme für die Zusammenführung logisch zusammengehörender Dokumente von mehreren Speichermedien notwendig.

Für eine effiziente Systemadministration sind schließlich eine Vielzahl weiterer Funktionen hilfreich. Vor allem Angaben über die Benutzung des DMS und die Auslastung von Jukeboxen und Speichermedien machen frühzeitige Anpassungen an veränderte Duchsatzanforderungen möglich.

Außerdem besteht bei der Administration Bedarf für Übersichten der Dokumentbestände nach verschiedenen Kriterien. Damit lassen sich beispielsweise die Dokumente identifizieren, die ausgelagert oder gelöscht werden können. Auch für das Auslagern und Löschen sind natürlich wieder unterstützende Funktionen gefordert. Im allgemeinen lassen sich diese Übersichten mit den bei Standard-Datenbanken verfügbaren Hilfsprogrammen problemlos erstellen.

Index-Strukturen anpassen

Reorganisation

Auslastung von DMS, Jukeboxen und Speichermedien

Übersicht der Bestände

Bei der Systemauswahl sind neben den benutzer- und anwendungsspezifischen Funktionen auch solche für die Systemadministration zu fordern. Dabei ist vor allem der rechtlichen Seite und der Langlebigkeit der Bestände Rechnung zu tragen. Vor allem Informations- und Reorganisationsfunktionen für den Datenbestand sind essentiell. Sofern keine Standarddatenbank benutzt wird, sind die Funktionen für Veränderungen der Indexstruktur exakt zu spezifizieren.

7.15 Technisches Konzept der EXAMPLE GmbH

Informatikstrategie

Aus der Informatikstrategie der EXAMPLE GmbH ergeben sich als **Leitlinien** für das **technische Konzept**, daß die DMS-Lösung weitestgehend **hardware- und herstellerunabhängig** sein soll. Dabei ist **Standardanwendungssoftware** generell gegenüber Individual-Entwicklungen vorzuziehen. Weiterhin muß sich das DMS soweit möglich an **De-Facto- und De-Jure-Standards** orientieren. Bezüglich der technischen Basis wird nur festgelegt, daß das DMS gemäß dem **Client-Server-Konzept** realisiert sein sollte und die vorhandenen informationstechnischen **Infrastrukturen genutzt** und ergänzt, aber nicht ersetzt werden sollen. Dabei ist zu berücksichtigen, das die EXAMPLE GmbH langfristig beabsichtigt, Terminals durch PC als multifunktionale Endgeräte zu ersetzen.

Systemkonzept

Das DMS wird als Client-Server-Konzept realisiert. Zentraler Rechner für alle DMS-Services soll **ein Unix-System** werden. Bei weiterem Ausbau zur unternehmensweiten Infrastruktur können weitere Unix-Systeme Services übernehmen. An den Arbeitsplätzen der Benutzer sind PC vorgesehen. Betriebssystem und grafische Oberfläche werden im Zusammenhang mit der Vereinheitlichung der Textverarbeitung, der Umsetzung der generellen IT-Maßnahmen und der DMS-Auswahl bestimmt. Unix-System und PC werden über das **bestehende Ethernet** verbunden.

Die PC der Rechnungsprüfer und Einkäufer erhalten **19-Zoll-Bildschirme mit 100 dpi** Auflösung und **lokale Magnetplatten mit 500 MB** Speicherkapazität. Andere Nutzer, die auf absehbare Zeit nur gelegentlich lesend auf das DMS zugreifen, erhalten hochauflösende 15- oder 17-Zoll-Bildschirme. Bei den Rechnungsprüfern wird **ein PC-Laserdrucker zusätzlich** installiert. Die **Eingabestation** in der neuen Scanstelle besteht aus einem PC, einem Scanner und einem Drucker. Für PC und Drucker werden die erwähnten Konfigurationen benutzt. Für das gegebene Scanvolumen reicht **ein Flachbettscanner mit Stapeleinzug** aus.

Um 170.000 NCI- und 85.000 CI-Dokumente p.a. zu speichern, benötigt man eine **Archivkapazität** von ca. 9 GB[34]. Da **zwei Jahre** im schnellen Zugriff sein sollen, werden optische Platten mit **20 GB** installiert. Hinzu kommen zentralseitige **Magnetplattenkapazitäten von 5 GB** für die DMS-Software, die Vorgangsbearbeitung und die Zwischenspeicherung von Dokumenten. Die zentrale Datensicherung erfolgt konventionell auf einem Magnetband. Obwohl sich die 20 GB Archivkapazität auch mit einzelnen Laufwerken realisieren ließe, wird eine **Jukebox-Lösung** wegen dem beabsichtigten weiteren Ausbau bevorzugt. Wegen der weiter fortgeschrittenen Standardisierung werden **5,25-Zoll-WORM**-Medien gewählt.

Antwortzeitoptimierung

Die **Lieferantenkonditionen und die offenen Vorgänge** müssen in sehr schnellem Zugriff sein. Sie werden daher **auf der Magnetplatte** vorgehalten. Es ist eine **geclusterte Abspeicherung** auf der Ebene der Rechnungsvorgangsakte gefordert. Eine Lieferantenakte kann sich zwar über mehrere Laufwerke erstrecken, ein Rechnungsvorgang ist aber zusammenhängend auf einer Platte zu finden. Bei der Antwortzeit gilt: je kürzer, desto besser. Weitere Optimierungsmaßnahmen werden daher bei der Systemauswahl berücksichtigt.

Integration

Der Austausch der Rechnungsdaten bei der Erfassung im Dialog wird über eine fensterorientierte **Terminalemulation** geleistet, die über eine **definierte Schnittstelle** die Daten an das DMS-Index-Erfassungsfenster übergibt. Welche Schnittstelle zum Einsatz kommt, hängt von der noch auszuwählenden Systemsoftware am Arbeitsplatz ab. Für die Übernahme der CI-Dokumente aus dem operativen System wird ein entsprechender **Filetransfer** benötigt. Weiterer **Integrationsaufwand** entsteht für:

❑ Extraktion der Indexwerte aus den CI-Dokumenten,
❑ Definition und Konfiguration der von der operativen Anwendung zu übernehmenden Daten,
❑ Anpassung von Vorgangssteuerung und E-Mail-System,

---

34 170.000×50 KB + 85.000×3 KB = 8,755 GB.

❑ Ergänzung der Rechnungserfassung um Barcode-Eingabe,
❑ Definition und Konfiguration der bei der systemübergreifenden Recherche zu übernehmenden Daten.

Sicherheit

Für die Zugangs- und Zugriffssicherheit sind die Standardfunktionen mit **Benutzeridentifikation** und **Paßwort**, sowie **benutzer- und benutzergruppenbezogene Zugriffsrechte bis auf Dokumentenebene** ausreichend. Soweit der Paßwort-Algorithmus des Betriebssystems von der DMS-Software genutzt werden kann, ist damit auch das beschriebene Genehmigungsverfahren realisierbar.

Um das Ausfallrisiko zu minimieren, werden die zentralen Systeme über eine **unterbrechungsfreie Stromversorgung** betrieben. Außerdem werden die Dokumente neben der Archivplatte auf einer **zweiten optischen Platte** (chronologisch) gespeichert. Die **Jukebox** benötigt daher mindestens **zwei Laufwerke**. Die zentrale Magnetplattenkapazität wird über die **RAID**-Technologie realisiert.

Ansonsten gilt wie bei der Antwortzeitoptimierung, daß zusätzliche Maßnahmen zur Ausfallsicherheit bei der Systemauswahl positiv bewertet werden.

8. Wirtschaftlichkeit

DMS sind nicht per se wirtschaftlich, ein Return on Investment wird erst durch entsprechende Konzeption und Ausnutzung der organisatorischen Nutzenpotentiale erreicht. Die oft erwarteten hohen Einsparungen in einem Unternehmen durch Ablösung der papierorientierten Ablagen und Archive (Raum- und Materialkosten) stellen sich meistens nicht direkt ein oder werden bereits von den notwendigen Anfangsinvestitionen übertroffen. Eine positive Bilanz in bezug auf die Einführung eines DMS kann nach Erfahrung der Autoren erst durch die Ausnutzung der mit dem DMS verbundenen organisatorischen Möglichkeiten erreicht werden.

Art und Umfang der möglichen Nutzenpotentiale und der notwendigen Investitionen sind dabei in erster Linie abhängig von der mit dem DMS angestrebten Systemkategorie. Eine Einteilung in einmalige und laufende Kosten-Nutzen-Aspekte sowie eine Differenzierung in quantitative und qualitative Kriterien hat sich dabei als vorteilhaft erwiesen.

Wirtschaflich-keit ist abhängig von der Systemkategorie

Die folgenden Abschnitte beschreiben die generelle Vorgehensweise und die in Zusammenhang mit DMS zu berücksichtigenden Nutzenpotentiale und Kostenblöcke. Für die Durchführung nach den Methoden der Investitionsrechnung möchten wir auf die einschlägige Fachliteratur verweisen.[1]

8.1 Generelle Vorgehensweise

Die Wirtschaftlichkeitsbetrachtung ist eine Projektphase, die die Ergebnisse anderer Projektphasen unter monetären Gesichtspunkten bewertet und gegenüberstellt.

In der Ist-Analyse werden die notwendigen Zeit- und Mengengerüste der bestehenden Verfahren erfaßt. Das organisatorische und das technische Konzept liefern die Konditionen für das zukünftige DMS-gestützte Verfahren.

Die Aufgabe der Wirtschaftlichkeitsbetrachtung ist nun darin zu sehen, die Kosten auf der Zeitachse einzuordnen und mit entsprechenden Abzinsungsfaktoren zu gewichten. Die Aufstellungen können getrennt für das bestehende Verfahren und das DMS gemacht werden (empfiehlt sich bei mehreren Alternativen), sie

---

1 Blohm/Lüder 1988 und Nagel, K. 1990.

können aber auch direkt in einer Aufstellung gegenübergestellt werden.

Die Zuverlässigkeit und Genauigkeit der anzusetzenden Kosten läßt sich durch die Einschaltung von externen Experten verbessern, da diese auf Erfahrungswerte aus anderen Projekten zurückgreifen können. Außerdem empfiehlt es sich, bei Anbietern unverbindlich wesentliche Komponenten abzufragen. Bei größeren Projekten lassen sich die Kostenansätze durch eine Ausschreibung konkretisieren und absichern.

Zunächst werden die quantifizierbaren Kosten- und Nutzenfaktoren, getrennt in einmalige und laufende Kosten, und quantifizierbaren Nutzenpotentiale, zusammengestellt. Die qualitativen Faktoren werden nach dem gleichen Schema zusammengetragen und gemeinsam mit den Entscheidungsträgern des Unternehmens gewichtet. Ergeben sich mehrere Alternativen, kann hier zusätzlich durch einen geschätzten Abdeckungsgrad pro Alternative differenziert werden.

Die Entscheidungsgrundlage besteht dann einerseits aus einem Kapitalwert und andererseits aus qualitativen Vorteilen. Die Entscheidung kann außerdem durch bestimmte Umstände beeinflußt werden, die wir als Opportunitätsfaktoren bezeichnen und die die Dringlichkeit eines Vorhabens ausdrücken.

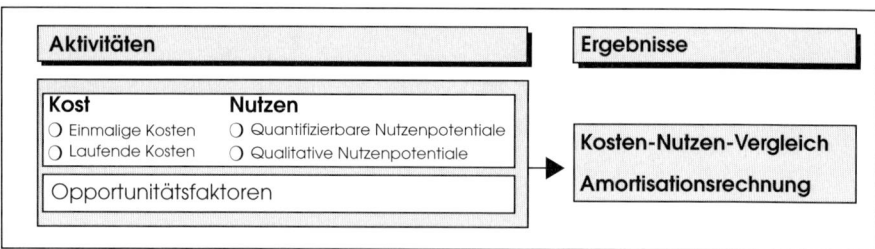

Abb. 71: Projektablaufplan Wirtschaftlichkeit

Im Bereich der öffentlichen Verwaltung wird bereits eine ähnliche Vorgehensweise praktiziert. Allerdings bezieht sich das von der KBSt (Koordinierungs- und Beratungsstelle der Bundesregierung) entwickelte Verfahren auf generelle IT-Vorhaben und zielt noch mehr auf eine Betrachtung der Differenzkosten (direkte Gegenüberstellung von Kosten und Nutzen). Außerdem wird in diesem Verfahren zusätzlich die Haushaltswirksamkeit der Faktoren berücksichtigt[2].

---

2 KBSt 1992.

8.2 Einmalige und laufende Kostenfaktoren

Der Umfang der Investitionen, die bei der Einführung eines DMS anfallen, schwankt in großen Bandbreiten. Unter anderem ist die Höhe der notwendigen Investitionen abhängig von

❏ der Größe der Installation (Anzahl der Arbeitsplätze, Archivierungsvolumen, täglicher Zuwachs),
❏ der erwarteten Durchsatzleistung des Systems,
❏ der Funktionalität des Systems (Darstellung und Aufbereitung am Bildschirm, Recherchemöglichkeiten, Integration mit anderen Anwendungen) und
❏ dem Grad der Vorgangsunterstützung (Automatisierung, Möglichkeiten der Weiterleitung und Steuerung).

Es wäre deshalb nicht seriös, einen generellen Kostenrahmen anzugeben. Sind PC-basierte Einzelplatzsysteme inklusive Scanner, Datenbank und Software schon für weniger als 50.000 DM erhältlich, so können die einmaligen Investitionen für ein System mit 10 bis 50 Arbeitsplätzen, Software, Servern, Eingabeplätzen und entsprechender Jukebox mühelos eine Million DM übersteigen.

Um dem Leser wenigstens einen ungefähren Anhaltspunkt zu geben, haben wir für einige Kostenfaktoren Bandbreiten zusammengestellt:

❏ Mehrplatzsysteme (Datenbank- und Image-Server, Eingabestationen, Jukebox mit Laufwerken) erfordern typischerweise eine Anfangsinvestition von 500 TDM bis 1000 TDM.
❏ Hinzuzurechnen sind Investitionen je Arbeitsplatz in Höhe von 5 TDM bis 20 TDM und
❏ Investitionen zwischen 100 TDM und 300 TDM für Softwareanpassungen und Programmierung.

Es ist zu bedenken, daß sich die Preise für Hardware kontinuierlich verringern, für Software, Beratung sowie alle personenbezogenen Kostenfaktoren in Zukunft aber eher mehr anzusetzen ist. Die folgende Abbildung 72 zeigt alle einmaligen Kostenfaktoren, die in der Wirtschaftlichkeitsbetrachtung eine Rolle spielen können.

Einmalige Kosten	
(1) Personalkosten	**(2) Sachkosten**
Programmierung	Datenbank- und Image-Server
Projektbezogener Personaleinsatz	Jukebox mit Laufwerken
Grundschulung der Anwender	Eingabestation mit Scanner
Schulung der Systembetreuer	Recherche- und Abfragestation
Übernahme der Altbestände	Druckerstation (zur Reproduktion)
Reorganisation der Arbeitsabläufe	Verkabelung und Vernetzung
Anpassungen an andere Anwendungen	Externe Beratung
Software- und Hardwareinstallation	Softwareanschaffung

Abb. 72: Mögliche einmalige Kosten

Stufenplan be-
rücksichtigen

Einmalige Kosten können sich auch über einen längeren Zeitraum verteilen. Sieht der Realisierungsplan zum Beispiel eine Systemeinführung in mehreren Stufen vor, so kann dies zu einmaligen, der eigentlichen Einführung nachgelagerten Investitionen zu definierten Zeitpunkten führen. Die Migration von dem bisherigen Verfahren zum DMS kann erheblichen Einfluß auf die Wirtschaftlichkeit eines DMS haben. Es ist deshalb immer der gesamte Einführungszeitraum in der Wirtschaftlichkeitsbetrachtung zu berücksichtigen.

Laufende Kosten entstehen als Folge des Systemeinsatzes und der durch das DMS gebundenen Personalkapazität. Die laufenden Sachkosten bestimmen sich weitgehend wiederum über die Höhe der Investitionen, bedingt durch die Positionen für Abschreibung und Wartung. Die Abgrenzung der Sachkosten gestaltet sich im allgemeinen noch relativ einfach. Auch die direkt mit dem DMS verbundenen Personalkosten wie interne Kosten für Wartung, Pflege und Systemadministration des DMS lassen sich recht unproblematisch zuordnen. Schwieriger wird es bei den Personalkapazitäten, die mit der Nutzung des DMS verknüpft sind, da oft nicht exakt ermittelt werden kann, welche Zeiten für welche Arbeitsschritte in der Wirtschaftlichkeitsbetrachtung anzusetzen sind und da außerdem konkrete Erfahrungswerte fehlen. Die folgende Abbildung 73 bietet einen Überblick über die wesentlichen Kostenfaktoren.

Laufende Kosten	
(1) Personalkosten	**(2) Sachkosten**
Systembetreuung und -pflege	Wartungsgebühren für Hardware und Software
Weiterentwicklung	Abschreibungen
Ausbildung, Schulung	Finanzierungskosten
Aufwand für Scannen und Indexieren	Raumkosten
	Verbrauchsmaterial (optische Speicher, Barcode-Aufkleber etc.)
	Versicherungen

Abb. 73: Mögliche laufende Kosten

Den einzelnen Positionen, sowohl bei einmaligen als auch laufenden Kosten sind die Kosten gegenüberzustellen, die als Pendant in dem heute im Einsatz befindlichen System bestehen und durch die Einführung des DMS wegfallen oder zukünftig gar nicht erst auftreten (Einsparungen). Bezogen auf die Raumkosten bedeutet das, daß es nicht nur darum geht, den heute genutzten Archivraum inklusive aller Nebenkosten aufzuführen, sondern zusätzlich auch die Kosten mit in die Betrachtungen einzubeziehen, die durch Erweiterungen des derzeitigen Archivvolumens zukünftig zum Tragen kommen würden.

8.3 Quantitative Nutzenpotentiale

Der Nutzen, der durch den Einsatz eines DMS entsteht, läßt sich nicht vollständig quantifizieren. Im folgenden werden die relevanten Potentiale nach den Systemkategorien unterschieden.

Archivsysteme bieten in der Regel quantifizierbare Nutzenpotentiale durch die Einsparung von Raum- und Materialkosten sowie durch direkt mit dem Archiv verbundene Aufwendungen für Serviceleistungen und Personal. Bei den Raumkosten ist zu bedenken, daß nur der Raum eingespart wird, der einerseits durch den durch das DMS nicht mehr entstehenden Neuzugang an Dokumenten frei bleibt und andererseits durch Reduzierung von Altbeständen nach Ablauf der Aufbewahrungsfrist frei wird. Eine Auflösung des Gesamtbestands an Dokumenten durch Übernahme in das DMS würde zwar erhebliche Freiflächen schaffen, sie scheitert aber meist an den damit verbundenen Kosten für Aufbereitung, Scannen und Indexieren. Außerdem ist zu berücksichtigen, daß in vielen Fällen sehr günstiger (Keller-)Raum als Ar-

⇨ Altbestandsübernahme, Seite 154

chivfläche genutzt wird. Nennenswerte Einsparungspotentiale bezüglich Raumkosten können deshalb nur langfristig erzielt werden. Ähnlich verhält es sich mit den Materialkosten. Nur die Kosten, die durch Vermeidung von Neuzugängen eingespart werden, können in die Nutzenbetrachtung einbezogen werden.

Etwas besser stellen sich Potentiale durch Einsparung von Serviceleistungen und Personal dar. Unter der Annahme, daß die Zugriffe auf den Altbestand (in Papierform) in sehr kurzer Zeit (meist weniger als ein Jahr) deutlich zurückgehen und die Zugriffe mehr und mehr auf das DMS erfolgen, können auch die mit dem bisherigen Archiv verbundenen Serviceleistungen und Personalaufwendungen in gleichem Maße reduziert werden. Zusätzliche Nutzenpotentiale durch die Einsparung von Wegezeiten und von Kosten für Botendienste können nur erschlossen werden, wenn das Archivsystem einen Zugriff direkt vom Arbeitsplatz des Anwenders oder doch zumindest von einem Arbeitsplatz in der Nähe des Anwenders erlaubt. Oft ist diese Komponente des dezentralen Zugriffs in reinen Archivierungslösungen nicht enthalten.

Weitere, aber oft schwer quantifizierbare Nutzenpotentiale können sich dadurch ergeben, daß Fehlablagen im Archiv und der Verlust von Dokumenten vermieden werden. Durch die geringen quantitativen Nutzenpotentiale stehen Archivsysteme nach wie vor in direktem Wettbewerb mit Mikrofilmsystemen.

Der quantifizierbare Nutzen von **Recherchesystemen** umfaßt im wesentlichen die gleichen Potentiale wie bei Archivsystemen. Allerdings lassen sich zusätzliche Potentiale dadurch erschließen, daß Warte- und Suchzeiten für Rechercheanforderungen durch die Hilfsmittel bei der Recherche erheblich reduziert werden können. Zusätzlich zu den schon bei Archivsystemen angesprochenen Potentialen ergeben sich damit einige Möglichkeiten, die Effizienz der Bearbeitung von Recherchenforderungen zu verbessern und entsprechende Arbeitszeiten einzusparen.

In Fällen, in denen sich Rechercheanfragen häufig auf ähnliche Sachverhalte beziehen, entstehen im herkömmlichen Verfahren Verfügbarkeitslücken, da immer wieder die gleichen Dokumente in den Trefferlisten angegeben werden (Dokument gerade ausgeliehen). Im Gegensatz dazu sind in einem DMS alle Dokumente jederzeit verfügbar. Das damit vermiedene vergebliche Suchen und entfallende Anfragen lassen sich als quantifizierbarer Nutzen in die Wirtschaftlichkeitsbetrachtung einbringen.

Die umfangreichsten Nutzenpotentiale werden sich im allgemeinen bei **Vorgangssystemen** nachweisen lassen. Zum einen wer-

den sich auch hier die schon bei den Archiv- und Recherchesystemen aufgeführten Einsparungen für Raum- und Materialkosten und die mit der Pflege der Bestände zusammenhängenden
Personalkosten (Archiv- und Serviceleistungen) einstellen. Zum
anderen wird sich die Reduzierung von Transport- und Liegezeiten in höherem Maße positiv auswirken, da bei Vorgangssystemen der gesamte Arbeitsablauf mit in die Betrachtungen einbezogen werden kann. Damit wird auch die Verkürzung der
Durchlaufzeit von der Initiierung eines Vorgangs bis zu dessen
Abschluß zum quantifizierbaren Nutzenpotential. Ergebnisse aus
konkreten Projekten haben gezeigt, daß Vorgänge zu einem erheblichen Anteil aus Transport-, Liegezeiten, Kopier- und Verteilzeiten und Zeiten für die Wiedereinarbeitung in einen Vorgang
bestehen. Die reine Bearbeitungszeit beträgt oft nur 10% der
gesamten Durchlaufzeit.[3]

Oft ergeben sich Nutzenpotentiale bei Vorgangssystemen schon
dadurch, daß verschiedene Tätigkeiten wegfallen. Hier sind zum
Beispiel alle Arbeitsschritte gemeint, die mit der Steuerung des
Ablaufs eines Vorgangs zusammenhängen. Aber auch unterstüt-
zende Funktionen wie etwa die automatische Bereitstellung von
Dokumenten optimieren den Ablauf.

⇨ Prefetch, Seite 195

Da wir bereits allgemein im Kapitel »Überblick und Grundlagen« und etwas spezieller im Kapitel »Vorgangsbearbeitung« auf
diese Potentiale eingegangen sind, möchten wir uns hier auf eine
Zusammenfassung beschränken. Die folgende Abbildung 74
stellt die quantifizierbaren Nutzenpotentiale differenziert nach
Systemkategorien gegenüber. Dabei ist zu bedenken, daß zwar
gleiche Potentiale bei unterschiedlichen Systemkategorien auftreten, die jeweilige Bedeutung aber durchaus unterschiedlich
einzuschätzen ist.

⇨ Nutzen-
potentiale,
Seite 13

⇨ Vorgangs-
bearbeitung,
Seite 181

3 Erfahrungswerte aus verschiedenen Projekten der Autoren.

```
┌──────────────────────────────────────────────────────────────────────────┐
│ ┌─────────────────────┐                                                     │
│ │  Vorgangssysteme    │                                                     │
│ └─────────────────────┘                                                     │
│ Verkürzung der Durchlaufzeit:                                               │
│ – Wegfall von Transportzeiten                                               │
│ – Wegfall von Kopier- und Verteilzeiten                                     │
│ – Ersetzen der internen Formulare                                           │
│                                                                             │
│ Einsparung von Personalkosten:                                              │
│ – Automatisierung der Dokumentation der Abläufe                             │
│ – Unterstützung von Terminverfolgung Wiedervorlage                          │
│ – Wegfall von Arbeitsschritten, z.B. für Sortieren und Ablegen von Dokumenten│
│ – Wegfall von Botendiensten (insbes. bei geographisch verteilten Standorten)│
│ – Wegfall von Wiedereinarbeitung durch die ununterbrochene Bearbeitung (»Rüstzeiten«)│
│ – Reduzierung von Rückfragen durch sofortige Auskunftsbereitschaft          │
│                                                                             │
│ ┌─────────────────────┐                                                     │
│ │  Recherchesysteme   │                                                     │
│ └─────────────────────┘                                                     │
│ Zeiteinsparung:                         ┌─────────────────────┐             │
│ – Warte- und Suchzeiten bei Rechercheanfragen │  Archivsysteme   │          │
│ – Reduzierung von Verfügbarkeitslücken   └─────────────────────┘            │
│ – Komfortabler und schneller Zugriff    Zeiteinsparung:                     │
│                                         – Wege- und Wartezeiten             │
│ Einsparung von Sachkosten:                                                  │
│ Verbrauchsmaterial für Kopien           Einsparung von Sachkosten:          │
│                                         – Raum (Miete), Material            │
│ Reduzierung der Personalkosten:         – Reduzierung der Ablageredundanz   │
│ – Umfangreiche, schnelle Rechercheverfahren                                 │
│ – Serviceleistungen                     Reduzierung der Personalkosten:     │
│ – Vermeidung von Mehrfachentwicklungen  – Serviceleistungen, Archivverwaltung│
│   durch vollständige Informationsbasis  – Wegfall von Sortier- und Ablageaufwand│
│                                         – Wegfall von Umlagerung und Entsorgung│
└──────────────────────────────────────────────────────────────────────────┘
```

Abb. 74: Quantitative Nutzenpotentiale nach Systemkategorien

8.4 Qualitative Nutzenpotentiale

Qualitativer Nutzen in Verbindung mit DMS kann sich unter anderem durch zusätzliche Motivation der Mitarbeiter, durch ein verbessertes Controlling oder durch positive Auswirkungen auf die Marktposition des Unternehmens einstellen. Auch hier ist wie schon bei den quantitativen Nutzenpotentialen eine nach System-kategorien differenzierte Betrachtung sinnvoll.

Die Einführung eines **Archivsystemes** wird nur in seltenen Fäl-len die Marktposition des Unternehmens beeinflussen. Unter Umständen erlauben statistische Auswertungen, die erst durch die Einführung des Archivsystems ohne großen zusätzlichen Auf-wand möglich werden, einen detaillierten Einblick in Zugriffs-strukturen. Qualitativer Nutzen von Archivsystemen zeigt sich in den Möglichkeiten der Motivation der Mitarbeiter, die mit Ein-führung des Archivsystems einen fortschrittlichen, modernen Arbeitsplatz erhalten und nicht mehr mit Bergen von unhandli-chen Akten arbeiten müssen.

In bezug auf **Recherchesysteme** sind qualitative Veränderungen vor allen Dingen darin zu sehen, daß die systemseitig zur Verfü-gung gestellten Rechercheverfahren neue Auswahlmöglichkei-ten bieten und damit auch qualitativ bessere Ergebnisse liefern. Unternehmen werden in die Lage versetzt, die vorhandene Informationsbasis effizienter zu nutzen. Damit wird gleichzeitig die Basis für viele Entscheidungen qualitativ aufgewertet.

Zeigten **Vorgangssysteme** schon bei den quantifizierbaren Nutzenfaktoren die größten Potentiale, so gilt dies erst recht für die qualitativen Aspekte. Vorgangssysteme gehören zu den Systemen, die eine prozeßorientierte Gestaltung der Arbeitsabläufe überhaupt erst ermöglichen. Durch die ganzheitliche Bearbeitung von Vorgängen ohne verfahrensbedingte Unterbrechungen (Akte nicht verfügbar) werden Mitarbeiter motiviert, weil ihnen mehr Verantwortung übertragen wird und weil ihre Arbeitsleistung nicht durch »unproduktive« Arbeitsschritte wie etwa das Suchen von Dokumenten beeinträchtigt wird. Gleichzeitig wirkt eine sofortige Auskunftsbereitschaft positiv auf den Kunden. In der Summe kann die Umsetzung der qualitativen Nutzenpotentiale die Wettbewerbsfähigkeit eines Unternehmens verbessern und die Markposition stärken.

Gerade in der Kategorie Vorgangssysteme geben die qualitativen Nutzenfaktoren oft den Ausschlag für den Einsatz eines DMS. Die folgende Abbildung 75 zählt die Nutzenpotentiale getrennt nach Systemkategorien auf.

Vorgangssysteme

Motivation der Mitarbeiter:
- Ganzheitliche Bearbeitung und erweiterte Arbeitsinhalte
- Vermeidung von Medienbrüchen (CI und NCI in einem System)
- Vermeidung von Arbeitsunterbrechungen

Besserer Kundenservice:
- Verkürzung der Reaktionszeit auf Anfragen
- Sofortige, umfassende Auskunft

Besseres Controlling:
- Statistische Auswertungen, Protokollierung von Abläufen und Zugriffen
- Regulierung durch Steuerungsmechanismen

Bessere Nutzung bzw. Erweiterung der Informationsbasis:
- Speicherung beliebiger (multimedialer) Informationen
- Bereichsübergreifende Zugriffe, geographische Unabhängigkeit
- Verbesserte Integration in die Informatiklandschaft

Bessere Nutzung der Möglichkeiten der Informatik:
- Zugriffsrechte, Datensicherung

Bessere Qualität der Arbeitsergebnisse:
- Verbesserte Planungsgrundlage
- Sicherstellung der Aktualität der verwendeten Dokumente

Recherchesysteme

Motivation der Mitarbeiter:
- Komfortables Suchen
- Geographische Unabhängigkeit

Bessere Nutzung der Informationsbasis:
- Umfangreiche Recherchefunktionen
- Umfassendere Trefferlisten

Archivsysteme

Motivation der Mitarbeiter:
- Moderne Arbeitsmittel
- Saubere Arbeitsumgebung

Bessere Nutzung der Informatik:
- Ordnungsmäßigkeit
- Vollständigkeit

Abb. 75: Qualitative Nutzenpotentiale nach Systemkategorien

8.5 Opportunitätsfaktoren

Unabhängig von der Systemkategorie können dringende Gründe gegeben sein, die die Einführung eines DMS rechtfertigen oder zumindest in die Entscheidungsfindung einzubeziehen sind. Ein klassisches Beispiel hierfür ist, daß durch das steigende Geschäftsvolumen der noch zur Verfügung stehende Archivraum in absehbarer Zeit erschöpft sein wird. Sind Erweiterungen mit preiswerten Räumen nicht mehr möglich (Innenstadtlage) oder muß sogar ein Neubau in Erwägung gezogen werden, dann werden die Zusatzkosten erheblichen Einfluß auf die Wirtschaftlichkeitsbetrachtungen haben. Man kann sich aber auch vorstellen, daß ein bestehendes Mikrofilmsystem abzulösen ist, weil Systemgrenzen einen weiteren Ausbau nicht mehr erlauben oder weil das System vom Hersteller in absehbarer Zeit nicht mehr gewartet wird. Außerdem ist zu berücksichtigen, daß die Wartungskosten für Mikrofilmsysteme im Vergleich zu entsprechenden DMS im allgemeinen recht hoch sind. Der Anteil der anstehenden Investitionen, die dem DMS zuzurechnen sind, ist dabei nur schwer zu bestimmen.

Ein weiterer Aspekt betrifft die Erfüllung innerbetrieblicher Anforderungen an den Datenschutz oder die Datensicherheit in bezug auf Dokumente und deren Inhalt. In vielen Unternehmen sind die Archivräume und Registraturen mehr oder weniger frei zugänglich, und ein Teil der Unterlagen ist sowieso ständig im Umlauf (und nicht hinter verschlossenen Türen). Eine Garantie für den Schutz der Daten vor dem Zugriff Unbefugter ist oft nicht gegeben und Risiken, die zu einer Vernichtung der Dokumente führen (Überschwemmung, Feuer durch Brandstiftung oder Fahrlässigkeit), sind nicht abgedeckt. Darüber hinaus können gesetzliche Anforderungen eine Veränderung des Bearbeitungs- und Ablageverfahrens bedingen.

Es hat sich bewährt, diese Opportunitätsfaktoren nach ihrer Dringlichkeit abzuwägen: Zu überlegen ist dabei immer, mit welchen Auswirkungen gerechnet werden muß, wenn das bestehende System nicht durch ein DMS abgelöst wird.

Die Wirtschaftlichkeitsbetrachtung für ein DMS basiert, wie jede Ex-ante-Betrachtung, auf vielen Annahmen. Die Wirtschaftlichkeitsaussagen sind mit entsprechenden Unsicherheiten behaftet.

Grundsätzlich bietet jede Systemkategorie das Potential einen Amortisationszeitpunkt innerhalb weniger Jahre zu erreichen.

Eine rein auf monetären Betrachtungen aufbauende Wirtschaftlichkeitsaussage ist nicht ausreichend. Eine endgültige Beurteilung muß immer auch qualitative Faktoren und Opportunitätsfaktoren einbeziehen. Letztendlich wird der tatsächliche Nutzen eines DMS aber von der Sorgfalt und dem Erfolg der Einführung und der Motivation der beteiligten Mitarbeiter abhängen.

8.6 Wirtschaftlichkeit EXAMPLE GmbH

Nutzen

Durch die Automatismen für Statistiken, Allonge und Archivierung sowie die vereinfachte Kommunikation und Abstimmung durch direktes Fax, E-Mail, elektronische Genehmigung und den direkten Ablagezugriff für alle Beteiligten fallen eine Reihe von Aktivitäten gänzlich weg. Andere Aktivitäten wie das Kopieren, der Dokumentversand, die Beschaffung von und Zugriff auf Dokumente werden erheblich reduziert. Die Maßnahmen führen daher auch zu einer schnelleren Bearbeitung und zu einer Verkürzung der Durchlaufzeit. Erwartet wird, daß sich der **Zeitaufwand für die Vorgangsbearbeitung, das Kopieren und Zugriff** sowie Beschaffung der Dokumente um **20 % reduziert.**

Personalkosten	Aufwand p.a.	Einzelkosten	Gesamtkosten
Dokumentablage	entfällt	500 DM	0 DM
Umlagerung Etagen- bzw. Zentralarchiv	entfällt	500 DM	0 DM
Zugriffe Archive, Beschaffung Unterlagen	300 PT abzgl. 20% =240 PT	500 DM	120.000 DM
Kopieraufwendungen	100 PT abzgl. 20% =80 PT	500 DM	40.000 DM
Vorgangsbearbeitung	600 PT abzgl. 20% =480 PT	500 DM	240.000 DM
SUMME	**800 PT**		**400.000 DM**
Einsparung	**605 TDM – 400 TDM**		**205.000 DM**

Abb. 76: Beispiel: Zukünftige Personalkosten

Bei den Sachkosten führt die starke Reduzierung der anfallenden Papiermengen zwangsläufig zur Reduktion der Aufwendungen für Material (70%) und Entsorgung (50%). Durch die verkürzte Durchlaufzeit und die zusätzlichen Möglichkeiten der Kommunikation und Wiedervorlage dürften sich Skontoverluste auf mindestens 50% reduzieren. Der Raumbedarf für DMS und Eingabe beträgt 20 qm.

Sachkosten	Aufwand	Einzelkosten	Gesamtkosten
Materialanteil	Kopierkosten, Schränke, Ordner	3.000 DM	3.000 DM
Entsorgung	Dienstleistung	5.000 DM	5.000 DM
Raumkapazität	Miete für ca.10 qm	30,-/qm/Mon. =12x30x20	7.200 DM
Sonstiges	Skontoverluste	5.000 DM	5.000 DM
SUMME			**20.200 DM**
Einsparung	**55.200 – 20.200**		**35.000 DM**

Abb. 77: Beispiel: Zukünftige Sachkosten

Zusätzlich zu den aufgeführten Punkten ergibt sich **qualitativer Nutzen** durch die bereichsübergreifende Vereinheitlichung von Ablagestruktur und Textverarbeitung, die garantierte Aktualität, Ordnungsmäßigkeit und Vollständigkeit der Ablage, die verringerte Personenabhängigkeit und die komfortableren Suchmöglichkeiten. Zur Verbesserung der Motivation und Durchlaufzeit trägt auch bei, daß aufgrund der besseren Informationsversorgung Vorgänge häufiger bei der ersten Bearbeitung abgeschlossen werden können und damit weniger »geistige Rüstzeit« anfällt.

Investitionskosten
Um die Nutzenpotentiale erschließen zu können sind Investitionen in Höhe von insgesamt **466.000 DM** zu tätigen.

Komponente	Einzelkosten in TDM	Anzahl	Gesamtkosten in TDM
Jukebox (5,25-Zoll, 20 GB)	50	1	50
Zentraler DMS-Rechner	50	1	50
Magnetplattenkapazität (5 GB)	10	1	10
Magnetbandlaufwerk	5	1	5
Datenbanksoftware (Service)	30	1	30
Zentrale Image-SW	30	1	30
Scanner	10	1	10
Eingabestation, inkl. Scansoftware	10	1	10
Hochauflösende Bildschirme	3	5	15
Anzeige und Recherchesoftware	5	10	50
Drucker	3	1	3
Terminalemulation	1	5	5
Vorgangsbearbeitungssoftware	5	5	25
Anwendungsentwicklung	40	1	40
Unterbrechungsfreie Stromversorgung	3	1	3
Zwischensumme Hard-/Software			**336**
Installation und Konfiguration	20	1	20
WORM, Magnetband	0,5	10	5
Beratungskosten	75	1	75
Schulungskosten	2	15	30
SUMME INVESTITION			**466**

Laufende Kosten	Aufwand p.a.	Kosten in DM
Personal Scanstelle	125 PT	63
System- und Benutzerbetreuung	50 PT	25
AfA Hard-/Software (5 J., linear)	20% Zw.sum.	67
Wartung (Hard-/Software)	5% Zw.sum.	17
WORM-Medien	10 × 500 DM	5
SUMME		**177**

Abb. 78: Beispiel: Investitionen und resultierende laufende Kosten

Laufende Kosten bestehen aus Betriebskosten, Abschreibung und Kosten für die neue Scanstelle. Es entsteht zwar neuer Aufwand für das Scannen, der jedoch aufgrund der weitestgehenden Automatisierung des Eingabeprozesses, nur einen halben Arbeitstag umfaßt.

Jährlichen **Einsparungen** von **205.000 DM** bei Personalkosten zuzüglich **35.000 DM** bei den Sachkosten stehen demnach jährliche DMS-Kosten von **177.000 DM** gegenüber. Im Jahr der Anschaffung sind außerdem **einmalig 125.000 DM (Installation, Beratung, Schulung) zu berücksichtigen.**

9. Realisierungsplanung und Ausblick

9.1 Aufgaben der Realisierungsplanung

Mit der Ermittlung der Wirtschaftlichkeit ist eine grundsätzliche Entscheidung für die weitere Vorgehensweise möglich. Sofern die Realisierung angestrebt wird, ist die Aufgabe der Realisierungsplanung, die vorhandenen personellen und finanziellen Ressourcen so einzusetzen, daß die an die DMS-Lösung gesetzten Ziele möglichst frühzeitig und möglichst umfassend erreicht werden. Da die benötigten Personen meist bereits ausgelastet sind und das DMS im Wettbewerb zu anderen geplanten Anwendungslösungen im Unternehmen steht, ist eine möglichst detaillierte Planung der notwendigen Aktivitäten erforderlich. Zu den Aktivitäten gehören die Planung der benötigten Ressourcen, die Auswahl von Anbieter und System, Erstellung und Anpassung von Software, Installation und Einstellung der Hard- und Software, Schulung von Benutzern und Systemverantwortlichen und die Vorbereitung des Test- und Pilotbetriebs.

9.2 Vorgehensweise bei der Realisierungsplanung

Die Vorgehensweise bei der Realisierungsplanung von DMS-Projekten unterscheidet sich prinzipiell nicht von dem Verfahren bei der Einführung anderer informationstechnischer Systeme (Abbildung 79). Zunächst sind die zu erledigenden Aktivitäten und ihre Abhängigkeiten zu definieren. Aus den sich anschließenden Aufwandsabschätzungen je Aktivität für Zeit, Personal und Finanzen ist eine Priorisierung in Relation zu anderen in Planung befindlichen Projekten und damit eine Planung des Ausbaus abzuleiten. Aufgrund der meist zu knappen Kapazitäten kann dies natürlich zu einem Konflikt mit anderen Projekten führen, der durch die Entscheidungsträger zu lösen ist.

Die Ausbauplanung sollte nicht nur unter Kapazitätsgesichts-   Ausbau-
punkten, sondern auch unter Komplexitätsgesichtspunkten erfol-   planung
gen. DMS, vor allem Vorgangssysteme, bedingen sowohl organisatorische als auch technische Konsequenzen in einem Maß, wie   Global den-
es sonst lediglich bei operativen Anwendungen der Fall ist. Ob-   ken, lokal
wohl die langfristige Zielsetzung, ein DMS als generelle Infra-   handeln
struktur für alle mit Verwaltungstätigkeiten beschäftigten Mitar-

beiter einzusetzen, sehr zu empfehlen ist, kann dies nur evolutionär geschehen. Wie schon bei der Erstellung der Konzepte gilt es, »global zu denken« und schrittweise »lokal zu handeln«.

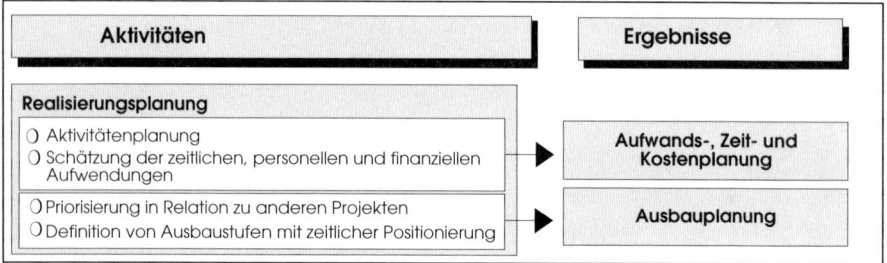

Abb. 79: Projektablaufplan Realisierungsplan

Horizontale und vertikale Ausbreitung

Die Ausbauplanung kann grundsätzlich in zwei Richtungen erfolgen. Einerseits kann sie zunächst einen Teil und dann sukzessive weitere Teile eines übergreifenden Geschäftsprozesses abdecken (horizontale Ausbreitung entlang des Prozesses). Beispielsweise wird zunächst die »Rechnungsprüfung« und danach auch die »Bedarfsanforderung« durch ein Vorgangssystem unterstützt. Andererseits kann der Ausbau dadurch erfolgen, daß man zunächst einen Teilprozeß in einem Bereich unterstützt und anschließend den gleichen oder einen ähnlichen Prozeß in einem anderen Bereich erschließt. Bei einer vertikalen Ausbreitung könnte zunächst die Beschaffung von Büromaterial und danach die Anforderung von Dienstleistungen durch ein Vorgangssystem unterstützt werden.

Migrationsphasen

Bei der Planung sind Migrationsphasen zu berücksichtigen, da der Umstieg häufig nicht »von heute auf morgen« geschehen kann, sondern lange Phasen der Koexistenz entstehen. In diesen Koexistenzphasen fallen Aufwendungen sowohl für das alte als auch für das neue Verfahren an.

9.3 Zusammenarbeit mit Anbietern

Zu den wichtigsten Aktivitäten der Realisierungsplanung gehören die Feinkonzeption der Lösung – eventuell in Form eines Anforderungskatalogs oder Pflichtenhefts – und die Auswahl eines Anbieters und eines Systems.

Erstellung Feinkonzept durch Anbieter

Wenn das organisatorische Konzept im Detail und das technische Konzept im Groben festliegen, ist es durchaus denkbar, daß die Feinkonzeption nach der Systemauswahl zusammen mit dem Anbieter gemacht wird. Eine zu frühe Festlegung auf einen

Anbieter und auf ein System birgt jedoch das Risiko, daß die Lösung zu stark von den Möglichkeiten dieses Anbieters und seines Systems anstatt von den Anforderungen der Benutzer bestimmt wird. Ist eine detaillierte Auseinandersetzung mit den in den vorhergehenden Kapiteln beschriebenen Möglichkeiten erfolgt, hat die Erstellung des Feinkonzepts durch den Anbieter den Vorteil, daß keine unrealistischen Anforderungen erhoben werden und der Anbieter die Chance bekommt, sich frühzeitig und intensiv mit den individuellen Kundenanforderungen auseinanderzusetzen.

Für die Auswahl von Anbieter und System lassen sich etablierte Verfahren wie beispielsweise Ausschreibungen anwenden. Aufgrund der Komplexität von DMS-Lösungen können Ausschreibungen aber nur dann aussagefähige Ergebnisse bringen, wenn sie sehr sorgfältig vorbereitet wurden.

Ausschreibungen

Dazu gehört, daß

❑ dem Anbieter ausreichende Informationen aus IST-Analyse und vor allem organisatorischem Konzept zur Verfügung gestelllt werden,

❑ der Anbieter ausreichend Zeit zur Beantwortung erhält,

❑ die Verbindlichkeit der Angaben mit entsprechenden Konsequenzen klar definiert sind,

❑ die Fragen ausreichend detailliert formuliert sind,

❑ die Antwortstruktur weitgehend vorgegeben ist (Eigen- oder Fremdprodukt, Versionen, Integrationsaufwand).

Natürlich muß auch ausreichend Zeit für Nachrecherchen vorgesehen werden, weil auch noch so sorgfältige Vorbereitung Mißverständnisse nicht ausschließen kann und die Neigung des Anbieters zu »erwünschten Angaben« verständlich ist. Das die Ausschreibung nicht nur funktionale, sondern auch anbieterspezifische Angaben abfragt und daß das Bewertungsschema vor dem Abgabetermin für die Angebote feststehen sollte, sind selbstverständliche Bedingungen.

Bei der heutigen Vielfalt des Angebots empfiehlt sich außerdem eine Vorauswahl der potentiellen Anbieter durch »K.O.-Kriterien«. Dies ist nicht nur ein Akt der Fairneß gegenüber Anbietern – die Beantwortung umfangreicher Ausschreibungsunterlagen erfordert teilweise mehrere Wochen Zeitaufwand –, sondern auch eine Frage der eigenen Zeitökonomie. Eine sorgfältige Aus- und Bewertung von mehr als zehn detaillierten Angeboten erfordert sehr viel Nachrecherche und ist ökonomisch kaum vertretbar.

K.O.-Kriterien

Verhandlungen

Sind Anbieter und System ausgewählt, stehen Vertragsverhandlungen an. Spätestens bei diesen Verhandlungen muß die Konfiguration des Systems feststehen. Klare Angaben über den beabsichtigten Ausbau des Systems in funktionaler Hinsicht und bezüglich einer Flächendeckung erleichtern die Verhandlungen erheblich, da das Potential für beide Seiten gut abzuschätzen ist.

Vorstudie bis
Pilot 1–2 Jahre

Erst nach Abschluß der Verhandlungen kann mit spezifischen Anpassungs- und Integrationsleistungen, mit Installation, Schulung, Test- und Pilotbetrieb begonnen werden. Es ist durchaus üblich, daß von der Vorstudie bis zum Pilotbetrieb ein bis zwei Jahre vergehen.

9.4 Ausblick

Dokumenten-Management ist in vielen Unternehmen ein aktuelles Problem, welches sich bei Fortführung der heutigen Verfahren in Zukunft weiter verschärfen wird. Wie in diesem Buch gezeigt, lassen sich auf Basis von DMS innovative Lösungen kreieren. DMS ermöglichen dabei die konkrete Umsetzung von neuen Erkenntnissen der Organisationsentwicklung, wie dem Geschäftsprozeßmanagement.

Technische
Trends erleich-
tern DMS

Nicht nur die organisatorische, sondern auch die technische Entwicklung erleichtert zukünftig die Realisierung von DMS. Der Trend zu vernetzten PC mit grafischen Bedienoberflächen als multifunktionale Endgeräte führt zur generellen Verfügbarkeit von DMS-fähiger Infrastruktur an den Arbeitsplätzen. Unternehmensweite Vernetzung auch über mehrere Standorte hinweg und die absehbare, massive Steigerung der verfügbaren Übertragungskapazitäten bei sinkenden Kosten ermöglichen die Lokalisierung von Informationen und Nutzern unabhängig von den geografischen Gegebenheiten. Die technischen Grundkomponenten wie elektro-optische Speicher und Datenbanken werden ohnehin Bestandteil zukünftiger Systeme und Anwendungsprogramme. Die für DMS benötigte informationstechnische Infrastruktur wird auch für andere, innovative Anwendungen benötigt, wie z.B. für Multimedia. Für den »Return on Investment« ergeben sich daher bei zukunftsorientierter Betrachtung eine Reihe von Synergieeffekten.

Abwarten
lohnt nicht

Die Investitionen selbst werden aufgrund des weiteren Verfalls der Hardwarepreise geringer werden. Vor allem die elektro-optischen Speicher stehen erst am Anfang ihrer Entwicklung. Höhere Speicherkapazitäten, schnellere Zugriffszeiten, kleinere Formate führen im Endeffekt alle zu geringeren Kosten pro Gigabyte.

Allerdings ist zu bedenken, daß die Kosten für Software, Anpas-
sungs- und Integrationsleistungen nicht fallen. Da diese Kosten
heute bereits häufig 50% bis 70% der Gesamtkosten ausmachen,
verursachen DMS auch zukünftig nennenswerte Investitionen.
Wenn die Lösung wirtschaftlich ist, lohnt sich Abwarten jedoch
nicht.

DMS sind noch eine junge Spezies. Neue Anbieter, neue Produkte und neue Funktionen kommen kontinuierlich auf den
Markt. Aufgrund des enormen Nutzenpotentials, das bereits die
heutigen Systeme erschließen können, und der notwendigen
Vorlaufzeiten kann dies jedoch kein Vorwand sein, sich (noch)
nicht mit DMS zu beschäftigen.

Glossar

Die im Buch benutzten Fachwörter und Abkürzungen werden im folgenden kurz erläutert. Einige Begriffe wurden im Text des Buches ausführlich erklärt. In diesen Fällen enthält die Beschreibung einen Querverweis (⇨ mit Nennung des **Unterkapitels**). Querverweise auf einen *kursiv dargestellten Begriff* beziehen sich auf Glossareinträge.

Abbild
Elektronische Kopie, die in Aussehen und Inhalt dem Original entspricht ⇨ *Image*

Abfrage-, Recherchestation
Arbeitsplatz, der Zugriff auf die im DMS abgelegten Dokumente über die Indexwerte hat und meist aus einem PC mit großem Bildschirm besteht ⇨ *Eingabestation*

Abstandsoperatoren
Gehören zu den ⇨ **Recherchefunktionen** und legen fest, wie groß der Abstand zwischen zwei ⇨ **Fundstellen** eines gesuchten Begriffs maximal sein soll, damit das Dokument in die ⇨ *Trefferliste* aufgenommen wird

ADPCM
Adaptive Delta Pulse Code Modulation:
Verfahren zur Komprimierung von Audio-Daten

Altbestand
Bestand an Mikrofilm- oder Papierdokumenten, der sich bis zur Einführung des DMS ansammelt oder angesammelt hat

Antwortzeit
Zeit, die das DMS benötigt, um das gesuchte Dokument am Bildschirm darzustellen. Sie setzt sich aus der Zeit für die Suche auf den Speichermedien, der Zeit für den elektronischen Transport zur ⇨ *Abfragestation* und der Zeit der für die Darstellung notwendigen ⇨ *Dekomprimierung* zusammen

Applikation
Synonym für beliebiges Anwendungsprogramm, z.B. Finanzbuchhaltung, Textverarbeitung

ASCII
American Standard Code for Information Interchange: Codierung des lateinischen Alphabets. Mittlerweile auch als ISO 8859 international standardisiert

Attribut
⇨ *Index*, ⇨ **Die wichtigsten DMS-Begriffe**

Auflösung
Wird in dots per inch (kurz: dpi), also der Anzahl der Bildpunkte pro Maßeinheit (inch) angegeben und steht in Zusammenhang mit DMS für die Qualität, mit der ein Dokument gescannt oder gedruckt wird

Barcode
Verfahren, bei dem nach einem festgelegten Schema Zahlen und Buchstaben in einem Strichcode umgesetzt werden ⇨ **Automatisierung der NCI-Eingabe**

Blättern
Das elektronische Blättern erlaubt das Springen innerhalb eines Dokuments an die folgende oder vorherige Seite, an eine bestimmte Seite oder an den Anfang oder das Ende ⇨ **Ausgabefunktionen**

Caching
Zwischenspeicherung von voraussichtlich benötigten Informationen in schnellen, temporären Speichern um einen schnelleren Datenzugriff zu ermöglichen. Bei DMS wird häufig eine Magnetplatte als Zwischenspeicher (Cache) für ⇨ *optischen Speicher* eingesetzt

CAD
Computer Aided Design: Programme zur Erstellung von Konstruktionszeichnungen

CAR
Computer Aided Retrieval: Computer-unterstützte Recherche in Mikrofilmbeständen mit direktem Zugriff über bedarfsorientiertes Scannen des Mikrofilms

CCITT Gruppe III/IV
Von der Gemeinschaft der Postgesellschaften (früher CCITT, heute ITU) für den Faxdienst normiertes Kompressionsverfahren. Wird auch bei DMS benutzt

CD-R
Compact Disc, Recordable: Einmal beschreibbares optisches Speichermedium im CD-Format (4,72 Zoll)

CD-ROM
Compact Disc, Read Only Memory: Nur lesbarer optischer Datenspeicher im CD-Format (4,72 Zoll)

CDA
Compound Document Architecture: Dokumentformat der Firma Digital Equipment

CGM
Computer Graphics Metafile: Von US-Verteidungsministerium im Rahmen der CALS-Spezifikation definiertes Austauschformat für Grafiken

CI
Coded Information: Codierte Abspeicherung von Buchstaben oder Grafiken, ist von Computern interpretierbar ⇨ *NCI*

COLD
Computer Output on Laserdisc: Analog zu COM, aber Speicherung auf optischen Speichern

COM
Computer Output on Microfilm: Ausdruck von Daten auf Mikrofilm. Meist zur Archivierung von Massendaten, die dann im Computer gelöscht werden

DDE
Dynamic Data Exchange
Verfahren zum Austausch von Daten zwischen Anwendungsprogrammen

Dekomprimierung
Umkehrung der ⇨ *Komprimierung*. Notwendig für die reproduktion von gescannten Dokumenten

Digitalisiertablett
Hilfsmittel zur Erstellung von Zeichnungen. Eingabe erfolgt mittels eines Stifts auf einem Tableau. Alternativ zu dem Stift kann eine Lupe mit Fadenkreuz (ähnlich einer Maus) benutzt werden

Digitalisierung
Umsetzung eines Dokuments in eine für Computer verarbeitbare Form

Dokument
Oberbegriff für alle in Papierform vorliegenden Informationen (Beleg, Brief, Zeichnung, Bericht etc.)

Dokumentklasse
Dokumente gleichen inhaltlichen oder/und gleichen formalen Strukturen werden zu Klassen zusammengefaßt. ⇨ **Eingabe und Indexierung**

dpi
dots per inch ⇨ *Auflösung*

Durchlaufzeit
Gesamte Bearbeitungszeit eines Vorgangs von der Initiierung bis zum Abschluß. Sie setzt sich aus Transport-, Liege- und Bearbeitungszeiten zusammen

DXF
Verbreitetes, herstellerspezifisches Format für die Speicherung von Zeichnungen

E-Mail
Elektronische Post

EDI, EDIFACT
Electronic Document Interchange: Standard zum Austausch von Dokumenten zwischen Computern. EDIFACT bezeichnet die entsprechenden internationalen Standards. ⇨ **EDI-Dokumente**

EDMS
Engineering Document Management System:
Substitut für den Begriff Dokumenten-Management-System, der mehr in technischen Bereichen verwendet wird

Eingabestation
Arbeitsplatz in einem DMS, der speziell für die Erfassung von Dokumenten und für die Abbildkontrolle verwendet wird. Eingabestationen sind mit Scanner, hochauflösenden Bildschirm und entsprechender Software ausgerüstet. ⇨ *Abfrage- und Recherchestation*

Elektro-Optische Speicher
Oberbegriff für Datenspeicher, die durch Laser beschrieben und gelesen werden. Der einfachere Begriff ⇨ *Optische Speicher* wird teilweise auch für Mikrofilm verwendet

Fundstelle
Ergebnis einer Rechercheanfrage, aus dem der Benutzer ersehen kann, wo sich die gewünschte Information/die Dokumente befinden

Gelbe Zettel
Funktion der Vorgangsunterstützung, mit der ein Vorgang um Notizen ergänzt werden kann

GoB, GoS
Grundsätze ordnungsmäßiger Buchführung,
Grundsätze ordnungsmäßiger Speicherbuchführung
⇨ **Rechtliche Fragen**

GPO
Geschäftsprozeßoptimierung
Vorgehensweise zur prozeßorientierten Ausrichtung von Unter-

nehmen, im Gegensatz zur in vielen Bereichen noch dominierenden Funktionsorientierung

Groupware
Begriff, unter dem Softwarekomponenten verstanden werden, die (meist unstrukturierte) Prozesse in Gruppen unterstützen (z.B. gemeinsame Terminplanung). ⇨ **Positionierung im Rahmen neuer IT**

Hybridsysteme
DMS, daß verschiedene Speichermedien einbezieht. Typischerweise eine Kombination von Mikrofilm und ⇨ *optischen Speichern*

Hypertext
Rechercheverfahren, bei dem die Suche nach Begriffen nicht sequentiell, sondern assoziativ (wie beim menschlichen Gehirn) erfolgt. ⇨ **Recherche über Indexwerte**

IGES
Herstellerunabhängiges Format zum Austausch von CAD-Dokumenten

Image
Elektronisches ⇨ *Abbild* eines Dokuments, das als ⇨ *NCI* abgelegt, bearbeitet oder ausgegeben wird

Index-
Ein Index setzt sich aus mehreren Indexwerten zusammen, über deren Kombination sich jedes abgelegte Dokument eindeutig identifizieren läßt

Indexwert
Merkmal, das ein Dokument charakterisiert und mit dem jedes Dokument bei der Aufnahme in das DMS versehen wird. ⇨ *Attribut,* ⇨ **Die wichtigsten DMS-Begriffe**

ISO9000
Ein von der International Standards Organisation (kurz: ISO) herausgegebene Norm zur Qualitätssicherung von Verfahren, die unter anderem Regeln zur Vefahrensdokumentation enthält

JPEG
Joint Photographic Experts Group: Von einer Herstellervereinigung definierter Standard zur Be- und Verarbeitung von Standbildern. ⇨ *MPEG, ADPCM*

Jukebox
Robotersystem zum automatischen Wechseln von optischen Speichern bei einem oder mehreren Laufwerken

Komprimieren
Reduzierung von Datenvolumen nach vorgegebenen Normen (i.a. CCITT Gruppe III und IV). ⇨ *Dekomprimieren* ⇨ **Scanner und Komprimierung**

Logische Verknüpfung
Aufbau von Recherchen durch Verknüpfung mehrerer Suchbegriffe mit den Elementen UND, ODER, NICHT
⇨ **Recherche über Indexwerte**

MO-Disc
Magneto-Optical Disc: ⇨ **Optischer Speicher**, der zu den reversiblen, also überschreibbaren, Medien gehört.

MPEG
Motion Picture Experts Group: ⇨ *JPEG*-Erweiterung für die Komprimierung von Bewegtbildern.

Multimedia
Computer-Anwendung, die Text, Grafik, Video und Audio kombiniert. ⇨ **Positionierung im Rahmen neuer IT**

NCI
Non Coded Information: Abspeicherung von Information als ⇨ Abbild. Von Computern nicht interpretierbar. ⇨ *CI*

Objekt des Augenschein
Juristischer Begriff zur Abgrenzung eines Dokumentes mit Beweis-, aber ohne Urkundencharakter

OCR / ICR
Optical Character Recognition, Intelligent Character Recognition: Autmatische Erkennung von Buchstaben in ⇨ *Images*. Entspricht einer Umwandlung von NCI nach CI. ICR-Systeme sind im Gegensatz zu einfacher OCR lernfähig. ⇨ **OCR/ICR**

ODA
Open Document Architecture: Standard (ISO8613) zur Beschreibung von Struktur und Inhalt von Dokumenten mit Text und Grafik

Operative Anwendung
Anwendungprogramme – häufig noch auf Großrechnern – zur Erledigung des operativen Geschäfts, z.B Finanzbuchhaltung

Optischer Speicher
Oberbegriff für Datenspeicher, die durch Laser beschrieben und gelesen werden. In diesem Buch Synonym für ⇨ *Elektro-Optische Speicher*

Phonetische Suche
Suche nach Begriffen, die dem Suchbegriff phonetisch ähnlich sind. ⇨ **Recherche über Indexwerte**

Postscript
Weit verbreitetes Druckausgabeformat für komplexe Dokumente. Wird teilweise auch als Eingabeformat unterstützt

Prefetch
Bezeichnet die Möglichkeit absehbare Dokumentzugriffe auf das DMS vorwegzunehmen, um die Antwortzeiten zu beschleunigen

Prozeßorientierung
Neue Organisationsform, bei der die Geschäftsvorfälle ganzheitlich und nicht mehr gemäß den benötigten Einzelfunktionen aufgeteilt werden ⇨ *GPO*, ⇨ **Geschäftsprozeß-Optimierung**

Recherche, Recherche-system
Informationsrückgewinnung. Bei DMS Suche nach bestimmten Dokumenten. Als Recherchesystem bezeichnen wir eine DMS-Kategorie, bei der den Recherchefunktionen besondere Bedeutung zukommt

Red-lining
Möglichkeit, grafische und textliche Anmerkungen an einem elektronischen Dokument anzubringen, ohne das Ursprungsdokument zu verändern.

Rotation
Möglichkeit, Dokumentabbilder zu drehen ⇨ **Ausgabefunktionen**

Scannen
Erstellen einer elektronischen Kopie (⇨ *Abbild*) eines Dokuments oder Mikrofilms ⇨ **Eingabe von NCI-Dokumenten**

Schlagwort
Vordefinierte Suchbegriffe zu einem Thema im Gegensatz zu einem Stichwort, das frei vergeben wird
⇨ **Recherche über Indexwerte**

Scrollen
Verschiebung des sichtbaren Ausschnitts auf einem nicht ganzseitig dargestellten Dokument nach unten oder oben

SGML / DDL
Standard Generalized Markup Language: Standard (ISO8879) zur Beschreibung von Struktur von Dokumenten mit Text und Grafik. Data Description Language: Codierung des Inhalts

Speichermedium
Oberbegriff für Datenspeicher. Umfaßt hier meist elektronische Speicher wie Magnetplatten und ⇨ *Optische Speicher*

STEP
Format zum Austausch von CAD-Dokumenten. Aufbauend auf *IGES* sollen mit STEP zusätzliche Informationen ausgetauscht werden

Stopworte
Begriffe, die bei der Volltext-Indexierung nicht mit in den Index aufgenommen werden

Strukturierter Vorgang
Definierter Ablauf von Arbeitsschritten zur Bearbeitung eines bestimmten Geschäftsvorfalles

Suchmerkmal
Charakteristisches Merkmal für die Suche (⇨ *Recherche*) nach Dokumenten. ⇨ *Attribut, Indexwert* ⇨ **Die wichtigsten DMS-Begriffe**

Synonymliste
Liste von Suchmerkmalen gleicher Bedeutung
⇨ **Recherche über Indexwerte**

Thesaurus
Darstellung von Wissensgebieten durch relevante Begriffe mit ihren Beziehung zueinander
⇨ **Recherche über Indexwerte**

Thumb Nails
Stark verkleinerte (ikonisierte), seitenweise Darstellung eines Dokuments ⇨ **Ausgabefunktionen**

TIFF
Tagged Image File Format: Standardisiertes Dateiformat zur Abspeicherung von NCI. Es existieren mehrere Versionen von TIFF

Trefferliste
Ergebnis einer Rechercheanfrage, aus dem der Benutzer ersehen kann, welche Dokumente die vorgegebenen Suchkriterien erfüllen und welche Dokumente er für die Reproduktion auswählen kann

Truncating
Abschneiden der letzten Buchstaben eines Suchbegriffs, um den Einfluß von Konjugationen und Mehrzahlformen zu reduzieren
⇨ **Recherche über Indexwerte**

Vektorisierung
Zu *OCR* analoges Verfahren für gescannte Zeichnungsdokumente. Zeichnungen werden in Vektorformate von CAD-Systemen umgesetzt

Volltext
Suche nach beliebigen, innerhalb eines Dokuments vorkommenden Texten
⇨ **Volltext-Indexierung, Volltext-Recherche**

Vorgang
Organisatorischer Ablauf eines Geschäftsvorfalles
⇨ **Vorgangsanalyse,** ⇨ **Vorgangsbearbeitung**

Wiedervorlage
Temporäre, personenbezogene Ablage von Dokumenten bis zum Eintreten eines erwarteten Ereignisses oder eines bestimmten Zeitpunkts

Wildcards
Platzhalter für nicht näher bestimmte Zeichen eines Suchbegriffes ⇨ **Recherche über Indexwerte**

Workflow
Umfaßt die Automatisierung vordefinierter Abläufe und die Unterstützung der Bearbeitung von Geschäftsvorfällen. Weitgehend identisch zu ⇨ **Vorgangssteuerung**

WORM
Write Once, Read Many: Einmal beschreibbare Form von ⇨ *optischen Speichern*

Zoom
Stufenlose Vergrößerung und Verkleinerung von Dokumenten und Dokumentausschnitten
⇨ **Ausgabefunktionen**

Literaturverzeichnis

AWV (1993a): Organisatorische Leitlinien für den Einsatz von optischen Speichermedien, Eschborn 1993.

AWV (1993b): Rechtliche Rahmenbedingungen für den Einsatz optischer Speicherplattensysteme, Eschborn 1993.

AWV (1993c): Prozeßrechtliche Aspekte des Dokumenten-Managements mit elektronischen Speichersystemen, Eschborn 1993.

AWV (1993d): Opto-elektronische Speichersysteme und Datenschutz, Eschborn 1993.

AWV: Archivierung von DV-Informationen auf optischen Speicherplatten, S. 54/55, Schrift 06498, Eschborn 1992.

AWV: Aufbewahrungspflichten und -fristen nach Handels- und Steuerrecht, Berlin 1992.

Berndt, Oliver: Dokumenten-Management-Systeme sind reif für die Praxis, in: Diebold Management Report 10/93.

Berndt, Oliver: Der Markt für Dokumenten-Management-Systeme, in: Office-Management 3/1992, Baden-Baden 1992, S. 45–47.

Berndt, Oliver: Dokumenten- und Vorgangsmanagement, Strategisch planen und erfolgreich realisieren, Seminar Integrata AG, 1994.

Berndt, Oliver / Leger, Lothar: Dokumenten-Management - nicht nur Papierentsorgung, Seminar Diebold Deutschland GmbH, 1994.

Bölscher, A. (Hrsg.): Imaging, Der Einsatz optischer Speicher in Wirtschaft und Verwaltung, München, Wien 1993.

Bosch, Ruth: Der Kampf um die Kunden hat gerade erst begonnen: Telekom und Mitbewerber verwirren durch Datenkommunikations-Preisdschungel, in: Computerwoche Extra 18.03.94, S. 12–13.

Blohm, H., Lüder, K.: Investition, München 1988.

Damerau, Günter: Workflow, Ablauforganisation steuert die System-Koordination, in: Computerwoche, 25.03.94.

Dernbach, W.: Organisation und Wettbewerbsfähigkeit, in: Scharfenberg, Heinz (Hrsg.), Strukturwandel in Management und Organisation, Neue Konzepte sichern die Zukunft, Baden-Baden 1993, S. 125-159.

Diebold: Geschäftsprozeßoptimierung, Der neue Weg zur marktorientierten Unternehmensorganisation, Eschborn 1992.

Ferger, J.-M. / Sproll, A.: Wahl des Workflow-Instruments hängt von Geschäftsvorfällen ab, in: Computerwoche 24.09.93.

FileNet GmbH: SAP Archiv für R/3, Produktinformation, Bad Homburg 1994.

Förster, H.P. & Zwernemann, M.: Multimedia, Die Evolution der Sinne, Berlin 1993.

Erdl, G., Schönecker, Dr. H.G.: Studie Geschäftsprozeßmanagement, Vorgangssteuerungssysteme und integrierte Vorgangsbearbeitung, Baden-Baden, 1992.

Gallasch, W.: Nutzergruppen setzen EDI-Standards, in: Computerwoche Extra 18.03.94, S. 51–53.

Gulbin, J./ Seyfried, M./ Strack-Zimmermann, H.: Elektronische Archivierungssysteme, Image-Management-Systeme, Dokumenten-Management-Systeme, Berlin, Heidelberg, New York 1993.

Heilmann, Heidi: Workflow Management, Integration von Organisation und Informationsverarbeitung, in: HMD 176/1994, Heidelberg 1994.

Koordinierungs- und Beratungsstelle der Bundesregierung für Informationstechnik in der Bundesverwaltung (KBSt.): Empfehlungen zur Durchführung von Wirtschaftlichkeitsbetrachtungen beim Einsatz der IT in der Bundesverwaltung, KBSt-Schrift 26, Bundesanzeiger, Köln 1992.

Leger, Lothar: Land in Sicht, Zukunftsmedium optischer Speicher, in: Business Computing 2/93, Würzburg 1993, S. 28–30.

Leger, Lothar: Planung obligatorisch, DMS-Investitionen sind kein Garant für Erfolg, in: Business Computing 2/93, Würzburg 1993, S. 35–37.

Maier, R. / van Hoof Toine: Dokumentenmanagement, der Markt, in: Office Management 1–2 / 1994.

Moukhtarzadeh, Nader: Document Image Processing, Methoden – Vorgehen – Fallbeispiele, 1993.

Nagel, K.: Nutzen der Informationsverarbeitung, München, Wien 1990.

SAP AG: SAP ImageLink, Produktinformation, Walldorf 1993.

Anhang

❑ OCR-Beispiel Zeitschriftenseite

❑ Scan-Beispiele
  – Muster Umsatzsteuererklärung
  – Muster-Rechnung
  – Foto

❑ Interviewleitfaden »Vorgangsanalyse«

❑ Interviewleitfaden »Analyse der Randbedingungen«

❑ Erhebungsbogen »Dokumentenanalyse«

OCR-Beispiel
Zeitschriftenseite
Originaldokument

IKT-Branche

Hoffnungsschimmer

Mehrheitlich wird in den Unternehmen der informations- und kommunikationstechnischen Branche (IKT-Branche) wieder mehr Hoffnung auf eine Besserung der Konjunkturlage geschöpft. Das ergab die halbjährlich durchgeführte, telefonische Blitz-Umfrage. Natürlich stellt sich das Bild auf den einzelnen Teilmärkten unterschiedlich dar. Die Kernfrage ist, wann sich der konjunkturell bedingte Nachfragestau auflösen wird.

Offenbar verlief das Geschäft in den zurückliegenden Wintermonaten doch nicht überall so negativ wie man noch im Herbst vergangenen Jahres befürchtete. So erklärt zum Beispiel der Bundesverband Büro- und Informationssysteme (BVB) in seinem Resümee: „Die Umfrage unter den Mitgliedsfirmen des Branchenverbandes ergab, daß zwei Drittel der Unternehmen 1993 besser als im Vorjahr abgeschnitten haben." Allerdings muß man dabei berücksichtigen, daß die Mitgliederstruktur des BVB einen überproportional hohen Anteil an Software- und Dienstleistungsfirmen sowie Systemhäusern und Distributoren aufweist. Und diese Firmen sind meistens schlanker und wendiger als die großen Hersteller, denen die Anpassung an die neuen Marktgegebenheiten strukturbedingt schwerer fällt. So gesehen, sind auch die Stimmungsbilder, die man aus der Branche wahrnimmt, recht unterschiedlich. Hier kommt es ganz darauf an, in welchen Marktsegmenten ein Unternehmen agiert.

Wirkungen der Rezession

Generell hat die Rezession eine Reihe von Wirkungen hervorgerufen:

- Zahlreiche Anbieter haben Restrukturierungsmaßnahmen ergriffen, die noch nicht überall abgeschlossen sind. Dazu gehören Neuordnungen der Führungs- und Vertriebsstrukturen, zum Teil auch Besinnungen auf das Kerngeschäft.

- Eng damit verbunden sind die Bemühungen um eine Senkung der Kosten. Das hat in etlichen Unternehmen zur Entlassung von Arbeitskräften geführt. Was noch vor wenigen Jahren undenkbar war: Die Zahl arbeitsloser Informatiker ist drastisch gestiegen. Neueinstellungen dienen primär der Umstrukturierung. Was man sucht, sind dienstleistungsorientierte Kräfte mit betriebswirtschaftlicher Schulung.

- Unternehmen, denen es gelang, die Kosten zu stabilisieren, erweisen sich bei anhaltendem Druck auf die Gewinnspannen als wesentlich flexibler.

- Die Branche bemüht sich verstärkt, dem zähflüssig gewordenen Markt mit innovativen Produkten und Dienstleistungen neue Impulse zu verleihen. Diese Innovationen benötigen jedoch ihre Anlaufzeit und sind deshalb noch nicht konjunkturwirksam. Man denke beispielsweise an Pentops/PDAs, Multimedia-Produkte, Objektorientierte Datenbanksysteme, Network Outsourcing oder Corporate Networks.

- Viele Anbieter erkennen immer deutlicher, daß der Schlüssel zum Markterfolg nicht allein in guten Produkten und im aggressiven Marketing, sondern namentlich beim Mengengeschäft auch in der Logistik liegt. Das gilt sowohl für die Beschaffungs- als auch für die Vertriebsseite.

OCR-Beispiel, ohne Nachbearbeitung

IKT-Branche

Hoffnungsschimmer

Mehrheitlich wird in den Untemehmen der informations- und kommunikationstechnischen Branche (IKT-BrancheJ wieder mehr Hoffnung auf eine Besserung derKonjunkturlage geschöpft. Das ergab die halbjährlich durchgeführte, telefonische Blik-Umfrage. Natürlich stellt sich das Bild auf den einzelnen Teilmärkten unterschiedlich dar. Die Kemfrage ist, wann sich der
˜ Nachfraaestau ~llflf-cPn wir

konjunkturell bedingt ˜

Offenbar verlief das Geschäft in den zurückliegenden Wintermonaten doch nicht überall so negativ wie man noch im Herbst vergangenen Jahres befürchtete. So erklärt zum Beispiel der Bundesverband Büro- und Informationssysteme (BVB) in seinem Resümee: "Die Umfrage unter den Mitgliedsfirmen des Branchenverbandes ergab, daß zwei Drittel der Unternehmen 1993 besserals im Vorjahrabgeschnitten haben."Allerdings muß man dabei berücksichtigen, daß die Mitgliederstruktur des BVB einen überproportional hohen Anteil an Software- und Dienstleistungsfirmen sowie Systemhäusern und Distributoren aufweist. Und diese Firmen sind meistens schlanker und wendiger als die großen Hersteller, denen die Anpassung an die neuen Marktgegebenheiten strukturbedingt schwererfällt. So gesehen, sind auch die Stimmungsbilder, die man aus der Branche wahrnimmt, recht unterschiedlich. Hier kommt es ganz darauf an, in welchen Marktsegmenten ein Unternehmen agiert.

Wirkur

Generell hat die hervorgerufen:

˜gen der Rezession

Rezession eine Reihe von Wirkungen

· Zahlreiche Anbieter maßnahmen ercriffen

.

.

haben Restrukturierungsl, die noch nicht überall abgeschlossen sind. Dazu gehören Neuordnungen der Führungs- und Vertriebsstrukturen, zum Teil auch Besinnungen auf das Kerngeschäft.

Eng damit verbunden sind die Bemühungen um eine Senkung der Kosten. Das hat in etlichen Unternehmen zur Entlassung von Arbeitskräften geführt. Was noch vor wenigen Jahren undenkbar war: Die Zahl arbeitsloser Informatiker ist drastisch gestiegen. Neueinstellungen dienen primärder Umstrukturierung. Was man sucht, sind dienstleistungsorientierte Kräfte mit betriebswirtschaftlicher Schulung.

Unternehmen, denen es gelang, die Kosten zu stabilisieren, erweisen sich bei anhaltendem Druck auf die Gewinnspannen als wesentlich flexibler.

. .

Die Branche bemüht sich verstärkt, dem zähflüssig gewordenen Markt mit innovativen Produkten und Dienstleistungen neue Impulse zu verleihen. Diese Innovationen benötigen jedoch ihre Anlaufzeit und sind deshalb noch nicht konjunkturwirksam. Man denke beispielsweise an Pentops/PDAs, Multimedia-Produkte, Objektorientierte Datenbanksysteme, Network Outsourcing oder Corporate Networks.

Viele Anbieter erkennen immer deutlicher, daß der Schlüssel zum Markterfolg nicht allein in guten Produkten und im aggressiven Marketing, sondern namentlich beim Mengengeschäft auch in der Logistik liegt. Das gilt sowohl fül _._ ____.._.._..˜_ _._ auch für die Vertriebsseite.

R˜c˜h˜ffl ln˜1-c˜

Scan-Beispiele
Muster Umsatzsteuererklärung
Originaldokument

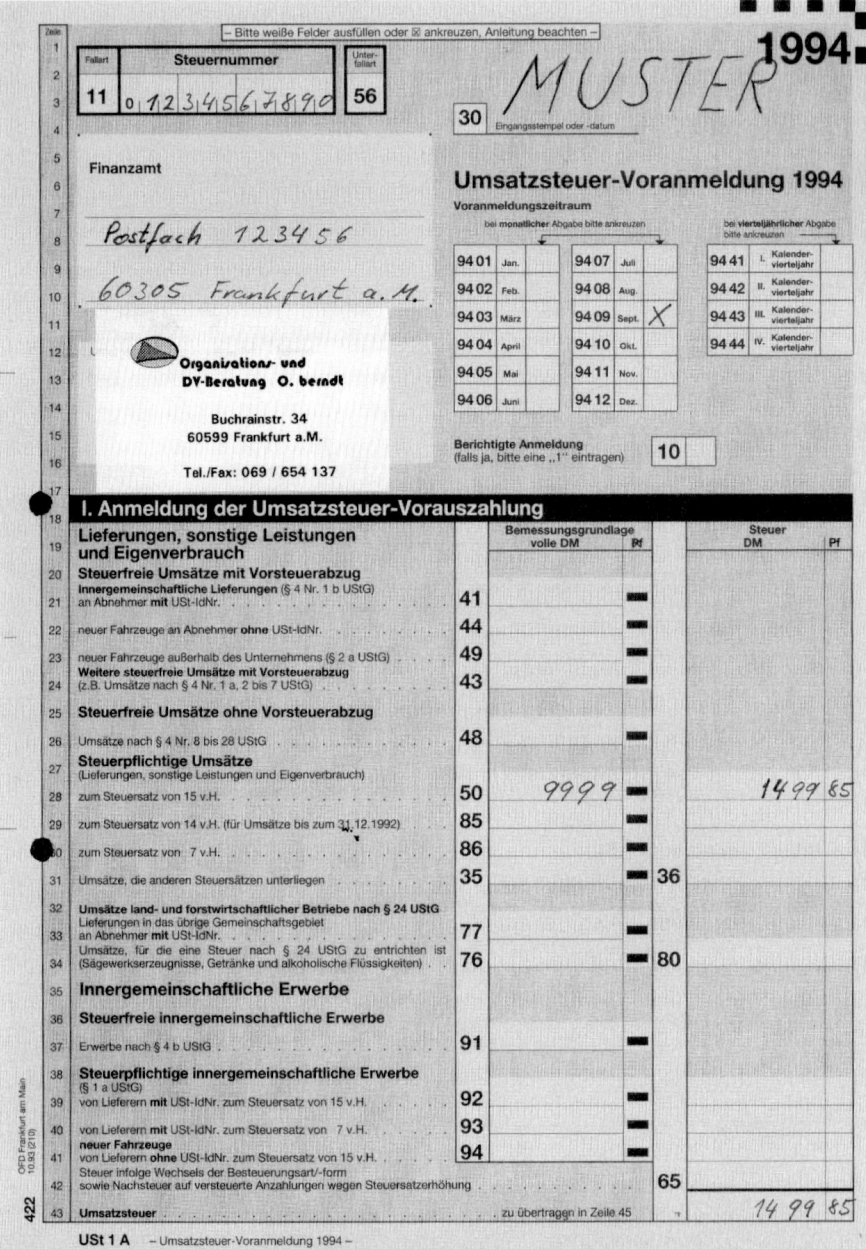

Reproduziertes Dokument (verkleinert)
Format TIFF, Gr. IV   Schwarz/Weiß
Drucker: 200 dpi   Speicherbedarf: 100 kB

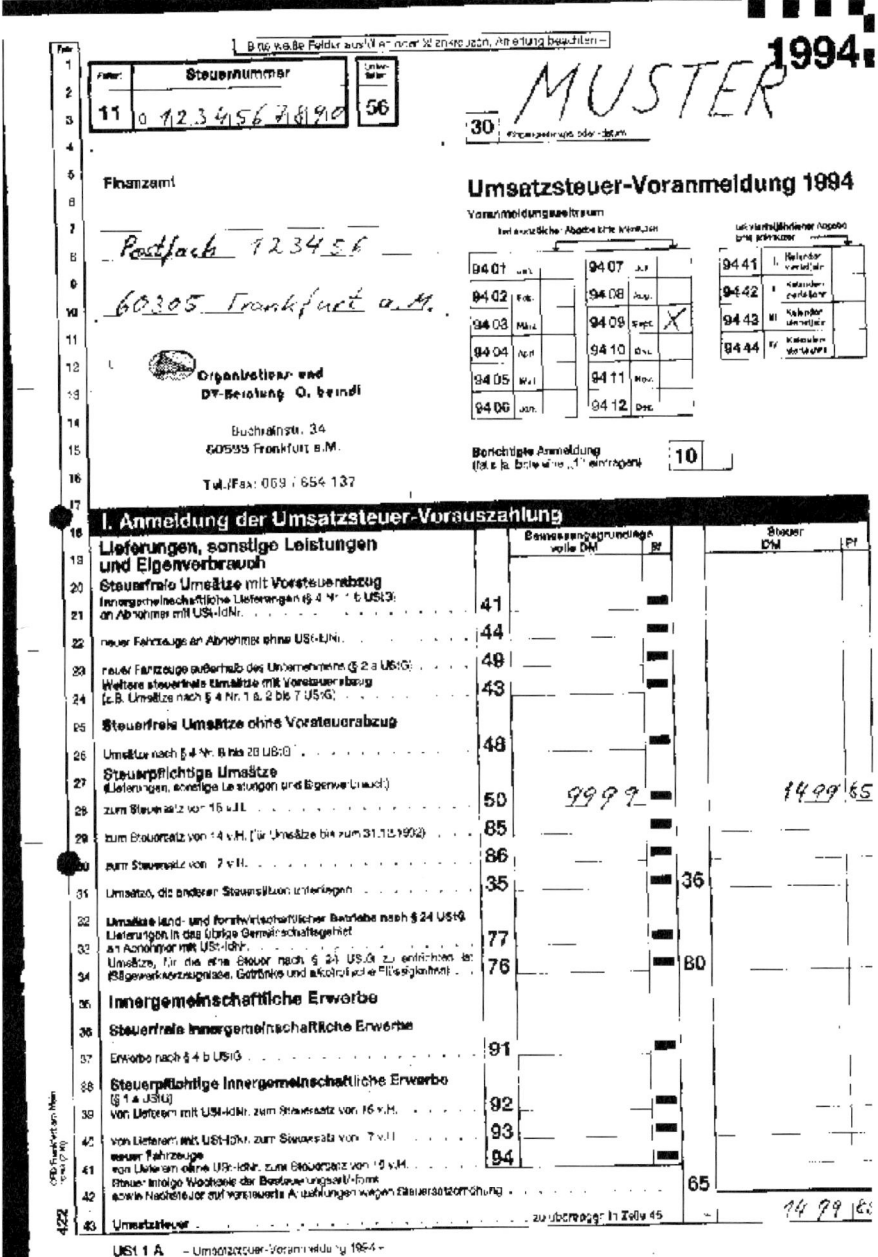

Muster-Rechnung
Originaldokument

Berndt & Wagner
Consulting Dokumentenmanagement

Organisations- und DV-Beratung

Oliver Berndt, Sigmundplatz 16, 94374 Schwarzach

YZ Consulting AG
z. H. Frau Mustermann
Musterstr. 176
47121 Musterstadt

Büro Nord-West:
Bruno Wagner
Von-Hasewinkel-Weg 57
50226 Frechen

Telefon: 02234/ 62546
Telefax: 02234/ 65410

Bankverbindung:
Commerzbank Frankfurt (BLZ 500 400 00)
Kontonummer: 71 44 397 02

Büro Süd-Ost:
Oliver Berndt
Sigmundplatz 16
94374 Schwarzach

Tel. / Fax: 09962/ 2948
Mobil: 0172/ 69 55 072

Rechnung für August 1994   Schwarzach, den 12.09.94

Honorar Projekt	Anzahl Tage zu DM 1600,-		Betrag in DM	MwST 15%	Gesamt in DM
XYZ GmbH&Co KG	10,00		16000,00	2400,00	18400,00
Gesamthonorar	**10,00**		**16000,00**	**2400,00**	**18400,00**
Spesen und Reisekosten Projekt	**Inland in DM**	**Ausland in DM**			
XYZ GmbH&Co KG	365,00 DM				
Gesamt-Spesen	365,00	0,00			
./. 9,8% Vorsteuer	-35,77				
Gesamt-Netto	329,23	0,00	329,23	49,38	378,61
GESAMT			**16329,23**	**2449,38**	**18778,61**

O. Berndt, Sigmundplatz 16, 94374 Schwarzach
Tel.: 09962 / 29 48, Mobil-Telefon: 0172 / 69 55 072, Telefax: 09962 / 29 48, BTX : 00069 654137

DUMMY.DOC

Reproduktion
Originaldokument
erfaßt durch Schwarz-weiß Scanner
mit einer Auflösung von 200 dpi

Berndt & Wagner
Consulting Dokumentenmanagement

Organisations- und DV-Beratung

Oliver Berndt, Sigmundplatz 16, 94374 Schwarzach

YZ Consulting AG
z. H. Frau Mustermann
Musterstr. 176
47121 Musterstadt

Büro Nord-West:
Bruno Wagner
Von-Hasewinkel-Weg 57
50226 Frechen

Telefon: 02234/ 62546
Telefax: 02234/ 65410

Bankverbindung:
Commerzbank Frankfurt   (BLZ 500 400 00)
Kontonummer: 71 44 397 02

Büro Süd-Ost:
Oliver Berndt
Sigmundplatz 16
94374 Schwarzach

Tel. / Fax: 09962/ 2948
Mobil: 0172/ 69 55 072

Rechnung für August 1994   Schwarzach, den 12.09.94

Honorar Projekt	Anzahl Tage zu DM 1600,-		Betrag in DM	MwST 15%	Gesamt in DM
XYZ GmbH&Co KG	10,00		16000,00	2400,00	18400,00
Gesamthonorar	10,00		16000,00	2400,00	18400,00

Spesen und Reisekosten Projekt	Inland in DM	Ausland in DM			
XYZ GmbH&Co KG	365,00 DM				
Gesamt-Spesen	365,00	0,00			
./. 9,8% Vorsteuer	-35,77				
Gesamt-Netto	329,23	0,00	329,23	49,38	378,61
GESAMT			16329,23	2449,38	18778,61

O. Berndt, Sigmundplatz 16, 94374 Schwarzach
Tel.: 09962 / 29 48, Mobil-Telefon: 0172 / 69 55 072, Telefax: 09962 / 29 48, BTX : 00069 654137

DUMMY.DOC

301

Reproduktion
Format: TIFF mit Graustufen
Drucker. 200 dpi
Speicherplatzbedarf: 650 kB

Foto
Originaldokument

Vorgangsanalyse
Interview-Leitfaden

1. Formelle Angaben

1.1 Name und Telefon-Nr. des Gesprächspartners:
1.2 Organisationseinheit / Standort:
1.3 Funktion des Gesprächspartners:

2. Organisation

2.1 Bitte beschreiben Sie kurz die Aufgaben und Ziele Ihrer Organisationseinheit.
2.2 Wo ist die Organisationseinheit im Unternehmen angesiedelt?
2.3 Wie gliedert sich der Bereich organisatorisch?
2.4 Wieviele Mitarbeiter sind mit welchen Aufgaben in diesem Bereich beschäftigt?
2.5 Welche Qualifikationen sind bei dem Personal vorhanden?

3. Wichtigste bzw. aufwendigste Vorgänge

3.1 Was sind die wesentlichen Vorgänge, die erledigt werden?
3.2 Wie ist der grobe Vorgangsablauf?
3.3 Welche Fälle oder Vorgänge führen häufig oder immer zum Aktenzugriff?
3.4 Welchen Anteil haben diese Fälle/Vorgänge an der gesamten Anzahl der Fälle?

..................%
3.5 Durchschnittliche Zeitdauer bis zur Verfügbarkeit der Informationen für die Bearbeitung (ggfs. inkl. Wege- und Wartezeiten)

4. Kommunikationsbeziehungen für die wichtigsten Vorgänge

4.1 Woher kommen die Informationen für die eigene Vorgangsbearbeitung (andere Abt., Kunden o.ä.)?
4.2 Müssen die eigenen Vorgänge von anderen Personen / Abteilungen weiter bearbeitet werden? Wenn ja, von welchen?

4.3 Wieviele Personen nutzen diese Informationen?
In der Organisationseinheit: _____
Außerhalb der Organisationseinheit: _____
4.4 Wo sind die Nutzer lokalisiert?
O am Ort der Speicherung
O in größerer Entfernung   Entfernung beträgt ....
4.5 Welche Außenstellen sind für diese Vorgänge relevant?
4.6 Wieviele Außenstellen gibt es davon?

5. Hilfsmittel für die wichtigsten Vorgänge

5.1 Welche Informationen und Dokumente werden (für welche Vorgänge) häufig benötigt?
5.2 Welche Unterstützung ist für die Vorgangsbearbeitung verfügbar?
Anwendungen auf Großrechnern   ....
Bürokommunikation   ....
Spezialsysteme   ....
Ablagen / Archive   ....
Sonstiges   ....
5.3 Wo sind die benötigten Informationen/Dokumente verfügbar?
O Computer   Typ ....
O Akten
O zentral   wo? ....
O lokal (am Arbeitsplatz)
O Belegarchive
O zentral   wo? ....
O lokal (am Arbeitsplatz)
O Mikrofilm
O zentral   wo? ....
O lokal (am Arbeitsplatz)
O Zeichnungsarchive
O zentral   wo? ....
O lokal (am Arbeitsplatz)
O Sonstige Quellen: ....
5.4 Welche der eingehenden Dokumente werden in die eigenen Rechner erfaßt?
5.5 Was wird jeweils erfaßt?
5.6 Wo wird die Erfassung gemacht?

6. Probleme und Schwachstellen

6.1 Benötigen häufig zwei und mehr Personen dieselbe Information/Akte/Dokument?
O Nein
O Ja, wenn ....

6.2 Sind häufig Zwischenschritte zur Ermittlung des benötigten Suchkriteriums notwendig (z.b. Ermittlung einer Akten-Nr.)?
O Nein
O Ja, wenn ....

6.3 Werden Orginale oder Reproduktionen für die Sachbearbeitung ausgegeben?
O Orginale
O Reproduktionen   Max. Anzahl Reproduktionen ......

6.4 Welche Probleme verursacht die derzeitige Organisation des Informations- bzw. Dokumentenzugriff?
O Zeitprobleme   welcher Art? ....
O Serviceprobleme   welcher Art? ....
O Qualitätsprobleme   welcher Art? ....
O Informationen/Dokumente   fehlen   oder   sind unvollständig
O Informationen/Dokumente sind am anderen (falschen) Ort
O Integrität und Aktualität
O Kapazitätsprobleme
O Haltbarkeit der Speichermedien
O Sonstiges   ....

7. Anforderungen an ein zukünftiges System

7.1 Welche Anforderungen werden von den Anwendern an die Ablage bzw. das Archiv gestellt?

7.2 Welcher Datenumfang muß auf einem neuen System angeboten werden, um ca. 90% aller wichtigen Fälle abzudecken? (als Zeitraum oder Datenmenge für evtl. Altbestandsübernahme angeben)

7.3 Welche Entwicklungen sind geplant bezüglich:
Vorgängen und Aufgaben   ....
Mitarbeitern   ....
Archivmitarbeitern   ....
Räumen   ....
Infrastruktur   ....
Sonstiges   ....

8. Aufwand und Kosten

8.1 Welcher Raumbedarf (in qm) besteht

8.2 Welche Aufwendungen und Kosten entstehen durch die der-
zeitige Ablageorganisation (pro Monat oder Jahr)?
Wieviele Mitarbeiter sind mit der
Ablage/dem Archiv beschäftigt   ....
Ablageaufwand (Arbeitszeit)   ....
Rechercheaufwand (Arbeitszeit)   ....
Instandhaltungsaufwand (Arbeitszeit)   ....
Dienstleistungskosten   ....
Wartungs- und Reparaturkosten   ....
Materialkosten   ....

8.3 Wie werden die Leistungen des Bereiches (intern oder extern) verrechnet?

8.4 Wie hoch ist das Gesamtbudget der Organisationseinheit?
                                    .... TDM

9. Offene Fragen

9.1 Existieren unumstößliche oder schwer veränderbare Bedingungen?
(Konzernrichtlinien, Grundsätze etc.)

9.2 Welche generellen Handlungsbedarf sehen Sie bzgl. der Informationsversorgung und Dokumentablage?

9.3 Welche diesbezüglichen Ideen haben Sie für ein Verbesserung ?

Analyse der Randbedingungen
Interview-Leitfaden

1. Formelle Angaben

1.1 Name und Telefon-Nr. des Gesprächspartners:

....

1.2 Organisationseinheit / Standort:

....

1.3 Funktion des Gesprächspartners:

....

2. Unternehmensstrategie

2.1 Welche kurz-, mittel- und langfristigen Ziele verfolgt die Geschäftspolitik?

2.2 Welche internen Ziel gibt es (z.B. bzgl. Arbeitsumfeld, Mitarbeiterentwicklung etc.)?

2.3 Wie sollen diese Ziele umgesetzt werden (Maßnahmen, operative Ziele)?

3. Organisation

3.1 Aufbauorganisation

3.1.1 Bitte beschreiben Sie die Aufbauorganisation in einem ausreichenden Detaillierungsgrad (max. 5 Ebenen von oben).

3.1.2 Wer ist für die folgenden Aufgaben zuständig?

Archivierung ....

Beschaffung von Geräten und Material

(z.B. Aktenschränke, Mikrofilmgeräte etc.) ....

Einführung von DV-Systemen ....

Netzwerken ....

3.2 Standorte

3.2.1 Welche Standorte / Außenstellen sind relevant?

3.2.2 Wieviele gibt es davon?

3.2.3 Worin unterscheiden sie sich ?

(Größe, Aufgaben, Ausstattung, Umfeld etc.)

3.3 Richtlinien

3.3.1 Welche Konzernrichtlinien, Grundsätze etc. sind zu beachten?

3.3.2 Existieren weitere unumstößliche oder schwer veränderbare Bedingungen?

4. Technische Randbedingungen

4.1 IT-Strategie

4.1.1 Welche kurz-, mittel- und langfristigen Ziele verfolgt die Informatik?

4.1.2 Welche Standards existieren und müssen oder sollen eingehalten werden (ISO, Betriebssysteme, Protokolle etc.)?

4.1.3 Gibt es bevorzugte Hersteller? Wenn ja, welche?

4.2 Informationstechnische Infrastruktur

4.2.1 Welche Geräte stehen (an welchen) Arbeitsplätzen zur Verfügung?

O Mikrofilmlesegerät   Typ ....

O Terminal   Typ ....

O PC   Typ ....

O Drucker   Typ ....

4.2.2 Welche zentralen Mikrofilmsysteme stehen zur Verfügung?

O COM-Systeme   Typ .... Anzahl ....

O Kameras   Typ .... Anzahl ....

O Entwicklungsmaschinen Typ .... Anzahl ....

O Dupliziergeräte   Typ .... Anzahl ....

O Read/Printer   Typ .... Anzahl ....

O Scanner   Typ .... Anzahl ....

4.2.3 Welche zentralen Rechner stehen zur Verfügung?

O Großrechne   Typ .... Anzahl ....

O Abteilungsrechner   Typ .... Anzahl ....

O Server   Typ .... Anzahl ....

4.2.4 Welche Datenbanken sind (bei welchen Systemen) im Einsatz?

4.2.5 Welche Software ist (für wen) verfügbar?

4.2.6 Wo ist die Software installiert?

O Zentraler Großrechner

O Datei-Server

O PC/Workstation

4.2.7 Welche Netzwerke sind (an den relevanten Standorten) installiert?

Terminalnetz

LAN   Typ ....

Digitale Nebenstellenanlage

Öffentliche Netze   welche? ....

Dokumentenanalyse
Erhebungsbogen

In diesem Erhebungsbogen werden zunächst einige generelle Fragen zu den vorhandenen Ablagen und Archiven gestellt. Anschließend werden dann in Tabellenform die einzelnen Angaben je Dokument bzw. Information erwartet.

1. Formelle Angaben

1.1. Name und Telefon-Nr. des Gesprächspartners:

....

1.2. Organisationseinheit / Standort:

....

1.3. Funktion des Gesprächspartners:

....

2. Generelle Angaben

2.1. Welche Ablagen und Archive existieren und wo befinden sie sich ?
Bezeichnung:................. Zweck / Inhalt:............... Ort:.........
Bezeichnung:................. Zweck / Inhalt:............... Ort:.........
Bezeichnung:................. Zweck / Inhalt:............... Ort:.........

2.2. Wie ist die Auslagerung/Vernichtung der Ablagen und Archive organisiert, und wie hoch ist der Aufwand dafür?

2.3. Werden externe Dienstleistungen (z.B. Verfilmung) beansprucht, und wie hoch ist der Aufwand dafür?

2.4. Wie hoch ist der Aufwand für Wartung/Reparatur der Geräte für die Ablage?
Verfilmung: ....
Lesegeräte: ....
Rollschränke: ....
Sonstiges: ....

3. Ablageanalyse

Informa-tion / Do-kument	Bestands-menge	Wachs-tum pro Zeit (ggf. inkl. Ten-denz)	∅Anzahl Seiten je Doku-ment	Spei-cherort (z.B. Zen-tralrech-ner, Zen-tralarchiv, lokale Ablage)	Speicher-medium (z.B. Papier, Mikrofilm, Magnet-platte)	Ablage-kriterien (z.B. Name, Beleg-Nr., Kun-den-Nr.)	Aufbewah-rungsfrist (in Mona-ten oder Jahren angeben)	Katalogi-sierung (z.B. ma-nuelles Eingangs-buch)

4. Zugriffsanalyse

Information / Dokument	Benötigt für Vor-gang	Zugriffs-häufigkeit (pro Tag, Mo-nat, Jahr)	Suchkriterien (z.B. Kunden-namen, Zeit-raum)	Anteil Ad-hoc-Suchan-fragen	Alter der zu-gegriff. Info / Dokumented	Zeit bis verfüg-bar	Modifi-kation

5. Aufbewahrungswürdigkeit

Information / Dokument	Kategorie der Auf-bewahrungswürdig keit (A, B, C, D)	Ursprungsformat (CI: in eigenen Sy-stemen erzeugt, NCI: nur auf Pa-pier, Mikrofilm)	Betriebliche Aufbewah-rungsfrist	Gesetzliche Aufbewah-rungsfrist	Vernichtung der Originale möglich?

6. Formalanalyse (nur für NCI-Dokumente)

Information / Dokument	Formate (DIN A0, A1, A2, A3, A4)	Papierstärke (Karton, Durch-schläge)	Hinter-grund-farben	Vorder-grund-farben	Kontrast der Schrift	Geheftet / Geklam-mert / Ge-bunden	Durch-schnittl. Qualität der Vorlage

Stichwortverzeichnis